동아출판이 만든 ㅁㅁㅁㅁ 문제집

특급기출

기말고사

중학 영어 **2-1**

How to Study

이 책의 구성과 특징

영역별로 교과서 핵심 내용을 학습하고, 연습 문제로 실력을 다집니다. 실전 TEST로 학교 시험에 대비합니다.

Words 만점 노트
교과서 흐름대로 핵심 어휘와 표현을 학습합니다.

Words Plus 만점 노트
대표 어휘의 영어 뜻풀이 및 다의어, 반의어
등을 학습하며 어휘를 완벽히 이해합니다.

Words 연습 문제 &
Words Plus 연습 문제
다양한 유형의 연습 문제를 통해 어휘 실력을
다집니다.

Words 실전 TEST
학교 시험 유형의 어휘 문제를 풀며
실전에 대비합니다.

Listen & Speak 핵심 노트
교과서 속 핵심 의사소통 기능을
학습하고, 시험 포인트를 확인합니다.

Listen & Speak 만점 노트
교과서 속 모든 대화문의 심층 분석을
통해 대화문을 철저히 학습합니다.

Listen & Speak 연습 문제
빈칸 채우기와 대화 순서 배열하기를
통해 교과서 속 모든 대화문을 완벽히
이해합니다.

Listen & Speak 실전 TEST
학교 시험 유형의 Listen & Speak 문제를
풀며 실전에 대비합니다. 서술형 실전 문항으로
서술형 문제까지 대비합니다.

Grammar 핵심 노트
교과서 속 핵심 문법을 명쾌한 설명과
시험 포인트로 이해하고, Quick Check로
명확히 이해했는지 점검합니다.

Grammar 연습 문제
핵심 문법별로 연습 문제를 풀며
문법의 기본을 다집니다.

Grammar 실전 TEST
학교 시험 유형의 문법 문제를 풀며
실전에 대비합니다. 서술형 실전 문항으로
서술형 문제까지 대비합니다.

Reading 만점 노트
교과서 속 읽기 지문을
심층 분석하여 시험에
나올 내용을 완벽히
이해하도록 합니다.

Reading 연습 문제
빈칸 채우기, 바른 어휘·어법 고르기, 틀린 문장
고치기, 배열로 문장 완성하기 등 다양한 형태의
연습 문제를 풀며 읽기 지문을 완벽히 이해하고,
시험에 나올 내용에 완벽히 대비합니다.

Reading 실전 TEST
학교 시험 유형의 읽기 문제를
풀며 실전에 대비합니다. 서술형
실전 문항으로 서술형 문제까지
대비합니다.

기타 지문 만점 노트 &
기타 지문 실전 TEST
학교 시험에 나올 만한 각 영역의
기타 지문들을 학습하고 실전
문제를 풀며 시험에 빈틈없이
대비합니다.

STEP B 내신 만점을 위한 고득점 TEST 구간으로, 다양한 유형과 난이도의 학교 시험에 완벽히 대비합니다.

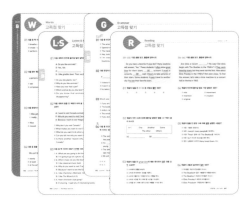

고득점을 위한 연습 문제
• Listen & Speak 영작하기
• Reading 영작하기
영작 완성 연습 문제를 통해, 대화문과
읽기 지문을 완벽히 암기합니다.

고득점 맞기 TEST
• Words 고득점 맞기   • Listen & Speak 고득점 맞기
• Grammar 고득점 맞기   • Reading 고득점 맞기
고난도 문제를 각 영역별로 풀며 실전에 대비합니다.
수준 높은 서술형 실전 문항으로 서술·논술형 문제까지
영역별로 완벽히 대비합니다.

서술형 100% TEST
다양한 유형의 서술형 문제를
통해 학교 시험에서 비중이
확대되고 있는 서술형 평가에
철저히 대비합니다.

내신 적중 모의고사 학교 시험과 유사한 모의고사로 실전 감각을 기르며, 내신에 최종적으로 대비합니다.

[1~3회] 대표 기출로 내신 적중 모의고사
학교 시험에 자주 출제되는 대표적인 기출 유형의
모의고사를 풀며 실전에 최종적으로 대비합니다.

[4회] 고난도로 내신 적중 모의고사
학교 시험에서 변별력을 높이기 위해 출제되는
고난도 문제 유형의 모의고사를 풀며 실전에
최종적으로 대비합니다.

오답 공략
모의고사에서 틀린 문제를 표시한 후, 부족한
영역과 학습 내용을 점검하여 내신 대비를
완벽히 마무리합니다.

Contents 차례

The future belongs to those who believe in the beauty of their dreams.

- Eleanor Roosevelt -

Lesson

3

The Music Goes On

주요 학습 내용	**의사소통 기능**	선호 말하기	A: **Which** sport **do you like best?** (너는 어떤 운동을 가장 좋아해?) B: **I like** tennis **best.** (나는 테니스를 가장 좋아해.)

의사소통 기능	선호 말하기	A: **Which** sport **do you like best?** (너는 어떤 운동을 가장 좋아해?) B: **I like** tennis **best.** (나는 테니스를 가장 좋아해.)
	이유 말하기	A: **Why do you** want to visit Canada? (너는 왜 캐나다를 가 보고 싶니?) B: **Because** I want to see Niagara Falls. (나이아가라 폭포를 보고 싶기 때문이야.)
언어 형식	수동태	The Beatles **were loved by** many people. (The Beatles는 많은 사람들에게 사랑받았다.)
	접속사 if	**If** you like today's idols, you will love the original idol. (만약 네가 요즘의 아이돌을 좋아한다면, 본래의 아이돌도 좋아할 것이다.)

학습 단계 PREVIEW

STEP **A**	Words	Listen & Speak	Grammar	Reading	기타 지문
STEP **B**	Words	Listen & Speak	Grammar	Reading	서술형 100% TEST
내신 적중 모의고사	제 1 회	제 2 회	제 3 회	제 4 회	

Words

만점 노트

Listen & Speak

□□ a big fan of	~의 열혈 팬	□□ flea market☆	벼룩시장
□□ because	접 왜냐하면, ~ 때문에	□□ fold	통 접다
□□ cheer	통 힘을 북돋우다	□□ fun	명 재미 형 재미있는
□□ definitely	부 단연, 틀림없이	□□ paper folding	종이접기
□□ down	형 우울한	□□ perfect	형 완벽한
□□ drummer	명 드러머	□□ take	통 (특정 과목을) 듣다, 수강하다
□□ fan	명 팬, 애호가	□□ these days	요즘
□□ fantastic	형 환상적인	□□ vacation	명 휴가

Reading

□□ at once☆	동시에, 한꺼번에 (= at the same time)	□□ movement	명 움직임
□□ audience	명 청중, 관람객	□□ note	명 음, 음표
□□ ballet	명 발레	□□ original	형 본래의
□□ breath☆	명 숨	□□ performance☆	명 공연
□□ build up	점점 높이다	□□ pianist	명 피아니스트
□□ composer	명 작곡가	□□ powerful☆	형 힘 있는, 강렬한
□□ creation	명 창조물, 창조	□□ press down☆	누르다
□□ end	통 끝나다, 끝내다	□□ recent	형 최근의
□□ face☆	통 ~을 마주 보다(향하다)	□□ rich	형 풍요로운
□□ fill	통 (가득) 채우다, 채워지다	□□ scream	통 괴성을 지르다
□□ from memory☆	기억해서, 외워서	□□ sheet music	명 악보
□□ go wild	미친 듯이 날뛰다, 열광하다	□□ single	형 단 하나의
□□ hold one's breath☆	숨을 참다, 숨죽이다	□□ softly	부 부드럽게
□□ idol	명 우상, 아이돌	□□ successfully	부 성공적으로
□□ key	명 (악기) 건반	□□ take pictures of	~의 사진을 찍다
□□ madly	부 미친 듯이	□□ think of A as B	A를 B로 생각하다
□□ miss☆	통 놓치다	□□ unlike☆	전 ~와는 달리

Language Use

□□ hurry	통 서두르다	□□ order	통 주문하다
□□ invent	통 발명하다	□□ send	통 보내다

Think and Write

□□ acting	명 연기	□□ prepare for	~을 준비하다
□□ in person	직접	□□ real	형 진짜의, 현실적인
□□ novel	명 소설	□□ role	명 역할

연습 문제

A 다음 단어의 우리말 뜻을 쓰시오.

01 madly _____

02 scream _____

03 original _____

04 fold _____

05 unlike _____

06 role _____

07 face _____

08 audience _____

09 note _____

10 movement _____

11 composer _____

12 invent _____

13 creation _____

14 real _____

15 idol _____

16 acting _____

17 single _____

18 end _____

19 fill _____

20 rich _____

B 다음 우리말에 해당하는 영어 단어를 쓰시오.

21 공연 _____

22 숨 _____

23 최근의 _____

24 힘 있는, 강렬한 _____

25 완벽한 _____

26 우울한 _____

27 소설 _____

28 힘을 북돋우다 _____

29 피아니스트 _____

30 발레 _____

31 놓치다 _____

32 단연, 틀림없이 _____

33 (악기) 건반 _____

34 듣다, 수강하다 _____

35 드러머 _____

36 환상적인 _____

37 부드럽게 _____

38 팬, 애호가 _____

39 성공적으로 _____

40 악보 _____

C 다음 영어 표현의 우리말 뜻을 쓰시오.

01 go wild _____

02 hold one's breath _____

03 press down _____

04 at once _____

05 build up _____

06 think of A as B _____

07 from memory _____

08 in person _____

Words Plus

만점 노트

영어 뜻풀이

☐☐ audience	청중, 관람객	a group of listeners or spectators
☐☐ breath	숨	the air that you take into your lungs and send out again
☐☐ composer	작곡가	a person who writes music
☐☐ creation	창조물	something that is made
☐☐ definitely	단연, 틀림없이	without any doubt
☐☐ face	～을 마주 보다(향하다)	to have the front part toward
☐☐ idol	우상, 아이돌	a person who is loved and admired very much
☐☐ invent	발명하다	to make, design, or think of a new thing
☐☐ madly	미친 듯이	in a very strong way
☐☐ movement	움직임	an act or process of moving
☐☐ note	음, 음표	a specific musical tone
☐☐ original	본래의	happening or existing first or at the beginning
☐☐ performance	공연	the act of performing a play, concert, etc.
☐☐ pianist	피아니스트	a person who plays the piano
☐☐ powerful	힘 있는, 강렬한	having great strength or force; very effective
☐☐ recent	최근의	happening not long ago
☐☐ scream	괴성을 지르다	to cry out in a loud and high voice because of surprise, excitement, etc.
☐☐ sheet music	악보	music that is printed on sheets of paper
☐☐ single	단 하나의	only one
☐☐ unlike	～와는 달리	different from

단어의 의미 관계

- **유의어**
  powerful (힘 있는) – strong (강한)
  recent (최근의) – new (새로운, 최근의)
  single (단 하나의) – one, only (하나의, 유일한)

- **명사 – 형용사**
  origin (기원, 근원) – original (본래의)
  power (힘) – powerful (힘 있는)

- **명사 – 동사**
  breath (숨) – breathe (숨 쉬다)
  creation (창조물, 창조) – create (창조하다)
  invention (발명) – invent (발명하다)
  movement (움직임) – move (움직이다)
  performance (공연) – perform (공연하다)

- **형용사 – 부사**
  definite (확실한) – definitely (단연, 틀림없이)
  mad (미친) – madly (미친 듯이)

다의어

- **face** 1. 통 ～을 마주 보다(향하다) 2. 명 얼굴
  1. The windows of the hotel room **face** the sea.
     그 호텔 방의 창문들은 바다를 향해 있다.
  2. He had a serious look on his **face**.
     그는 얼굴에 진지한 표정을 지었다.

- **note** 1. 명 음, 음표 2. 명 (짧은) 쪽지, 편지 3. 명 메모
  1. He didn't miss a single **note**.
     그는 하나의 음도 놓치지 않았다.
  2. She sent me a thank-you **note**.
     그녀는 나에게 감사 쪽지를 보냈다.
  3. Please make a **note** of the dates.
     날짜를 메모해 두세요.

- **miss** 1. 통 놓치다 2. 통 그리워하다
  1. Hurry up, or you'll **miss** the train.
     서둘러라, 그렇지 않으면 너는 기차를 놓칠 것이다.
  2. I **miss** my old friends a lot.
     나는 내 옛 친구들이 많이 그립다.

Words Plus
연습 문제

A 다음 뜻풀이에 알맞은 말을 [보기]에서 골라 쓴 후, 우리말 뜻을 쓰시오.

[보기]	audience	face	idol	composer	note	invent	original	scream

1 _____ : to make, design, or think of a new thing : _____
2 _____ : to have the front part toward : _____
3 _____ : a specific musical tone : _____
4 _____ : a person who is loved and admired very much : _____
5 _____ : happening or existing first or at the beginning : _____
6 _____ : a person who writes music : _____
7 _____ : to cry out in a loud and high voice because of surprise, excitement, etc. : _____
8 _____ : a group of listeners or spectators : _____

B 다음 짝 지어진 두 단어의 관계가 같도록 빈칸에 알맞은 말을 쓰시오.

1 mad : madly = definite : _____
2 power : powerful = origin : _____
3 move : movement = create : _____
4 invent : invention = perform : _____
5 recent : new = only : _____

C 다음 빈칸에 알맞은 말을 [보기]에서 골라 쓰시오.

[보기]	recent	unlike	powerful	movement	breath

1 The actor has gained a lot of popularity in _____ years.
2 Tony took a deep _____ before he made a speech.
3 The dancer's body _____ was so beautiful.
4 She performed a _____ dance on the stage.
5 _____ my brother, I don't like playing mobile games.

D 다음 우리말과 같도록 빈칸에 알맞은 말을 쓰시오.

1 두 가지 일을 한꺼번에 하는 것은 쉽지 않다. → It's not easy to do two things _____ _____.
2 너는 얼마나 오래 숨을 참을 수 있니? → How long can you _____ _____ _____ ?
3 손잡이를 꾹 누르시오. → _____ _____ firmly on the handle.
4 나는 언젠가 대통령을 직접 만나고 싶다. → I'd like to meet the president _____ _____ someday.
5 그녀는 그 연극을 외우고 있으므로 대본이 필요 없었다.
   → She didn't need the script because she knew the play _____ _____.

Words
실전 TEST

STEP A

01 다음 중 짝 지어진 두 단어의 관계가 나머지와 <u>다른</u> 것은?

① recent – new   ② single – only
③ scream – shout   ④ rich – poor
⑤ powerful – strong

02 다음 영어 뜻풀이에 해당하는 단어를 주어진 철자로 시작하여 쓰시오.

happening not long ago

→ r_____

03 다음 문장의 빈칸에 공통으로 들어갈 말로 알맞은 것은?

• I couldn't _____ my parents if I did such a thing.
• She washes her _____ with a foaming cleanser every day.

① note   ② face   ③ breath
④ scream   ⑤ creation

04 다음 두 문장의 의미가 같도록 빈칸에 알맞은 말을 쓰시오.

You can communicate with many people at once.
= You can communicate with many people _____ _____ _____ _____.

05 다음 중 밑줄 친 부분의 우리말 뜻으로 알맞지 <u>않은</u> 것은?

① I'm <u>a big fan of</u> The Beatles.
   (~의 열혈 팬)
② Mark read the poem <u>from memory</u>.
   (외워서)
③ It's best to <u>prepare for</u> a rainy day.
   (~을 준비하다)
④ He can <u>hold his breath</u> for 3 minutes.
   (호흡하다)
⑤ I try not to <u>pay attention to</u> such rumors.
   (~에 주의를 집중하다)

06 다음 문장의 밑줄 친 단어와 같은 의미로 쓰인 것은?

The pianist played the first <u>note</u> on the piano.

① She left a <u>note</u> for Jake on the kitchen table.
② Jessica put the <u>note</u> in her pocket.
③ John made a <u>note</u> of her phone number.
④ He wrote a <u>note</u> and put it in the window.
⑤ The singer found the high <u>note</u> very difficult.

07 다음 우리말과 같도록 빈칸에 알맞은 말을 쓰시오.

Most Koreans _____ _____ him _____ a hero.
(대부분의 한국인들은 그를 영웅이라고 생각한다.)

핵심 노트

1 선호 말하기

A: **Which** sport **do you like best**?   너는 어떤 운동을 가장 좋아하니?

B: **I like** tennis **best**.   나는 테니스를 가장 좋아해.

Which ~ do you like best?는 '너는 어느 ~을 가장 좋아하니?'라는 뜻으로 상대방이 가장 선호하는 것을 묻는 표현이다. 이에 대해 답할 때는 Yes나 No로 말하지 않고, I like ~ best.와 같이 좋아하는 것을 구체적으로 넣어서 말한다.

e.g. • A: **Which** book **do you like best**? 너는 어떤 책을 가장 좋아하니?

B: **I like** *Charlotte's Web* **best**. 나는 "Charlotte's Web"을 가장 좋아해.

• A: **What kind of** sports **do you like best**? 너는 어떤 종류의 운동을 가장 좋아하니?

B: **I like** soccer best. 나는 축구를 가장 좋아해.

• A: **Which do you prefer**, math or science? 너는 수학과 과학 중 어느 것을 더 좋아하니?

B: **I prefer** science. 나는 과학을 더 좋아해.

• A: **Do you like** coffee more than tea? 너는 차보다 커피를 더 좋아하니?

B: **Yes, I like** coffee more than tea. 응, 나는 차보다 커피를 더 좋아해.

> 시험 포인트 **point**
> 선호하는 것을 묻는 말에 대한 적절한 답변을 고르거나 답변을 보고 적절한 질문을 고르는 문제가 자주 출제돼요.

2 이유 말하기

A: **Why do you** want to visit Canada?   너는 왜 캐나다를 가 보고 싶니?

B: **Because** I want to see Niagara Falls.   나이아가라 폭포를 보고 싶기 때문이야.

「Why do you + 동사원형 ~?」은 상대방의 선택이나 결정에 대한 이유를 묻는 표현이다. 이에 답할 때는 Because 뒤에 구체적인 이유를 넣어 「Because + 주어 + 동사 ~.」로 말하거나 Because를 생략하고 이유만 말할 수 있다.

e.g. • A: **Why do you** want to be a pilot? 너는 왜 비행기 조종사가 되고 싶니?

B: **Because** I want to travel around the world. 나는 세계 여행을 하고 싶기 때문이야.

• A: **Why do you** like Susie? 너는 왜 수지를 좋아하니?

B: **Because** she is smart and kind. 그녀는 똑똑하고 친절하기 때문이야.

• A: **Why do you** think so? 너는 왜 그렇게 생각하니?

What makes you think so? 무엇 때문에 너는 그렇게 생각하니?

Can you tell me why you think so? 네가 왜 그렇게 생각하는지 내게 이야기해 줄래?

B: **Because** I think it's helpful. 나는 그것이 도움이 된다고 생각하기 때문이야.

> 시험 포인트 **point**
> 이유를 묻는 말에 대한 대답을 고르는 문제가 자주 출제돼요. Because는 생략할 수도 있다는 것에 주의하세요.

STEP **A**

Listen and Speak 1-A
교과서 46쪽

B: Hi, Sumin. ❶ How's the book club going?

G: It's fun. I read ❷ lots of interesting books.

B: ❸ Which book do you like best?

G: ❹ I like *Charlotte's Web* best.

❶ How's ~ going?은 '~은 어떠니?, ~은 어떻게 되어 가니?' 라는 뜻의 상황이나 안부를 묻는 표현

❷ 많은 (= a lot of, many)

❸ Which ~ do you like best?는 '너는 어느 ~을 가장 좋아 하니?'라는 뜻으로, 상대방이 가장 선호하는 것이 무엇인지 물 을 때 사용하는 표현

❹ I like ~ best.는 자신이 가장 좋아하는 것을 말할 때 사용하 는 표현

Q1 ❸을 해석해 보세요.

Listen and Speak 1-B
교과서 46쪽

G: Jiho, ❶ what are you going to do this Saturday?

B: ❷ I'm going to Blue Sky's fan meeting with my friends.

G: Wow, I'm also ❸ a big fan of the band.

B: Really? ❹ Which member do you like best, Amy?

G: I like Lucy best. She sings ❺ really well.

B: I like ❻ the drummer, Mike, best. He's fantastic! Do you want to join us?

G: Sure, I'd love to. ❼ I can't wait!

❶ What are you going to do ~?는 가까운 미래의 계획을 물을 때 사용하는 표현

❷ 현재 진행형을 써서 가까운 미래의 정해진 계획을 말할 수 있다.

❸ ~의 열혈 팬

❹ = Who is your favorite member?

❺ 부사 really(정말)가 부사 well(잘)을 수식하여 강조의 의미 를 나타내며 very로 바꿔 쓸 수 있다.

❻ the drummer와 Mike는 동격으로 같은 대상이다.

❼ '기다릴 수 없을 만큼 기대된다!'는 마음을 표현하는 말

Q2 What is Jiho going to do this Saturday? → He is going to _____.

Q3 Amy가 가장 좋아하는 Blue Sky의 멤버는 누구인가요?

Listen and Speak 1-C
교과서 46쪽

A: Do you like sports?

B: ❶ Yes, I do. / ❷ No, I don't.

A: Which sport do you like best?

B: I like tennis best. It's so exciting!

❶ Do you like ~?에 대한 긍정의 응답

❷ Do you like ~?에 대한 부정의 응답

Q4 B가 가장 좋아하는 운동은 무엇인가요?

Listen and Speak 2-A
교과서 47쪽

B: ❶ Why do you have all those old clothes?

G: ❷ I'm going to sell ❸ them ❹ at the flea market.

B: Really? I have some old clothes, too.

G: Then ❺ why don't you join me this Saturday?

B: Okay.

❶ 「Why do you + 동사원형 ~?」은 '너는 왜 ~하니?'라는 뜻으 로, 상대방에게 이유를 물을 때 쓰는 표현

❷ 「be going to + 동사원형」은 '~할 예정이다'라는 뜻으로 가 까운 미래의 계획을 말할 때 사용한다.

❸ 앞에 나온 all those old clothes를 가리킨다.

❹ 비교적 좁은 장소를 나타내는 전치사

❺ 「Why don't you + 동사원형 ~?」은 '~하는 게 어때?'라는 뜻으로 상대방에게 무언가를 제안하는 표현

Q5 소녀가 벼룩시장에서 팔 물건은 무엇인가요?

Listen and Speak 2-B

G: Tom, ❶ why do you have so many paper flowers?

B: ❷ They're for my mom's birthday.

G: They're so beautiful. Where did you get them?

B: I made them.

G: Wow, you're really good.

B: Thanks. I'm ❸ taking a paper folding class ❹ these days.

G: They are going to be the perfect gift for your mom.

B: I hope ❺ so, too.

Q6 What did Tom make for his mom's birthday?

Q7 Tom이 최근에 듣고 있는 수업은 무엇인가요?

❶ 상대방에게 이유를 물을 때 쓰는 표현
❷ so many paper flowers를 가리킨다.
❸ take a class: 수업을 듣다
❹ 요즘, 최근에
❺ '그렇게'라는 뜻의 부사로 앞에서 언급된 것을 다시 가리키는 말이다.

Listen and Speak 2-C

A: Which country do you want to visit for your dream vacation?

B: ❶ I want to visit Canada.

A: Why do you want to visit Canada?

B: ❷ Because I want to see Niagara Falls.

Q8 B가 캐나다에 가고 싶어 하는 이유는 무엇인가요?

❶ I want to ~.는 자신이 원하는 것을 말할 때 쓰는 표현
❷ 이유를 말할 때 Because를 사용하여 말할 수 있다.

Real Life Talk > Watch a Video

Mina: Good afternoon, friends. I'm Mina with the school radio show. Today ❶ Mr. Smith, our English teacher, is here with us. Hi, Mr. Smith.

Mr. Smith: Hello, everyone. I'm happy to be here with you.

Mina: ❷ Let's ❸ talk about music. Mr. Smith, what's your favorite band?

Mr. Smith: Definitely The Beatles.

Mina: Oh, I like them, too. ❹ Which song do you like best?

Mr. Smith: I like ❺ most of their songs, but I like *Hey Jude* best.

Mina: ❻ Why do you like it?

Mr. Smith: ❼ Because the song makes me feel better when I'm down.

Mina: That's great! Let's ❽ listen to the song.

Q9 Smith 선생님은 어느 밴드를 가장 좋아하나요?

Q10. Smith 선생님이 "Hey Jude"를 좋아하는 이유는 무엇인가요?

❶ Mr. Smith와 our English teacher는 동격 관계이다.
❷ 「Let's+동사원형 ~.」은 '~ 하자.'라는 뜻의 제안하는 표현
❸ ~에 대해 이야기하다
❹ 가장 선호하는 것을 묻는 표현
❺ ~의 대부분
❻ 이유를 묻는 표현
❼ Because를 사용하여 이유를 말할 수 있는데 Because는 생략할 수도 있다.
❽ ~을 듣다

빈칸 채우기

우리말과 일치하도록 빈칸에 알맞은 말을 쓰시오.

주요 표현

1 Listen and Speak 1-A

 해석

교과서 46쪽

B: Hi, Sumin. How's the book club going?

G: It's fun. I read lots of _____ _____.

B: _____ _____ do you like _____?

G: I like *Charlotte's Web* best.

B: 안녕, 수민아. 책 동아리는 어때?
G: 재미있어. 나는 흥미로운 책들을 많이 읽어.
B: 어떤 책을 가장 좋아하니?
G: 나는 "Charlotte's Web"을 가장 좋아해.

2 Listen and Speak 1-B

교과서 46쪽

G: Jiho, what _____ _____ _____ _____ _____
   this Saturday?

B: I'm going to Blue Sky's fan meeting with my friends.

G: Wow, I'm also _____ _____ _____ _____ the band.

B: Really? _____ _____ _____ _____ _____
   _____, Amy?

G: I like Lucy best. She sings really well.

B: I like the drummer, Mike, best. He's fantastic! Do you want to join us?

G: Sure, I'd love to. I _____ _____!

G: 지호야, 이번 주 토요일에 뭐 할 거니?
B: 나는 친구들이랑 Blue Sky 팬 모임에 갈 거야.
G: 와, 나도 그 밴드의 열혈 팬이야.
B: 정말? 너는 어느 멤버를 가장 좋아하니, Amy?
G: 나는 Lucy를 가장 좋아해. 그녀는 노래를 정말 잘해.
B: 나는 드러머인 Mike를 가장 좋아해. 그는 환상적이야! 우리와 함께 갈래?
G: 물론이지, 너무 좋아. 기대된다!

3 Listen and Speak 1-C

교과서 46쪽

A: Do you like sports?

B: Yes, I do. / No, I don't.

A: _____ sport _____ _____ _____ _____?

B: _____ _____ tennis _____. It's so exciting!

A: 너는 운동을 좋아하니?
B: 응, 좋아해. / 아니, 좋아하지 않아.
A: 너는 어떤 운동을 가장 좋아하니?
B: 나는 테니스를 가장 좋아해. 그것은 아주 흥미진진해!

4 Listen and Speak 2-A

교과서 47쪽

B: _____ _____ _____ _____ all those old clothes?

G: I'm going to _____ them at the _____ _____.

B: Really? I have some old clothes, too.

G: Then _____ _____ _____ _____ _____ this
   Saturday?

B: Okay.

B: 너는 왜 그 헌 옷들을 모두 가지고 있니?
G: 나는 벼룩시장에서 그 옷들을 팔 거야.
B: 정말? 나도 헌 옷들이 조금 있어.
G: 그러면 이번 주 토요일에 나와 함께 파는 게 어때?
B: 좋아.

5 Listen and Speak 2-B

G: Tom, _____ _____ _____ so many paper flowers?

B: They're _____ _____ _____ _____ .

G: They're so beautiful. Where did you get them?

B: I made them.

G: Wow, you're really good.

B: Thanks. I'm _____ _____ _____ _____ _____ these days.

G: They are going to be _____ _____ _____ for your mom.

B: I hope so, too.

 해석

G: Tom, 왜 그렇게 많은 종이꽃을 가지고 있니?

B: 이 꽃들은 엄마 생신을 위한 거야.

G: 정말 예쁘다. 그 꽃들을 어디서 구했니?

B: 내가 만들었어.

G: 와, 너 정말 잘 만든다.

B: 고마워. 나 요즘 종이접기 수업을 듣고 있어.

G: 그 꽃들은 너희 엄마에게 완벽한 선물이 될 거야.

B: 나도 그러길 바라.

6 Listen and Speak 2-C

A: _____ _____ do you want to visit for _____ _____ _____ ?

B: I want to visit Canada.

A: _____ _____ _____ _____ to visit Canada?

B: _____ I want to see Niagara Falls.

A: 너는 꿈의 휴가로 어느 나라를 가 보고 싶니?

B: 나는 캐나다를 가 보고 싶어.

A: 왜 캐나다를 가 보고 싶니?

B: 나이아가라 폭포를 보고 싶기 때문이야.

7 Real Life Talk > Watch a Video

Mina: Good afternoon, friends. I'm Mina with the school radio show. Today Mr. Smith, our English teacher, is here with us. Hi, Mr. Smith.

Mr. Smith: Hello, everyone. _____ _____ _____ _____ here with you.

Mina: Let's talk about music. Mr. Smith, _____ _____ _____ _____ ?

Mr. Smith: Definitely The Beatles.

Mina: Oh, I like them, too. _____ _____ _____ _____ _____ _____ ?

Mr. Smith: I like most of their songs, but I like *Hey Jude* best.

Mina: _____ _____ _____ _____ _____ _____ _____ ?

Mr. Smith: Because the song _____ _____ when I'm down.

Mina: That's great! Let's listen to the song.

미나: 안녕하세요, 여러분. 저는 학교 라디오 프로그램의 미나입니다. 오늘은 영어 선생님이신 Smith 선생님과 함께하겠습니다. 안녕하세요, Smith 선생님.

Smith 선생님: 안녕하세요, 여러분. 여러분과 함께하게 되어 기쁘군요.

미나: 음악에 관한 이야기를 나눠 보도록 하죠. Smith 선생님, 어느 밴드를 가장 좋아하시나요?

Smith 선생님: 두말할 것도 없이 The Beatles요.

미나: 오, 저도 그들을 좋아해요. 무슨 노래를 가장 좋아하시나요?

Smith 선생님: 그들의 노래 대부분을 좋아하지만, "Hey Jude"를 가장 좋아하죠.

미나: 왜 그 노래를 좋아하시나요?

Smith 선생님: 그 노래는 제가 우울할 때 기분이 나아지게 해 주기 때문이에요.

미나: 멋지군요! 그 노래를 들어 보죠.

Listen & Speak

대화 순서 배열하기

자연스러운 대화가 되도록 순서를 바르게 배열하시오.

1 Listen and Speak 1-A

교과서 46쪽

ⓐ Which book do you like best?

ⓑ I like *Charlotte's Web* best.

ⓒ Hi, Sumin. How's the book club going?

ⓓ It's fun. I read lots of interesting books.

(   ) – (   ) – (   ) – (   )

2 Listen and Speak 1-B

교과서 46쪽

ⓐ I like Lucy best. She sings really well.

ⓑ Wow, I'm also a big fan of the band.

ⓒ I'm going to Blue Sky's fan meeting with my friends.

ⓓ I like the drummer, Mike, best. He's fantastic! Do you want to join us?

ⓔ Jiho, what are you going to do this Saturday?

ⓕ Sure, I'd love to. I can't wait!

ⓖ Really? Which member do you like best, Amy?

(ⓔ   ) – (   ) – (ⓑ   ) – (   ) – (   ) – (ⓓ   ) – (   )

3 Listen and Speak 1-C

교과서 46쪽

ⓐ Yes, I do.

ⓑ Which sport do you like best?

ⓒ Do you like sports?

ⓓ I like tennis best. It's so exciting!

(   ) – (   ) – (   ) – (   )

4 Listen and Speak 2-A

교과서 47쪽

ⓐ Then why don't you join me this Saturday?

ⓑ Why do you have all those old clothes?

ⓒ Really? I have some old clothes, too.

ⓓ Okay.

ⓔ I'm going to sell them at the flea market.

(   ) – (   ) – (   ) – (   ) – (   )

5 Listen and Speak 2-B

ⓐ They're so beautiful. Where did you get them?

ⓑ Thanks. I'm taking a paper folding class these days.

ⓒ Tom, why do you have so many paper flowers?

ⓓ They're for my mom's birthday.

ⓔ They are going to be the perfect gift for your mom.

ⓕ Wow, you're really good.

ⓖ I hope so, too.

ⓗ I made them.

(ⓒ) – (   ) – (   ) – (ⓗ) – (   ) – (ⓑ) – (   ) – (   )

6 Listen and Speak 2-C

ⓐ I want to visit Canada.

ⓑ Because I want to see Niagara Falls.

ⓒ Why do you want to visit Canada?

ⓓ Which country do you want to visit for your dream vacation?

(   ) – (   ) – (   ) – (   )

7 Real Life Talk > Watch a Video

ⓐ Good afternoon, friends. I'm Mina with the school radio show. Today Mr. Smith, our English teacher, is here with us. Hi, Mr. Smith.

ⓑ Let's talk about music. Mr. Smith, what's your favorite band?

ⓒ Why do you like it?

ⓓ Oh, I like them, too. Which song do you like best?

ⓔ Definitely The Beatles.

ⓕ That's great! Let's listen to the song.

ⓖ I like most of their songs, but I like *Hey Jude* best.

ⓗ Because the song makes me feel better when I'm down.

ⓘ Hello, everyone. I'm happy to be here with you.

(ⓐ) – (   ) – (ⓑ) – (   ) – (   ) – (ⓖ) – (   ) – (   ) – (   )

01 다음 대화의 밑줄 친 부분의 의도로 가장 알맞은 것은?

A: <u>Why do you exercise every day?</u>
B: Because I want to lose some weight.

① 선호 묻기   ② 이유 묻기
③ 제안하기   ④ 도움 요청하기
⑤ 조언 구하기

[02-03] 다음 대화의 빈칸에 들어갈 말로 알맞은 것을 고르시오.

02 A: Which book do you like best?
     B: _____

① I like *Harry Potter* best.
② Reading is my hobby.
③ I read books in the library.
④ I like to go to the bookstore.
⑤ I'll borrow some comic books.

03 A: _____
     B: Because I want to see the Grand Canyon.

① When do you visit the U.S.?
② Why do you want to visit the U.S.?
③ Are you going to visit the U.S.?
④ How often do you visit the U.S.?
⑤ How do you visit the U.S.?

04 다음 중 의미하는 바가 <u>다른</u> 하나는?

① What makes you think so?
② Why do you think that way?
③ Why do you think so?
④ What do you think of it?
⑤ Can you tell me why you think so?

[05-06] 다음 대화를 읽고, 물음에 답하시오.

A: Tom, ___ⓐ___ do you have so many paper flowers?
B: They're for my mom's birthday.
A: They're so beautiful. ___ⓑ___ did you get them?
B: I made them.
A: Wow, you're really good.
B: Thanks. I'm taking a paper folding class these days.
A: They are going to be the perfect gift for your mom.
B: I hope so, too.

05 위 대화의 빈칸 ⓐ와 ⓑ에 알맞은 의문사를 [보기]에서 골라 쓰시오.

[보기]   which   where   when   why   what

ⓐ _____   ⓑ _____

06 위 대화의 내용과 일치하도록 빈칸에 알맞은 말을 쓰시오.

Tom is taking a _____ _____ _____ these days. He made _____ _____ for his mother.

[07-09] 다음 대화를 읽고, 물음에 답하시오.

Mina: Good afternoon, friends. I'm Mina with the school radio show. Today Mr. Smith, our English teacher, is here with us. Hi, Mr. Smith.

Mr. Smith: Hello, everyone. I'm happy to be here with you. (①)

Mina: Let's talk about music. Mr. Smith, what's your favorite band?

Mr. Smith: Definitely The Beatles. (②)

Mina: Oh, I like them, too. (③)

Mr. Smith: I like most of their songs, but I like *Hey Jude* best. (④)

Mina: Why do you like it?

Mr. Smith: _____(A)_____ the song makes me feel better when I'm down. (⑤)

Mina: That's great! Let's listen to the song.

07 위 대화의 ①~⑤ 중 주어진 문장이 들어갈 알맞은 곳은?

Which song do you like best?

①   ②   ③   ④   ⑤

08 위 대화의 빈칸 (A)에 들어갈 접속사를 쓰시오.

→ _____

09 위 대화의 내용과 일치하지 <u>않는</u> 것은?

① 미나는 학교 라디오 프로그램을 진행하고 있다.
② Smith 선생님은 영어 선생님이다.
③ Smith 선생님은 The Beatles를 좋아한다.
④ 미나는 The Beatles에 대해 잘 모른다.
⑤ 그들은 "Hey Jude"를 들을 것이다.

서술형

고난도
10 다음 대화에서 문맥상 <u>어색한</u> 부분을 두 군데 찾아 바르게 고쳐 쓰시오.

A: What do you have all those old clothes?
B: I'm going to sell them at the flea market.
A: Really? I have some old clothes, too.
B: Then why do you join me this Saturday?
A: Okay.

(1) _____ → _____
(2) _____ → _____

11 다음 대화의 밑줄 친 우리말과 같도록 괄호 안의 단어들을 사용하여 영어로 쓰시오.

A: [1] <u>너는 어떤 동물을 가장 좋아하니?</u> (which, best)
B: I like dogs best.
A: [2] <u>너는 왜 그것들을 좋아하니?</u> (like, them)
B: Because they make me happy.

(1) _____
(2) _____

고난도
12 다음 사진을 보고, [조건]에 맞게 대화를 완성하시오.

John   Lucy   Mike   Julie

[조건]   1. sing과 really를 반드시 사용할 것
        2. 4단어로 쓸 것
        3. 주어와 동사를 포함한 완전한 문장으로 쓸 것

A: Which member do you like best?
B: I like Lucy best. _____

G Grammar
핵심 노트

1 수동태

- The Beatles **were loved by** many people.   The Beatles는 많은 사람들에 의해 사랑받았다.
- Hangeul **was invented by** King Sejong.   한글은 세종대왕에 의해 창제되었다.
- *Romeo and Juliet* **was written by** Shakespeare.   "Romeo and Juliet"은 Shakespeare에 의해 쓰였다.

(1) 의미

수동태는 주어가 동작이나 행위의 대상이 되는 문장을 말한다. 수동태는 행위자보다 대상을 강조할 때 사용하며, '~해지다, ~되다' 등으로 해석한다.

- Ms. Han **is respected by** students. 한 선생님은 학생들에 의해 존경받는다.
- The telephone **was invented by** Bell. 전화기는 Bell에 의해 발명되었다.

(2) 형태: 주어 + be동사 + 과거분사 + by + 행위자(목적격)

- A lot of trees **are planted** every year. 매년 많은 나무들이 심어진다.

주의! 행위자가 일반인일 때 또는 중요하지 않거나 알 수 없을 때는 「by + 행위자」를 생략할 수 있어요.

(3) 부정문과 의문문

수동태의 부정문은 「주어 + be동사 + not + 과거분사 ~.」의 형태로 쓰고, 의문문은 「(의문사 +)be동사 + 주어 + 과거분사 + by + 행위자 ~?」의 형태로 쓴다.

- The picture **was not painted by** my brother.

  그 그림은 내 남동생에 의해 그려지지 않았다.

- **Was** this message **sent by** your friend? 이 메시지는 네 친구에 의해 보내졌니?

한 단계 더!

수동태에서 행위자를 나타낼 때 by 이외의 전치사를 쓰기도 한다.

- I **am interested in** taking pictures. 나는 사진 찍는 것에 관심이 있다.
- The bottle **was filled with** orange juice. 그 병은 오렌지 주스로 가득 차 있었다.

시험 포인트 **point**

- 수동태 문장에서 be동사 뒤에 오는 과거분사 형태를 묻는 문제가 자주 출제돼요. 동사의 과거분사 형태를 익혀 두세요.
- 문장이 능동태인지 수동태인지 구별하는 문제가 자구 출제돼요. 동작의 주체를 파악해서 능동태와 수동태를 구별할 수 있어야 해요.

＊능동태를 수동태로 바꾸는 방법

1. 능동태의 목적어 → 수동태의 주어
2. 능동태의 동사 → be동사 + 과거분사 (시제와 인칭에 맞게 be동사를 써야 한다는 것에 유의한다.)
3. 능동태의 주어 → by + 행위자(목적격)

QUICK CHECK

1 다음 괄호 안에서 알맞은 것을 고르시오.

(1) This song is (love / loved) by many teenagers.

(2) These cookies (was / were) baked by the cook.

(3) The tower was designed (by / with) a famous architect.

2 다음 능동태 문장을 수동태 문장으로 바꿔 쓰시오.

(1) They broke the window.   → _____

(2) My uncle caught the fish.   → _____

(3) Sam carried the heavy boxes. → _____

2 접속사 if

- **If** you like today's idols, you will love the original idol.
  만약 네가 요즘의 아이돌을 좋아한다면, 본래의 아이돌도 좋아할 것이다.

- **If** it rains this afternoon, I will bring the umbrella to you.
  만약 오늘 오후에 비가 오면, 나는 너에게 우산을 가져다줄 것이다.

- **If** you don't hurry, you will miss the bus.
  만약 네가 서두르지 않으면, 너는 버스를 놓칠 것이다.

(1) 의미

조건을 나타내는 접속사 if는 '만약 ~한다면'이라는 뜻으로 부사절을 이끌며, 실제로 일어날 가능성이 있는 상황을 나타낸다.

(2) 시제

조건을 나타내는 접속사 if가 이끄는 조건절에서는 의미상 미래를 나타내더라도 현재시제를 쓴다.

- **If** it **snows** tomorrow, we will cancel the event.
  만약 내일 눈이 오면, 우리는 행사를 취소할 것이다.

- **If** you **have** breakfast, you can concentrate better.
  만약 네가 아침을 먹는다면, 너는 더 잘 집중할 수 있다.

- **If** you **forget** the password, you can't read the email.
  만약 네가 비밀번호를 잊어버리면, 너는 이메일을 읽을 수 없다.

point

시험 포인트
If가 이끄는 조건절의 시제를 묻는 문제가 자주 출제돼요. 미래를 나타내도 현재시제를 쓰는 것을 기억하세요.

한 단계 더!

접속사 if는 '~인지 아닌지'라는 의미로 명사절을 이끌 수도 있다. if가 이끄는 명사절은 문장에서 주로 목적어 역할을 하는데, 이때 if절이 미래의 의미를 나타낼 경우에 현재시제가 아니라 미래시제를 쓴다는 점에 유의한다.

- I don't know **if** Sally **will** come to the party tomorrow.
  나는 Sally가 내일 파티에 올지 모르겠다.

(3) 부정문

if절의 부정문은 if ~ not으로 쓰며, 이는 unless(만약 ~하지 않으면)로 바꿔 쓸 수 있다. unless는 부정의 의미를 가지고 있으므로 not과 함께 쓰지 않는다.

- **If** you **don't** want to gain weight, you have to exercise regularly.
  = **Unless** you want to gain weight, you have to exercise regularly.
  만약 네가 살이 찌고 싶지 않다면, 너는 규칙적으로 운동을 해야 한다.

QUICK CHECK

1 다음 괄호 안에서 알맞은 것을 고르시오.

(1) If you (take / will take) this medicine, you will feel better.
(2) If you (won't / don't) make noise, the baby will sleep well.
(3) (If / Unless) you hurry up, you can catch the first train.

2 다음 문장의 밑줄 친 부분이 문맥이나 어법상 틀렸으면 바르게 고쳐 쓰시오.

(1) If it is hot tomorrow, we will go to the beach. → _____
(2) If you sick and tired, you can go home early today. → _____
(3) If you eat too much, you will stay healthy. → _____

G > Grammar
연습 문제

1 수동태

A [보기]에서 알맞은 단어를 골라 올바른 형태로 고쳐 쓰시오.

[보기]	speak	clean	break	paint	build

1 The classroom was _____ by the students.
2 The Empire State Building was _____ in 1931.
3 English is _____ all around the world.
4 The *Mona Lisa* was _____ by Leonardo da Vinci.
5 My cell phone was _____ by my brother.

B 다음 문장의 밑줄 친 부분이 어법상 **틀렸으면** 바르게 고쳐 쓰시오.

1 The machine was invented by <u>he</u>. → _____
2 The storybooks <u>was</u> written in easy English. → _____
3 The flowers in the garden <u>was</u> planted by my father. → _____
4 The trees on the mountain were <u>cutted</u> down. → _____
5 Math was <u>teached</u> by Mr. Smith last year. → _____

C 다음 우리말과 같도록 괄호 안의 단어를 사용하여 문장을 완성하시오.

1 영화 "겨울왕국"은 많은 한국인들에게 사랑받았다. (love)
    → The movie, *Frozen*, _____ _____ _____ many Koreans.
2 그 시는 요즘 많은 젊은이들에 의해 읽힌다. (read)
    → The poet _____ _____ _____ many young people these days.
3 비 때문에 현장 학습이 취소되었다. (cancel)
    → The field trip _____ _____ because of the rain.

D 다음 능동태 문장을 수동태 문장으로 바꿔 쓰시오.

1 Jane solved the difficult math problem.
    → _____
2 My father cooked a delicious meal.
    → _____
3 Tony waters the plants every day.
    → _____

2 접속사 if

A 다음 괄호 안에서 알맞은 것을 고르시오.

1 If the weather (is / be) fine this Saturday, we'll go camping.

2 (If / Unless) you practice harder, you can't win first prize.

3 If you (arrive / don't arrive) early, you'll get a good seat.

4 If he (tells / will tell) a lie, his parents will get angry at him.

5 (If / Unless) you feel hot in the room, you can turn on the air conditioner.

B 다음 문장의 빈칸에 If와 Unless 중 알맞은 접속사를 쓰시오.

1 _____ you keep a pet, you won't feel lonely.

2 _____ you run faster, you will miss the last bus.

3 _____ you turn to the right, you will see the bank.

4 _____ you speak louder, nobody will hear you.

5 _____ you eat too many sweets, you will have a bad toothache.

C 다음 문장의 밑줄 친 부분에서 틀린 부분을 찾아 바르게 고쳐 쓰시오.

1 If it rain tomorrow, I will stay home and take a rest.   _____ → _____

2 If you not study hard, you will fail the exam.   _____ → _____

3 If it will be sunny this weekend, we will go hiking.   _____ → _____

4 If you leave now, you will miss the bus.   _____ → _____

5 Unless you don't go to bed now, you can't get up early.   _____ → _____

D 다음 우리말과 같도록 접속사 if와 괄호 안의 말을 사용하여 영작하시오. (If절로 시작할 것)

1 만약 네가 코트를 입지 않으면, 너는 감기에 걸릴 것이다. (wear, coat, catch a cold)

→ _____

2 만약 네가 다른 사람들에게 친절하지 않다면, 너는 많은 친구들을 사귈 수 없다. (nice, others, make, a lot of)

→ _____

3 만약 네가 택시를 타면, 너는 제시간에 그곳에 도착할 수 있다. (take, get, on time)

→ _____

4 만약 네가 그 문제에 관해 선생님께 여쭤보면, 너는 답을 얻을 것이다. (ask, about, problem, get the answer)

→ _____

Grammar

실전 TEST

[01-03] 다음 문장의 빈칸에 들어갈 말로 알맞은 것을 고르시오.

01 If my father _____ home early, we will eat out for dinner.

① come   ② comes   ③ came
④ will come   ⑤ has come

02 This letter was sent to me _____ my cousin.

① from   ② to   ③ by
④ for   ⑤ with

03 These pictures were _____ by a famous photographer.

① take   ② took   ③ taking
④ taken   ⑤ to take

04 다음 중 빈칸에 들어갈 make의 형태가 나머지와 <u>다른</u> 것은? (단, 시제는 모두 과거시제임)

① Her ring _____ of a precious stone.
② The movie _____ by Steven Spielberg.
③ Spaghetti _____ by Jenny last night.
④ The cleaning robot _____ by the scientist.
⑤ She felt nervous before she _____ the speech.

05 다음 중 빈칸에 들어갈 말이 나머지와 <u>다른</u> 것은?

① _____ he cleans the room, I'll wash the dishes.
② _____ you read the book, you can learn many things.
③ _____ you are more careful, you won't get hurt.
④ _____ she wears glasses, she can't see the small letters.
⑤ _____ you go two blocks, you can see the flower shop.

[06-07] 다음 우리말을 바르게 영작한 것을 고르시오.

06 그 박물관은 많은 관광객들에 의해 방문되어진다.

① The museum visited many tourists.
② The museum is visiting by many tourists.
③ The museum is visited from many tourists.
④ The museum visits many tourists.
⑤ The museum is visited by many tourists.

07 만약 오늘 오후에 비가 오면, 내가 너를 데리러 갈게.

① If it will rain this afternoon, I'll pick you up.
② If it rains this afternoon, I'll pick you up.
③ If it rains this afternoon, I picked you up.
④ If it will rain this afternoon, I pick you up.
⑤ If it rain this afternoon, I'll pick you up.

[08-09] 다음 두 문장의 의미가 같도록 빈칸에 알맞은 말을 쓰시오.

08 Unless you turn down the volume, the baby will wake up.

= _____ you _____ turn down the volume, the baby will wake up.

09 Many students watched a documentary about the environment.

= A documentary about the environment _____ _____ _____ many students.

한 단계 더!

10 다음 빈칸에 들어갈 말이 순서대로 짝 지어진 것은?

- The boy was taken care of _____ his grandmother.
- I am interested _____ drawing cartoons.

① by – by   ② by – in
③ in – with   ④ in – by
⑤ for – in

11 다음 빈칸에 들어갈 catch의 형태로 알맞은 것은?

A big fish _____ by my father last weekend.

① catch   ② catches
③ is caught   ④ was caught
⑤ was catching

고
난도

12 다음 중 어법상 옳은 것끼리 짝 지어진 것은?

ⓐ If you study hard, you will get good grades.
ⓑ If the schedule won't change, they will return next week.
ⓒ Unless you don't save money, you will regret it.
ⓓ Unless you will leave before 5, there will be a heavy traffic jam.
ⓔ If I meet Amy this afternoon, I will give your book to her.

① ⓐ, ⓑ   ② ⓐ, ⓒ   ③ ⓐ, ⓔ
④ ⓒ, ⓓ   ⑤ ⓓ, ⓔ

[13-14] 다음 문장에서 어법상 틀린 부분을 찾아 바르게 고쳐 쓰시오.

13 The painting was painting by a five-year-old boy.

_____ → _____

14 If the weather will be fine, we'll go on a field trip.

_____ → _____

신
유형

15 다음 우리말과 같도록 괄호 안의 단어들을 배열하여 문장을 완성할 때, 다섯 번째로 오는 단어는?

그 규칙들은 몇몇 사람들에 의해 지켜지지 않았다.

(not, some, people, the, followed, were, by, rules)

① rules   ② not   ③ followed
④ by   ⑤ were

한 단계 더!

16 다음 문장의 밑줄 친 부분과 쓰임이 다른 것은?

> If you help me, I can finish this work by noon.

① I don't know if she will get better.
② If you see Chris, tell him to call me.
③ You can use my phone if you want to.
④ If he is smart, he will pass the test easily.
⑤ They will catch the bus if they leave now.

17 다음 중 어법상 틀린 것은?

① The tower was built ten years ago.
② If you tell a lie again, I won't forgive you.
③ My uncle was not made the kite yesterday.
④ If you don't have any questions, I will finish the class.
⑤ Unless you want to catch a cold, put on your coat.

한 단계 더!

18 다음 문장에서 어법상 틀린 부분을 바르게 고친 것은?

> The room was filled by flowers and balloons.

① was → were   ② filled → filling
③ by → with   ④ flowers → flower
⑤ balloons → balloon

19 다음 두 문장에 대한 설명으로 올바른 것은?

> (A) English and French are spoken in Quebec.
> (B) If you don't take her advice, you will regret it.

① (A)는 능동태 문장이다.
② (A)는 「to+행위자」가 생략되었다.
③ (A)에서 are는 is로 바꿔야 한다.
④ (B)에서 If you don't는 Unless you로 바꿀 수 있다.
⑤ (B)에서 don't는 won't가 되어야 한다.

20 다음 대화의 빈칸에 들어갈 말로 알맞은 것은?

> A: Who designed the Eiffel Tower?
> B: It _____ by Gustave Eiffel.

① designed   ② is designed
③ was designed   ④ was designing
⑤ has designed

21 다음 능동태 문장을 수동태로 바꾼 것 중 어법상 옳은 문장의 개수는?

> ⓐ We made the graduation video.
>   → The graduation video was made by we.
> ⓑ Michael took the pictures of his pet dog.
>   → The pictures of his pet dog were taken by Michael.
> ⓒ Edgar Degas painted *The Dance Class*.
>   → *The Dance Class* was painted by Edgar Degas.
> ⓓ Thomas Edison invented the light bulb.
>   → The light bulb were invented by Thomas Edison.

① 0개   ② 1개   ③ 2개   ④ 3개   ⑤ 4개

22 다음 문장에서 <u>틀린</u> 부분을 찾아 바르게 고쳐 쓰고, 그 이유를 우리말로 쓰시오.

> If you won't take the medicine, your headache will get worse.

(1) 틀린 부분: _____ → _____
(2) 틀린 이유: _____
_____

고
산도 한 단계 더!

23 다음 중 어법상 <u>틀린</u> 문장을 <u>두 개</u> 찾아 기호를 쓰고, 바르게 고쳐 쓰시오.

> ⓐ I am interested by singing and dancing.
> ⓑ Unless you take the subway, you will be late.
> ⓒ My broken laptop was repaired by my father.
> ⓓ The light was turned off by someone.
> ⓔ If it will rain tomorrow, I will stay home.

(   ) _____ → _____
(   ) _____ → _____

고
산도

24 다음 능동태 문장을 수동태 문장으로 바꿔 쓰시오.

(1) Many people use smartphones these days.
→ _____

(2) She bought a blue shirt.
→ _____

(3) J. K. Rowling wrote *Harry Potter*.
→ _____

(4) A famous artist painted the paintings.
→ _____

25 다음 사진을 보고, [조건]에 맞게 대화를 완성하시오.

Andy

> [조건] 1. 수동태 문장으로 쓸 것
>   2. play를 포함하여 4단어로 쓸 것

A: Who played the drums at the concert?
B: The drums _____.

26 (A), (B)에서 알맞은 말을 하나씩 골라 자연스러운 문장을 만드시오.

(A) • If you jog every morning,
     • If you buy one more,
     • Unless you hurry,

(B) • you will be late for school.
     • you will get a 30% discount.
     • you will be healthier.

(1) _____
(2) _____
(3) _____

R Reading 만점 노트

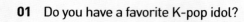

STEP A

스타 중의 스타

The Star of Stars

01 여러분은 가장 좋아하는 K팝 아이돌이 있는가?

01 Do you have a favorite K-pop idol?

02 많은 학생들이 "그렇다."라고 답할 것이다.

02 Many students will answer, "Yes."

03 이 학생들은 종종 자신들의 스타를 향해 큰 애정을 보인다.

03 These students often show great love for their stars.
㉫ 종종 (빈도부사로 일반동사 앞에 위치)

04 어떤 학생들은 콘서트에서 미친 듯이 괴성을 지른다.

04 Some scream madly at concerts.
어떤 학생들은 (부정대명사)

05 다른 학생들은 스타의 사진을 찍기 위해 몇 시간을 기다린다.

05 Others wait hours to take pictures of their stars.
to부정사의 부사적 용법 (목적)
다른 어떤 학생들은 (부정대명사)
take pictures of: ~의 사진을 찍다

06 어떤 학생들은 심지어 가장 좋아하는 스타를 보기 위해 다른 도시로 여행을 가기도 한다.

06 Some students even travel to another city to see their favorite stars.
㉫ 심지어
to부정사의 부사적 용법 (목적)

07 아이돌이 최근의 창조물일까?

07 Are idols a recent creation?

08 아니다!

08 No way!
절대 아니다! (부정의 표현)

09 아이돌은 1960년대의 The Beatles에서 시작됐을까?

09 Did idols begin with The Beatles in the 1960's?
1960년대에

10 그들은 많은 사람들에게 사랑받았지만, 최초는 아니었다.

10 They were loved by many, but they were not the first.
= many people
주어 + be동사 + 과거분사 + by + 행위자 (수동태)

11 1950년대의 Elvis Presley는 어떤가?

11 How about Elvis Presley in the 1950's?
How about + 명사 ~?: ~은 어때?

12 완전히 헛짚었다.

12 Not even close.
Not 앞에 The answer is가 생략됨

13 답을 찾기 위해서, 1845년에 빈에 있는 콘서트홀로 타임머신을 타고 가 보자.

13 To find the answer, let's take a time machine to a concert hall in Vienna in 1845.
let's + 동사원형: ~하자
to부정사의 부사적 용법 (목적)
in + 도시 이름
in + 연도

14 모든 좌석이 꽉 차 있다.

14 All the seats are filled.
수 일치
All (of) + 복수명사: 모든 ~

15 다른 연주회와는 달리, 피아노의 옆면이 청중을 향해 있다.

15 Unlike other concerts, the side of the piano faces the audience.
㉯ ~와 달리
㉮ ~을 마주 보다(향하다)

16 이렇게 함으로써, 청중은 잘생긴 185cm의 피아니스트를 더 잘 볼 수 있다.

16 This way, the audience can see the handsome 185cm pianist better.
piano에 접미사 -ist를 붙임

17 그는 어떠한 악보도 가지고 있지 않다.

17 He doesn't have any sheet music with him.
= has no

18 He begins to play from memory.
　　　　to부정사의 명사적 용법 (목적어)

18 그는 외워서 연주하기 시작한다.

　　　　　　　　　by+동명사: ~함으로써 (softly는 touching 수식)
19 He starts slowly by softly touching the keys.
　　　　동사 starts를 수식하는 부사

19 그는 건반을 부드럽게 누르면서 천천히 시작한다.

　　　　　　　　　　　　　　　　~ 때문에 (이유를 나타내는 접속사)
20 All the people hold their breath because they don't want to miss a single
　　　　hold one's breath: 숨죽이다　　　　　　　　　　　　　⑧ 놓치다

note.

20 모든 사람들이 단 하나의 음도 놓치고 싶지 않아서 숨죽인다.

21 He builds up speed, and his long fingers press down on many keys at
　　　　점점 높이다　　　　　　　　　　　　　　　누르다

once.
한꺼번에

21 그는 속도를 점점 올리고, 그의 긴 손가락으로 많은 건반을 한꺼번에 누른다.

22 This makes the music very powerful and rich.
　　　「주어(This)+make+목적어(the music)+목적격 보어(very powerful and rich)」의 5형식 문장

22 이것은 음악을 아주 힘 있고 풍성하게 만든다.

23 The audience pays attention to his every little body movement.
　　　　pay attention to: ~에 주의를 집중하다　　　　　「every+단수 명사」

23 청중은 그의 모든 작은 몸짓에 주의를 집중한다.

24 His long beautiful hair flies everywhere.

24 그의 길고 아름다운 머리카락이 사방에 날린다.

25 It's like watching a piano and ballet performance at once.
　　　⑳ ~와 같은, ~와 비슷한　　　　　　　　　　　　　= at the same time .

25 그것은 마치 피아노와 발레 공연을 동시에 보는 것 같다.

　　　┌ 등위접속사
26 Time flies and the concert ends.
　　　└── 3인칭 단수 동사 ──┘
　　　　　(병렬 구조)

26 시간은 쏜살같이 흐르고 연주회가 끝난다.

27 People scream and throw flowers and pieces of clothing onto the stage.
　　　　　　　　　　　clothing(옷)은 단위명사로 piece 사용

27 사람들은 소리를 지르며 꽃과 옷을 무대로 던진다.

28 The concert hall goes wild!
　　　　　　　go+형용사: ~하게 되다

28 콘서트홀은 열광의 도가니이다!

29 Who was this amazing star?

29 이 놀라운 스타는 누구였을까?

30 His name was Franz Liszt and he was born in 1811 in Hungary.
　　　　　　　　　　　　　be born: 태어나다
　　　　　　　　　　　┌ ~할 때 (시간을 나타내는 접속사)

30 그의 이름은 Franz Liszt였고, 그는 1811년에 헝가리에서 태어났다.

31 He first started playing the piano when he was seven.
　　　　start+동명사(to부정사): ~하기 시작하다

31 그는 일곱 살 때 처음 피아노를 치기 시작했다.

32 Liszt later became a great pianist, composer and teacher.
　　　　　　　　셋 이상의 명사를 나열할 경우 접속사를 마지막 문장 앞에 한 번만 사용
　　　= Liszt

32 Liszt는 나중에 훌륭한 피아니스트이며 작곡가이자 선생님이 되었다.

33 But many people think of him as the first idol.
　　　　　　　　think of A as B: A를 B로 생각하다
　　　　　　　　give ~ a listen: ~을 듣다

33 그러나 많은 사람들은 그를 첫 번째 아이돌이라고 생각한다.

34 Why don't you give his music a listen?
　　　Why don't you+동사원형 ~?: ~하는 게 어때?

34 그의 음악을 들어 보는 게 어떤가?

35 If you like today's idols, you will love the original idol.
　　　만약 ~라면 (조건을 나타내는 접속사)

35 만약 당신이 요즘의 아이돌을 좋아한다면, 본래의 아이돌도 좋아할 것이다.

빈칸 채우기

우리말 뜻과 일치하도록 교과서 본문의 문장을 완성하시오.

중요 문장

01 Do you have a _____ K-pop idol?

01 여러분은 가장 좋아하는 K팝 아이돌이 있는가?

02 Many students _____ _____, "Yes."

02 많은 학생들이 "그렇다."라고 답할 것이다.

03 These students often _____ _____ _____ for their stars.

03 이 학생들은 종종 자신들의 스타를 향해 큰 애정을 보인다.

04 Some _____ _____ at concerts.

04 어떤 학생들은 콘서트에서 미친 듯이 괴성을 지른다.

05 _____ wait hours _____ _____ _____ of their stars.

05 다른 학생들은 스타의 사진을 찍기 위해 몇 시간을 기다린다.

06 Some students even travel to another city _____ _____ their favorite stars.

06 어떤 학생들은 심지어 가장 좋아하는 스타를 보기 위해 다른 도시로 여행을 가기도 한다.

07 Are idols a _____ _____?

07 아이돌이 최근의 창조물일까?

08 No _____!

08 아니다!

09 _____ idols _____ with The Beatles in the 1960's?

09 아이돌은 1960년대의 The Beatles에서 시작됐을까?

10 They _____ _____ _____ many, but they were not the first.

10 그들은 많은 사람들에게 사랑받았지만, 최초는 아니었다.

11 _____ _____ Elvis Presley in the 1950's?

11 1950년대의 Elvis Presley는 어떤가?

12 _____ even close.

12 완전히 헛짚었다.

13 _____ _____ the answer, let's take a time machine to a concert hall in Vienna in 1845.

13 답을 찾기 위해서, 1845년에 빈에 있는 콘서트홀로 타임머신을 타고 가 보자.

14 All the seats _____ _____.

14 모든 좌석이 꽉 차 있다.

15 _____ other concerts, the side of the piano _____ the audience.

15 다른 연주회와는 달리, 피아노의 옆면이 청중을 향해 있다.

16 This way, the audience _____ _____ the handsome 185cm pianist _____.

16 이렇게 함으로써, 청중은 잘생긴 185cm의 피아니스트를 더 잘 볼 수 있다.

17 He doesn't have _____ _____ _____ with him.

17 그는 어떠한 악보도 가지고 있지 않다.

18 He begins to play _____ _____.

18 그는 외워서 연주하기 시작한다.

19 He starts slowly _____ _____ _____ the keys.

20 All the people _____ _____ _____ because they don't want to miss a single note.

21 He _____ _____ _____, and his long fingers press down on many keys at once.

22 This _____ the music very _____ and rich.

23 The audience _____ _____ _____ his every little body movement.

24 His long beautiful hair flies _____.

25 It's _____ _____ a piano and ballet performance at once.

26 _____ _____ and the concert ends.

27 People scream and _____ _____ and pieces of clothing onto the stage.

28 The concert hall _____ _____!

29 Who was this _____ _____?

30 His name was Franz Liszt and he _____ _____ in 1811 in Hungary.

31 He first _____ _____ the piano when he was seven.

32 Liszt _____ _____ a great pianist, composer and teacher.

33 But many people _____ _____ _____ _____ the first idol.

34 _____ _____ _____ give his music a listen?

35 _____ you like today's idols, you _____ _____ the original idol.

19 그는 건반을 부드럽게 누르면서 천천히 시작한다.

20 모든 사람들이 단 하나의 음도 놓치고 싶지 않아서 숨죽인다.

21 그는 속도를 점점 올리고, 그의 긴 손가락으로 많은 건반을 한꺼번에 누른다.

22 이것은 음악을 아주 힘 있고 풍성하게 만든다.

23 청중은 그의 모든 작은 몸짓에 주의를 집중한다.

24 그의 길고 아름다운 머리카락이 사방에 날린다.

25 그것은 마치 피아노와 발레 공연을 동시에 보는 것 같다.

26 시간은 쏜살같이 흐르고 연주회가 끝난다.

27 사람들은 소리를 지르며 꽃과 옷을 무대로 던진다.

28 콘서트홀은 열광의 도가니이다!

29 이 놀라운 스타는 누구였을까?

30 그의 이름은 Franz Liszt였고, 그는 1811년에 헝가리에서 태어났다.

31 그는 일곱 살 때 처음 피아노를 치기 시작했다.

32 Liszt는 나중에 훌륭한 피아니스트이며 작곡가이자 선생님이 되었다.

33 그러나 많은 사람들은 그를 첫 번째 아이돌이라고 생각한다.

34 그의 음악을 들어 보는 게 어떤가?

35 만약 당신이 요즘의 아이돌을 좋아한다면, 본래의 아이돌도 좋아할 것이다.

STEP
A

글의 내용과 문장의 어법에 맞게 괄호 안에서 알맞은 어휘를 고르시오.

01   Do you (has / have) a favorite K-pop idol?

02   Many (student / students) will answer, "Yes."

03   These students often show great love for (its / their) stars.

04   Some scream (mad / madly) at concerts.

05   Others wait hours to (taking / take) pictures of their stars.

06   Some students even (travels / travel) to another city to see their favorite stars.

07   (Is / Are) idols a recent creation?

08   (Not / No) way!

09   (Do / Did) idols begin with The Beatles in the 1960's?

10   They (was loving / were loved) by many, but they were not the first.

11   How about Elvis Presley (in / at) the 1950's?

12   Not even (close / closely).

13   To find the answer, let's (taking / take) a time machine to a concert hall in Vienna in 1845.

14   All the (seat / seats) are filled.

15   Unlike other concerts, the side of the piano (face / faces) the audience.

16   This way, the audience can (see / saw) the handsome 185cm pianist better.

17   He doesn't have (some / any) sheet music with him.

18   He begins to play (from / for) memory.

19   He starts slowly by softly (touched / touching) the keys.

20   All the people hold their (breath / breathe) because they don't want to miss a single note.

21   He builds (down / up) speed, and his long fingers press down on many keys (at / to) once.

22   This makes the music very (powerful / powerfully) and rich.

23   The audience pays attention (for / to) his every little body movement.

24   His long beautiful hair (fly / flies) everywhere.

25   It's like (to watch / watching) a piano and ballet performance at once.

26   Time flies and the concert (end / ends).

27   People scream and throw flowers and (slices / pieces) of clothing onto the stage.

28   The concert hall (goes / go) wild!

29   (Which / Who) was this amazing star?

30   His name was Franz Liszt and he (born / was born) in 1811 in Hungary.

31   He first started (playing / played) the piano when he was seven.

32   Liszt later became a great pianist, composer (and / but) teacher.

33   But many people think of him (as / to) the first idol.

34   Why don't you (give / gave) his music a listen?

35   (If / Although) you like today's idols, you will love the original idol.

Reading

틀린 문장 고치기

밑줄 친 부분이 내용이나 어법상 바르면 ○, 어색하면 ×에 표시하고 고쳐 쓰시오.

01 <u>Do</u> you have a favorite K-pop idol? ○ ×

02 <u>Every students</u> will answer, "Yes." ○ ×

03 These <u>student</u> often show great love for their stars. ○ ×

04 <u>Some</u> scream madly at concerts. ○ ×

05 Others <u>waits</u> hours to take pictures of their stars. ○ ×

06 Some students even travel to another city <u>to see</u> their favorite stars. ○ ×

07 Are idols a <u>recently</u> creation? ○ ×

08 No <u>way</u>! ○ ×

09 Did idols <u>began with</u> The Beatles in the 1960's? ○ ×

10 They were <u>love</u> by many, but they were not the first. ○ ×

11 <u>How about</u> Elvis Presley in the 1950's? ○ ×

12 Not <u>even close</u>. ○ ×

13 To find answer, let's take a time machine to a concert hall <u>on</u> Vienna in 1845. × ×

14 All the seats <u>is</u> filled. × ×

15 <u>Unlike</u> other concerts, the side of the piano faces the audience. ○ ×

16 This way, the audience can see the handsome 185cm pianist <u>better</u>. ○ ×

17 He doesn't have any sheet music with <u>his</u>. × ×

18 He begins to <u>played</u> from memory. × ×

19 He starts slowly <u>for softly touching</u> the keys. | ○ | ✕ |

20 All the people hold their breath because they don't want <u>missing</u> a single note. | ○ | ✕ |

21 He <u>builds up</u> speed, and his long fingers press down on many keys at once. | ○ | ✕ |

22 This makes the music very powerful <u>and</u> rich. | ○ | ✕ |

23 The audience pays attention to his every little body <u>movements</u>. | ○ | ✕ |

24 His long beautiful hair flies <u>everywhere</u>. | ○ | ✕ |

25 It's like <u>watching</u> a piano and ballet performance at once. | ○ | ✕ |

26 Time <u>fly</u> and the concert ends. | ○ | ✕ |

27 People scream and throw flowers and pieces of clothing <u>onto</u> the stage. | ○ | ✕ |

28 The concert hall goes <u>wildly</u>! | ○ | ✕ |

29 Who <u>was</u> this amazing star? | ○ | ✕ |

30 His name was Franz Liszt and he was born <u>at</u> 1811 in Hungary. | ○ | ✕ |

31 He first started playing the piano <u>while</u> he was seven. | ○ | ✕ |

32 Liszt <u>later</u> became a great pianist, composer and teacher. | ○ | ✕ |

33 But many people <u>think for him</u> as the first idol. | ○ | ✕ |

34 Why don't you give his music a <u>listening</u>? | ○ | ✕ |

35 <u>If</u> you like today's idols, you will love the original idol. | ○ | ✕ |

배열로 문장 완성하기

주어진 단어를 바르게 배열하여 문장을 쓰시오.

01 여러분은 가장 좋아하는 K팝 아이돌이 있는가? (favorite / do / K-pop idol / have / you / a)
→

02 많은 학생들이 "그렇다."라고 답할 것이다. (will / "Yes" / many / answer, / students)
→

03 이 학생들은 종종 자신들의 스타를 향해 큰 애정을 보인다. (great love / often / show / for their stars / these students)
→

04 어떤 학생들은 콘서트에서 미친 듯이 괴성을 지른다. (scream / some / at concerts /madly)
→

05 다른 학생들은 스타의 사진을 찍기 위해 몇 시간을 기다린다. (wait / to take pictures / hours / of their stars / others)
→

06 어떤 학생들은 심지어 가장 좋아하는 스타를 보기 위해 다른 도시로 여행을 가기도 한다.
(to see / even travel / their favorite stars / to another city / some students)
→

07 아이돌이 최근의 창조물일까? (a recent creation / idols / are)
→

08 아니다! (way / no)
→

09 아이돌은 1960년대의 The Beatles에서 시작됐을까? (begin with / did / idols / in the 1960's / The Beatles)
→

10 그들은 많은 사람들에게 사랑받았지만, 최초는 아니었다. (but / they / by many, / not the first / they / were / were loved)
→

11 1950년대의 Elvis Presley는 어떤가? (Elvis Presley / how about / in the 1950's)
→

12 완전히 헛짚었다. (even / not / close)
→

13 답을 찾기 위해서, 1845년에 빈에 있는 콘서트홀로 타임머신을 타고 가 보자.
(a time machine / to find / let's / take / the answer, / in 1845 / to a concert hall / in Vienna)
→

14 모든 좌석이 꽉 차 있다. (all / are filled / the seats)
→

15 다른 연주회와는 달리, 피아노의 옆면이 청중을 향해 있다.
(unlike / the side / the audience / of the piano / faces / other concerts,)
→

16 이렇게 함으로써, 청중은 잘생긴 185cm의 피아니스트를 더 잘 볼 수 있다.
(the audience / the handsome 185cm pianist / can see / better / this way,)
→

17 그는 어떠한 악보도 가지고 있지 않다. (with him / he / any sheet music / doesn't have)
→

18 그는 외워서 연주하기 시작한다. (to play / begins / from memory / he)
→

19 그는 건반을 부드럽게 누르면서 천천히 시작한다. (slowly / he / by softly touching / starts / the keys)
→

20 모든 사람들이 단 하나의 음도 놓치고 싶지 않아서 숨죽인다.
(hold their breath / because / a single note / they / all the people / don't want / to miss)
→

21 그는 속도를 점점 올리고, 그의 긴 손가락으로 많은 건반을 한꺼번에 누른다.
(he / at once / on many keys / and / his long fingers / builds up / press down / speed,)
→

22 이것은 음악을 아주 힘 있고 풍성하게 만든다. (makes / this / very powerful / the music / and rich)
→

23 청중은 그의 모든 작은 몸짓에 주의를 집중한다. (his every little / the audience / attention / pays / body movement / to)
→

24 그의 길고 아름다운 머리카락이 사방에 날린다. (flies / everywhere / his long beautiful hair)
→

25 그것은 마치 피아노와 발레 공연을 동시에 보는 것 같다. (like / a piano / it's / at once / and / watching / ballet performance)
→

26 시간은 쏜살같이 흐르고 연주회가 끝난다. (time / and / ends / the concert / flies)
→

27 사람들은 소리를 지르며 꽃과 옷을 무대로 던진다.
(throw / pieces of clothing / people / and / onto the stage / scream / flowers / and)
→

28 콘서트홀은 열광의 도가니이다! (the concert hall / wild / goes)
→

29 이 놀라운 스타는 누구였을까? (this amazing star / was / who)
→

30 그의 이름은 Franz Liszt였고 그는 1811년에 헝가리에서 태어났다.
(was / in Hungary / Franz Liszt / was born / and / he / his name / in 1811)
→

31 그는 일곱 살 때 처음 피아노를 치기 시작했다. (was / he / the piano / seven / playing / he first / when / started)
→

32 Liszt는 나중에 훌륭한 피아니스트이며 작곡가이자 선생님이 되었다.
(later / a great pianist, / Liszt / composer and teacher / became)
→

33 그러나 많은 사람들은 그를 첫 번째 아이돌이라고 생각한다. (as / him / the first idol / but / think of / many people)
→

34 그의 음악을 들어 보는 게 어떤가? (a listen / give / don't / why / his music / you)
→

35 만약 당신이 요즘의 아이돌을 좋아한다면, 본래의 아이돌도 좋아할 것이다.
(will love / today's idols, / if / you / the original idol / like / you)
→

[01-03] 다음 글을 읽고, 물음에 답하시오.

Do you have a favorite K-pop idol? Many students will answer, "Yes." These students often show great love for their stars. ___ⓐ___ scream madly at concerts. ___ⓑ___ wait hours to take pictures of their stars. Some students even travel to another city to see their favorite stars.

01 윗글의 빈칸 ⓐ와 ⓑ에 들어갈 말이 순서대로 짝 지어진 것은?

① One – The other
② One – Another
③ Some – Other
④ Some – Others
⑤ Some – The others

02 다음 영어 뜻풀이에 해당하는 단어를 윗글에서 찾아 쓰시오.

to cry out in a loud and high voice because of surprise, excitement, etc.

→ _____

03 윗글의 내용과 일치하지 <u>않는</u> 것은?

① 많은 학생들이 K팝에 관심이 많다.
② 어떤 학생들은 콘서트에서 괴성을 지른다.
③ 많은 스타들이 팬들을 향해 큰 애정을 보인다.
④ 어떤 학생들은 스타의 사진을 찍기 위해 몇 시간을 기다린다.
⑤ 어떤 학생들은 스타를 보기 위해 다른 도시로 여행을 가기도 한다.

[04-06] 다음 글을 읽고, 물음에 답하시오.

Are idols a recent creation? No way! Did idols begin with The Beatles ⓐin the 1960's? <u>그들은 많은 사람들에게 사랑받았다</u>, but they were not the first. ⓑ<u>How about Elvis Presley in the 1950's?</u> ⓒ<u>Not even close.</u> ⓓ<u>To find the answer</u>, let's ⓔ<u>take a time machine</u> to a concert hall in Vienna in 1845.

04 윗글의 밑줄 친 ⓐ~ⓔ의 우리말 뜻이 알맞지 <u>않은</u> 것은?

① ⓐ: 1960년대에
② ⓑ: ~은 어떠니?
③ ⓒ: 완전히 가깝다
④ ⓓ: 답을 찾기 위해서
⑤ ⓔ: 타임머신을 타다

05 윗글의 밑줄 친 우리말을 영어로 바르게 옮긴 것은?

① They loved by many
② They were loved by many
③ They was loved by many
④ They have loved by many
⑤ They are loved by many

06 윗글 다음에 이어질 내용으로 가장 알맞은 것은?

① 1845년의 타임머신 모습
② Elvis Presley에 관한 설명
③ The Beatles에 관한 설명
④ 1845년의 빈에 있는 콘서트홀의 모습
⑤ 1845년의 학생들 모습

[07-10] 다음 글을 읽고, 물음에 답하시오.

(①) All the seats ⓐfill. (②) Unlike other concerts, the side of the piano faces the audience. (③) ⓑHe doesn't have any sheet music with him. (④) He begins ⓒto play from memory. (⑤)

07 윗글의 ①~⑤ 중 주어진 문장이 들어갈 알맞은 곳은?

> This way, the audience can see the handsome 185cm pianist better.

①   ②   ③   ④   ⑤

08 윗글의 밑줄 친 ⓐ의 형태로 알맞은 것은?

① fill   ② filling   ③ filled
④ to fill   ⑤ are filled

09 윗글의 밑줄 친 ⓑ와 주어진 문장이 같은 뜻이 되도록 할 때, 빈칸에 알맞은 말은?

> He has _____ sheet music with him.

① some   ② not   ③ no
④ a few   ⑤ a little

10 윗글의 밑줄 친 ⓒ와 쓰임이 <u>다른</u> 것끼리 짝 지어진 것은?

> ⓐ I am happy to see the Statue of Liberty.
> ⓑ Do you like to play board games?
> ⓒ I hope to visit Italy someday.
> ⓓ He wants to be a K-pop star.
> ⓔ I studied hard to pass the exam.

① ⓐ, ⓑ   ② ⓐ, ⓒ   ③ ⓐ, ⓔ
④ ⓑ, ⓒ, ⓔ   ⑤ ⓒ, ⓓ, ⓔ

[11-14] 다음 글을 읽고, 물음에 답하시오.

He starts slowly by softly ⓐtouch the keys. All the people hold their breath ⓑbecause they don't want ⓒto miss a single note. He _____(A)_____ speed, and his long fingers _____(B)_____ on many keys ⓓat once. (C)This makes the music very ⓔpowerfully and rich.

11 윗글의 밑줄 친 ⓐ~ⓔ 중 어법상 틀린 것의 개수는?

① 1개   ② 2개   ③ 3개   ④ 4개   ⑤ 5개

12 윗글의 빈칸 (A)와 (B)에 들어갈 말이 바르게 짝 지어진 것은?

	(A)		(B)
①	presses down	–	build up
②	presses down	–	think of
③	builds up	–	press down
④	builds up	–	go wild
⑤	goes wild	–	build up

13 윗글의 밑줄 친 (C)This가 가리키는 것을 우리말로 쓰시오.

→ _____

14 윗글을 읽고 알 수 있는 것은?

① 피아니스트의 키
② 무대에서 피아노의 방향
③ 피아니스트의 연주 방식
④ 콘서트홀의 좌석 수
⑤ 콘서트홀의 만석 여부

[15-18] 다음 글을 읽고, 물음에 답하시오.

STEP A

The audience pays attention to his every little body movement. His long beautiful hair flies everywhere. It's ⓐlike watching a piano and ballet performance at once. Time ⓑflies and the concert ends. People scream and throw flowers and pieces of clothing onto the stage. The concert hall goes wild!

15 윗글의 밑줄 친 ⓐlike와 쓰임이 같은 것은?

① I like to ride my bike on the weekend.
② He really likes to watch comedy shows.
③ She walks like a fashion model.
④ I like the dress that I bought yesterday.
⑤ What would you like to do tomorrow?

16 윗글의 밑줄 친 ⓑ의 영어 뜻풀이로 알맞은 것은?

① to take a flight
② to move or pass quickly
③ to have small insects with two wings
④ to move through the air using wings
⑤ to cause to fly, float, or hang in the air

17 윗글을 읽고 답할 수 있는 질문의 개수는?

> • How long does the concert last?
> • How many people are in the concert hall?
> • What do people do when the concert ends?
> • Which performance do people like better?

① 0개　② 1개　③ 2개　④ 3개　⑤ 4개

18 윗글을 읽고 한 문장으로 요약할 때, 빈칸에 알맞은 말을 본문에서 찾아 쓰시오.

> The _____ was moved by his _____.

[19-21] 다음 글을 읽고, 물음에 답하시오.

Who was this ①amazed star? His name was Franz Liszt and he ②was born in 1811 ____ⓐ____ Hungary. He first started ③playing the piano when he was seven. Liszt later became a great pianist, composer and teacher. But many people think of him ____ⓑ____ the first idol. Why don't you ④give his music a listen? ⑤If you like today's idols, you will love the original idol.

19 윗글의 밑줄 친 ①~⑤ 중 어법상 틀린 것은?

①　　②　　③　　④　　⑤

20 윗글의 빈칸 ⓐ와 ⓑ에 들어갈 말이 순서대로 짝 지어진 것은?

① in – for　　② in – as
③ on – as　　④ on – with
⑤ as – for

21 다음 중 Franz Liszt에 관한 내용과 일치하는 것은?

① 1811년 헝가리에서 태어났다.
② 일곱 살에 피아노를 처음 샀다.
③ 나중에 위대한 가수가 되었다.
④ 많은 사람들은 그를 첫 번째 아이돌이라고 생각하지 않는다.
⑤ 어렸을 때 피아노 치는 것을 싫어했다.

22 다음 글을 읽고, 주어진 질문에 영어로 답하시오.

> Do you have a favorite K-pop idol? Many students will answer, "Yes." These students often show great love for their stars. Some scream madly at concerts. Others wait hours to take pictures of their stars. Some students even travel to another city to see their favorite stars.

Q: How do students show great love for their stars?

A: (1) _____

　　(2) _____

　　(3) _____

[23-24] 다음 글을 읽고, 물음에 답하시오.

> All the seats are filled. Unlike other concerts, the side of the piano faces the audience. This way, the audience can see the handsome 185cm pianist better. He doesn't have any sheet music with him. He begins to play from memory.
>
> He starts slowly by softly touching the keys. All the people hold their breath because they don't want to miss a single note. He builds up speed, and his long fingers press down on many keys at once. This makes the music very powerful and rich.

23 윗글 속 피아니스트의 연주법을 설명하는 글을 완성하시오.

> At first, the pianist _____
> _____. And then, he _____,
> and _____
> _____.

24 윗글을 읽고, 다음 질문에 대한 답을 영어로 쓰시오.

(1) **Q**: Why can the audience see the pianist better during the performance?

　　 A: _____
　　　　 _____

(2) **Q**: Why do people hold their breath at Liszt's concert?

　　 A: _____

25 다음 글의 내용과 일치하도록 대화문의 빈칸에 알맞은 질문을 [보기]에서 골라 쓰시오.

> Who was this amazing star? His name was Franz Liszt and he was born in 1811 in Hungary. He first started playing the piano when he was seven. Liszt later became a great pianist, composer and teacher. But many people think of him as the first idol. Why don't you give his music a listen? If you like today's idols, you will love the original idol.

> A: (1) _____
> B: He was born in 1811 in Hungary.
> A: (2) _____
> B: He first started playing the piano when he was seven.
> A: (3) _____
> B: They think of him as the first idol.

> [보기]　• When did he first start playing the piano?
> 　　　　• What do many people think of Liszt?
> 　　　　• When and where was Franz Liszt born?

만점 노트

After You Read_B

Vienna Daily

August 11, 1845

The Star of Our Time

Yesterday Franz Liszt performed his piano concert very successfully ❶ in Vienna. This concert ❷ was different from ❸ others. The side of the piano ❹ faced the audience. They ❺ could see Liszt better this way. He didn't have any sheet music and played ❻ from memory. His music was so powerful and rich. When the concert ended, the concert hall ❼ went wild.

빈 일간지

1845년 8월 11일

우리 시대의 스타

어제 빈에서 Franz Liszt는 그의 피아노 연주회를 매우 성공적으로 마쳤다. 이 연주회는 다른 연주회와는 달랐다. 피아노의 옆면이 청중을 향해 있었다. 이렇게 함으로써, 청중은 Liszt를 더 잘 볼 수 있었다. 그는 어떠한 악보도 가지고 있지 않았고 외워서 연주했다. 그의 음악은 매우 힘 있고 풍성했다. 연주회가 끝났을 때, 콘서트홀은 열광의 도가니였다.

❶ in + 도시 이름
❸ others = other concerts
❺ could: 할 수 있었다 (= were able to)
❼ go + 형용사: ~하게 되다

❷ be different from: ~와 다르다
❹ face: ~을 향해 있다
❻ from memory: 외워서, 기억해서

Think and Write

Dear Sandra,

Hello, my name is Jina and I'm ❶ a big fan of yours. I watched all of your movies and I love "Into the Sky" best. I think ❷ that your acting is so real. How do you ❸ prepare for your roles? ❹ If I meet you ❺ in person, I will ask you many more questions. I hope ❻ to see you soon.

Love,
Jina

Sandra 씨에게,

안녕하세요, 제 이름은 지나이고 저는 당신의 열혈 팬이에요. 저는 당신의 영화를 모두 다 봤고 "Into the Sky"를 가장 좋아해요. 저는 당신의 연기가 정말 실제 같다고 생각해요. 당신의 역할들을 어떻게 준비하시나요? 만약 당신을 직접 만나게 된다면, 저는 더 많은 질문을 할 거예요. 당신을 곧 보게 되기를 바라요.

사랑을 담아,
지나

❶ a big fan of: ~의 열혈 팬
❸ prepare for: ~을 준비하다
❺ in person: 직접

❷ 명사절을 이끄는 접속사 that
❹ if가 이끄는 조건절에서는 미래를 나타낼 때 현재시제를 쓴다.
❻ hope는 to부정사를 목적어로 취하는 동사이다.

Project

❶ There's a place in your heart
And I know ❷ that it is love
And this place could be
❸ Much brighter than tomorrow
And ❹ if you really try
You'll find there's no need to cry

너의 마음에는 한 장소가 있어
그리고 난 그게 사랑이라는 것을 알아
그리고 이 장소는
내일보다 훨씬 더 밝아질 수 있어
그리고 정말 노력한다면
울 필요가 없다는 것을 알게 될 거야

❶ There is + 단수 명사: ~이 있다
❸ 「비교급 + than」: ~보다 더 …한, much는 비교급 수식 부사

❷ 명사절을 이끄는 접속사 that
❹ 접속사 if가 이끄는 조건절

실전 TEST

[01-03] 다음 글을 읽고, 물음에 답하시오.

The Star of Our Time

Yesterday Franz Liszt ①performs his piano concert very successfully in Vienna. This concert was different _____ⓐ_____ others. The side of the piano ②faced the audience. They ③could see Liszt better this way. He ④didn't have any sheet music and played _____ⓑ_____ memory. His music was so powerful and rich. When the concert ended, the concert hall ⑤went wild.

01 윗글의 밑줄 친 ①~⑤ 중 어법상 틀린 것의 개수는?

① 1개 ② 2개 ③ 3개 ④ 4개 ⑤ 5개

02 윗글의 빈칸 ⓐ와 ⓑ에 공통으로 들어갈 말로 알맞은 것은?

① in   ② by   ③ from
④ at   ⑤ with

03 윗글의 내용과 일치하지 <u>않는</u> 것은?

① Liszt는 빈에서 성공적으로 연주회를 했다.
② Liszt는 청중들을 마주 보며 연주했다.
③ Liszt는 악보 없이 외워서 연주했다.
④ Liszt의 음악은 힘 있고 풍성했다.
⑤ 연주회 후 콘서트홀은 열광의 도가니였다.

[04-06] 다음 글을 읽고, 물음에 답하시오.

Dear Sandra,

Hello, my name is Jina and ⓐ저는 당신의 열혈 팬이에요. I watched all of your movies and I love "Into the Sky" best. I think that your acting is so real. How do you prepare for your roles? ⓑIf I will meet you in person, I will ask you many more questions. I hope to see you soon.

Love,
Jina

04 윗글의 우리말 ⓐ와 같도록 주어진 단어를 바르게 배열하여 문장을 쓰시오.

→ _____

(I'm, of, a, fan, yours, big)

05 윗글의 밑줄 친 ⓑ에서 틀린 부분을 찾아 바르게 고쳐 쓰시오.

_____ → _____

06 윗글을 읽고 답할 수 있는 질문을 <u>모두</u> 고르면?

① What does Sandra do?
② When did Jina watch "Into the Sky"?
③ What is Sandra's role in "Into the Sky"?
④ What does Jina think about Sandra's acting?
⑤ How many movies has Sandra appeared in?

W Words

고득점 맞기

01 다음 중 짝 지어진 두 단어의 관계가 나머지와 <u>다른</u> 것은?

① breathe – breath ② move – movement
③ create – creation ④ power – powerful
⑤ perform – performance

02 다음 영어 뜻풀이가 설명하는 단어로 알맞은 것은?

a person who is loved and admired very much

① idol ② audience ③ teacher
④ composer ⑤ pianist

03 다음 문장의 빈칸에 공통으로 들어갈 말로 알맞은 것은?

- Mike got up late and _____ the flight.
- I really _____ him when he went away.

① filled ② ordered ③ found
④ missed ⑤ ended

04 다음 중 밑줄 친 부분과 바꿔 쓸 수 있는 것은?

We can't be in two places <u>at once</u>.

① slowly ② at most
③ at least ④ from time to time
⑤ at the same time

05 다음 문장의 빈칸에 들어갈 수 <u>없는</u> 것은?

ⓐ They were watching her every _____.
ⓑ The cake was a delicious _____ of cream and fruit.
ⓒ The _____ will start at seven.
ⓓ I forgot to bring _____, so I played from memory.

① creation ② sheet music ③ movement
④ audience ⑤ performance

06 다음 단어의 영어 뜻풀이가 알맞지 <u>않은</u> 것은?

① recent: happening not long ago
② madly: in a very strong way
③ composer: something that is made
④ audience: a group of listeners or spectators
⑤ invent: to make, design, or think of a new thing

[07-08] 다음 문장의 빈칸에 들어갈 말로 가장 알맞은 것을 [보기]에서 골라 쓰시오.

| [보기] | original | madly | definitely |
| | powerful | softly | recent |

07 She is the most _____ person in the company.

08 He is _____ satisfied with his current job.

09 다음 문장의 빈칸에 들어갈 말이 순서대로 짝 지어진 것은?

- Press _____ firmly on the rectangular button.
- I hope I can see my favorite singer _____ person.

① down – in
② at – in
③ down – with
④ at – for
⑤ with – for

10 다음 중 밑줄 친 단어의 의미가 같은 것끼리 짝 지어진 것은?

ⓐ The apartments face south.
ⓑ She turned and faced him.
ⓒ Wash your face before you go to bed.
ⓓ He always has a smile on his face.
ⓔ Most of the rooms face the sea.

① ⓐ, ⓑ
② ⓐ, ⓑ, ⓔ
③ ⓑ, ⓒ, ⓓ
④ ⓑ, ⓓ, ⓔ
⑤ ⓒ, ⓓ, ⓔ

11 다음 중 밑줄 친 부분의 우리말 뜻을 잘못 말한 사람은?

① I got this backpack in the flea market.
② Don't press down on the accelerator pedal.
③ Megan sang the song from memory.
④ My sister is good at paper folding.
⑤ I want to see the composer in person.

① 정아: 벼룩시장
② 지호: 속도를 올리다
③ 민호: 외워서
④ 유진: 종이접기
⑤ 영미: 직접

12 다음 문장의 밑줄 친 단어의 영어 뜻풀이로 알맞은 것은?

He has trouble hitting the high note.

① a specific musical tone
② a piece of paper money
③ a short letter to someone
④ an extra piece of information about something in a book
⑤ something that you write down to remind you of something

13 다음 중 밑줄 친 단어의 쓰임이 어색한 것은?

① If we hurry, we'll get there on time.
② The coffee has a smooth, rich taste.
③ Close the door madly, or the baby will wake up.
④ The doctor told me to take a deep breath.
⑤ I'm not tall, but unlike me, my brother is very tall.

14 다음 (A)~(C)에서 문맥상 알맞은 것을 골라 쓰시오.

- They waited for hours to (A) let / take pictures of the band members.
- You need something to (B) cheer / end you up.
- We gave a big hand when the (C) audience / pianist finished her performance.

(A) _____
(B) _____
(C) _____

15 다음 중 주어진 영어 뜻풀이에 해당하는 단어가 쓰인 문장은?

happening or existing first or at the beginning

① Suddenly, I felt madly jealous.
② The original plan was to fly out to New York.
③ There have been many changes in recent years.
④ Our team won the game by a single point.
⑤ Music played softly in the background.

우리말과 일치하도록 대화를 바르게 영작하시오.

1 Listen and Speak 1-A

B: _____

G: _____

B: _____

G: _____

해석   교과서 46쪽

B: 안녕, 수민아. 책 동아리는 어때?

G: 재미있어. 나는 흥미로운 책들을 많이 읽어.

B: 어떤 책을 가장 좋아하니?

G: 나는 "Charlotte's Web"을 가장 좋아해.

2 Listen and Speak 1-B

G: _____

B: _____

G: _____

B: _____

G: _____

B: _____

G: _____

교과서 46쪽

G: 지호야, 이번 주 토요일에 뭐 할 거니?

B: 나는 친구들이랑 Blue Sky 팬 모임에 갈 거야.

G: 와, 나도 그 밴드의 열혈 팬이야.

B: 정말? 너는 어느 멤버를 가장 좋아하니, Amy?

G: 나는 Lucy를 가장 좋아해. 그녀는 노래를 정말 잘해.

B: 나는 드러머인 Mike를 가장 좋아해. 그는 환상적이야! 우리와 함께 갈래?

G: 물론이지. 너무 좋아. 기대된다!

3 Listen and Speak 1-C

A: _____

B: _____

A: _____

B: _____

교과서 46쪽

A: 너는 운동을 좋아하니?

B: 응, 좋아해.

A: 너는 어떤 운동을 가장 좋아하니?

B: 나는 테니스를 가장 좋아해. 그것은 아주 흥미진진해!

4 Listen and Speak 2-A

B: _____

G: _____

B: _____

G: _____

B: _____

교과서 47쪽

B: 너는 왜 그 헌 옷들을 모두 가지고 있니?

G: 나는 벼룩시장에서 그 옷들을 팔 거야.

B: 정말? 나도 헌 옷들이 조금 있어.

G: 그러면 이번 주 토요일에 나와 함께 파는 게 어때?

B: 좋아.

5 Listen and Speak 2-B

교과서 47쪽

G: _____

B: _____

G: _____

B: _____

G: _____

B: _____

G: _____

B: _____

해석

G: Tom, 왜 그렇게 많은 종이꽃을 가지고 있니?

B: 이 꽃들은 엄마 생신을 위한 거야.

G: 정말 예쁘다. 그 꽃들을 어디서 구했니?

B: 내가 만들었어.

G: 와, 너 정말 잘 만든다.

B: 고마워. 나 요즘 종이접기 수업을 듣고 있어.

G: 그 꽃들은 너희 엄마에게 완벽한 선물이 될 거야.

B: 나도 그러길 바라.

6 Listen and Speak 2-C

교과서 47쪽

A: _____

B: _____

A: _____

B: _____

A: 너는 꿈의 휴가로 어느 나라를 가 보고 싶니?

B: 나는 캐나다를 가 보고 싶어.

A: 왜 캐나다를 가 보고 싶니?

B: 나이아가라 폭포를 보고 싶기 때문이야.

7 Real Life Talk > Watch a Video

교과서 48쪽

Mina: _____

_____

Mr. Smith: _____

Mina: _____

Mr. Smith: _____

Mina: _____

Mr. Smith: _____

Mina: _____

Mr. Smith: _____

Mina: _____

미나: 안녕하세요, 여러분. 저는 학교 라디오 프로그램의 미나입니다. 오늘은 영어 선생님이신 Smith 선생님과 함께하겠습니다. 안녕하세요, Smith 선생님.

Smith 선생님: 안녕하세요, 여러분. 여러분과 함께하게 되어 기쁘군요.

미나: 음악에 관한 이야기를 나눠 보도록 하죠. Smith 선생님, 어느 밴드를 가장 좋아하시나요?

Smith 선생님: 두말할 것도 없이 The Beatles요.

미나: 오, 저도 그들을 좋아해요. 무슨 노래를 가장 좋아하시나요?

Smith 선생님: 그들의 노래 대부분을 좋아하지만, "Hey Jude"를 가장 좋아하죠.

미나: 왜 그 노래를 좋아하시나요?

Smith 선생님: 그 노래는 제가 우울할 때 기분이 나아지게 해 주기 때문이에요.

미나: 멋지군요! 그 노래를 들어 보죠.

01 다음 대화의 빈칸에 들어갈 말로 알맞은 것은?

> A: Do you like animals?
> B: Yes, I do.
> A: _____
> B: I like giraffes best. Their necks are so long.

① Do you like plants, too?
② Why do you like animals?
③ Have you ever had a pet?
④ Which animal do you like best?
⑤ Do you know that animals like tigers are disappearing?

02 다음 대화의 밑줄 친 부분과 바꿔 쓸 수 있는 것을 모두 고르면?

> A: I want to visit Canada someday.
> B: Why do you want to visit Canada?
> A: Because I want to see Niagara Falls.

① Why don't you visit Canada?
② What makes you want to visit Canada?
③ What do you want to do when you visit Canada?
④ Can you tell me why you want to visit Canada?
⑤ Is there another reason why you want to visit Canada?

03 다음 중 짝 지어진 대화가 어색한 것은?

① A: What are you going to do this Saturday?
　B: I'm going to go on a picnic with my family.
② A: Which music do you like best, Amy?
　B: I like classical music best.
③ A: Why do you want to visit France?
　B: Because I want to see the Eiffel Tower.
④ A: I like *Charlotte's Web* best. How about you?
　B: I like *The Wizard of Oz*.
⑤ A: How's the book club going?
　B: It's boring. I read lots of interesting books.

04 다음 문장에 이어질 대화를 순서대로 배열한 것은?

> Why do you have all those old clothes?
>
> (A) Really? I have some old clothes, too.
> (B) Okay.
> (C) I'm going to sell them at the flea market.
> (D) Then why don't you join me this Saturday?

① (A) – (B) – (C) – (D)　② (A) – (C) – (B) – (D)
③ (C) – (A) – (D) – (B)　④ (C) – (B) – (A) – (D)
⑤ (D) – (B) – (C) – (A)

[05-06] 다음 대화를 읽고, 물음에 답하시오.

> Mina: Let's talk about music. Mr. Smith, (A)what's your favorite band?
> Mr. Smith: Definitely The Beatles.
> Mina: Oh, I like them, too. Which song do you like best?
> Mr. Smith: I like most of their songs, but I like *Hey Jude* best.
> Mina: ____ⓐ____ do you like it?
> Mr. Smith: ____ⓑ____ the song makes me feel better when I'm down.
> Mina: That's great! Let's listen to the song.

05 위 대화의 밑줄 친 (A)와 바꿔 쓸 수 있는 표현을 완성하시오.

= _____ _____ do you _____ _____?

06 위 대화의 빈칸 ⓐ와 ⓑ에 알맞은 말을 넣어 이유를 묻고 답하는 대화를 완성하시오.

ⓐ _____　　ⓑ _____

[07-09] 다음 대화를 읽고, 물음에 답하시오.

A: Jiho, what are you going to do this Saturday?
B: I'm going to Blue Sky's fan meeting with my friends.
A: Wow, ⓐ나 또한 그 밴드의 열혈 팬이야.
B: Really? Which member do you like best, Amy?
A: I like Lucy best. She sings really well.
B: I like the drummer, Mike, best. He's fantastic! Do you want to join us?
A: Sure, I'd love to. ⓑ난 기다릴 수 없을 만큼 기대돼!

07 위 대화의 밑줄 친 우리말 ⓐ와 같도록 주어진 말을 바르게 배열하여 문장을 쓰시오.

> the band, a, fan, of, also, big, I'm

→ _____

08 위 대화의 밑줄 친 우리말 ⓑ를 [조건]에 맞게 영작하시오.

[조건] 1. wait를 포함하여 3단어로 쓸 것
　　　 2. 주어와 동사를 포함한 완전한 문장으로 쓸 것

→ _____

09 위 대화의 내용과 일치하도록 Amy가 쓴 일기를 완성하시오.

Today, I found out that Jiho also likes the band, Blue Sky. His (1)_____ is Mike. Jiho thinks Mike is a (2)_____ _____. I like Lucy the best because (3)_____. We're going to (4)_____ together this Saturday.

[10-12] 다음 대화를 읽고, 물음에 답하시오.

G: Tom, why do you have so many paper flowers?
B: They're for my mom's birthday.
G: They're so beautiful. Where did you get them?
B: I made them.
G: Wow, you're really good.
B: Thanks. I'm taking a paper folding class these days.
G: 그것들은 너희 엄마에게 완벽한 선물이 될 거야.
B: I hope so, too.

10 Read the dialogue and fill in the blanks.

The speakers are talking about Tom's _____ _____.

11 위 대화의 우리말과 같도록 [조건]에 맞게 쓰시오.

[조건] 1. they, be, gift를 포함할 것
　　　 2. 시제에 유의할 것

→ _____

12 다음 [조건]에 맞게 질문에 대한 답을 쓰시오.

[조건] 1. 주어와 동사를 포함한 완전한 문장으로 쓸 것
　　　 2. 대소문자와 문장 부호를 정확히 쓸 것

(1) Q: What class is Tom taking these days?
　　A: _____
(2) Q: What does Tom's friend think about his paper flowers?
　　A: _____
(3) Q: Why did Tom make paper flowers?
　　A: _____

Grammar
고득점 맞기

STEP
B

01 다음 중 빈칸에 들어갈 말이 나머지와 <u>다른</u> 것은?

① The actor is loved _____ many teenagers.

② Spanish was taught _____ Mr. Kim last year.

③ The meal was made _____ my mother.

④ *Hey Jude* was sung _____ the famous band.

⑤ I'm interested _____ starting my own business.

02 다음 문장의 빈칸에 들어갈 말로 알맞지 <u>않은</u> 것은?

If _____ tomorrow, I will go camping.

① it doesn't snow   ② the weather is fine

③ it won't rain   ④ I finish the work

⑤ he takes care of my cat

03 Which one is grammatically <u>incorrect</u>?

① If you are hungry, you can eat the pizza.

② The building was designed by a famous architect.

③ Andy's room is filled with books.

④ The window was broke by someone.

⑤ If you don't mind, I will turn off the TV.

신유형

04 다음 중 빈칸에 들어갈 동사 write의 형태가 같은 것끼리 짝 지어진 것은?

ⓐ The song _____ by a talented songwriter two years ago.

ⓑ He _____ these poems when he was young.

ⓒ The letter _____ by my cousin in Canada last month.

ⓓ We will _____ the report together.

① ⓐ, ⓑ   ② ⓐ, ⓒ   ③ ⓐ, ⓓ

④ ⓑ, ⓒ   ⑤ ⓒ, ⓓ

05 다음 두 문장의 의미가 같도록 빈칸에 알맞은 말을 쓰시오.

If you don't have a passport, you can't travel around the world.

= _____ you have a passport, you can't travel around the world.

06 다음 능동태 문장을 수동태 문장으로 바꾼 것 중 어법상 <u>틀린</u> 것을 <u>모두</u> 고르면?

① The birds built the nest.

→ The nest was built by the birds.

② The bus driver saved the girl.

→ The girl is saved by the bus driver.

③ King Sejong invented Hangeul.

→ Hangeul was invented by King Sejong.

④ My little brother painted this painting.

→ This painting was painted by my little brother.

⑤ Amy solved the difficult math problems.

→ The difficult math problems was solved by Amy.

07 다음 중 어법상 옳은 문장을 <u>모두</u> 고르면?

① The World Cup is holding every four years.

② The car stopped by the police.

③ The building is built a few months ago.

④ The TV show was watched by many people.

⑤ My wallet was stolen on the bus.

08 다음 문장과 의미가 <u>다른</u> 것은?

> If you don't follow this rule, we can't work together.

① Follow this rule, or we can't work together.
② If you follow this rule, we can work together.
③ Unless you follow this rule, we can't work together.
④ Follow this rule, and we can work together.
⑤ Unless you follow this rule, we can work together.

09 다음 문장에서 어법상 <u>틀린</u> 부분을 바르게 고친 것은?

> A lot of detective stories were written by he.

① A lot of → Much
② were → was
③ written → writing
④ by → to
⑤ he → him

10 다음 우리말을 영어로 옮긴 것 중 옳은 것은?

① 그 소식은 모두를 놀라게 했다.
   → The news was surprised everyone.
② 이 추리 소설은 많은 학생들에 의해 읽힌다.
   → This mystery novel is readed by many students.
③ 만약 네가 추위를 느낀다면, 나는 창문을 닫을 것이다.
   → If you feel cold, I'll close the window.
④ 만약 그들이 마지막 버스를 놓치면, 그들은 집에 걸어가야 할 것이다.
   → If they'll miss the last bus, they'll have to walk home.
⑤ 만약 네가 그녀에게 진실을 말하지 않으면, 그녀는 너를 용서하지 않을 것이다.
   → She won't forgive you if you tell her the truth.

11 다음 각 문장에 대한 설명으로 알맞지 <u>않은</u> 것은?

① The coin was picked up by the boy.
   → 능동태 문장으로 바꿀 경우, the boy가 주어가 된다.
② I'll go swimming tomorrow if it is not too cold.
   → If ~ not은 Unless로 바꿔 쓸 수 있다.
③ Jessica's friends trusted her.
   → 수동태 문장으로 바꿀 경우, 동사는 were trusted가 된다.
④ If it snows this weekend, I'll stay at home.
   → if절이 미래의 의미를 나타내더라도 현재시제를 쓴다.
⑤ English is spoken all over the world.
   → 행위자가 일반적인 사람인 경우이므로 「by+행위자」가 생략되었다.

12 다음 중 어법상 <u>틀린</u> 것끼리 짝 지어진 것은?

ⓐ I will be happy if you come to my birthday party.
ⓑ You can get there on time if you will hurry.
ⓒ Can you lend me the book unless you don't read it now?
ⓓ If you see Kevin, tell him to call me.
ⓔ If you try harder, you will get a perfect score.

① ⓐ, ⓑ
② ⓐ, ⓑ, ⓓ
③ ⓐ, ⓒ
④ ⓑ, ⓒ
⑤ ⓒ, ⓓ, ⓔ

13 다음 중 어법상 옳은 문장의 개수는?

ⓐ The room was filled with many students.
ⓑ The toy robot wasn't fixed by him.
ⓒ I won't forgive him if he tell a lie again.
ⓓ If you are kind to others, they will like you.

① 0개
② 1개
③ 2개
④ 3개
⑤ 4개

서술형

14 다음 정보를 보고, 대화의 빈칸에 알맞은 말을 [조건]에 맞게 쓰시오.

[조건] 1. 반드시 수동태 문장으로 쓸 것
    2. (1)은 평서문으로, (2)는 의문사를 포함한 의문문으로 쓸 것

The Starry Night
• painter: Vincent van Gogh
• year: 1889

Charlotte's Web
• writer: E. B. White
• year: 1952

(1) A: Who painted *The Starry Night*?

B: _____

(2) A: _____

B: *Charlotte's Web* was written in 1952.

고
산도
15 다음 표를 보고, 조건에 따른 각 사람의 할 일을 나타내는 문장을 완성하시오.

	조건	할 일
Peter	wake up early	ride a bike
Mike	have free time	watch a movie
Lisa	go to the zoo	take pictures of animals

(1) If Peter _____,

_____.

(2) If Mike _____,

_____.

(3) If Lisa _____,

_____.

16 다음 우리말과 같도록 [조건]에 맞게 영작하시오.

[조건] 1. 반드시 수동태 문장으로 쓸 것
    2. 괄호 안의 말을 이용할 것
    3. 필요 시 주어진 말의 형태를 바꿀 것

(1) 그 사진들은 Sam에 의해 찍히지 않았다.

→ _____

(the pictures, take)

(2) 이 표현은 많은 사람들에 의해 사용된다.

→ _____

(expression, use)

(3) Jim의 집이 화재에 의해 타 버렸다.

→ _____

(burn down, fire)

고
산도
17 다음 글을 읽고, 여러분이 각 사람에게 할 말을 [조건]에 맞게 쓰시오.

[조건] 1. 반드시 if를 사용할 것
    2. 주어진 상황에 어울리는 말을 쓸 것
    3. 주어와 동사를 포함한 완전한 문장으로 쓸 것

Suji and Jason have problems these days. Suji usually goes to bed late. So she always feels tired at school and can't concentrate on the lessons. Jason is interested in English. He wants to improve his English, but he doesn't know how to do it. In these situations, what would you like to tell them?

(1) Suji, _____

_____.

(2) Jason, _____

_____.

다음 우리말과 일치하도록 각 문장을 바르게 영작하시오.

01

_____

여러분은 가장 좋아하는 K팝 아이돌이 있는가?

02

_____

많은 학생들이 "그렇다."라고 답할 것이다.

03

_____

이 학생들은 종종 자신들의 스타를 향해 큰 애정을 보인다.

04

_____

어떤 학생들은 콘서트에서 미친 듯이 괴성을 지른다.

05

_____

☆ 다른 학생들은 스타의 사진을 찍기 위해 몇 시간을 기다린다.

06

_____

어떤 학생들은 심지어 가장 좋아하는 스타를 보기 위해 다른 도시로 여행을 가기도 한다.

07

_____

아이돌이 최근의 창조물일까?

08

_____

아니다!

09

_____

아이돌은 1960년대의 The Beatles에서 시작됐을까?

10

_____

☆ 그들은 많은 사람들에게 사랑받았지만, 최초는 아니었다.

11

_____

1950년대의 Elvis Presley는 어떤가?

12

_____

완전히 헛짚었다.

13

_____

☆ 답을 찾기 위해서, 1845년에 빈에 있는 콘서트홀로 타임머신을 타고 가 보자.

14

_____

☆ 모든 좌석이 꽉 차 있다.

15

_____

다른 연주회와는 달리, 피아노의 옆면이 청중을 향해 있다.

16

_____

이렇게 함으로써, 청중은 잘생긴 185cm의 피아니스트를 더 잘 볼 수 있다.

17

_____

그는 어떠한 악보도 가지고 있지 않다.

18

_____

☆ 그는 외워서 연주하기 시작한다.

19

_____

그는 건반을 부드럽게 누르면서 천천히 시작한다.

20

_____

모든 사람들이 단 하나의 음도 놓치고 싶지 않아서 숨죽인다.

21

_____

☆ 그는 속도를 점점 올리고, 그의 긴 손가락으로 많은 건반을 한꺼번에 누른다.

22

_____

이것은 음악을 아주 힘 있고 풍성하게 만든다.

23

_____

☆ 청중은 그의 모든 작은 몸짓에 주의를 집중한다.

24

_____

그의 길고 아름다운 머리카락이 사방에 날린다.

25

_____

그것은 마치 피아노와 발레 공연을 동시에 보는 것 같다.

26

_____

시간은 쏜살같이 흐르고 연주회가 끝난다.

27

_____

사람들은 소리를 지르며 꽃과 옷을 무대로 던진다.

28

_____

☆ 콘서트홀은 열광의 도가니이다!

29

_____

이 놀라운 스타는 누구였을까?

30

_____

그의 이름은 Franz Liszt였고, 그는 1811년에 헝가리에서 태어났다.

31

_____

☆ 그는 일곱 살 때 처음 피아노를 치기 시작했다.

32

_____

Liszt는 나중에 훌륭한 피아니스트이며 작곡가이자 선생님이 되었다.

33

_____

그러나 많은 사람들은 그를 첫 번째 아이돌이라고 생각한다.

34

_____

그의 음악을 들어 보는 게 어떤가?

35

_____

☆ 만약 당신이 요즘의 아이돌을 좋아한다면, 본래의 아이돌도 좋아할 것이다.

[01-03] 다음 글을 읽고, 물음에 답하시오.

Do you have a favorite K-pop idol? Many students will answer, "Yes." These students ①often show great love for their stars. ___(A)___ scream ②mad at concerts. ___(B)___ wait ③hours to take pictures of their stars. Some students ④even travel to another city ⑤to see their favorite stars.

01 윗글의 밑줄 친 ①~⑤ 중 어법상 틀린 것은?

①   ②   ③   ④   ⑤

02 윗글의 빈칸 (A)와 (B)에 들어갈 알맞은 말을 [보기]에서 골라 쓰시오.

[보기]	One	Another	Some
	The other		Others

(A) _____   (B) _____

03 윗글의 밑줄 친 great love의 예로 제시되지 않은 것을 모두 고르면?

① 스타에게 선물을 보낸다.
② 스타의 콘서트에서 괴성을 지른다.
③ 스타의 이름으로 기부를 하거나 선행을 한다.
④ 스타의 사진을 찍기 위해 몇 시간을 기다린다.
⑤ 스타를 보기 위해 다른 도시로 여행을 가기도 한다.

[04-06] 다음 글을 읽고, 물음에 답하시오.

Are idols a recent _____? No way! Did idols begin with The Beatles in the 1960's? ⓐThey were loved by many, but they were not the first. How about Elvis Presley in the 1950's? Not even close. To find the answer, let's take a time machine to a concert hall in Vienna in 1845.

04 윗글의 빈칸에 들어갈 말로 가장 알맞은 것은?

① role   ② movement
③ invention   ④ creation
⑤ original

05 윗글의 밑줄 친 문장 ⓐ에 대해 잘못 설명한 사람은?

① 지윤: 수동태 문장이다.
② 유준: many는 many people을 의미한다.
③ 미영: They는 앞에 나온 The Beatles를 가리킨다.
④ 민준: by가 아니라 from을 써야 한다.
⑤ 정민: 능동태로 바꾸면 Many loved them.이다.

06 윗글의 내용과 일치하지 않는 것은?

① 아이돌은 최근의 창조물이 아니다.
② The Beatles는 많은 사람들의 사랑을 받았다.
③ The Beatles가 최초의 아이돌은 아니다.
④ Elvis Presley가 최초의 아이돌이다.
⑤ Elvis Presley는 1950년대 인물이다.

[07-09] 다음 글을 읽고, 물음에 답하시오.

All the seats are (A) | filling / filled |. ①Unlike other concerts, the side of the piano faces the audience. ②Actually, the audience wants to see the piano more. ③ This way, the audience can see the handsome 185cm pianist better. ④He doesn't have any sheet music with him. ⑤He begins to play from memory.

He starts slowly by softly (B) | touching / touched | the keys. All the people hold their breath because they don't want to miss a single note. He builds up speed, and his long fingers press down on many keys at once. This makes the music very (C) | powerful / powerfully | and rich.

07 윗글의 밑줄 친 ①~⑤ 중 흐름상 어색한 것은?

① ② ③ ④ ⑤

08 윗글의 (A)~(C)에서 알맞은 말이 순서대로 짝 지어진 것은?

(A)	(B)	(C)
① filling	– touching	– powerfully
② filling	– touched	– powerful
③ filled	– touching	– powerful
④ filled	– touching	– powerfully
⑤ filled	– touched	– powerful

09 윗글을 읽고 답할 수 없는 질문은?

① Were all seats filled?
② How many seats are there in the concert hall?
③ Which direction does the side of the piano face on the stage?
④ How tall is the pianist?
⑤ How does the pianist play?

[10-11] 다음 글을 읽고, 물음에 답하시오.

The audience pays attention to his every little body movement. His long beautiful hair flies everywhere. It's like watching a piano and ballet performance at once. Time flies and the concert ends. People scream and throw flowers and pieces of clothing onto the stage. The concert hall goes wild!

10 윗글에 나타난 청중의 심경으로 알맞은 것은?

① scared ② bored ③ tired
④ excited ⑤ disappointed

11 다음 영어 뜻풀이에 해당하는 단어 중 윗글에서 찾을 수 없는 것은?

① an act or process of moving
② a group of listeners or spectators
③ the act of performing a play, concert, etc.
④ happening or existing first or at the beginning
⑤ to cry out in a loud and high voice because of surprise, excitements, etc.

12 다음 글의 빈칸에 들어갈 수 없는 것은?

> **Vienna Daily**
> August 11, 1845
> **The Star of Our Time**
> Yesterday Franz Liszt performed his piano concert very _____ in Vienna. This concert was _____ from others. The side of the piano faced the audience. They could see Liszt _____ this way. He didn't have any sheet music and played from memory. His music was so powerful and rich. When the concert ended, the concert hall went _____.

① wild ② different
③ madly ④ better
⑤ successfully

[13-14] 다음 글을 읽고, 물음에 답하시오.

Are idols a recent creation? No way! Did idols begin with The Beatles ___ⓐ___ the 1960's? They loved by many, but they were not the first. How ___ⓑ___ Elvis Presley in the 1950's? Not even close. To find the answer, let's take a time machine to a concert hall in Vienna in 1845.

13 윗글의 빈칸 ⓐ와 ⓑ에 들어갈 알맞은 말을 쓰시오.

ⓐ _____   ⓑ _____

14 윗글에서 어법상 틀린 문장을 찾아 바르게 고쳐 쓰시오.

→ _____

15 다음 글을 읽고, 연주를 하고 있는 피아니스트를 설명하는 말 세 가지를 영어로 쓰시오.

All the seats are filled. Unlike other concerts, the side of the piano faces the audience. This way, the audience can see the handsome 185cm pianist better. He doesn't have any sheet music with him. He begins to play from memory.

(1) _____
(2) _____
(3) _____

[16-18] 다음 글을 읽고, 물음에 답하시오.

The audience pays attention to his every little body movement. His long beautiful hair flies everywhere. It's like ⓐto watch a piano and ballet performance at once. Time flies and the concert ends. People scream and throw flowers and pieces of clothing onto the stage. The concert hall goes ⓑwild!

___(A)___ was this ⓒamazing star? His name was Franz Liszt and he ⓓwas born in 1811 in Hungary. He first started playing the piano when he was seven. Liszt ⓔlater became a great pianist, composer and teacher. But many people think of him as the first idol. ___(B)___ don't you give his music a listen? (C)만약 당신이 요즘의 아이돌을 좋아한다면, 본래의 아이돌도 좋아할 것이다.

16 윗글의 밑줄 친 ⓐ~ⓔ 중 어법상 틀린 것을 골라 기호를 쓰고 바르게 고쳐 쓴 후, 틀린 이유를 우리말로 쓰시오.

(1) 틀린 부분: (___) _____ → _____
(2) 틀린 이유: _____

17 윗글의 밑줄 친 (C)의 우리말을 [조건]에 맞게 영작하시오.

> [조건] 1. 반드시 if로 시작하여 쓸 것
>   2. if를 포함한 11개의 단어로 쓸 것
>   3. 괄호 안의 단어를 사용할 것

→ _____

(like, today's idols, will, love, original)

18 윗글의 내용과 일치하도록 다음 글을 완성하시오.

Franz Liszt was the first idol. He was an amazing star. At his concert, everyone _____ his every little body movement. When the concert ended, the hall _____.

서술형 100% TEST

01 다음 빈칸에 들어갈 알맞은 말을 [보기]에서 골라 쓰시오.

[보기]   idol   note   performance   role

- All the fans screamed when they saw their (1) _____.
- The band's final (2) _____ was fantastic.
- The singer missed a (3) _____ in the middle of the song.

02 다음 주어진 문장의 밑줄 친 단어를 포함하는 문장을 [조건]에 맞게 자유롭게 영작하시오.

[조건]   1. 주어진 문장의 face와 같은 의미로 쓸 것
2. 주어와 동사를 포함한 완전한 문장으로 쓸 것

The windows of this room <u>face</u> the sea.

→ _____

03 다음 빈칸에 알맞은 말을 써넣어 대화를 완성하시오.

A: Hi, Sumin. (1) _____'s the book club going?
B: It's fun. I read lots of interesting books.
A: (2) _____ book do you like (3) _____?
B: I like *Charlotte's* Web best.

(1) _____   (2) _____
(3) _____

[04-05] 다음 대화를 읽고, 물음에 답하시오.

Mina: Let's talk about music. Mr. Smith, what's your favorite band?
Mr. Smith: Definitely The Beatles.
Mina: Oh, I like them, too. (1) _____
Mr. Smith: I like most of their songs, but I like *Hey Jude* best.
Mina: (2) _____
Mr. Smith: Because the song makes me feel better when I'm down.
Mina: That's great! Let's listen to the song.

04 위 대화의 빈칸에 알맞은 말을 [보기]에서 골라 쓰시오.

[보기] • What do you like to do?
        • Why do you like it?
        • Which member do you like best?
        • Which song do you like best?

(1) _____
(2) _____

05 위 대화의 청취자가 쓴 다음 글에서 내용과 일치하지 <u>않는</u> 부분을 <u>모두</u> 찾아 바르게 고쳐 쓰시오.

Mina and Mr. Smith had an interview today. They talked about music. Mr. Smith's favorite band is The Beatles. He likes *Hey Jude* worst, because the song makes him feel sad when he's down. So after the interview, Mina played the song for us today.

(1) _____ → _____
(2) _____ → _____

06 다음 표를 참고하여 대화를 완성하시오.

좋아하는 가수	Michael Jackson
좋아하는 이유	sing so well
좋아하는 노래	*Heal the World*

A: Which singer do you like best?

B: (1) _____

A: Why do you like him?

B: (2) _____

A: Which song do you like best?

B: (3) _____

07 다음 대화를 읽고, 주어진 질문에 영어로 답하시오.

A: Why do you have all those old clothes?

B: I'm going to sell them at the flea market.

A: Really? I have some old clothes, too.

B: Then why don't you join me this Saturday?

A: Okay.

Q: Why are they going to meet this Saturday?

A: _____

08 다음 빈칸에 알맞은 말을 써넣어 이유를 묻고 답하는 대화를 완성하시오.

A: I want to visit Venice.

B: (1) _____ to visit Venice?

A: (2) _____ I want to ride a gondola.

(1) _____

(2) _____

고
난도

09 다음 대화의 빈칸에 여러분 자신의 답을 쓰시오.

A: Which season do you like best?

B: (1) _____

A: Why do you like it?

B: (2) _____

_____

10 다음 우리말과 같도록 괄호 안의 단어를 사용하여 빈칸에 알맞은 말을 쓰시오.

(1) 서울 올림픽 게임이 1988년에 개최되었다.

→ The Seoul Olympic Games _____ _____ in 1988. (hold)

(2) 아름다운 미술관이 건축가에 의해 지어졌다.

→ A beautiful art gallery _____ _____ _____ an architect. (build)

(3) 나는 꽃 사진을 찍는 것에 관심이 있다.

→ I _____ _____ _____ taking pictures of flowers. (interest)

11 다음 문장을 각 지시대로 바꿔 쓰시오.

His family planted the trees yesterday.

(1) 수동태 문장으로 바꿔 쓰시오.

→ _____

(2) 수동태 부정문으로 바꿔 쓰시오.

→ _____

(3) 수동태 의문문으로 바꿔 쓰시오.

→ _____

12 다음 우리말과 같도록 [조건]에 맞게 영작하시오.

네가 그의 충고를 받아들이지 않는다면, 너는 실수를 할 것이다.

[조건] 1. 접속사 unless를 사용할 것
2. 괄호 안의 말을 사용할 것

→ _____

(take his advice, make a mistake)

13 다음 (A)와 (B)에서 알맞은 말을 하나씩 골라 문장을 완성하시오.

(A)	• take the subway
	• read English books
	• stay up late

(B)	• get there very quickly
	• feel tired tomorrow
	• improve your English

(1) If you _____.

(2) If you _____.

(3) If you _____.

14 동사 paint를 활용하여 다음 대화의 빈칸에 알맞은 말을 쓰시오.

A: This painting is called *Sunflowers*.
B: (1) _____ by Picasso?
A: No, it wasn't. (2) _____
   by Vincent van Gogh.
B: Oh, I see.

15 다음 우리말과 같도록 괄호 안의 단어들을 사용하여 문장을 쓰시오.

(1) 돈을 낭비하지 않는다면, 너는 부자가 될 것이다.

→ _____
   (waste, rich)

(2) 이 소설은 Karen에 의해 쓰였다.

→ _____
   (write, by)

16 다음 동아리 홍보 문구를 보고, 동아리 구성원을 모집하는 말을 [조건]에 맞게 쓰시오.

Magic Club
Join our club and learn magic tricks!

[조건] 1. 조건을 나타내는 접속사 if를 사용할 것
        2. 주어진 정보를 활용할 것
        3. 주어와 동사를 포함한 완전한 문장으로 쓸 것

→ _____

17 다음 글을 읽고, 질문에 답하시오.

　Do you have a favorite K-pop idol? Many students will answer, "Yes." These students often show great love for their stars. Some scream madly at concerts. Others wait hours to take pictures of their stars. Some students even travel to another city to see their favorite stars.

Q: How do fans show love for their stars? Find three things in the text and write them in Korean.

(1) _____

(2) _____

(3) _____

고
산도
18 다음 글의 밑줄 친 문장이 의미하는 바와 같도록 주어진 문장을 완성하시오.

　Are idols a recent creation? No way! Did idols begin with The Beatles in the 1960's? They were loved by many, but they were not the first. How about Elvis Presley in the 1950's? <u>Not even close.</u> To find the answer, let's take a time machine to a concert hall in Vienna in 1845.

→ Elvis Presley was not the _____ _____.

19 다음 글의 내용을 바탕으로, Franz Liszt의 팬이 친구에게 보내는 편지글을 완성하시오.

> The audience pays attention to his every little body movement. His long beautiful hair flies everywhere. It's like watching a piano and ballet performance at once. Time flies and the concert ends. People scream and throw flowers and pieces of clothing onto the stage. The concert hall goes wild!

> Dear Luna,
>   I went to Franz Liszt's concert last week. It was so amazing. It was like watching (1) _____ _____ at once when he played the piano. When the concert ended, we (2) _____ onto the stage. The concert hall went wild!

[20-21] 다음 글을 읽고, 물음에 답하시오.

> Who was this amazing star? His name was Franz Liszt and he was born in 1811 in Hungary. He first started playing the piano when he was seven. Liszt later became a great pianist, composer and teacher. But many people think of him as the first idol. 그의 음악을 들어 보는게 어떤가? If you like today's idols, you will love the original idol.

20 윗글의 내용과 일치하도록 주어진 질문에 완전한 영어 문장으로 답하시오.

(1) **Q**: Where was Franz Liszt born?
   A: _____

(2) **Q**: When did Franz Liszt start playing the piano?
   A: _____

(3) **Q**: What did Franz Liszt later become?
   A: _____

21 윗글의 밑줄 친 우리말을 [조건]에 맞게 영작하시오.

> [조건] 1. why, give, a listen을 사용할 것
>   2. 주어와 동사를 포함한 완전한 문장으로 쓸 것

→ _____

22 다음 글의 밑줄 친 ⓐ~ⓔ 중 어법상 틀린 것을 찾아 기호를 쓰고 바르게 고쳐 쓴 후, 틀린 이유를 우리말로 쓰시오.

> Dear Sandra,
>   Hello, my name is Jina and I'm ⓐa big fan of yours. I watched all of your movies and I love "Into the Sky" best. ⓑI think that your acting is so real. How do you ⓒprepare for your roles? If I meet you ⓓin person, I will ask you many more questions. I hope ⓔseeing you soon.
>   Love,
>   Jina

(1) 틀린 부분: (   ) _____ → _____
(2) 틀린 이유: _____

23 다음 각 문장을 [조건]에 맞게 완성하시오.

> [조건] • 문맥상 어울리는 내용으로 자유롭게 쓸 것
>   • 대소문자와 문장 부호를 정확히 쓸 것

(1) If _____, I'll ride my bike in the park.
(2) If _____, I'll make the breakfast for my family.
(3) Unless I'm busy this evening, _____ .

01 다음 중 짝 지어진 두 단어의 관계가 나머지와 다른 것은? [3점]

① invent – invention
② create – creation
③ breathe – breath
④ move – movement
⑤ like – unlike

02 다음 영어 뜻풀이에 해당하는 단어는? [3점]

> to have the front part toward

① face
② fold
③ cheer
④ miss
⑤ scream

03 다음 중 밑줄 친 부분의 우리말 뜻으로 알맞지 않은 것은? [4점]

① I met a famous movie star in person. (직접)
② Is there anything I can do to prepare for it?
(~을 준비하다)
③ He read the letter from memory. (외워서)
④ You can communicate with many people at once.
(갑자기)
⑤ I can't pay attention to anything in noisy places.
(~에 주의를 집중하다)

04 다음 문장의 빈칸에 공통으로 들어갈 말로 알맞은 것은? [4점]

> • This afternoon, we _____ a taxi to get to the concert on time.
> • She _____ the speech class to get a good result on English speaking contest.

① took
② made
③ got
④ did
⑤ missed

05 다음 대화의 빈칸에 들어갈 말로 알맞은 것은? [4점]

> A: _____
> B: I like dogs best.

① Do you like animals?
② Why do you have cats?
③ Why do you like animals?
④ Which animal do you like best?
⑤ Which do you prefer, dogs or cats?

06 자연스러운 대화가 되도록 (A)~(D)를 순서대로 배열한 것은? [4점]

> (A) I want to visit Canada.
> (B) Which country do you want to visit for your dream vacation?
> (C) Why do you want to visit Canada?
> (D) Because I want to see Niagara Falls.

① (A) – (C) – (B) – (D)
② (A) – (D) – (B) – (C)
③ (B) – (A) – (C) – (D)
④ (B) – (D) – (C) – (A)
⑤ (C) – (D) – (A) – (B)

[07-08] 다음 대화를 읽고, 물음에 답하시오.

> A: Tom, why do you have so many paper flowers?
> B: ⓐThey're for my mom's birthday.
> A: ⓑThey're so beautiful. Where did you get ⓒthem?
> B: I made ⓓthem.
> A: Wow, you're really good.
> B: Thanks. I'm taking a paper folding class these days.
> A: ⓔThey are going to be the perfect gift for your mom.
> B: (A) I hope that they are going to be the perfect gift for my mom, too.

서술형 1

07 위 대화의 ⓐ~ⓔ가 공통으로 가리키는 것을 대화에서 찾아 두 단어로 쓰시오. [3점]

→ _____

서술형 2

08 위 대화의 밑줄 친 (A)와 바꿔 쓸 수 있는 말을 [조건]에 맞게 영작하시오. [4점]

> [조건] 1. I hope ~. 표현을 사용할 것
> 2. 4단어로 쓸 것

→ _____

[09-11] 다음 대화를 읽고, 물음에 답하시오.

> Mina: Good afternoon, friends. I'm Mina with the school radio show. Today Mr. Smith, our English teacher, is here with us. Hi, Mr. Smith.
> Mr. Smith: Hello, everyone. I'm happy ⓐto be here with you.
> Mina: Let's talk about music. Mr. Smith, what's your favorite band?
> Mr. Smith: Definitely The Beatles.
> Mina: Oh, I like them, too. Which song do you like best?
> Mr. Smith: I like most of their songs, ____ⓑ____ I like *Hey Jude* best.
> Mina: Why do you like it?
> Mr. Smith: ____ⓒ____ the song makes me feel better when I'm down.
> Mina: That's great! Let's listen to the song.

09 위 대화의 밑줄 친 ⓐ와 쓰임이 같은 것은? [4점]

① I hope to visit New York someday.
② I tried my best to win the race.
③ My dream is to be a great scientist.
④ I'm glad to hear you are safe.
⑤ Do you have something to tell me?

10 위 대화의 빈칸 ⓑ와 ⓒ에 들어갈 말이 순서대로 짝 지어진 것은? [4점]

① and – When
② and – Because
③ but – If
④ but – Because
⑤ or – When

서술형 3

11 What are Mina and Mr. Smith going to do right after the dialogue? Answer in English. [4점]

→ _____

12 다음 문장에서 not이 들어갈 알맞은 곳은? [4점]

> Your packages (①) were (②) sent (③) by (④) your friends (⑤) yesterday.

13 다음 중 어법상 틀린 것은? [4점]

① If the weather will be fine, I will go hiking.
② *Hamlet* was written by William Shakespeare.
③ If you don't hurry, you won't arrive at the theater on time.
④ We were surprised at the result of the game.
⑤ Unless you walk more quickly, you will miss the train.

서술형4

14 다음 빈칸에 알맞은 말을 [조건]에 맞게 쓰시오. [4점]

> [조건] 1. if나 unless를 사용하여 문장을 시작할 것
> 2. study hard를 사용할 것

> _____, you won't pass the exam.

15 다음 우리말을 영어로 옮길 때, 네 번째로 오는 단어는? [4점]

> 이 피아노는 그에 의해 연주되었다.

① him　　② piano　　③ by
④ was　　⑤ played

16 다음 밑줄 친 부분을 어법상 바르게 고쳐 쓴 것 중 **틀린** 것은? [4점]

① If you will see Max, give him this cap.
　　(→ see)
② The students were sung at the festival.
　　(→ sang)
③ The TV show is watch around the world.
　　(→ is watched)
④ The last cookie in the box was eat by John.
　　(→ was ate)
⑤ Unless it doesn't rain tomorrow, we'll go fishing.
　　(→ rains)

[17-20] 다음 글을 읽고, 물음에 답하시오.

> Do you have a favorite K-pop idol? Many students will answer, "Yes." These students often show great love ___(A)___ their stars. Some scream madly at concerts. ___ⓐ___ Some students even travel to another city to see their favorite stars.
>
> Are idols a recent creation? No way! Did idols begin with The Beatles in the 1960's? ⓑ그들은 많은 사람들에게 사랑받았지만, 최초는 아니었다. How about Elvis Presley in the 1950's? ⓒNot even close. To find the answer, let's take a time machine to a concert hall ___(B)___ Vienna in 1845.

17 윗글의 밑줄 친 (A)와 (B)에 들어갈 말이 순서대로 짝 지어진 것은? [4점]

① for – in　　② for – of　　③ of – in
④ of – with　　⑤ in – for

서술형5

18 윗글의 빈칸 ⓐ에 알맞은 말이 되도록 괄호 안의 단어들을 바르게 배열하여 문장을 쓰시오. [4점]

> → _____
>
> (wait, hours, others, pictures, to, their stars, take, of)

서술형6

19 윗글의 밑줄 친 우리말 ⓑ와 같도록 빈칸에 알맞은 말을 써 넣어 문장을 완성하시오. [4점]

> → _____ many, but they were not the first.

20 윗글의 밑줄 친 ⓒ의 의미로 알맞은 것은? [4점]

① 아이돌은 최근의 창조물이 아니다.
② Elvis Presley는 최초의 아이돌이 아니었다.
③ 최초의 아이돌은 누군지 알 수 없다.
④ Elvis Presley는 1950년대의 인물이 아니었다.
⑤ 아이돌은 The Beatles가 아닌 Elvis Presley부터 시작된다.

[21-22] 다음 글을 읽고, 물음에 답하시오.

All the seats are filled. Unlike other concerts, the side of the piano ⓐfaces the audience. This way, the audience can see the handsome 185cm pianist better. He doesn't have any sheet music with him. He begins to play ____(A)____.

He starts slowly by softly touching the keys. All the people ⓑhold their breath because they don't want to ⓒmiss a single note. He ⓓbuilds up speed, and his long fingers ⓔpress down on many keys ____(B)____. This makes the music very powerful and rich.

21 윗글의 밑줄 친 ⓐ~ⓔ의 우리말 뜻으로 알맞지 <u>않은</u> 것은? [4점]

① ⓐ: 청중을 마주 향해 있다   ② ⓑ: 심호흡을 하다
③ ⓒ: 한 음을 놓치다   ④ ⓓ: 속도를 올리다
⑤ ⓔ: 누르다

서술형 7

22 윗글의 빈칸 (A)와 (B)에 알맞은 표현을 다음 영어 뜻풀이를 참고하여 쓰시오. (각각 2단어) [각 2점]

(A) _____: without reading or looking at notes
(B) _____: all at one time, at the same time

[23-24] 다음 글을 읽고, 물음에 답하시오.

Vienna Daily

August 11, 1845

The Star of Our Time

Yesterday Franz Liszt performed his piano concert very ⓐsuccess in Vienna. (①) The side of the piano faced the audience. (②) They could see Liszt better this way. (③) He didn't have any sheet music and played from memory. (④) His music was so ⓑpower and rich. (⑤) When the concert ended, the concert hall went wild.

23 윗글의 ①~⑤ 중 주어진 문장이 들어갈 알맞은 곳은? [4점]

This concert was different from others.

①   ②   ③   ④   ⑤

서술형 8

24 윗글의 밑줄 친 ⓐsuccess와 ⓑpower를 알맞은 형태로 바꿔 쓰시오. [각 3점]

ⓐ _____   ⓑ _____

서술형 9

25 다음 표를 보고, 빈칸에 알맞은 말을 써넣어 글을 완성하시오. [5점]

이름	Franz Liszt
출생 연도	1811년
출생 국가	Hungary
직업	pianist, composer, teacher

Who was this amazing star? His name was _____ _____ and he was born _____ 1811 _____ _____. He first started playing the piano when he was seven. Liszt later became a great _____, _____ and _____. But many people think of him as the first idol. Why don't you give his music a listen? If you like today's idols, you will love the original idol.

01 다음 중 나머지 넷과 성격이 <u>다른</u> 하나는? [3점]

① pianist   ② composer   ③ better

④ teacher   ⑤ singer

02 다음 중 밑줄 친 단어가 같은 의미로 쓰인 것은? [4점]

① Look at your <u>face</u> in the mirror.
  The hotel <u>faces</u> a beautiful view.
② I always <u>miss</u> my hometown.
  Hurry up, or you'll <u>miss</u> the school bus.
③ The movie star was surrounded by <u>fans</u>.
  Many <u>fans</u> came to the concert to see him.
④ My friend gave me a birthday <u>gift</u>.
  She has a <u>gift</u> for telling stories.
⑤ He left a <u>note</u> for Amy on the table.
  She played a few <u>notes</u> on the piano.

[서술형 **1**]
03 다음 그림에 알맞은 표현을 [보기]에서 골라 쓰시오. [각 1점]

[보기]	hold one's breath	press down
	play from memory	build up speed

(1)

(2)

_____

(3)

(4)
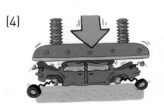

_____

04 다음 문장의 빈칸에 들어가지 <u>않는</u> 단어는? [3점]

- First, _____ the paper in half.
- The castle was returned to its _____ owner.
- David had a major _____ in the school play.
- We completed the work in a _____ day.

① original   ② fold   ③ single
④ unlike   ⑤ role

05 다음 대화의 밑줄 친 부분의 의도로 가장 알맞은 것은? [4점]

A: Which fruits do you like best?
B: I like pineapples. It has lots of vitamin C.

① to give advice
② to ask the preference
③ to describe personality
④ to explain the detailed information
⑤ to give a suggestion

[06-07] 다음 대화를 읽고, 물음에 답하시오.

A: Jiho, what are you going to do this Saturday?
B: I'm going to Blue Sky's fan meeting with my friends.
A: Wow, _____(A)_____
B: Really? Which member do you like best, Amy?
A: I like Lucy best. She sings really well.
B: I like the drummer, Mike, best. He's fantastic! Do you want to join us?
A: Sure, I'd love to. _____(B)_____

서술형2

06 위 대화의 빈칸 (A)와 (B)에 알맞은 문장을 [조건]에 맞게 영어로 쓰시오. [각 2점]

> [조건]　1. 괄호 안의 단어들을 반드시 사용할 것
> 　　　　2. (A)는 8단어, (B)는 3단어로 쓸 것
> 　　　　3. 대소문자와 문장 부호를 정확히 쓸 것

(A) _____

(also, big, fan, band)

(B) _____

(wait)

서술형3

07 What is Amy going to do this Saturday? Answer in English. [3점]

→ _____

08 다음 대화의 ①~⑤ 중 주어진 문장이 들어갈 알맞은 곳은? [4점]

> I have some old clothes, too.

> A: Why do you have all those old clothes? (①)
> B: I'm going to sell them at the flea market. (②)
> A: Really? (③)
> B: Then why don't you join me this Saturday? (④)
> A: Okay. (⑤)

서술형4

09 다음 우리말과 같도록 괄호 안의 단어들을 사용하여 대화를 완성하시오. [각 3점]

> A: [1] 너는 왜 학교 밴드에 가입하고 싶니?
> B: Because I want to play many kinds of music.
> A: [2] 너는 어떤 음악을 가장 좋아하니?
> B: I like rock music best.

(1) _____

(join, the school band)

(2) _____

(which, best)

[10-11] 다음 대화를 읽고, 물음에 답하시오.

> Mina: Let's talk about music. Mr. Smith, what's your favorite band?
> Mr. Smith: Definitely The Beatles.
> Mina: Oh, I like them, too. Which song do you like best?
> Mr. Smith: I like most of their songs, but I like *Hey Jude* best.
> Mina: Why do you like it?
> Mr. Smith: Because the song makes me _____ better when I'm down.
> Mina: That's great! Let's listen to the song.

10 위 대화의 빈칸에 들어갈 동사의 형태로 알맞은 것은? [4점]

① feels　　　　　　② feel

③ feeling　　　　　④ to feel

⑤ felt

11 윗글의 내용과 일치하지 <u>않는</u> 것은? [3점]

① 미나와 Smith 선생님은 음악에 대해 이야기하고 있다.
② Smith 선생님은 The Beatles를 좋아한다.
③ 미나는 The Beatles를 좋아한다.
④ 미나는 The Beatles의 노래 중 "Hey Jude"를 가장 좋아한다.
⑤ "Hey Jude"는 Smith 선생님이 우울할 때 기분이 나아지게 해 준다.

12 다음 중 짝 지어진 대화가 <u>어색한</u> 것은? [4점]

① A: Where did you get the paper flowers?
　B: I made them.
② A: How's your movie club going?
　B: It's fun. I have watched lots of interesting movies.
③ A: Why do you like Andy?
　B: No. He likes listening to K-pop.
④ A: Which subject do you like best?
　B: I like math best.
⑤ A: Why do you want to visit Spain?
　B: Because I want to see the Alhambra.

13 다음 밑줄 친 부분의 쓰임이 나머지와 다른 것은? [4점]

① If it rains, we won't go to the beach.

② If you take a bath, you will feel better.

③ If you keep practicing, you will win the contest.

④ You will have many friends if you are honest.

⑤ I don't know if it will be sunny this Saturday.

14 다음 두 문장의 의미가 같도록 빈칸에 알맞은 것은? [4점]

> People in that nation speak four different languages.
> = Four different languages _____ in that nation.

① is speaking
② was speaking
③ is spoken
④ are spoken
⑤ has spoken

서술형 **5**

15 다음 중 어법상 틀린 문장을 두 개 찾아 기호를 쓰고, 바르게 고쳐 문장을 다시 쓰시오. [각 2점]

> ⓐ Her pet cat are loved Angela.
> ⓑ Unless you exercise, you cannot be in good shape.
> ⓒ My laptop was stolen in the library.
> ⓓ If you will keep a diary in English, you can improve your English.

(1) (   ) → _____
(2) (   ) → _____

서술형 **6**

16 다음 [보기]에서 알맞은 표현을 골라 접속사 if를 사용한 문장을 완성하시오. [각 2점]

> [보기] work together   study harder
>   take this medicine

(1) _____, he will pass the exam.
(2) _____, you won't get better.
(3) _____, we can finish the work by noon.

서술형 **7**

17 다음 우리말과 같도록 [조건]에 맞게 문장을 쓰시오. [각 2점]

> [조건] 1. 수동태 문장으로 쓸 것
>   2. 괄호 안의 말을 이용할 것

(1) 그 소설은 나의 딸에 의해 쓰였다.

→ _____

(novel, write, daughter)

(2) 그 상자는 장난감 자동차들로 가득 차 있다.

→ _____

(box, fill, toy cars)

(3) Emma는 그에 의해 생일 파티에 초대되었다.

→ _____

(invite, the birthday party)

[18-19] 다음 글을 읽고, 물음에 답하시오.

> Do you have a favorite K-pop idol? ⓐMany students will answer, "Yes." ⓑThese students often (A)show great love for ⓒtheir stars. Some scream madly at concerts. Others wait hours to take pictures of ⓓtheir stars. Some students even travel to another city to see ⓔtheir favorite stars.

18 다음 글의 밑줄 친 ⓐ~ⓔ 중 가리키는 대상이 같은 것끼리 짝 지어진 것은? [3점]

① ⓐ, ⓑ
② ⓐ, ⓑ, ⓒ
③ ⓒ, ⓓ
④ ⓑ, ⓒ, ⓓ
⑤ ⓑ, ⓒ, ⓓ, ⓔ

19 윗글의 밑줄 친 (A)의 예 중 윗글에 언급된 것은? [4점]

① writing letters
② buying the stars' albums
③ visiting the stars' hometown
④ joining the fan club
⑤ screaming at the stars' concerts

[20-21] 다음 글을 읽고, 물음에 답하시오.

> Are idols a recent creation? No way! Did idols begin with The Beatles in the 1960's? They were loved by many, but they were not the first. How about Elvis Presley ___(A)___ the 1950's? Not even close. ⓐTo find the answer, let's take a time machine to a concert hall ___(B)___ Vienna ___(C)___ 1845.

20 윗글의 빈칸 (A), (B), (C)에 공통으로 들어갈 말로 알맞은 것은? [3점]

① on　　　　② to　　　　③ in
④ from　　　⑤ with

21 윗글의 밑줄 친 ⓐTo find와 쓰임이 같은 것은? [4점]

① I decided to be a musician in the future.
② I'm so surprised to hear the bad news.
③ It's not easy to learn a foreign language.
④ I went to the theater to watch a movie.
⑤ Do you have a lot of work to do today?

[22-23] 다음 글을 읽고, 물음에 답하시오.

> All the seats filled. Unlike other concerts, the side of the piano faces the audience. This way, the audience can see the handsome 185cm pianist better. He doesn't have any sheet music with him. He begins to play from memory.
>
> He starts slowly by softly touching the keys. All the people hold their breath because they don't want to miss a single note. He builds up speed, and his long fingers press down on many keys at once. This makes the music very powerfully and richly.

서술형**8**

22 윗글의 밑줄 친 문장을 어법상 바르게 고쳐 다시 쓰시오. [4점]

→ _____

23 윗글의 읽고 추론할 수 있는 것은? [4점]

① Liszt는 청중들에게 자신이 연주하는 모습을 보여 주는 것이 부끄러워 피아노의 방향을 바꿨다.
② 연주회에서 피아노 옆면이 청중을 향하도록 배치하는 것은 일반적인 경우가 아니었다.
③ Liszt는 즉흥 연주를 하는 것을 좋아했다.
④ 연주회 표를 구하지 못한 사람은 서서 음악을 감상했다.
⑤ 청중들은 연주에 집중하기 위해 눈을 감고 음악을 감상했다.

[24-25] 다음 글을 읽고, 물음에 답하시오.

> Who was this amazing star? His name was Franz Liszt and he was born in 1811 in Hungary. He first started playing the piano ___ⓐ___ he was seven. Liszt later became a great pianist, composer and teacher. But many people think of him ___ⓑ___ the first idol. Why don't you give his music a listen? If you like today's idols, you will love the original idol.

24 윗글을 통해 Franz Liszt에 대해 알 수 없는 것은? [4점]

① 출생 국가　　　　② 출생 연도
③ 직업　　　　　　④ 가족 관계
⑤ 피아노를 치기 시작한 나이

25 윗글의 빈칸 ⓐ와 ⓑ에 들어갈 말이 순서대로 짝 지어진 것은? [4점]

① when – to　　　② when – as
③ when – from　　④ because – as
⑤ because – in

01 다음 영어 뜻풀이의 빈칸에 들어갈 말로 알맞은 것은? [3점]

> breath: the air that you take into your _____ and send out again

① heart   ② lungs   ③ blood
④ bone   ⑤ stomach

02 다음 빈칸에 공통으로 들어갈 말로 알맞은 것은? [3점]

> • When was the first World Cup _____?
> • I _____ my breath underwater for 30 seconds.

① took   ② got   ③ made
④ held   ⑤ built

03 다음 중 밑줄 친 부분의 의미가 같은 것끼리 짝 지어진 것은? [4점]

> ⓐ Sally blew a few <u>notes</u> on the trumpet.
> ⓑ There's a <u>note</u> from dad on the kitchen table.
> ⓒ He left a <u>note</u> to say he would be home late.
> ⓓ Can you play the guitar and sing the high <u>notes</u>?
> ⓔ I was going to write Mr. Taylor a <u>note</u>, but I decided to call him instead.

① ⓐ, ⓑ   ② ⓐ, ⓑ, ⓓ
③ ⓑ, ⓒ, ⓔ   ④ ⓑ, ⓓ, ⓔ
⑤ ⓒ, ⓓ, ⓔ

04 다음 대화의 빈칸에 알맞은 말이 순서대로 짝 지어진 것은? [3점]

> A: Hi, Sumin. _____ is the book club going?
> B: It's fun. I read lots of interesting books.
> A: _____ book do you like best?
> B: I like *Charlotte's Web* best.

① How – Why   ② How – Which
③ What – What   ④ What – Which
⑤ When – How

[05-06] 다음 대화를 읽고, 물음에 답하시오.

> A: Jiho, what are you going to do this Saturday?
> B: I'm going to Blue Sky's fan meeting with my friends.
> A: Wow, I'm also ①<u>a big fan</u> of the band.
> B: Really? ②<u>Which member</u> do you like best, Amy?
> A: I like Lucy best. She ③<u>sings really well</u>.
> B: I like the drummer, Mike, best. He's ④<u>poor</u>! Do you want to join us?
> A: Sure, I'd love to. I ⑤<u>can't wait</u>!

05 위 대화의 밑줄 친 ①~⑤ 중 흐름상 어색한 것은? [4점]

①   ②   ③   ④   ⑤

서술형1

06 위 대화의 내용과 일치하도록 빈칸에 알맞은 말을 쓰시오. [4점]

> Amy and Jiho are fans of the Band, Blue Sky. Among the members of the band, Amy likes _____ best and Jiho likes _____ best. They are going to _____ _____ _____ this Saturday.

[07-09] 다음 대화를 읽고, 물음에 답하시오.

> A: Tom, why do you have so many paper flowers?
> B: They're for my mom's birthday.
> A: They're so beautiful. _____ (A)
> B: I made them.
> A: Wow, you're really good.
> B: Thanks. ⓐ나는 요즘 종이접기 수업을 듣고 있어.
> A: They are going to be the perfect ⓑgift for your mom.
> B: I hope so, too.

07 위 대화의 빈칸 (A)에 들어갈 말로 알맞은 것은? [3점]

① How did you make them?
② Why did you make them?
③ When did you make them?
④ Where did you get them?
⑤ For whom did you get them?

서술형2
08 위 대화의 밑줄 친 우리말 ⓐ와 같도록 [조건]에 맞게 문장을 완성하시오. [4점]

> [조건] 1. 진행 시제의 8단어로 된 문장을 쓸 것
> 2. 주어와 동사는 축약형으로 쓸 것(축약형은 1단어임)
> 3. 괄호 안의 말을 이용할 것

→ _____

(take, class, these days)

09 위 대화의 밑줄 친 ⓑgift와 바꿔 쓸 수 있는 것은? [3점]

① note   ② breath   ③ idol
④ creation   ⑤ present

서술형3
10 다음 대화의 괄호 안의 말을 바르게 배열하여 쓰시오. [각 3점]

> A: (1) (which, to, you, visit, for, country, your, do, want, dream vacation)?
> B: I want to visit Canada.
> A: (2) (you, want, to, why, do, Canada, visit)?
> B: Because I want to see Niagara Falls.

(1) _____

(2) _____

[11-12] 다음 대화를 읽고, 물음에 답하시오.

> Mina: Let's talk about music. Mr. Smith, what's your favorite band?
> Mr. Smith: Definitely The Beatles.
> Mina: Oh, I like them, too. Which song do you like best?
> Mr. Smith: I like most of their songs, but I like *Hey Jude* best.
> Mina: Why do you like it?
> Mr. Smith: Because the song makes me feel better when I'm down.
> Mina: That's great! Let's listen to the song.

서술형4
11 위 대화의 밑줄 친 them이 가리키는 것을 찾아 쓰시오. [3점]

→ _____

12 위 대화를 읽고 답할 수 **없는** 것은? [4점]

① What are Mina and Mr. Smith talking about?
② What is Mr. Smith's favorite band?
③ Why does Mr. Smith like the song *Hey Jude* best?
④ Which song does Mina like best among The Beatles' songs?
⑤ What are Mina and Mr. Smith going to do right after the dialogue?

13 다음 대화의 빈칸에 알맞은 말을 <u>모두</u> 고르면? [4점]

> A: Did you break the window?
> B: No, I didn't. _____

① I did it.

② Tony broke it.

③ It was broken by Tony.

④ It was broken by me.

⑤ I broke the window.

모의고사

서술형 **5**

14 다음 그림을 보고, 각 물건을 주어로 하는 문장을 쓰시오.
[각 2점]

> [조건] 1. 그림 속 단어를 이용할 것
>
> 2. 각 문장은 7단어 이내로 쓸 것
>
> 3. 시제에 유의할 것

Today is Lucy's birthday. There are many gifts for Lucy on the table.

(1) _____

(2) _____

(3) _____

15 다음 우리말과 같도록 할 때 빈칸에 알맞은 것은? [4점]

> 웃는 법을 모르면 가게를 열지 마라.
> → Don't open a shop _____ you know how to smile.

① if   ② when   ③ as

④ unless   ⑤ because

서술형 **6**

16 다음 표를 보고, [조건]에 맞게 문장을 쓰시오. [각 3점]

> [조건] 1. if를 반드시 사용할 것
>
> 2. tomorrow와 표에 주어진 표현을 이용할 것

	내일의 날씨	우리의 계획
(1)	sunny	go on a picnic
(2)	rain	visit the museum

(1) _____

(2) _____

서술형 **7**

17 다음 문장에서 틀린 부분을 찾아 바르게 고쳐 쓰고, 그 이유를 우리말로 쓰시오. [4점]

> You will get hungry during class if you eat breakfast.

(1) 틀린 부분: _____ → _____

(2) 틀린 이유: _____

_____

18 다음 우리말과 같도록 [조건]에 맞게 문장을 쓸 때, 세 번째로 오는 단어는? [4점]

> [조건] • 접속사 unless로 문장을 시작할 것

> 그가 열심히 연습하지 않는다면, 우리 감독님이 화가 날 것이다.

① will   ② hard   ③ coach

④ our   ⑤ practices

19 다음 문장의 빈칸에 들어갈 말로 알맞은 것은? [4점]

> This family picture _____ three years ago.

① took ② takes ③ is taken
④ was taken ⑤ was taking

20 다음 글의 밑줄 친 ①~⑤ 중 어법상 틀린 것은? [4점]

> Are idols a recent creation? No way! Did idols begin with The Beatles ①in the 1960's? They ②were loved to many, but they were not the first. How about Elvis Presley in the 1950's? ③Not even close. ④To find the answer, let's take a time machine to a concert hall ⑤in Vienna in 1845.

[21-22] 다음 글을 읽고, 물음에 답하시오.

> All the seats (A) fill/are filled/are filling. Unlike other concerts, the side of the piano faces the audience. This way, the audience can see the handsome 185cm pianist better. He doesn't have some sheet music with him. He begins to play from memory.
>
> He starts slowly by softly (B) touch/touching/to touch the keys. All the people hold their breath because they don't want to miss a single note. He builds up speed, and his long fingers press down on many keys at once. This makes the music very (C) power/powerful/powerfully and rich.

서술형**8**

21 윗글의 (A), (B), (C)에서 어법상 알맞은 말을 골라 쓰시오. [각 2점]

(A) _____ (B) _____ (C) _____

22 윗글의 내용과 일치하지 <u>않는</u> 것은? [3점]

① 모든 좌석이 꽉 차 있다.
② 피아노의 옆면이 청중을 향해 있다.
③ 피아니스트는 잘생기고 키가 크다.
④ 청중들은 숨죽이며 연주에 집중한다.
⑤ 피아니스트는 처음부터 힘 있게 연주한다.

23 다음 글의 밑줄 친 ①~⑤의 우리말 뜻으로 알맞지 <u>않은</u> 것은? [3점]

> The audience ①pays attention to his every little body movement. His long beautiful hair flies everywhere. It's ②like watching a piano and ballet performance ③at once. Time flies and the concert ends. People ④scream and throw flowers and pieces of clothing onto the stage. The concert hall ⑤goes wild!

① ~에 주의를 집중하다 ② ~을 좋아하다
③ 동시에 ④ 소리를 지르다
⑤ 열광의 도가니이다

[24-25] 다음 글을 읽고, 물음에 답하시오.

> Who was this amazing star? His name was Franz Liszt and he was born in 1811 in Hungary. He first started playing the piano when he was seven. Liszt later became a great pianist, composer and teacher. But many people think of him as the first idol. <u>그의 음악을 들어보는 게 어떤가?</u> If you _____ today's idols, you will love the original idol.

서술형**9**

24 윗글의 밑줄 친 우리말과 같도록 괄호 안의 말을 바르게 배열하시오. [4점]

→ _____

(don't, give, why, his music, you, a listen)

25 윗글의 빈칸에 들어갈 동사의 형태로 알맞은 것은? [4점]

① like ② liked ③ liking
④ will like ⑤ are liked

01 다음 단어의 영어 뜻풀이가 알맞지 <u>않은</u> 것은? [3점]

① unlike: different from something
② invent: to make, design, or think of a new thing
③ idol: a person who is loved and admired very much
④ original: happening or existing first or at the beginning
⑤ madly: having great strength or force

02 다음 빈칸에 들어갈 말이 순서대로 짝 지어진 것은? [3점]

> • Melisa thinks of herself _____ a good writer.
> • Pay attention _____ the warnings over there.

① as – to   ② for – to   ③ as – in
④ to – as   ⑤ for – in

03 다음 빈칸에 들어갈 수 있는 단어를 <u>모두</u> 고른 것은? [3점]

> • This storybook is my own _____.
> • You didn't _____ the main point of the story.
> • Emily held her _____ and dived under the surface.

| ⓐ breath | ⓑ creation | ⓒ breathe |
| ⓓ miss | ⓔ cheer | ⓕ composer |

① ⓐ, ⓑ, ⓓ   ② ⓐ, ⓒ, ⓔ   ③ ⓑ, ⓒ, ⓓ
④ ⓑ, ⓓ, ⓕ   ⑤ ⓒ, ⓓ, ⓔ

04 다음 대화의 밑줄 친 부분의 의도로 알맞은 것은? [4점]

> A: Why do you want to visit the U.S.?
> B: Because I want to see the Grand Canyon.

① to ask for help
② to ask for advice
③ to ask for a reason
④ to ask for direction
⑤ to ask about an experience

[05-06] 다음 대화를 읽고, 물음에 답하시오.

> A: Jiho, what are you going to do this Saturday?
> B: I'm going to Blue Sky's fan meeting with my friends.
> A: Wow, I'm also a big fan of the band.
> B: Really? Which member do you like best, Amy?
> A: I like Lucy best. She sings really well.
> B: I like the drummer, Mike, best. He's fantastic! Do you want to join us?
> A: _____ I can't wait!

05 위 대화의 빈칸에 들어갈 말로 알맞지 <u>않은</u> 것을 <u>모두</u> 고르면? [4점]

① Yes, I do.   ② No, I don't.
③ Sorry, I can't.   ④ Of course, I do.
⑤ Sure, I'd love to.

06 위 대화의 내용과 일치하지 <u>않는</u> 것은? [3점]

① Amy는 Blue Sky의 팬이다.
② 이번 주 토요일에 Blue Sky 팬 모임이 있다.
③ Amy가 좋아하는 멤버는 Lucy이다.
④ 지호는 드럼 연주자 Mike를 가장 좋아한다.
⑤ Amy는 지호에게 팬 모임에 함께 가자고 제안하였다.

[07-09] 다음 대화를 읽고, 물음에 답하시오.

> Mina: Good afternoon, friends. I'm Mina with the school radio show. Today Mr. Smith, our English teacher, is here with us. Hi, Mr. Smith.
>
> Mr. Smith: Hello, everyone. I'm happy to be here with you.
>
> Mina: Let's talk about music. Mr. Smith, what's your favorite band?
>
> Mr. Smith: Definitely The Beatles.
>
> Mina: Oh, I like them, too. _____
>
> Mr. Smith: I like most of their songs, but I like *Hey Jude* best.
>
> Mina: Why do you like it?
>
> Mr. Smith: 그 노래는 내가 우울할 때 기분이 나아지게 해 주기 때문이야.
>
> Mina: That's great! Let's listen _____ⓑ_____ the song.

07 위 대화의 Mina와 Mr. Smith의 관계로 알맞은 것은? [4점]

① singer – fan
② clerk – customer
③ host – guest
④ doctor – patient
⑤ writer – reader

08 위 대화의 빈칸에 들어갈 말로 알맞은 것은? [3점]

① Do you like *Hey Jude* best?
② When do you listen to the song?
③ Which member do you like best?
④ Which song do you like best?
⑤ Which song do you listen to when you are down?

서술형 1

09 위 대화의 밑줄 친 우리말과 같도록 괄호 안의 말을 바르게 **배열하시오.** [4점]

→ _____

(because, makes, feel, the song, when, I'm, me, better, down)

서술형 2

10 다음 글의 내용과 일치하도록 아래의 대화를 완성하시오. [각 2점]

> Sumin is interviewing Brian for the survey. She starts by asking Brian which singer he likes best. Brian is a big fan of Jason Mraz. He thinks Jason Mraz sings very well. Brian likes *Lucky* best among his songs because the melody is beautiful.

↓

> A: Hi, Brian. Thank you for responding to the survey.
>
> B: Don't mention it. I'm glad to help.
>
> A: (1) _____
>
> B: I like Jason Mraz best.
>
> A: (2) _____
>
> B: Because he sings very well.
>
> A: (3) _____
>
> B: I like *Lucky* best. The melody is beautiful.

서술형 3

11 다음 문장에서 어법상 **틀린** 부분을 찾아 문장을 바르게 고쳐 쓰시오. [각 2점]

(1) If you will mix red and yellow, you will get orange.

_____

(2) Unless he is not busy this weekend, he will go to the movies.

_____

12 다음 중 어법상 옳은 문장끼리 짝 지어진 것은? [4점]

> ⓐ The tree was hit by lightning.
> ⓑ He didn't invited to the rock festival.
> ⓒ French is spoken in many countries.
> ⓓ This report was written Tom and Mary.
> ⓔ The room was filled with smoke.

① ⓐ, ⓑ
② ⓐ, ⓒ, ⓔ
③ ⓑ, ⓒ, ⓓ
④ ⓑ, ⓓ, ⓔ
⑤ ⓒ, ⓓ, ⓔ

서술형4

13 (A)와 (B)에서 알맞은 말을 하나씩 골라 [조건]에 맞게 문장을 쓰시오. [각 2점]

(A)	• go to India
	• listen to the music
	• hurry up

(B)	• feel better
	• see the Taj Mahal
	• miss the beginning of the movie

[조건]	1. if나 unless를 반드시 사용할 것
	2. 문맥상 자연스러운 문장을 완성할 것
	3. (A)와 (B)의 각 표현을 한 번씩만 이용할 것

(1) _____

(2) _____

(3) _____

서술형5

14 다음 문장을 수동태 문장으로 바꿔 쓰시오. [각 2점]

(1) They didn't clean the classroom.

→ _____

(2) Did Picasso paint this picture?

→ _____

서술형6

15 다음 괄호 안의 말을 활용하여 빈칸에 알맞은 말을 쓰시오. [각 2점]

(1) I am _____ collecting coins. (interest)

(2) The channel's schedules are _____ old films and dramas. (fill)

[16-17] 다음 글을 읽고, 물음에 답하시오.

Do you have a favorite K-pop idol? Many students will answer, "Yes." These students often show great love ___(A)___ their stars. Some scream madly at concerts. Others wait hours to take pictures ___(B)___ their stars. Some students even travel ___(C)___ another city to see their favorite stars.

16 윗글의 빈칸 (A)~(C)에 들어갈 말이 순서대로 짝 지어진 것은? [4점]

① at – of – with   ② of – to – at

③ with – in – to   ④ for – to – at

⑤ for – of – to

서술형7

17 윗글의 내용과 일치하도록 다음 질문에 대한 답을 완전한 영어 문장으로 쓰시오. [5점]

How do fans show their great love for their stars? Give three examples.

_____

_____

_____

[18-20] 다음 글을 읽고, 물음에 답하시오.

The audience pays attention to his every little body movement. His long beautiful hair flies everywhere. It's (A)like watching a piano and ballet performance at once. Time flies and the concert ends. People scream and throw flowers and pieces of clothing onto the stage. (B)The concert hall goes wildly!

18 윗글의 밑줄 친 (A)와 쓰임이 같은 것의 개수는? [4점]

ⓐ He started running like the wind.

ⓑ I like to play board games.

ⓒ Jane looked like a princess.

ⓓ You can have as much as you like.

ⓔ Did you ever hear anything like that?

① 1개   ② 2개   ③ 3개

④ 4개   ⑤ 5개

서술형 8

19 윗글의 밑줄 친 문장 (B)를 어법상 바르게 고쳐 다시 쓰시오. [4점]

→ _____

20 윗글을 바르게 이해하지 못한 사람은? [4점]

① 수민: 청중들은 Liszt의 몸짓 하나하나에 주의를 집중했어.

② 민호: 청중들은 Liszt의 연주에 푹 빠져 시간 가는 줄도 몰랐어.

③ 하나: Liszt는 피아노를 연주하는 동시에 발레도 공연했어.

④ 혜리: 사람들은 공연을 무척 좋아했어.

⑤ 재민: 콘서트홀은 열광의 도가니였어.

[21-22] 다음 글을 읽고, 물음에 답하시오.

Who was this amazing star? His name was Franz Liszt and he was born in 1811 in Hungary. He first started playing the piano when he was seven. Liszt later became a great pianist, composer and teacher. But many people think of him as the first idol. Why don't you give his music a listen? If you like today's idols, you will love the original idol.

서술형 9

21 윗글의 내용과 일치하도록 다음 질문에 대한 답을 완성하시오. [4점]

Q: What does the writer think of Franz Liszt?

A: The writer thinks that Franz Liszt was the _____ idol.

서술형 10

22 윗글을 읽고 답할 수 있는 질문의 기호를 쓰고 그 답을 영어로 쓰시오. [각 3점]

ⓐ What was Liszt's job?

ⓑ When was Liszt born?

ⓒ How did Liszt become the first idol?

ⓓ When did Liszt give up playing the piano?

(1) ( ) _____

(2) ( ) _____

[23-24] 다음 글을 읽고, 물음에 답하시오.

Vienna Daily

August 11, 1845

The Star of Our Time

Yesterday Franz Liszt performed his piano concert very successfully in Vienna. This concert was different from others. The side of the piano faced the audience. They could see Liszt better this way. He didn't have any sheet music and played from memory. His music was so powerful and rich. When the concert ended, the concert hall went wild.

서술형 11

23 다음 영어 뜻풀이에 해당하는 단어를 윗글에서 찾아 쓰시오. [3점]

to have the front part toward

→ _____

24 윗글의 내용과 일치하지 않는 것은? [3점]

① Franz Liszt는 연주회를 성공적으로 마쳤다.

② Franz Liszt의 연주회는 다른 연주회와 달랐다.

③ 피아노의 옆면이 청중을 향해 있었다.

④ Franz Liszt는 악보 없이 외워서 연주했다.

⑤ 연주회가 끝났을 때 청중들은 연주에 감동을 받아 아무 소리도 내지 못했다.

25 다음 글의 밑줄 친 ①~⑤ 중 어법상 틀린 것은? [4점]

Dear Sandra,

Hello, my name is Jina and I'm a big fan of yours. I ①watched all of your movies and I love "Into the Sky" ②best. I think that your acting is so real. How do you ③prepare for your roles? If I ④will meet you in person, I will ask you many more questions. I hope ⑤to see you soon.

Love,

Jina

① ② ③ ④ ⑤

● 틀린 문항을 표시해 보세요.

● 부족한 영역을 점검해 보고 어떻게 더 학습할지 학습 계획을 적어 보세요.

〈제1회〉 대표 기출로 내신 **적중** 모의고사　　총점 _____ / 100

문항	영역	문항	영역	문항	영역
01	p.10(W)	10	p.15(L&S)	19	pp.30-31(R)
02	p.10(W)	11	p.15(L&S)	20	pp.30-31(R)
03	p.8(W)	12	p.22(G)	21	pp.30-31(R)
04	p.8(W)	13	pp.22-23(G)	22	pp.30-31(R)
05	p.13(L&S)	14	p.23(G)	23	p.44(M)
06	p.15(L&S)	15	p.22(G)	24	p.44(M)
07	p.15(L&S)	16	pp.22-23(G)	25	pp.30-31(R)
08	p.15(L&S)	17	pp.30-31(R)		
09	p.15(L&S)	18	pp.30-31(R)		

오답 공략
부족한 영역
학습 계획

〈제2회〉 대표 기출로 내신 **적중** 모의고사　　총점 _____ / 100

문항	영역	문항	영역	문항	영역
01	p.8(W)	10	p.15(L&S)	19	pp.30-31(R)
02	p.10(W)	11	p.15(L&S)	20	pp.30-31(R)
03	p.8(W)	12	p.13(L&S)	21	pp.30-31(R)
04	p.8(W)	13	p.23(G)	22	pp.30-31(R)
05	p.13(L&S)	14	p.22(G)	23	pp.30-31(R)
06	p.14(L&S)	15	pp.22-23(G)	24	pp.30-31(R)
07	p.14(L&S)	16	p.23(G)	25	pp.30-31(R)
08	p.14(L&S)	17	p.22(G)		
09	p.13(L&S)	18	pp.30-31(R)		

오답 공략
부족한 영역
학습 계획

〈제3회〉 대표 기출로 내신 **적중** 모의고사　　총점 _____ / 100

문항	영역	문항	영역	문항	영역
01	p.10(W)	10	p.15(L&S)	19	p.22(G)
02	p.8(W)	11	p.15(L&S)	20	pp.30-31(R)
03	p.10(W)	12	p.15(L&S)	21	pp.30-31(R)
04	p.14(L&S)	13	p.22(G)	22	pp.30-31(R)
05	p.14(L&S)	14	p.22(G)	23	pp.30-31(R)
06	p.14(L&S)	15	p.23(G)	24	pp.30-31(R)
07	p.15(L&S)	16	p.23(G)	25	pp.30-31(R)
08	p.15(L&S)	17	p.23(G)		
09	p.15(L&S)	18	p.23(G)		

오답 공략
부족한 영역
학습 계획

〈제4회〉 고난도로 내신 **적중** 모의고사　　총점 _____ / 100

문항	영역	문항	영역	문항	영역
01	p.10(W)	10	p.13(L&S)	19	pp.30-31(R)
02	p.8(W)	11	p.23(G)	20	pp.30-31(R)
03	p.8(W)	12	p.22(G)	21	pp.30-31(R)
04	p.13(L&S)	13	p.23(G)	22	pp.30-31(R)
05	p.14(L&S)	14	p.22(G)	23	p.44(M)
06	p.14(L&S)	15	p.22(G)	24	p.44(M)
07	p.15(L&S)	16	pp.30-31(R)	25	p.44(M)
08	p.15(L&S)	17	pp.30-31(R)		
09	p.15(L&S)	18	pp.30-31(R)		

오답 공략
부족한 영역
학습 계획

Lesson
4

Go for It!

주요 학습 내용	의사소통 기능	여가 활동 말하기	A: **What do you do in your free time?** (너는 여가 시간에 무엇을 하니?) B: **I often** play table tennis. (나는 종종 탁구를 쳐.)
		경험 말하기	A: **Have you ever ridden** a horse? (너는 말을 타 본 적이 있니?) B: **Yes, I have.** (응, 타 본 적 있어.)
	언어 형식	주격 관계대명사	They are the people **who** take part in the 4 Deserts Race. (그들은 '4 Deserts Race'에 참가하는 사람들이다.)
		최상급	The Atacama Desert is **the driest** desert in the world. (아타카마 사막은 세계에서 가장 건조한 사막이다.)

Words
만점 노트

Listen & Speak

□□ activity	명 활동	□□ often☆	부 종종, 자주
□□ bake	동 (음식을) 굽다	□□ real	형 실제의, 진짜의
□□ ever☆	부 (의문문이나 부정문에 쓰여서) 어느 때고, 한 번이라도	□□ request	동 요청하다, 신청하다
□□ free time☆	명 여가 시간 (= spare time)	□□ rock climbing	명 암벽 등반
□□ guess	동 추측하다, ~인 것 같다	□□ scary	형 무서운, 겁나는
□□ hang	동 매달리다, 걸리다, 매달다 (hang-hung-hung)	□□ someday	부 언젠가
□□ join	동 함께 하다	□□ table tennis	명 탁구
□□ near	전 ~ 가까이에	□□ usually☆	부 보통, 대개

Reading

□□ Antarctica	명 남극 대륙	□□ in the middle of	~의 한가운데에
□□ a series of	일련의, 연속의	□□ keep	동 ~을 계속하다, 유지하다
□□ be out of	떨어지다, 바닥나다	□□ librarian	명 도서관 사서
□□ boiling	형 끓는, 끓어오르는	□□ limit☆	명 한계, 제한
□□ burn	동 태우다, 데다, 화상을 입히다	□□ ordinary	형 보통의, 평범한
□□ desert☆	명 사막 (cf. dessert 후식)	□□ participant☆	명 참가자
□□ dry	형 건조한 (↔ wet)	□□ planet	명 행성; (the planet) 세상, 지구
□□ exactly	부 정확히, 꼭	□□ reach	동 ~에 도달하다, ~에 이르다
□□ finish line	명 결승선	□□ take part in☆	~에 참가하다 (= participate in)
□□ freeze	동 얼다, 얼어붙다 (↔ melt) (freeze-froze-frozen)	□□ take place	개최되다, 일어나다
□□ go on	계속되다	□□ temperature	명 온도
□□ head	동 (특정 방향으로) 향하다(가다)	□□ throat	명 목구멍
□□ in every direction	사방팔방으로	□□ tough	형 힘든, 어려운 (= difficult)
□□ in fact	사실은, 실제로	□□ windy	형 바람이 (많이) 부는

Language Use

□□ famous	형 유명한	□□ popular☆	형 인기 있는 (↔ unpopular)
□□ height	명 높이, 키	□□ record	명 기록
□□ little	형 거의 없는(아닌)	□□ take care of	~를 돌보다 (= care for)
□□ mean	동 의미하다	□□ weight	명 무게, 중량

Think and Write • Project

□□ athlete	명 (운동)선수	□□ overall	형 종합적인, 전체의
□□ be held☆	열리다, 개최되다	□□ relay	명 릴레이 경주, 계주
□□ include	동 포함하다	□□ score☆	명 득점, 점수
□□ jump rope	명 줄넘기	□□ sports day	명 운동회 날

Words
연습 문제

A 다음 단어의 우리말 뜻을 쓰시오.

01 usually _____

02 free time _____

03 planet _____

04 often _____

05 limit _____

06 boiling _____

07 weight _____

08 keep _____

09 activity _____

10 exactly _____

11 throat _____

12 reach _____

13 scary _____

14 request _____

15 guess _____

16 real _____

17 bake _____

18 famous _____

19 overall _____

20 little _____

B 다음 우리말에 해당하는 영어 단어를 쓰시오.

21 남극 대륙 _____

22 (~으로) 향하다[가다] _____

23 보통의, 평범한 _____

24 얼다, 얼어붙다 _____

25 온도 _____

26 결승선 _____

27 도서관 사서 _____

28 암벽 등반 _____

29 줄넘기 _____

30 득점, 점수 _____

31 참가자 _____

32 함께 하다 _____

33 언젠가 _____

34 매달리다, 매달다 _____

35 탁구 _____

36 ~ 가까이에 _____

37 태우다, 데다 _____

38 의미하다 _____

39 인기 있는 _____

40 높이, 키 _____

C 다음 영어 표현의 우리말 뜻을 쓰시오.

01 be out of _____

02 take place _____

03 in the middle of _____

04 take part in _____

05 a series of _____

06 go on _____

07 in every direction _____

08 be held _____

Words Plus 만점 노트

영어 뜻풀이

☐☐	athlete	(운동)선수	a person who competes in sports
☐☐	boiling	끓는, 끓어오르는	heated to the point when it starts to turn into a gas
☐☐	burn	태우다	to destroy something by fire or heat
☐☐	desert	사막	a large, dry area where there is very little rain and few plants
☐☐	dry	건조한	having no or very little water
☐☐	exactly	정확히, 꼭	correctly, accurately
☐☐	freeze	얼다, 얼어붙다	to turn into ice by cold
☐☐	guess	추측하다	to give an answer about something without knowing the exact answer
☐☐	hang	매달리다, 걸리다, 매달다	to attach or place something so that it is held up
☐☐	limit	한계, 제한	a point at which something stops being possible
☐☐	near	～ 가까이에	close to
☐☐	ordinary	보통의, 평범한	normal or usual
☐☐	overall	종합적인, 전체의	viewed as a whole
☐☐	participant	참가자	someone who takes part in an activity or event
☐☐	planet	행성	a large, round object in space that travels around a star
☐☐	reach	～에 도달하다(이르다)	to get to a particular level, especially a high one
☐☐	relay	릴레이 경주, 계주	a team race in which each member runs or swims part of the race
☐☐	temperature	온도	a measure of how hot or cold a place or thing is
☐☐	tough	힘든, 어려운	very difficult to do
☐☐	windy	바람이 (많이) 부는	with a lot of wind

단어의 의미 관계

● **유의어**
ordinary = usual (보통의, 평범한)
free time = spare time (여가 시간)
take part in = participate in (～에 참가하다)
take care of = care for (～를 돌보다)
take place = be held (개최되다)
tough = difficult (어려운)

● **반의어**
dry (건조한) ↔ wet (젖은, 축축한)
freeze (얼다) ↔ melt (녹다)
popular (인기 있는) ↔ unpopular (인기 없는)

● **동사 – 명사(행위자)**
participate (참가하다) – participant (참가자)

● **형용사 – 부사**
real (진짜의, 정말의) – really (진짜, 정말로)
usual (보통의) – usually (보통, 대개)

다의어

● **burn** 1. 통 태우다, 데다, 화상을 입히다
　　　　 2. 통 (불에) 타다, (불이) 타오르다

1. She **burned** her arm on a camping stove.
　그녀는 캠핑용 스토브에 팔을 데었다.
2. The wood was wet and would not **burn**.
　그 나무는 젖어서 불에 타지 않을 것이다.

● **head** 1. 명 머리, 고개
　　　　 2. 명 (단체 · 조직의) 책임자, 장(長)
　　　　 3. 통 (특정 방향으로) 향하다, 가다

1. He shook his **head**.
　그는 고개를 가로 저었다.
2. She's the **head** of the team.
　그녀는 팀장이다.
3. The ship was **heading** south.
　그 배는 남쪽으로 향하고 있었다.

Words Plus

연습 문제

A 다음 뜻풀이에 알맞은 말을 [보기]에서 골라 쓴 후, 우리말 뜻을 쓰시오.

[보기] athlete ordinary planet temperature dry relay freeze burn

1 _____ : normal or usual : _____
2 _____ : to turn into ice by cold : _____
3 _____ : having no or very little water : _____
4 _____ : a person who competes in sports : _____
5 _____ : to destroy something by fire or heat : _____
6 _____ : a measure of how hot or cold a place or thing is : _____
7 _____ : a large, round object in space that travels around a star : _____
8 _____ : a team race in which each member runs or swims part of the race : _____

B 다음 짝 지어진 두 단어의 관계가 같도록 빈칸에 알맞은 말을 쓰시오.

1 dry : wet = _____ : melt
2 care for : take care of = _____ : be held
3 play : player = participate : _____
4 real : really = usual : _____

C 다음 빈칸에 알맞은 말을 [보기]에서 골라 쓰시오.

[보기] limit hang location reach head

1 You can _____ your wet jacket on the hook.
2 He decided to _____ home because it started to rain.
3 We set a time _____ of 30 minutes for the test.
4 The temperature is expected to _____ 30°C today.
5 This map shows the exact _____ of the restaurant.

D 다음 우리말과 같도록 빈칸에 알맞은 말을 쓰시오.

1 시장에 가자. 우리는 계란이 떨어졌어. → Let's go to the market. We _____ _____ _____ eggs.
2 80대가 넘는 자동차들이 경주에 참가할 것이다. → Over 80 cars will _____ _____ _____ the race.
3 그는 도로 한가운데에 서 있었다.
   → He was standing _____ _____ _____ _____ the road.
4 나는 그날이 화요일이라고 말했는데, 사실은 월요일이었다.
   → I said it was Tuesday, but _____ _____ it was Monday.
5 산 정상에서 우리는 사방을 볼 수 있었다.
   → We could see _____ _____ _____ from the mountain top.

W ▶ Words

실전 TEST

01 다음 짝 지어진 단어와 관계가 같은 것은?

> freeze – melt

① dry – wet
② start – begin
③ high – height
④ usual – usually
⑤ tough – difficult

02 다음 영어 뜻풀이에 알맞은 단어는?

> a large, dry area where there is very little rain and few plants

① forest
② desert
③ jungle
④ garden
⑤ mountain

03 다음 빈칸에 들어갈 단어로 알맞은 것은?

> The service was special, but the food was very _____.

① delicious
② fantastic
③ popular
④ ordinary
⑤ good

04 다음 밑줄 친 단어와 같은 의미로 쓰인 것은?

> She will head towards the library.

① It's about time to head back home.
② A thought suddenly came into my head.
③ Put this hat on to keep your head warm.
④ You have to hit the nail on the head.
⑤ You should discuss the matter with your head of department.

05 다음 중 밑줄 친 부분의 우리말 뜻이 알맞지 <u>않은</u> 것은?

① We're out of milk. (~이 떨어졌다)
② People shouted and ran in every direction. (사방팔방으로)
③ All the children took part in the Thanksgiving play. (~에 자리를 잡았다)
④ The award ceremony went on for another hour. (계속되었다)
⑤ I know him very well. In fact, we were in the same class last year. (사실은)

06 다음 빈칸에 들어갈 단어로 알맞지 <u>않은</u> 것은?

- Is that a ____①____ diamond?
- We should fly kites on ____②____ days.
- The lake had ____③____ overnight.
- A fish bone got stuck in my ____④____.
- My mother is a ____⑤____ in a university library.

① real
② windy
③ frozen
④ limit
⑤ librarian

07 다음 두 문장의 의미가 같도록 빈칸에 알맞은 말을 쓰시오.

> The wedding will take place in St Andrew's Church.
> = The wedding will _____ _____ in St Andrew's Church.

1 여가 활동 말하기

A: **What do you do in your free time?**   너는 여가 시간에 무엇을 하니?

B: **I often** play table tennis.   나는 종종 탁구를 쳐.

What do you do in your free time?은 '너는 여가 시간에 무엇을 하니?'라는 뜻으로, 상대방의 여가 활동을 묻는 표현이다.
자신의 여가 활동을 말할 때는 I often ~. 또는 I usually ~. 표현을 사용하여 말할 수 있다.

e.g.
- A: **What do you do in your free time?** 너는 여가 시간에 무엇을 하니?
  What do you do when you are free?
  What do you like to do in your free time?
  너는 여가 시간에 무엇을 하는 것을 좋아하니?
  How do you spend your spare time? 너는 여가 시간을 어떻게 보내니?
  주의! 의문사로 시작하는 의문문에는 Yes/No로 대답하지 않아요.
- B: **I often** bake cookies. 나는 종종 쿠키를 구워.
  I usually watch movies. 나는 보통 영화를 봐.
  In my free time, I play soccer with my friends. 여가 시간에 나는 친구들과 축구를 해.
- A: **What do you enjoy doing in your free time?** 너는 여가 시간에 무엇을 하는 것을 즐기니?
  B: **I enjoy** going camping. 나는 캠핑 가는 것을 즐겨.

> **시험 포인트** **point**
> 여가 활동처럼 일상적인 행동을 묻고 답할 때는 현재시제를 사용해야 해요. 대화가 자연스러운지 파악하는 문제에서 시제에 유의하세요.

2 경험 말하기

A: **Have you ever ridden** a horse?   너는 말을 타 본 적이 있니?

B: **Yes, I have. / No, I haven't.**   응, 타 봤어. / 아니, 안 타 봤어.

'너는 ~해 본 적 있니?'라는 뜻으로 상대방의 경험 여부를 물을 때 「Have you (ever)+과거분사 ~?」로 말한다.
이에 답할 때 경험한 적이 있을 경우 Yes, I have.로, 경험한 적이 없을 경우 No, I haven't.로 말한다.
자신의 경험을 말할 때는 「I have+과거분사 ~.」로 표현한다.

e.g.
- A: **Have you ever been** to Jeju-do? 너는 제주도에 가 본 적이 있니?
  Have you ever heard of flying yoga? 너는 플라잉 요가에 대해 들어 본 적이 있니?
- B: **Yes, I have.** 응, 있어.
  No, I haven't. 아니, 없어.
  I've never **been** there. 나는 그곳에 가 본 적이 없어.
  I've seen it on TV. 나는 그것을 TV에서 본 적이 있어.

> **시험 포인트** **point**
> 경험 여부를 묻는 질문에는 주로 ever를 사용하고, 전혀 경험해 보지 않은 일을 말할 때는 never를 사용해요.

대화문 해석 보기 >> 90~91쪽

주요 표현
구문 해설

STEP A

Listen and Speak 1-A

교과서 62쪽

B: Bomi, ❶ what do you do in your free time?

G: ❷ I often bake cookies. ❸ How about you, Tony?

B: ❹ I usually watch movies.

❶ '너는 여가 시간에 무엇을 하니?'라는 뜻으로 여가 활동을 묻는 표현
❷ 자신의 여가 활동을 말하는 표현으로, 일상적인 행동은 현재시제로 표현함. 빈도 부사(often, usually 등)는 be동사 뒤, 일반동사 앞에 주로 쓰임
❸ '너는 어때?'라는 뜻으로 상대방에게 되물을 때 쓰는 표현 (= What about you?)

Q1 Tony는 여가 시간에 무엇을 하나요?

Listen and Speak 1-B

교과서 62쪽

G: I'm so happy. ❶ It's Friday!

B: ❷ What are you going to do on the weekend, Jean?

G: ❸ I'm going to play badminton.

B: Do you play badminton often?

G: Yes, it's my favorite ❹ free time activity.

B: ❺ Who do you usually play with?

G: ❻ My dad. ❼ What do you do in your free time?

B: I often go to the Han River and ride my bike.

❶ 요일을 나타내는 비인칭 주어
❷ 주말 계획을 묻는 표현
❸ 「be going to + 동사원형」: ~할 것이다
❹ 여가 활동
❺ 너는 보통 누구랑 (배드민턴을) 치니?
❻ = I usually play with my dad.
❼ 여가 활동을 묻는 표현

Q2 Jean이 가장 좋아하는 여가 활동은 무엇인가요?

Q3 What does the boy do in his free time? → _____

Listen and Speak 1-C

교과서 62쪽

A: Ms. Allen, ❶ what do you do for a living?

B: I'm a doctor.

A: What do you do in your free time?

B: I often ❷ play table tennis.

❶ 직업을 묻는 표현
❷ 탁구를 치다 (= play ping-pong)

Q4 What is Ms. Allen's job? → She's a _____.

Listen and Speak 2-A

교과서 63쪽

G: Tom, ❶ have you ever been to Jeju-do?

B: ❷ Yes, I have. I went there ❸ last winter vacation. ❹ What about you?

G: ❺ I've never been there, but ❻ I'm going there this summer.

B: That's great! ❼ I'm sure you'll like it a lot.

❶ 「Have you ever + 과거분사 ~?」: '너는 ~해 본 적이 있니?'라는 뜻으로 경험 여부를 묻는 표현
❷ 경험이 있다고 답하는 표현
❸ 지난 겨울 방학(과거)
❹ '너는 어때?' (= How about you?)
❺ 「I've never + 과거분사 ~.」: 나는 ~해 본 적이 없다
❻ 가까운 미래의 예정된 일을 나타내는 현재 진행형
❼ I'm sure ~.: 나는 ~을 확신해.

Q5 ❺를 해석해 보세요.

Listen and Speak 2-B

교과서 63쪽

G: Mike, **①** have you ever heard of flying yoga?

B: Yeah! **②** I've seen it on TV. People were hanging **③** in the air!

G: **④** Guess what? I'm learning it **⑤** these days.

B: Really? It **⑥** looked so scary. Do you like it, Suji?

G: At first, I was **⑦** a little **⑧** scared, but now I'm enjoying it.

B: Sounds great! I think I should exercise more, too.

G: **⑨** Do you want to join my yoga class?

B: No, that's too scary for me. I'll just play basketball.

① 경험을 묻는 표현

② 「I've + 과거분사 ~.」로 자신의 경험을 말하는 표현

③ 공중에

④ '그거 알아?'라는 뜻으로 상대방의 주의를 끌 때 쓰는 표현

⑤ 요즘

⑥ 「look + 형용사」; ~하게 보이다

⑦ 좀, 조금

⑧ 무서워하는

⑨ Do you want to join ~?: 어떤 일을 함께하고 싶은지 묻는 표현

Q6 수지가 요즘 배우고 있는 것은 무엇인가요?

Q7 What will Mike do for exercise?   ⓐ He will do flying yoga.   ⓑ He will play basketball.

Listen and Speak 2-C

교과서 63쪽

A: Have you ever ridden a horse?

B: Yes, I have. / **①** No, I haven't.

A: **②** When did you ride a horse?

B: **③** Last summer.

① 경험을 묻는 말에 경험이 없다고 답하는 표현

② 언제 했는지 묻는 표현

③ = I rode a horse last summer.

Q8 어떤 경험이 있는지 물었나요?

Real Life Talk > Watch a Video

교과서 64쪽

Hojin: Judy, **①** what do you do in your free time?

Judy: **①** I often go rock climbing with my dad.

Hojin: What mountain do you go to?

Judy: No, Hojin. I **②** usually do **③** it at a gym near my house.

Hojin: I see. **④** Have you ever done **③** it on a real mountain?

Judy: **④** Not yet. But **⑤** I hope to do it someday.

Hojin: That's really cool. **⑥** Can I come and join you next time?

Judy: Sure. **⑦** I'm going this Saturday.

Hojin: **⑧** That sounds great.

Judy: You're going to love it!

① 여가 활동을 묻고 답하는 표현
「go + 동사원형-ing」: ~하러 가다

② usually는 '보통'이라는 뜻의 빈도 부사

③ = rock climbing

④ 경험을 묻고 답하는 표현으로, Not yet. (= I haven't done it yet.)은 '아직 안 해 봤어.'라는 뜻

⑤ 「I hope + to부정사 ~.」는 '나는 ~하기를 바란다'라는 뜻으로 희망을 나타낼 때 쓰는 표현

⑥ 「Can I + 동사원형 ~?」은 상대방에게 허락을 구할 때 쓰는 표현

⑦ 가까운 미래의 예정된 일을 나타내는 현재 진행형

⑧ 그거 좋다(잘됐네).

Q9 Where does Judy usually do rock climbing? → _____

Q10 When is Hojin going to the gym?   → _____

STEP A

우리말과 일치하도록 대화의 빈칸에 알맞은 말을 쓰시오.

1 Listen and Speak 1-A

B: Bomi, _____ _____ _____ _____ in your free time?
G: _____ _____ bake cookies. How about you, Tony?
B: _____ _____ watch movies.

2 Listen and Speak 1-B

G: I'm so happy. It's Friday!
B: What _____ _____ _____ _____ _____ on the weekend, Jean?
G: I'm going to play badminton.
B: Do you play badminton often?
G: Yes, it's my favorite _____ _____ _____ .
B: Who do you usually play with?
G: My dad. What do you do _____ _____ _____ _____ ?
B: I often _____ _____ the Han River and _____ my bike.

3 Listen and Speak 1-C

A: Ms. Allen, what do you do _____ _____ _____ ?
B: I'm a doctor.
A: What do you do in your free time?
B: I _____ _____ _____ _____ .

4 Listen and Speak 2-A

G: Tom, _____ _____ _____ _____ _____ Jeju-do?
B: Yes, I have. I went there last winter vacation. _____ _____ _____ ?
G: I've _____ _____ _____ , but I'm going there this summer.
B: That's great! I'm sure you'll like it a lot.

  주요 표현

교과서 62쪽

B: 보미야, 너는 여가 시간에 무엇을 하니?
G: 나는 종종 쿠키를 구워. 너는 어때, Tony?
B: 나는 보통 영화를 봐.

교과서 62쪽

G: 나는 정말 기뻐. 금요일이야!
B: 주말에 무엇을 할 거니, Jean?
G: 나는 배드민턴을 칠 거야.
B: 배드민턴을 자주 치니?
G: 응, 그건 내가 가장 좋아하는 여가 활동이야.
B: 보통 누구랑 치니?
G: 우리 아빠랑. 너는 여가 시간에 무엇을 하니?
B: 나는 종종 한강에 가서 자전거를 타.

교과서 62쪽

A: Allen 씨, 당신의 직업은 무엇인가요?
B: 저는 의사입니다.
A: 당신은 여가 시간에 무엇을 하나요?
B: 저는 종종 탁구를 쳐요.

교과서 63쪽

G: Tom, 너는 제주도에 가 본 적이 있니?
B: 응, 가 봤어. 지난 겨울 방학에 거기에 갔어. 너는 어때?
G: 나는 거기에 가 본 적이 없는데, 이번 여름에 갈 거야.
B: 잘됐네! 네가 아주 좋아할 거라고 확신해.

5 Listen and Speak 2-B

G: Mike, _____ _____ _____ _____ _____ flying yoga?

B: Yeah! I've seen it on TV. People were hanging _____ _____ _____!

G: Guess what? I'm learning it these days.

B: Really? It _____ _____ _____. Do you like it, Suji?

G: At first, I was a little scared, but now I'm enjoying it.

B: Sounds great! I think I _____ _____ _____, too.

G: Do you want to join my yoga class?

B: No, that's too scary for me. I'll just play basketball.

6 Listen and Speak 2-C

A: Have you _____ _____ _____ _____?

B: Yes, I have. / _____, _____ _____.

A: When did you ride a horse?

B: _____ _____.

7 Real Life Talk > Watch a Video

Hojin: Judy, what do you do in your free time?

Judy: I _____ _____ _____ _____ with my dad.

Hojin: What mountain do you go to?

Judy: No, Hojin. I usually do it at a gym near my house.

Hojin: I see. _____ _____ _____ _____ it on a real mountain?

Judy: _____ _____. But I hope to do it someday.

Hojin: That's really cool. Can I come and _____ _____ next time?

Judy: Sure. I'm going this Saturday.

Hojin: That _____ _____.

Judy: You're going to love it!

 해석

교과서 63쪽

G: Mike. 너는 플라잉 요가에 대해 들어 본 적이 있니?

B: 응! TV에서 본 적이 있어. 사람들이 공중에 매달려 있었어!

G: 그거 알아? 내가 요즘 그걸 배우고 있어.

B: 정말? 너무 무서워 보였는데. 그걸 좋아하니, 수지야?

G: 처음엔 조금 무서웠는데, 지금은 즐기고 있어.

B: 좋구나! 나도 운동을 더 해야 할 것 같아.

G: 우리 요가 수업을 함께할래?

B: 아니, 그건 내겐 너무 무서워. 나는 그냥 농구를 할게.

교과서 63쪽

A: 너는 말을 타 본 적이 있니?

B: 응, 타 봤어. / 아니, 못 타 봤어.

A: 너는 언제 말을 탔었니?

B: 작년 여름에.

교과서 64쪽

호진: Judy. 너는 여가 시간에 무엇을 하니?

Judy: 나는 종종 아빠와 암벽 등반을 하러 가.

호진: 어떤 산에 가니?

Judy: 아니야. 호진아. 나는 보통 집 근처에 있는 체육관에서 그걸 해.

호진: 그렇구나. 실제 산에서 해 본 적이 있니?

Judy: 아직 없어. 하지만 언젠가 해 보기를 바라.

호진: 그거 정말 멋지다. 다음번에 내가 가서 함께해도 될까?

Judy: 물론이야. 이번 주 토요일에 갈 거야.

호진: 잘됐네.

Judy: 너는 그걸 정말 좋아할 거야!

Listen & Speak

대화 순서 배열하기

자연스러운 대화가 되도록 순서를 바르게 배열하시오.

1 Listen and Speak 1-A

교과서 62쪽

ⓐ I often bake cookies. How about you, Tony?
ⓑ Bomi, what do you do in your free time?
ⓒ I usually watch movies.

(   ) – (   ) – (   )

2 Listen and Speak 1-B

교과서 62쪽

ⓐ I'm going to play badminton.
ⓑ Do you play badminton often?
ⓒ Who do you usually play with?
ⓓ I'm so happy. It's Friday!
ⓔ I often go to the Han River and ride my bike.
ⓕ What are you going to do on the weekend, Jean?
ⓖ Yes, it's my favorite free time activity.
ⓗ My dad. What do you do in your free time?

(ⓓ) – (   ) – (   ) – (   ) – (   ) – (ⓒ) – (   ) – (   )

3 Listen and Speak 1-C

교과서 62쪽

ⓐ I'm a doctor.
ⓑ Ms. Allen, what do you do for a living?
ⓒ I often play table tennis.
ⓓ What do you do in your free time?

(ⓑ) – (   ) – (   ) – (   )

4 Listen and Speak 2-A

교과서 63쪽

ⓐ Yes, I have. I went there last winter vacation. What about you?
ⓑ That's great! I'm sure you'll like it a lot.
ⓒ I've never been there, but I'm going there this summer.
ⓓ Tom, have you ever been to Jeju-do?

(   ) – (   ) – (   ) – (   )

5 Listen and Speak 2-B

ⓐ Guess what? I'm learning it these days.

ⓑ Sounds great! I think I should exercise more, too.

ⓒ Do you want to join my yoga class?

ⓓ At first, I was a little scared, but now I'm enjoying it.

ⓔ Mike, have you ever heard of flying yoga?

ⓕ No, that's too scary for me. I'll just play basketball.

ⓖ Yeah! I've seen it on TV. People were hanging in the air!

ⓗ Really? It looked so scary. Do you like it, Suji?

(ⓔ) – ( ) – ( ) – ( ) – (ⓓ) – (ⓑ) – ( ) – ( )

6 Listen and Speak 2-C

ⓐ Last summer.

ⓑ Yes, I have.

ⓒ Have you ever ridden a horse?

ⓓ When did you ride a horse?

( ) – ( ) – ( ) – ( )

7 Real Life Talk > Watch a Video

ⓐ Judy, what do you do in your free time?

ⓑ No, Hojin. I usually do it at a gym near my house.

ⓒ Sure. I'm going this Saturday.

ⓓ Not yet. But I hope to do it someday.

ⓔ I often go rock climbing with my dad.

ⓕ You're going to love it!

ⓖ I see. Have you ever done it on a real mountain?

ⓗ That sounds great.

ⓘ What mountain do you go to?

ⓙ That's really cool. Can I come and join you next time?

(ⓐ) – ( ) – ( ) – (ⓖ) – ( ) – (ⓘ) – ( ) – (ⓗ) – ( )

Listen & Speak
실전 TEST

STEP A

01 다음 대화의 빈칸에 공통으로 들어갈 말로 알맞은 것은?
(대소문자는 무시할 것)

> A: _____ you ever tried yoga?
> B: Yes, I _____.

① Do   ② Are   ③ Did
④ Will   ⑤ Have

[02-03] 다음 대화의 빈칸에 들어갈 말로 알맞은 것을 고르시오.

02
> A: _____
> B: I usually listen to music.

① What did you do for a living?
② What did you do last weekend?
③ What do you do in your free time?
④ What type of music do you like best?
⑤ When do you enjoy listening to music?

03
> A: Bomi, how do you spend your free time?
> B: I often bake cookies. How about you, Tony?
> A: _____

① I want to try them.
② I often watch movies.
③ I'm going to go swimming.
④ I am free tomorrow.
⑤ I had a great time last weekend.

04 다음 대화의 밑줄 친 부분의 의도로 알맞은 것은?

> A: Have you ever run a marathon?
> B: No, I haven't.

① 제안하기   ② 관심 묻기
③ 계획 묻기   ④ 조언 구하기
⑤ 경험 여부 묻기

고산도 / 신유형
05 다음 대화의 밑줄 친 우리말과 같도록 괄호 안의 단어들을 배열할 때 네 번째로 오는 단어는?

> A: 너는 지금까지 바둑을 해 본 적이 있니?
> (ever, baduk, you, played, have)
> B: Yes, I have.

① ever   ② have   ③ you
④ played   ⑤ baduk

06 자연스러운 대화가 되도록 (A)~(D)를 순서대로 배열한 것은?

> (A) Yes, I have. I went there last winter vacation. What about you?
> (B) That's great! I'm sure you'll like it a lot.
> (C) I've never been there, but I'm going there this summer.
> (D) Tom, have you ever been to Jeju-do?

① (A)-(B)-(D)-(C)   ② (A)-(D)-(B)-(C)
③ (C)-(A)-(D)-(B)   ④ (D)-(A)-(C)-(B)
⑤ (D)-(C)-(A)-(B)

07 다음 대화의 흐름상 어색한 문장은?

> A: Mike, have you ever heard of flying yoga?
> B: ① No, I haven't. I've seen it on TV. ② People were hanging in the air!
> A: Guess what? ③ I'm learning it these days.
> B: Really? ④ It looked so scary. Do you like it, Suji?
> A: At first, ⑤ I was a little scared, but now I'm enjoying it.

[08-09] 다음 대화를 읽고, 물음에 답하시오.

> Hojin: Judy, what do you do in your free time?
> Judy: 나는 종종 우리 아빠와 함께 암벽 등반을 하러 가.
> Hojin: What mountain do you go to? (①)
> Judy: No, Hojin. I usually do it at a gym near my house. (②)
> Hojin: I see. Have you ever done it on a real mountain?
> Judy: (③) But I hope to do it someday.
> Hojin: That's really cool. (④) Can I come and join you next time?
> Judy: (⑤) Sure. I'm going this Saturday.
> Hojin: That sounds great.
> Judy: You're going to love it!

 08 위 대화의 밑줄 친 우리말을 영어로 옮길 때 사용하지 않는 단어는?

① with   ② often   ③ go
④ have   ⑤ rock climbing

09 위 대화의 ①~⑤ 중 주어진 말이 들어갈 알맞은 곳은?

> Not yet.

①   ②   ③   ④   ⑤

 서술형

10 다음 대화의 밑줄 친 우리말을 영어로 옮겨 쓰시오.
(총 7단어)

> A: What do you do in your free time?
> B: 나는 보통 내 친구들과 축구를 해.

→ _____

11 다음 그림을 보고, 경험을 묻고 답하는 대화를 완성하시오.

> A: (1) _____ table tennis?
> B: Yes, I have.
> A: When did you (2) _____?
> B: Last summer. It was really fun.

12 다음 대화의 빈칸에 알맞은 말을 [보기]에서 골라 쓰시오.

> [보기]
> • Do you play badminton often?
> • Who do you usually play with?
> • What do you do in your free time?
> • What are you going to do on the weekend?
> • How about playing badminton with me this afternoon?

> A: I'm so happy. It's Friday!
> B: (1) _____
> A: I'm going to play badminton.
> B: (2) _____
> A: Yes, it's my favorite free time activity.
> B: (3) _____
> A: My dad. (4) _____
> B: I often go to the Han River and ride my bike.

핵심 노트

1 주격 관계대명사

- They are the people **who** take part in the 4 Deserts Race. 그들은 '4 Deserts Race'에 참가하는 사람들이다.
  선행사 관계대명사절

- The famous cook **who** was on TV this morning was my best friend, Mark.
  선행사 관계대명사절 오늘 아침에 TV에 나온 유명한 요리사는 나의 가장 친한 친구인 Mark였다.

- Who ate the apple **which** was on the table? 식탁 위에 있던 사과를 누가 먹었니?
  선행사 관계대명사절

(1) 쓰임

관계대명사는 두 문장을 이어주는 접속사 역할과 뒤에 이어지는 절 안에서 앞에 나온 명사 (선행사)를 대신하는 대명사 역할을 한다. 관계대명사절은 선행사인 명사나 대명사를 수식하는데, 주격 관계대명사는 관계대명사절에서 주어 역할을 하며 바로 뒤에 동사가 이어진다.

- I know **the man**. **He** comes from France. 나는 그 남자를 안다. 그는 프랑스 출신이다.
  → I know the man **who** comes from France. 나는 프랑스 출신인 그 남자를 안다.
  선행사 관계대명사절

(2) 종류

선행사가 사람일 때 주격 관계대명사로 who나 that을, 사물이나 동물일 때는 which나 that을 쓴다.

- Anyone **who** crosses the finish line can do anything.
  결승선을 넘는 사람은 어떤 것이든 할 수 있다.

- I lived in the small house **which** was always very cold.
  나는 항상 아주 추웠던 작은 집에서 살았다.

(3) 관계대명사절의 동사

주격 관계대명사 뒤에 오는 동사는 선행사에 수를 일치시킨다. 선행사가 단수이면 동사도 단수형으로, 선행사가 복수이면 동사도 복수형으로 쓴다.

- The man **who** *lives* next door is a teacher. 옆집에 사는 남자는 교사이다.

- I know some songs **which** *are* popular among teens.
  나는 십 대들 사이에서 인기 있는 노래 몇 곡을 안다.

> **point**
> 시험 포인트
> 관계대명사절에서 선행사가 사람인지 사물/동물인지에 따라 정확한 관계대명사를 썼는지 파악하는 문제가 자주 출제돼요.

* 선행사가 「사람+사물/동물」일 때는 주격 관계대명사로 that을 쓴다.
- Look at the woman and her dog **that** are at the beach.
  해변에 있는 그 여자와 개를 봐.

QUICK CHECK

1 다음 괄호 안에서 알맞은 것을 고르시오.

(1) A dentist is a person (who / which) treats people's teeth.

(2) A paintbrush is a tool (who / which) is used by artists.

2 다음 두 문장을 관계대명사를 사용하여 한 문장으로 쓰시오.

(1) Look at the dog. He saved his owner. → _____

(2) Do you know the boy? He is standing over there. → _____

2 최상급

- The Atacama Desert is **the driest** desert in the world. 아타카마 사막은 세계에서 가장 건조한 사막이다.
- The Sahara Desert is **the hottest** of the four deserts. 사하라 사막은 네 개의 사막 중에서 가장 뜨겁다.
- Soccer is one of **the most popular** sports in Europe. 축구는 유럽에서 가장 인기 있는 스포츠 중 하나이다.

(1) 쓰임과 의미

최상급은 셋 이상의 대상을 비교하여 '가장 ~한/하게'라는 뜻을 나타낸다. 형용사의 최상급 앞에는 the를 쓰지만, 부사의 최상급 앞에는 보통 the를 생략한다.

(2) 최상급을 만드는 방법

형태	만드는 방법	예시
일반적인 형용사/부사	형용사/부사 + -est (-e로 끝나는 경우 + -st)	old – **oldest** large – **largest**
「단모음+단자음」으로 끝나는 형용사/부사	마지막 자음을 한 번 더 쓰고 + -est	big – **biggest** hot – **hottest**
「자음+y」로 끝나는 형용사/부사	y를 i로 바꾸고 + -est	easy – **easiest** happy – **happiest**
-ful, -less, -ous 등으로 끝나는 2음절 단어, 3음절 이상의 단어	most + 형용사/부사	famous – **most famous** interesting – **most interesting**
불규칙 변화	good/well – **best** bad/ill – **worst** many/much – **most** little – **least**	

point

시험 포인트

형용사나 부사의 최상급 형태가 올바른지 묻는 문제가 출제되므로 최상급을 만드는 방법을 잘 익혀두세요.

비교급

Samgyetang is much **tastier than** chicken soup.
삼계탕은 닭고기 수프보다 훨씬 더 맛있다.
[중1 8과]

한 단계 | 더!

「one of the + 최상급 + 복수 명사」는 '가장 ~한 ···중 하나'라는 뜻이다.

- She is **one of the most famous writers** in Korea.
  그녀는 한국에서 가장 유명한 작가 중 한 명이다.

(3) 최상급을 이용한 구문

최상급 뒤에 「in + 집단/장소」 또는 「of + 복수 명사」를 쓰면 '~ (중)에서'라는 뜻으로 비교의 범위나 대상을 나타낼 수 있다.

- Ted is **the tallest** boy **in his class**. Ted는 그의 반에서 가장 키가 큰 소년이다.
- This is **the best** picture **of all the ones in the gallery**.
  이것이 갤러리의 모든 그림 중에서 가장 좋은 그림이다.

QUICK CHECK

1 다음 괄호 안의 단어를 이용하여 빈칸에 알맞은 최상급을 쓰시오.

(1) Susan is the _____ of the three. (old)

(2) Recycling is one of the _____ ways to save energy. (easy)

(3) This shirt is the _____ in this shop. (expensive)

2 다음 문장의 밑줄 친 부분이 틀렸으면 바르게 고치시오.

(1) Seoul is the <u>larger</u> city in Korea. → _____

(2) Love is the <u>importantest</u> thing in life. → _____

(3) Mt. Everest is the <u>high</u> mountain in the world. → _____

연습 문제

1 주격 관계대명사

A 다음 빈칸에 알맞은 관계대명사를 쓰시오.

1 I bought a shirt _____ was made of cotton.

2 The man _____ is sitting on the bench looks sad.

3 There are many people _____ want to attend the race.

4 Are these the keys _____ are used to open the doors?

B 다음 괄호 안에서 알맞은 동사를 고르시오.

1 The man who (is / are) in the car is my uncle.

2 Look at the stars that (is / are) shining in the sky.

3 I will go to see Mom who (is / are) sick in the hospital.

4 He spoke to the man that (was / were) standing at the door.

5 People who (want / wants) to swim need to wear a life jacket.

C 다음 우리말과 뜻이 같도록 괄호 안의 말과 알맞은 관계대명사를 이용하여 문장을 완성하시오.

1 나는 내 방을 청소할 수 있는 로봇을 원한다. (clean)

→ I want a robot _____ .

2 우리는 프랑스어를 말할 수 있는 누군가가 필요하다. (speak French)

→ We need someone _____ .

3 어제 나는 너처럼 생긴 남자를 보았다. (look like)

→ Yesterday I saw a man _____ .

4 Mary는 주머니 두 개가 있는 가방을 하나 샀다. (have, pocket)

→ Mary bought a bag _____ .

D 다음 우리말과 뜻이 같도록 괄호 안의 말을 바르게 배열하여 문장을 완성하시오.

1 이 책을 쓴 작가는 멕시코 사람이다.

→ _____

(is, wrote, the writer, Mexican, this book, who)

2 나무에 앉아 있는 저 새들을 봐.

→ _____

(in the tree, look at, which, are sitting, those birds)

3 너는 노래 대회에서 우승한 소년을 아니?

→ _____

(the singing contest, know, who, the boy, do, you, won)

2 최상급

A 다음 괄호 안에서 알맞은 것을 고르시오.

1 What is the (longest / longer) river in the world?

2 Sirius is the (brightest / brighttest) star in the night sky.

3 That green box is the (heavyest / heaviest) of the three.

4 This is the (expensivest / most expensive) item in this store.

5 Hallasan is the (most high / highest) mountain in South Korea.

B 다음 괄호 안의 단어를 활용하여 최상급 문장을 완성하시오.

1 I am the _____ person in my family. (short)

2 Yesterday was the _____ day of the year. (hot)

3 Mr. Williams is the _____ man in my company. (busy)

4 She is one of the _____ film directors in the world. (famous)

5 My house is the _____ one in our neighborhood. (large)

C 다음 문장의 밑줄 친 부분이 틀렸으면 바르게 고쳐 쓰시오.

1 Today is the <u>worse</u> day of my life! → _____

2 Which do you think is the <u>easyest</u> language to learn? → _____

3 China is one of the largest <u>country</u> in the world. → _____

4 This is the <u>more</u> interesting book of the five. → _____

5 Which is the <u>dangerousest</u> animal in the world? → _____

D 다음 우리말과 뜻이 같도록 괄호 안의 말을 이용하여 문장을 완성하시오.

1 이 방이 이 호텔에서 가장 싸다. (cheap)

→ _____

2 John은 우리 팀에서 가장 빠른 주자이다. (fast, runner, in)

→ _____

3 그녀는 모든 학생들 중 가장 똑똑하다. (intelligent, of all the students)

→ _____

4 나의 할머니는 가장 색상이 다채로운 신발을 사셨다. (my grandmother, buy, colorful)

→ _____

Grammar
실전 TEST

[01-02] 다음 빈칸에 들어갈 말로 알맞은 것을 고르시오.

01 The boy is _____ among us.

① strong
② stronger
③ more stronger
④ the strongest
⑤ the most strongest

02 A hippo is an animal _____ has a big mouth.

① who
② what
③ that
④ whom
⑤ of which

03 다음 빈칸에 공통으로 들어갈 말로 알맞은 것은?

• We need a person _____ can play the guitar very well.
• See the dog _____ is running in the yard.

① who
② that
③ which
④ whom
⑤ whose

04 다음 우리말을 영어로 옮길 때 쓰이지 <u>않는</u> 것은?

식물에 물을 주고 있는 그 소녀는 Sally이다.

① is
② which
③ watering
④ the girl
⑤ the plant

05 다음 문장의 밑줄 친 that과 쓰임이 같은 것은?

I put away the food that was on the table.

① That is my younger brother.
② I think that she needs some rest.
③ That little baby is in danger.
④ My mother made that dress for me.
⑤ He plans to visit the museum that is in Paris.

[06-07] 다음 우리말을 영어로 바르게 옮긴 것을 고르시오.

06 그녀는 커다란 정원이 있는 집에서 살고 싶어 한다.

① She wants to live in a big garden that has a house.
② She wants to have a big garden who lives in a house.
③ She has a big garden which wants to live in a house.
④ She wants to live in a house which has a big garden.
⑤ She wants to live in a house where has a big garden.

07 이 웹 사이트가 인터넷에서 가장 유용하다.

① This website is the most useful Internet.
② This website is useful most on the Internet.
③ This website is the usefulest on the Internet.
④ This website is more useful than the Internet.
⑤ This website is the most useful on the Internet.

[08-09] 다음 중 어법상 <u>틀린</u> 것을 고르시오.

08 ① Today is the coldest than yesterday.
② I can't find my most comfortable jeans.
③ I am the youngest member of my family.
④ The person with the shortest stick has to go first.
⑤ This is the most exciting movie I have ever seen.

09 ① Anyone who wants to come is welcome.
② This is the picture which won first prize.
③ The novel that I read yesterday was moving.
④ Look at those houses that stand on the hill.
⑤ Robert is the boy which is playing the piano.

10 다음 우리말을 영어로 옮긴 것 중 바르지 <u>않은</u> 것은?

① 나는 바닐라 아이스크림을 가장 좋아한다.
→ I like vanilla ice cream best.
② 나는 건강이 인생에서 가장 중요한 것이라고 생각한다.
→ I think that health is the most important thing in life.
③ 이것은 우리 아빠가 만든 개집이다.
→ This is a dog kennel that was built by my father.
④ 선원은 배에서 일을 하는 사람이다.
→ A seaman is someone who works on a ship.
⑤ 우리는 노란색 드레스를 입고 있는 소녀를 찾고 있다.
→ We're looking for the girl which is wearing a yellow dress.

11 고난도 다음 중 빈칸에 who가 들어갈 수 <u>없는</u> 것은?

① A pilot is a person _____ flies airplanes.
② This is the woman _____ suggested the idea.
③ These are the two boys _____ were playing soccer at that time.
④ The girl _____ is standing next to my parents is my sister.
⑤ The car and the driver _____ fell into the river have been found.

12 다음 두 문장의 빈칸에 공통으로 들어갈 말을 쓰시오. (1단어)

• They saw a rabbit _____ was sleeping under a tree.
• We don't know the woman _____ lives next door.

→ _____

[13-14] 다음 문장에서 어법상 틀린 부분을 고르시오.

13 I ①went to ②the shopping mall ③that ④were ⑤very far from my house.

14 This is ①the boring ②story ③by ④that author ⑤that I've ever read.

15 다음 빈칸에 들어갈 말로 알맞은 것을 <u>모두</u> 고르면?

> Julie is the quietest student _____.

① of all
② for a year
③ in my class
④ like other students
⑤ than any other girls

16 다음 빈칸에 알맞은 말이 순서대로 짝 지어진 것은?

> • I have a friend _____ is really good at dancing.
> • Look at the boy and his cat _____ are sleeping in the car.

① who – who
② who – that
③ that – who
④ that – which
⑤ which – that

[17-18] 다음 빈칸에 알맞은 말을 쓰시오.

17
> • Minji is taller than Julie.
> • Minji is shorter than Leo.
> → Leo is _____ of the three.

18
> • Dan is younger than Emma.
> • Andy is younger than Dan.
> → Emma is _____ of the three.

 19 다음 중 어법상 옳은 것은?

① Don't eat food where smells bad.
② I saw a movie which about Mars.
③ I have a close friend who understands me very well.
④ Please read the letter who was written in French.
⑤ The man that helped me yesterday were my neighbor.

20 다음 우리말과 뜻이 같도록 괄호 안의 단어를 사용하여 빈칸에 알맞은 말을 쓰시오.

> 역사는 나에게는 가장 어려운 과목이다.
> = History is _____ subject for me.
> (difficult)

21 다음 빈칸에 알맞은 live의 형태는?

> The elephant is an animal that usually _____ in hot countries.

① live
② lives
③ living
④ is lived
⑤ have lived

22 다음 두 문장을 알맞은 관계대명사를 사용해 한 문장으로 바꿔 쓰시오.

(1)
> The party was very exciting. It was held last night.

→ _____

(2)
> Do you know the girl? She is crossing the street.

→ _____

23 다음 농구 경기의 득점을 나타내는 표를 보고, [조건]에 맞게 문장의 빈칸에 알맞은 말을 쓰시오.

Players	James	Chris	Jinsu
Scores	35	17	25

[조건] • 형용사 high, low를 변형하여 사용할 것

> James' score was (1) _____ of the three. Chris' score was (2) _____ of the three. But they are all good players.

한 단계 더!

24 다음 문장에서 어법상 <u>틀린</u> 부분을 찾아 바르게 고쳐 쓰시오.

(1)
> He is one of the best soccer player in the team.

_____ → _____

(2)
> The table who is standing in the kitchen is made of oak.

_____ → _____

25 다음 세 문장과 의미가 통하도록 [조건]에 맞게 문장을 완성하시오.

[조건] 1. 괄호 안의 단어를 변형하여 사용할 것
         2. 5개의 단어로 작성할 것

> Today, Amy arrived at school 8:30 a.m.
> Jenny came to school before Amy.
> Gary got to school at 8:50 in the morning.

→ Jenny _____ among them.
  (arrive, early)

26 다음 표를 보고, 아래 질문에 주어와 동사를 포함한 완전한 문장으로 답하시오.

Which country do you want to visit?

France

the U.S.

Spain

Australia

```
           10        20        30
```
〈the number of students〉

(1) **Q**: Which country do the most students want to visit?

  A: _____

(2) **Q**: Which country do the least students want to visit?

  A: _____

달리기엔 너무 뜨거운

Too Hot to Run

01 당신이 아주 큰 사막의 한가운데에 있다고 상상해 봐라.

01 Imagine you are in the middle of a great desert.
(명사절을 이끄는 접속사 that)

02 모래 언덕이 사방팔방으로 계속 이어진다.

계속 되다 ┌ go on에 덧붙여 '계속'의 의미를 강조함
02 The sands go on and on in every direction.
'모래로 이루어진 지역'을 의미할 때는 복수형으로 쓸 수 있음

03 태양은 거대한 불덩이 같다.

03 The sun feels like a giant ball of fire.
feel like + 명사(구): ~처럼 느끼다

04 뜨거운 바람이 당신의 얼굴과 목구멍을 태운다.

04 The hot wind burns your face and throat.

05 당신은 물을 좀 마시려고 가방을 연다.

05 You open your backpack to drink some water.
부사적 용법의 to부정사(목적): ~하기 위해

06 오, 이런!

06 Oh, no!

07 물이 거의 떨어져 간다.

07 You're almost out of water.
be out of: 떨어지다. 바닥나다(= run out of)

08 당신은 물 한 방울로 목을 적시고 계속 간다.

keep + 동사원형-ing: 계속 ~하다
08 You wet your throat with a drop of water and keep going.
수사 + 단위명사 + of + 물질명사(물질명사의 수량 표현)

09 나쁜 꿈인 것 같은가?

09 Sounds like a bad dream?
sound like + 명사(구): ~처럼 들리다

10 글쎄, 이것은 '4 Deserts Race'에 참가하는 사람들에게 꿈이 아니다.

~에 참가하다(= participate in)
10 Well, this is not a dream for the people [who take part in the 4 Deserts Race].
앞 단락에 제시된 상황을 가리킴   선행사   주격 관계대명사

11 '4 Deserts Race'는 세계에서 가장 험한 사막들을 가로지르는 연속된 4개의 경주이다.

11 The 4 Deserts Race is a series of four races across the world's toughest deserts.
tough(험한)의 최상급 표현

12 각 경주는 250킬로미터이고 7일이 걸린다.

12 Each race is 250 kilometers long and takes seven days.
┌ 수 일치   숫자 + 단위 + long   and에 의해 is와 takes가 병렬 연결되어 있음
(길이를 나타내는 표현)

13 첫 번째 경주는 칠레에 있는 아타카마 사막에서 열린다.

13 The first race takes place in the Atacama Desert in Chile.
take place: 개최되다, 일어나다 (= be held)
┌ dry(건조한)의 최상급

14 그곳은 세계에서 가장 건조한 사막이다.

14 It is the driest desert in the world.
앞 문장의 the Atacama Desert를 가리킴
┌ 비인칭 주어(날씨)

15 실제로 아타카마 사막의 어떤 곳에는 400년간 비가 내리지 않았다!

15 In fact, it hasn't rained in some parts of the Atacama Desert for 400 years!
현재완료 (계속)

Gobi Desert

Sahara Desert

Atacama Desert

Antarctica

16 The next race goes to the Gobi Desert in China.

　　　　┌─ windy(바람이 부는)의 최상급
17 It is the windiest desert on earth.
　　앞 문장의 the Gobi Desert를 가리킴 └─ 지구상에서, 세상에서

18 The third race heads to the Sahara Desert in Egypt.
　　　　　　　　head ⑧ (특정 방향으로) 향하다(가다)

　　　hot(뜨거운)의 최상급
19 It is the hottest of the four deserts.
　　앞 문장의 the Sahara Desert를 가리킴 └─ of + 복수 명사: ~ 중에서

20 Temperatures can reach up to 50℃.
　　　　　　　　　　　　~까지　fifty degrees Celsius(섭씨)로 읽음

21 Finally, the race travels to the coldest desert on earth, Antarctica.
　　⑨ 마지막으로　　　　　　　└─ 콤마(,)로 연결된 동격 관계 ─┘

　　　　┌── 과학적 사실을 나타낼 때 현재시제로 표현함 ──┐
22 If you throw boiling water into the air here, it freezes!
　　조건을 나타내는 접속사　　throw A into B: A를 B로 던지다 └─ boiling water를 가리킴

23 Only the greatest runners on the planet can take part in the 4 Deserts

　　Race, right?
　　　　　　상대방의 동의를 구하거나 자신의 말을 이해하고 있는지 확인하는 표현

24 Not exactly.
　　not + 전체(전부, 완전 등): 부분부정

25 Many of the participants are ordinary people like you and me.
　　many of + 복수 명사: 많은 ~　　　　　　⑳ ~와 같은

26 So why do they do it?
　　　　　　└─ The 4 Deserts Race를 가리킴

27 Adrianna, a librarian from France, says, "It's a chance to test your limits
　　└─ 콤마(,)로 연결된 동격 관계 ─┘　　　　　　└── 형용사적 용법의 to부정사
　　and make your own history.
　　　　and에 의해 to test와 병렬 연결된 to부정사로, 앞에 to가 생략되어 있음

28 Anyone [who crosses the finish line] can do anything."
　　선행사　　주격 관계대명사

---

16 다음 경주는 중국에 있는 고비 사막으로 이어진다.

17 그곳은 세상에서 가장 바람이 많이 부는 사막이다.

18 세 번째 경주는 이집트에 있는 사하라 사막으로 향한다.

19 그곳은 네 개의 사막 중에서 가장 뜨겁다.

20 온도가 섭씨 50도까지 올라갈 수 있다.

21 마지막으로, 경주는 세상에서 가장 추운 사막인 남극 대륙으로 향한다.

22 이곳에서 끓는 물을 공중에 던지면, 그것은 얼어 버린다!

23 세상에서 가장 훌륭한 달리기 주자들만 '4 Deserts Race'에 참가할 수 있다, 맞는가?

24 꼭 그렇진 않다.

25 많은 참가자들은 당신과 나와 같은 평범한 사람들이다.

26 그러면 그들은 왜 이것을 하는가?

27 프랑스 출신의 사서인 Adrianna는 말한다. "이것은 당신의 한계를 시험하고 당신만의 역사를 만들 기회예요.

28 결승선을 넘는 사람은 어떤 것이든 할 수 있어요."

Reading
빈칸 채우기

우리말 뜻과 일치하도록 교과서 본문의 문장을 완성하시오.

　　　　　 중요 문장

01 Imagine you are _____ _____ _____ _____ a great desert.

01 당신이 아주 큰 사막의 한가운데에 있다고 상상해 봐라.

02 The sands _____ _____ _____ _____ in every direction.

02 모래 언덕이 사방팔방으로 계속 이어진다.

03 The sun _____ _____ a giant ball of fire.

03 태양은 거대한 불덩이 같다.

04 The hot wind _____ _____ _____ and throat.

04 뜨거운 바람이 당신의 얼굴과 목구멍을 태운다.

05 You open your backpack _____ _____ _____ _____.

05 당신은 물을 좀 마시려고 가방을 연다.

06 Oh, no!

06 오, 이런!

07 You're almost _____ _____ _____.

07 물이 거의 떨어져 간다.

08 You wet your throat with a drop of water and _____ _____.

08 당신은 물 한 방울로 목을 적시고 계속 간다.

09 _____ _____ a bad dream?

09 나쁜 꿈인 것 같은가?

10 Well, this is not a dream for _____ _____ _____ _____ _____ _____ the 4 Deserts Race.

10 글쎄, 이것은 '4 Deserts Race'에 참가하는 사람들에게 꿈이 아니다.

11 The 4 Deserts Race is _____ _____ _____ four races across the world's toughest deserts.

11 '4 Deserts Race'는 세계에서 가장 험한 사막들을 가로지르는 연속된 4개의 경주이다.

12 Each race is 250 kilometers long and _____ _____ _____.

12 각 경주는 250킬로미터이고 7일이 걸린다.

13 The first race _____ _____ _____ the Atacama Desert in Chile.

13 첫 번째 경주는 칠레에 있는 아타카마 사막에서 열린다.

14 It is _____ _____ _____ in the world.

14 그곳은 세계에서 가장 건조한 사막이다.

15 _____ _____, it hasn't rained in some parts of the Atacama Desert for 400 years!

15 실제로 아타카마 사막의 어떤 곳에는 400년간 비가 내리지 않았다!

16 The next race _____ _____ the Gobi Desert in China.

16 다음 경주는 중국에 있는 고비 사막으로 이어진다.

17 It is _____ _____ _____ _____ _____.

17 그곳은 세상에서 가장 바람이 많이 부는 사막이다.

18 The third race _____ _____ the Sahara Desert in Egypt.

18 세 번째 경주는 이집트에 있는 사하라 사막으로 향한다.

19 It is _____ _____ of the four deserts.

19 그곳은 네 개의 사막 중에서 가장 뜨겁다.

20 Temperatures _____ _____ _____ _____ 50°C.

20 온도가 섭씨 50도까지 올라갈 수 있다.

21 Finally, the race _____ _____ the coldest desert on earth, Antarctica.

21 마지막으로, 경주는 세상에서 가장 추운 사막인 남극 대륙으로 향한다.

22 If you _____ _____ _____ into the air here, it freezes!

22 이곳에서 끓는 물을 공중에 던지면, 그것은 얼어 버린다!

23 _____ _____ _____ _____ on the planet can take part in the 4 Deserts Race, right?

23 세상에서 가장 훌륭한 달리기 주자들만 '4 Deserts Race'에 참가할 수 있다. 맞는가?

24 _____ _____.

24 꼭 그렇진 않다.

25 _____ _____ _____ _____ are ordinary people like you and me.

25 많은 참가자들은 당신과 나와 같은 평범한 사람들이다.

26 So _____ _____ _____ _____ it?

26 그러면 그들은 왜 이것을 하는가?

27 Adrianna, a librarian from France, says, "It's a chance _____ _____ _____ _____ and make your own history.

27 프랑스 출신의 사서인 Adrianna는 말한다. "이것은 당신의 한계를 시험하고 당신만의 역사를 만들 기회예요.

28 Anyone who _____ _____ _____ _____ can do anything."

28 결승선을 넘는 사람은 어떤 것이든 할 수 있어요."

STEP A

글의 내용과 문장의 어법에 맞게 괄호 안에서 알맞은 어휘를 고르시오.

01 Imagine you are in the middle (of / to) a great desert.

02 The sands (go / goes) on and on in every direction.

03 The sun (feels / feels like) a giant ball of fire.

04 The hot wind (burns / burning) your face and throat.

05 You open your backpack (drinks / to drink) some water.

06 Oh, (not / no)!

07 You're almost (out of / full of) water.

08 You wet your throat with a drop of water and keep (go / going).

09 (Sounds / Sounds like) a bad dream?

10 Well, this is not a dream for the people (which / who) take part in the 4 Deserts Race.

11 The 4 Deserts Race is a series of four (race / races) across the world's toughest deserts.

12 Each race is 250 kilometers long and (take / takes) seven days.

13 The first race takes place (in / out of) the Atacama Desert in Chile.

14 It is the (dry / driest) desert in the world.

15 In fact, it (has rained / hasn't rained) in some parts of the Atacama Desert for 400 years!

16 The next race goes (to / from) the Gobi Desert in China.

17 It is the windiest desert (on earth / at earth).

18   The third race heads (to / at) the Sahara Desert in Egypt.

19   It is the (hotter / hottest) of the four deserts.

20   Temperatures can reach (up to / down) 50°C.

21   Finally, the race travels to the (cold / coldest) desert on earth, Antarctica.

22   (If / Because) you throw boiling water into the air here, it freezes!

23   Only the greatest runners on the planet can (take part in / take care of) the 4 Deserts Race, right?

24   (Never / Not) exactly.

25   Many of the participants (is / are) ordinary people like you and me.

26   So (why / what) do they do it?

27   Adrianna, a librarian from France, says, "It's a chance (to test / tested) your limits and make your own history.

28   Anyone who (cross / crosses) the finish line can do anything."

Reading

틀린 문장 고치기

밑줄 친 부분이 내용이나 어법상 바르면 ○, 어색하면 ×에 표시하고 고쳐 쓰시오.

01   Imagine you are in the middle of a great desert.   ○ ✕

02   The sands go on and on in every directions.   ○ ✕

03   The sun feels a giant ball of fire.   ○ ✕

04   The hot wind protects your face and throat.   ○ ✕

05   You open your backpack to drink any water.   ○ ✕

06   Oh, no!   ○ ✕

07   You're almost out of water.   ○ ✕

08   You dry your throat with a drop of water and keep going.   ○ ✕

09   Sounds for a bad dream?   ○ ✕

10   Well, this is not a dream for the people who takes part in the 4 Deserts Race.   ○ ✕

11   The 4 Deserts Race is a series of four races across the world's toughest deserts.   ○ ✕

12   Each race are 250 kilometers long and takes seven days.   ○ ✕

13   The first race takes part in the Atacama Desert in Chile.   ○ ✕

14   It is the driest desert in the world.   ○ ✕

15   In fact, it hasn't rain in some parts of the Atacama Desert for 400 years!   ○ ✕

16   The next race goes to the Gobi Desert in China.   ○ ✕

17   It is the windy desert on earth.   ○ ✕

18   The three race heads to the Sahara Desert in Egypt.   ☐ ○ | ✕ ☐

19   It is the coldest of the four deserts.   ☐ ○ | ✕ ☐

20   Temperatures can reaches up to 50°C.   ☐ ○ | ✕ ☐

21   Finally, the race travels to the hottest desert on earth, Antarctica.   ☐ ○ | ✕ ☐

22   If you throw boiling water into the air here, it flows!   ☐ ○ | ✕ ☐

23   Only the worst runners on the planet can take part in the 4 Deserts Race, right?   ☐ ○ | ✕ ☐

24   Not exactly.   ☐ ○ | ✕ ☐

25   Many of the participants are special people like you and me.   ☐ ○ | ✕ ☐

26   So why do they do it?   ☐ ○ | ✕ ☐

27   Adrianna, a librarian from France, says, "It's chance to test your limits and make your own history.   ☐ ○ | ✕ ☐

28   Anyone who crosses the finish line can't do anything."   ☐ ○ | ✕ ☐

배열로 문장 완성하기

STEP A

주어진 단어를 바르게 배열하여 문장을 쓰시오.

01 당신이 아주 큰 사막의 한가운데에 있다고 상상해 봐라. (in the middle of / a great desert / you / are / imagine)
→

02 모래 언덕이 사방팔방으로 계속 이어진다. (in every direction / go on and on / the sands)
→

03 태양은 거대한 불덩이 같다. (of fire / the sun / a giant ball / feels like)
→

04 뜨거운 바람이 당신의 얼굴과 목구멍을 태운다. (throat / burns / and / your face / the hot wind)
→

05 당신은 물을 좀 마시려고 가방을 연다. (open / you / some water / to drink / your backpack)
→

06 오, 이런! (no / oh,)
→

07 물이 거의 떨어져 간다. (out of / you're / water / almost)
→

08 당신은 물 한 방울로 목을 적시고 계속 간다. (and / wet / you / your throat / keep going / with / water / a drop of)
→

09 나쁜 꿈인 것 같은가? (a bad dream / like / sounds)
→

10 글쎄, 이것은 '4 Deserts Race'에 참가하는 사람들에게 꿈이 아니다.
(not a dream / this is / well, / the 4 Deserts Race / take part in / for the people / who)
→

11 '4 Deserts Race'는 세계에서 가장 험한 사막들을 가로지르는 연속된 4개의 경주이다.
(the 4 Deserts Race / the world's toughest deserts / across / is / four races / a series of)
→

12 각 경주는 250킬로미터이고 7일이 걸린다. (seven days / and / is / takes / 250 kilometers long / each race)
→

13 첫 번째 경주는 칠레에 있는 아타카마 사막에서 열린다. (in Chile / takes place / in the Atacama Desert / the first race)
→

14 그곳은 세계에서 가장 건조한 사막이다. (is / in the world / the driest desert / it)
→

15 실제로 아타카마 사막의 어떤 곳에는 400년간 비가 내리지 않았다!
(in some parts / hasn't rained / for 400 years / in fact, / of the Atacama Desert / it)
→

16 다음 경주는 중국에 있는 고비 사막으로 이어진다. (in China / goes to / the next race / the Gobi Desert)
→

17 그곳은 세상에서 가장 바람이 많이 부는 사막이다. (it / on earth / is / the windiest desert)

→

18 세 번째 경주는 이집트에 있는 사하라 사막으로 향한다. (in Egypt / the third race / the Sahara Desert / heads to)

→

19 그곳은 네 개의 사막 중에서 가장 뜨겁다. (of the four deserts / it / the hottest / is)

→

20 온도가 섭씨 50도까지 올라갈 수 있다. (50°C / can / up to / temperatures / reach)

→

21 마지막으로, 경주는 세상에서 가장 추운 사막인 남극 대륙으로 향한다.

(travels to / finally, / on earth, Antarctica / the coldest desert / the race)

→

22 이곳에서 끓는 물을 공중에 던지면, 그것은 얼어 버린다! (you / freezes / throw / boiling water / if / into the air here, / it)

→

23 세상에서 가장 훌륭한 달리기 주자들만 '4 Deserts Race'에 참가할 수 있다. 맞는가?

(take part in / only / can / the greatest runners / right / the 4 Deserts Race, / on the planet)

→

24 꼭 그렇진 않다. (exactly / not)

→

25 많은 참가자들은 당신과 나와 같은 평범한 사람들이다.

(like / many / you and me / ordinary people / of the participants / are)

→

26 그러면 그들은 왜 이것을 하는가? (do / they / why / do it / so)

→

27 프랑스 출신의 사서인 Adrianna는 말한다. "이것은 당신의 한계를 시험하고 당신만의 역사를 만들 기회예요.

(make your own history / and / Adrianna, a librarian / your limits / to test / says, / from France, / "It's a chance)

→

28 결승선을 넘는 사람은 어떤 것이든 할 수 있어요." (who / do anything." / anyone / crosses / can / the finish line)

→

[01-05] 다음 글을 읽고, 물음에 답하시오.

Imagine you are ①in the middle of a great desert. The sands go on and on ②in every direction. The sun feels like ③a giant ball of fire. The hot wind _____ your face and throat. You open your backpack ⓐto drink some water. Oh, no! You're almost ④out of water. You wet your throat with ⑤a drop of water and keep ⓑgo.

01 윗글의 밑줄 친 ①~⑤의 의미가 바르지 않은 것은?

① ~의 한가운데에　　② 한 방향으로

③ 거대한 불덩이　　④ 물이 떨어진

⑤ 물 한 방울

02 윗글의 빈칸에 알맞은 것은?

① cools　　② freezes

③ fills　　④ wets

⑤ burns

03 윗글에서 태양(The sun)을 무엇에 비유했는지 찾아 쓰시오.

→ _____

04 다음 중 윗글의 밑줄 친 ⓐto drink와 쓰임이 같은 것은?

① It is easy to ride this bike.

② I hope to see you again soon.

③ They were happy to hear the news.

④ I went to the shop to repair my phone.

⑤ The man lived to be seventy years old.

05 윗글의 밑줄 친 ⓑgo의 형태로 알맞은 것은?

① to go　　② went　　③ goes

④ gone　　⑤ going

[06-10] 다음 글을 읽고, 물음에 답하시오.

Sounds ⓐlike a bad dream? Well, this is not a dream for the people ___ⓑ___ take part in the 4 Deserts Race. The 4 Deserts Race is a series of four races across the world's toughest deserts. Each race is 250 kilometers ___ⓒ___ and ___ⓓ___ seven days.

06 다음 중 윗글의 밑줄 친 ⓐlike와 쓰임이 다른 것은?

① The earth is round like an orange.

② He looks like his older brother.

③ Stop acting like a child.

④ The perfume smells like wild roses.

⑤ All the students like the new teacher.

07 윗글의 빈칸 ⓑ에 들어갈 말로 알맞은 것은?

① who　　② why　　③ which

④ when　　⑤ what

08 윗글의 빈칸 ⓒ와 ⓓ에 들어갈 말이 바르게 짝 지어진 것은?

① long – makes   ② long – takes

③ length – takes   ④ far – makes

⑤ far – takes

고/난도

09 윗글을 읽고 답할 수 <u>없는</u> 질문을 <u>모두</u> 고르면?

① What is the 4 Deserts Race?

② How many people participate in the race?

③ Which are the world's toughest deserts?

④ How many kilometers is each race run?

⑤ How many days does each race take?

고/난도 신/유형

10 다음 대화의 밑줄 친 ⓐ~ⓔ 중 윗글의 내용과 일치하지 <u>않는</u> 것은?

> A: Have you heard of the 4 Deserts Race?
>
> B: Yes, I have. ⓐIt's a series of four races.
>
> A: Do the racers have to run in the deserts?
>
> B: Yes, ⓑthey have to run in the longest deserts in the world.
>
> A: Sounds very exciting!
>
> B: ⓒIn fact, it's very tough. ⓓEach race is 250 kilometers.
>
> A: Oh, I see. How long does each race take?
>
> B: ⓔIt takes a week.

① ⓐ   ② ⓑ   ③ ⓒ   ④ ⓓ   ⑤ ⓔ

[11-16] 다음 글을 읽고, 물음에 답하시오.

(A) The third race ⓐheads to the Sahara Desert in Egypt. It is the hottest ①of the four deserts.

(B) Finally, the race ②travels to the coldest desert on earth, Antarctica. ___ⓑ___ you throw boiling water into the air here, it freezes!

(C) The next race goes to the Gobi Desert in China. It is ③the windyest desert on earth.

(D) Temperatures can reach ④up to 50°C.

(E) The first race ⓒtakes place in the Atacama Desert in Chile. It is the driest desert in the world. In fact, it ⑤hasn't rained in some parts of the Atacama Desert for 400 years!

11 자연스러운 글이 되도록 (A)~(E)를 바르게 배열한 것은?

① (C)-(A)-(E)-(B)-(D)

② (C)-(E)-(A)-(D)-(B)

③ (E)-(B)-(A)-(D)-(C)

④ (E)-(C)-(A)-(D)-(B)

⑤ (E)-(D)-(C)-(A)-(B)

12 윗글의 밑줄 친 ⓐhead와 같은 의미로 쓰인 것은?

① She turned her head to face him.

② The ceiling is low. Watch your head!

③ After lunch, we headed back to the office.

④ She hit him on the head with her umbrella.

⑤ He is the head of the History department.

13 윗글의 밑줄 친 ①~⑤ 중 어법상 틀린 것은?

①   ②   ③   ④   ⑤

14 윗글의 빈칸 ⓑ에 들어갈 말로 알맞은 것은?

① If ② Since ③ Before
④ Because ⑤ Although

STEP A

15 윗글의 밑줄 친 ⓒtakes place와 바꿔 쓸 수 있는 것은?

① is won ② is held
③ is prepared ④ keeps going
⑤ takes part in

16 윗글의 내용과 일치하지 <u>않는</u> 것은?

① 경주는 아타카마 사막 경주부터 남극 대륙 경주까지 총 4개의
경주로 이루어져 있다.
② 세계에서 가장 건조한 사막은 칠레에 있다.
③ 세계에서 가장 바람이 많이 부는 사막은 인도에 있다.
④ 사하라 사막의 온도는 섭씨 50도까지 오를 수 있다.
⑤ 남극 대륙은 너무 추워서 끓는 물을 뿌리면 얼어버린다.

18 윗글의 빈칸 ⓐ에 들어갈 말로 알맞은 것은?

① How ② Why ③ What
④ When ⑤ Where

19 윗글의 밑줄 친 ⓑIt이 가리키는 것을 찾아 쓰시오.

→ _____

20 윗글의 밑줄 친 우리말을 영어로 옮길 때, 사용되지 <u>않는</u>
단어는?

① can ② anyone ③ crosses
④ finish line ⑤ which

[17-21] 다음 글을 읽고, 물음에 답하시오.

Only the ①greatest runners on the planet can take part in the 4 Deserts Race, right? Not ②exactly. Many of the participants are ③special people like you and me. So ___ⓐ___ do they do it? Adrianna, a librarian from France, says, "ⓑIt's a chance to test your ④limits and make your own ⑤history. 결승선을 넘는 사람은 어떤 것이든 할 수 있어요."

17 윗글의 밑줄 친 ①~⑤ 중 글의 흐름상 어색한 것은?

① ② ③ ④ ⑤

21 윗글의 내용과 일치하는 것을 <u>모두</u> 고르면?

① Only the best runners can participate in the 4 Deserts Race.
② Ordinary people can also participate in the race.
③ We don't know why Adrianna is participating in the race.
④ According to Adrianna, people can test their limits and make their own history during the race.
⑤ Adrianna is an American librarian and a participant in the race.

[22-24] 다음 글을 읽고, 물음에 답하시오.

Imagine you are in the middle of a great desert. The sands go on and on in every direction. The sun feels like a giant ball of fire. The hot wind burns your face and throat. You open your backpack to drink some water. Oh, no! You're almost out of water. You wet your throat with a drop of water and keep going.

Sounds like a bad dream? Well, this is not a dream for the people <u>who</u> take part in the 4 Deserts Race. The 4 Deserts Race is a series of four races across the world's toughest deserts. Each race is 250 kilometers long and takes seven days.

22 윗글에서 매우 더운 상황임을 나타내는 문장 두 <u>개</u>를 찾아 쓰시오.

(1) _____

(2) _____

23 다음 질문에 대한 답을 윗글에서 찾아 영어로 쓰시오.

What is the 4 Deserts Race?

→ _____

_____

24 윗글의 밑줄 친 who를 사용한 문장을 자유롭게 완성하시오.

A friend is a person _____.

25 다음 글의 내용과 일치하도록 아래 [보기]와 같이 주어진 주어로 시작하는 문장을 완성하시오.

The first race takes place in the Atacama Desert in Chile. It is the driest desert in the world. In fact, it hasn't rained in some parts of the Atacama Desert for 400 years! The next race goes to the Gobi Desert in China. It is the windiest desert on earth. The third race heads to the Sahara Desert in Egypt. It is the hottest of the four deserts. Temperatures can reach up to 50°C. Finally, the race travels to the coldest desert on earth, Antarctica. If you throw boiling water into the air here, it freezes!

[보기] The Atacama Desert <u>which is in Chile</u> is the driest desert in the world.

(1) The Gobi Desert _____

_____.

(2) The Sahara Desert _____

_____.

26 다음 글의 밑줄 친 우리말과 같도록 괄호 안의 단어들을 바르게 배열하시오.

Only the greatest runners on the planet can take part in the 4 Deserts Race, right? Not exactly. <u>많은 참가자들은 당신과 나와 같은 평범한 사람들이다.</u> So why do they do it? Adrianna, a librarian from France, says, "<u>그것은 당신의 한계를 시험하고 당신만의 역사를 만들 기회예요.</u> Anyone who crosses the finish line can do anything."

(1) _____

(ordinary, the participants, like, many of, are, people, you and me)

(2) _____

(and, your limits, it's, to, history, make, test, a chance, your own)

After You Read

Reporter: ❶ How many deserts have you run ❷ through?
Adrianna: I've run through four deserts. They were the Atacama Desert, the Gobi Desert, the Sahara Desert and Antarctica.
Reporter: Which desert was ❸ the toughest for you?
Adrianna: The Sahara Desert. Temperatures often reached up to 50℃.
Reporter: ❹ What kind of people ran in the race?
Adrianna: ❺ Most of them were ordinary people like you and me. I became good friends with them.
Reporter: Why did you take part in the race?
Adrianna: I wanted ❻ to test my limits and make my own history. I thought, "❼ If I can finish the race, then I can do anything."

기자: 당신은 몇 개의 사막을 뛰었나요?
Adrianna: 저는 네 개의 사막을 뛰었어요. 그곳은 아타카마 사막, 고비 사막, 사하라 사막 그리고 남극 대륙이에요.
기자: 어떤 사막이 가장 힘들었나요?
Adrianna: 사하라 사막이요. 온도가 자주 섭씨 50도까지 올라갔어요.
기자: 어떤 사람들이 경주에서 달렸나요?
Adrianna: 그들 대부분은 당신과 나와 같은 평범한 사람들이었어요. 저는 그들과 좋은 친구가 되었어요.
기자: 당신은 왜 경주에 참가했나요?
Adrianna: 제 한계를 시험하고 저만의 역사를 만들고 싶었어요. 저는 '만약 경주를 완주한다면, 나는 어떤 것이든 할 수 있다.'라고 생각했어요.

❶ 「How many + 복수 명사 ~?」는 '얼마나 많은 ~?'이라는 뜻으로 개수를 묻는 표현
❷ through: ~을 통하여, 지나서
❸ 형용사 tough의 최상급 표현
❹ What kind of ~?: 어떤 종류의 ~? (kind=type)
❺ most of: ~의 대부분
❻ 동사 wanted의 목적어 역할을 하는 명사적 용법의 to부정사
❼ 조건의 접속사 if: 만약 ~이라면

Think and Write

A Happy Day for Class 3

The school sports day ❶ was held on May 14th. It was very exciting. Students played basketball and ❷ did group jump rope. They also ran a relay race and a 100m race. Class 2 won the group jump rope, and Class 1 won the relay race. Class 3 won the basketball game and the 100m race. They got ❸ the highest score and became the ❹ overall winner. All the classes ❺ had great fun.

3반의 행복한 날
  학교 체육 대회가 5월 14일에 열렸다. 그것은 정말 재미있었다. 학생들은 농구와 단체 줄넘기를 했다. 또한 이어달리기와 100미터 달리기를 했다. 2반이 단체 줄넘기에서 우승했고, 1반이 이어달리기에서 우승했다. 3반이 농구 경기와 100미터 달리기에서 우승했다. 3반은 가장 높은 점수를 받아서 종합 우승자가 되었다. 모든 반이 정말 즐거워했다.

❶ be held: 열리다
❷ do jump rope: 줄넘기를 하다
❸ 형용사 high의 최상급 표현
❹ overall: 종합적인, 전체의
❺ have fun: 즐기다

Project

Taekwondo is a Korean traditional sport ❶ that trains one's body and ❷ mind. It is ❸ one of the most popular sports in the world.

People ❹ who do taekwondo ❺ wear white uniforms. Taekwondo training includes jumping, punching, kicking and shouting. It teaches you ways ❻ to protect yourself.

  태권도는 몸과 마음을 훈련하는 한국의 전통 스포츠이다. 그것은 세계에서 가장 인기 있는 스포츠 중 하나이다.
  태권도를 하는 사람들은 흰색 도복을 입는다. 태권도 훈련은 뛰어오르기, 주먹으로 치기, 발로 차기 그리고 소리 지르기를 포함한다. 그것은 스스로를 보호하는 방법을 가르쳐 준다.

❶ a Korean traditional sport를 선행사로 하는 주격 관계대명사
❷ mind: 마음, 정신
❸ one of the + 최상급 + 복수 명사: 가장 ~한 … 중의 하나
❹ People을 선행사로 하는 주격 관계대명사
❺ 문장의 주어가 복수 명사(People)이므로, 복수 동사가 쓰임
❻ 명사 ways를 꾸며 주는 형용사적 용법의 to부정사

실전 TEST

[01-02] 다음 글을 읽고, 물음에 답하시오

Reporter: _____(A)_____

Adrianna: I've run through four deserts. They were the Atacama Desert, the Gobi Desert, the Sahara Desert and Antarctica.

Reporter: _____(B)_____

Adrianna: The Sahara Desert. Temperatures often reached up to 50°C.

Reporter: _____(C)_____

Adrianna: Most of them were ordinary people like you and me. I became good friends with them.

Reporter: _____(D)_____

Adrianna: I wanted to test my limits and make my own history. I thought, "ⓐIf I can finish the race, then I can do anything."

01 윗글의 빈칸 (A)~(D)에 들어갈 말로 알맞은 것을 골라 기호를 쓰시오.

ⓐ Why did you take part in the race?
ⓑ What kind of people ran in the race?
ⓒ Which desert was the toughest for you?
ⓓ How many deserts have you run through?

(A) _____ (B) _____
(C) _____ (D) _____

02 윗글의 밑줄 친 ⓐIf와 쓰임이 같지 <u>않은</u> 것은?

① If I see him, I'll tell him about it.
② I don't care if he likes me or not.
③ You'll feel cold if you don't wear a coat.
④ If you need money, I can lend you some.
⑤ We'll have to leave Monday if it snows today.

[03-04] 다음 글을 읽고, 물음에 답하시오.

_____ was held on May 14th. It was very exciting. Students played basketball and did group jump rope. They also ran a relay race and a 100m race. Class 2 won the group jump rope, and Class 1 won the relay race. Class 3 won the basketball game and the 100m race. <u>그들은 가장 높은 점수를 받아서 종합 우승자가 되었다.</u> All the classes had great fun.

03 윗글의 빈칸에 들어갈 말로 알맞은 것은?

① The film festival
② The singing contest
③ The school sports day
④ The school talent show
⑤ Our graduation ceremony

서술형

04 윗글의 밑줄 친 우리말과 같도록 다음 괄호 안의 단어를 사용하여 문장을 완성하시오.

→ _____ and became the overall winner. (high, score)

[05-06] 다음 글을 읽고, 물음에 답하시오.

It is a Korean traditional sport ①<u>that</u> trains one's body and mind. It is one of the most popular ②<u>sports</u> in the world.

People ③<u>which</u> do it wear white uniforms. It ④<u>includes</u> jumping, punching, kicking and shouting. It teaches you ways ⑤<u>to protect</u> yourself.

05 윗글이 설명하고 있는 것은?

① 씨름   ② 유도   ③ 태권도
④ 연 날리기   ⑤ 권투

06 윗글의 밑줄 친 ①~⑤ 중 어법상 <u>틀린</u> 것은?

①   ②   ③   ④   ⑤

W Words

고득점 맞기

01 다음 짝 지어진 단어의 관계가 같도록 빈칸에 알맞은 단어를 쓰시오.

run : runner = participate : _____

02 다음 영어 뜻풀이에 해당하는 단어를 주어진 철자로 시작하여 쓰시오.

a person who competes in sports

→ a_____

03 다음 중 나머지 넷과 성격이 다른 것은?

① scary   ② windy   ③ tough
④ popular   ⑤ usually

고난도 신유형
04 다음 주어진 영어 뜻풀이에 해당하는 단어가 쓰인 문장은?

to turn into ice by cold

① He will reach home late at night.
② The river and lake both freeze in the winter.
③ Guess how much I paid for this watch.
④ She didn't hang her bag over the chair.
⑤ I will bake a huge cake for Mom's birthday.

05 다음 문장의 밑줄 친 단어와 바꿔 쓸 수 있는 것은?

He will participate in the singing contest.

① request   ② go on   ③ be held
④ take part in   ⑤ be closed

06 다음 빈칸에 들어갈 말을 [보기]에서 골라 쓰시오.
(필요하면 형태를 변형할 것)

[보기] Antarctica   record   limit   height

(1) He holds the world _____ for the marathon.
(2) _____ is the coldest place on earth.
(3) We are flying at a _____ of 5,000 meters.

[07-08] 다음 빈칸에 공통으로 들어갈 알맞은 단어를 쓰시오.
(대소문자는 무시할 것)

07
• He's not my friend. _____ fact, he is my brother.
• The phone rang _____ the middle of the night.

→ _____

08
• We were covered in mud from _____ to foot.
• He started to _____ for the door.

→ _____

09 다음 문장의 빈칸에 들어갈 수 <u>없는</u> 것은?

- Be careful with the _____ water.
- He became _____ as a movie director.
- I have a fever, and my _____ is sore.
- She's on _____ in Jeju-do right now.

① throat   ② boiling   ③ near

④ famous   ⑤ vacation

10 다음 단어의 영어 뜻풀이가 알맞지 <u>않은</u> 것은?

① limit: a point at which something stops being possible

② ordinary: normal or usual

③ relay: a team race in which each member runs or swims part of the race

④ planet: a large, round object in space that travels around a star

⑤ dessert: a large, dry area where there is very little rain and few plants

11 다음 우리말과 같도록 할 때 빈칸에 알맞은 것은?

나는 너에게 계속 말을 하는데, 너는 듣지 않는구나!

→ I _____ telling you, but you don't listen!

① mean   ② include   ③ keep

④ burn   ⑤ go

12 다음 중 밑줄 친 부분의 우리말 뜻으로 옳은 것은?

① It is <u>a series of</u> three interviews. (연속의)

② He looked around <u>in every direction</u>. (모든 지시대로)

③ The next meeting will <u>take place</u> on Thursday. (빼앗다)

④ The princess lived alone <u>in the middle of</u> the forest. (~의 중간 입장에서)

⑤ The election will <u>be held</u> on the 8th of November. (잡히다)

13 다음 중 밑줄 친 단어의 쓰임이 어색한 것은?

① The <u>overall</u> cost of the trip is $500.

② Temperatures could <u>reach</u> 37°C today.

③ It's very noisy here. There's <u>little</u> noise.

④ Many homeless people are facing a <u>tough</u> winter.

⑤ Lisa is one of the most <u>popular</u> girls in class.

14 다음 빈칸에 들어갈 말이 순서대로 짝 지어진 것은?

- The woman is _____ of spiders.
- I had a really _____ dream last night.

① scare – scary   ② scary – scared

③ scary – scare   ④ scared – scared

⑤ scared – scary

STEP
B

우리말과 일치하도록 대화를 바르게 영작하시오.

1 Listen and Speak 1-A

B: _____

G: _____

B: _____

해석   교과서 62쪽

B: 보미야, 너는 여가 시간에 무엇을 하니?

G: 나는 종종 쿠키를 구워. 너는 어때, Tony?

B: 나는 보통 영화를 봐.

2 Listen and Speak 1-B

G: _____

B: _____

G: _____

B: _____

G: _____

B: _____

G: _____

B: _____

교과서 62쪽

G: 나는 정말 기뻐. 금요일이야!

B: 주말에 무엇을 할 거니, Jean?

G: 나는 배드민턴을 칠 거야.

B: 배드민턴을 자주 치니?

G: 응, 그건 내가 가장 좋아하는 여가 활동이야.

B: 보통 누구랑 치니?

G: 우리 아빠랑. 너는 여가 시간에 무엇을 하니?

B: 나는 종종 한강에 가서 자전거를 타.

3 Listen and Speak 1-C

A: _____

B: _____

A: _____

B: _____

교과서 62쪽

A: Allen 씨, 당신의 직업은 무엇인가요?

B: 저는 의사입니다.

A: 당신은 여가 시간에 무엇을 하나요?

B: 저는 종종 탁구를 쳐요.

4 Listen and Speak 2-A

G: _____

B: _____

G: _____

B: _____

교과서 63쪽

G: Tom, 너는 제주도에 가 본 적이 있니?

B: 응, 가 봤어. 지난 겨울 방학에 거기에 갔어. 너는 어때?

G: 나는 거기에 가 본 적이 없는데, 이번 여름에 갈 거야.

B: 잘됐네! 네가 아주 좋아할 거라고 확신해.

5 Listen and Speak 2-B

교과서 63쪽

G: _____

B: _____

G: _____

B: _____

G: _____

B: _____

G: _____

B: _____

해석

G: Mike, 너는 플라잉 요가에 대해 들어 본 적이 있니?

B: 응! TV에서 본 적이 있어. 사람들이 공중에 매달려 있었어!

G: 그거 알아? 내가 요즘 그걸 배우고 있어.

B: 정말? 너무 무서워 보였는데. 그걸 좋아하니, 수지야?

G: 처음엔 조금 무서웠는데, 지금은 즐기고 있어.

B: 좋구나! 나도 운동을 더 해야 할 것 같아.

G: 우리 요가 수업을 함께할래?

B: 아니, 그건 내겐 너무 무서워. 나는 그냥 농구를 할게.

6 Listen and Speak 2-C

교과서 63쪽

A: _____

B: _____ / B: _____

A: _____

B: _____

A: 너는 말을 타 본 적이 있니?

B: 응, 타 봤어. / 아니, 못 타 봤어.

A: 너는 언제 말을 탔었니?

B: 작년 여름에.

7 Real Life Talk > Watch a Video

교과서 64쪽

Hojin: _____

Judy: _____

Hojin: _____

Judy: _____

Hojin: _____

Judy: _____

Hojin: _____

Judy: _____

Hojin: _____

Judy: _____

호진: Judy, 너는 여가 시간에 무엇을 하니?

Judy: 나는 종종 아빠와 암벽 등반을 하러 가.

호진: 어떤 산에 가니?

Judy: 아니야, 호진아. 나는 보통 집 근처에 있는 체육관에서 그걸 해.

호진: 그렇구나. 실제 산에서 해 본 적이 있니?

Judy: 아직 없어. 하지만 언젠가 해 보기를 바라.

호진: 그거 정말 멋지다. 다음번에 내가 가서 함께해도 될까?

Judy: 물론이야. 이번 주 토요일에 갈 거야.

호진: 잘됐네.

Judy: 너는 그걸 정말 좋아할 거야!

01 다음 대화의 빈칸에 들어갈 말이 바르게 짝 지어진 것은?

> A: Have you _____ been to Jeju-do?
> B: No, I've _____ been there, but I'm going there this summer.

① ever – ever   ② never – ever

③ ever – never   ④ never – never

⑤ ever – already

02 다음 대화의 빈칸에 들어갈 말로 알맞지 <u>않은</u> 것은?

> A: Mike, _____ ① _____?
> B: Yeah! I've seen it on TV. _____ ② _____!
> A: Guess what? I'm learning it these days.
> B: Really? It looked so scary. Do you like it, Suji?
> A: At first, I was a little scared, but _____ ③ _____.
> B: Sounds great! I think I should exercise more, too.
> A: _____ ④ _____?
> B: No, that's too scary for me. _____ ⑤ _____.

① have you ever heard of flying yoga

② People were hanging in the air

③ I can't do it any more

④ Do you want to join my yoga class

⑤ I'll just play basketball

03 다음 대화의 빈칸에 알맞지 <u>않은</u> 것은?

> A: What are you going to do on the weekend?
> B: I'm going to play badminton.
> A: Do you play badminton often?
> B: Yes, it's my favorite free time activity.
> A: Who do you usually play with?
> B: My dad. What do you do in your free time?
> A: _____

① I often go swimming.

② I enjoy reading books in the library.

③ I made some cookies for my family.

④ I usually play board games with my friends.

⑤ I often go to the Han River and ride my bike.

[04-05] 다음 대화를 읽고, 물음에 답하시오.

> Hojin: Judy, what do you do in your free time?
> Judy: I often go rock climbing with my dad.
> Hojin: What mountain do you go to?
> Judy: No, Hojin. I usually do it at a gym near my house. (①)
> Hojin: I see. Have you ever done it on a real mountain? (②)
> Judy: Not yet. (③)
> Hojin: That's really cool. Can I come and join you next time?
> Judy: Sure. I'm going this Saturday. (④)
> Hojin: That sounds great. (⑤)
> Judy: You're going to love it!

04 위 대화의 ①~⑤ 중 주어진 문장이 들어갈 알맞은 곳은?

> But I hope to do it someday.

①   ②   ③   ④   ⑤

05 위 대화의 내용과 일치하지 <u>않는</u> 것은?

① Judy enjoys rock climbing in her free time.

② Judy does her free time activity with her dad.

③ Judy usually does rock climbing at a gym.

④ Hojin wants to go rock climbing with Judy.

⑤ Judy and Hojin are going rock climbing next Saturday.

서술형

[06-07] 경험 유무를 표시한 다음 표를 보고, 물음에 답하시오.

Experience＼Name	Brian	Sora	Jenny
play baduk	×	○	○
run a marathon	○	×	○
eat insects	○	○	×

06 위 표의 내용과 일치하도록 경험을 묻고 답하는 대화를 완성하시오.

A: _____, Brian?

B: No, _____.

07 위 표의 내용과 일치하도록 다음 문장을 완성하시오.

(1) Brian _____ a marathon.

(2) Sora _____ a marathon.

(3) Jenny _____ baduk but she _____ insects.

08 다음 조건에 맞게 대화를 완성하시오.

> [조건] 1. 아래 [보기]에서 3개씩 골라 이용할 것
> 2. (1)은 5개 단어, (2)는 6개 단어로 쓸 것

[보기] request   music   a song
ever   often   listen to

A: How do you spend your free time?

B: (1) _____

A: Oh, (2) _____ on the radio?

B: Yes, I have. I requested my mom's favorite song on her birthday.

(1) _____

(2) _____

09 다음 대화의 빈칸에 공통으로 들어갈 알맞은 말을 쓰시오.

A: _____ for a living, Ms. Allen?

B: I'm a doctor.

A: _____ in your free time?

B: I often play table tennis.

[10-11] 다음 대화를 읽고, 물음에 답하시오.

Dave: What do you do in your free time?

Hana: I usually go to the movies. (1) How about you?

Dave: I often play baseball.

Hana: Have you ever hit a home run?

Dave: (2) Not yet. But I hope to hit one someday.

10 위 대화의 밑줄 친 부분과 바꿔 쓸 수 있는 말을 다음 [조건]에 맞게 쓰시오.

> [조건] 1. (1)은 위 대화에서 찾아서 쓸 것
> 2. (2)는 주어와 동사를 포함한 완전한 문장으로 다시 쓸 것

(1) _____

(2) _____

11 위 대화의 내용과 일치하도록 다음 글의 빈칸에 알맞은 말을 쓰시오.

Hana (1)_____ in her free time and Dave (2)_____ in his free time. Dave hopes to (3)_____ .

[01-03] 다음 빈칸에 들어갈 말로 알맞은 것을 고르시오.

01 Look at the man and his dog _____ are coming this way.

① who ② that ③ whom
④ which ⑤ whose

02 This park is one of the most wonderful _____ in New York.

① time ② times ③ place
④ places ⑤ races

03 The animals that _____ now asleep wake up at night.

① is ② was ③ are
④ were ⑤ been

04 다음 빈칸에 들어갈 말로 알맞은 것을 모두 고르면?

John is 175cm tall. David is 180cm. Chris is 185cm. Chris is _____.

① the tallest of the three
② as tall as John
③ taller than David
④ not taller than John
⑤ the second tallest boy

05 다음 빈칸에 들어갈 말이 순서대로 짝 지어진 것은?

Amy's birthday party was yesterday. The guests _____ came to the party _____ very excited.

① who – is ② who – was ③ which – were
④ who – were ⑤ that – are

06 다음 빈칸에 들어갈 말로 어법상 알맞지 <u>않은</u> 것을 <u>모두</u> 고르면?

- Tom has a friend ____①____ is from Kenya.
- I think this is ____②____ dress in the shop.
- The Amazon is ____③____ river in the world.
- I know a man ____④____ raises two dogs and a cat.
- Where did you buy the shirt ____⑤____ has a flower pattern?

① which ② the prettiest
③ the most longest ④ who
⑤ that

07 다음 중 밑줄 친 that의 쓰임이 [보기]와 같은 것은?

[보기]   I love the trees <u>that</u> are growing in the park.

① I know <u>that</u> tall woman on the stage.
② This is the dog <u>that</u> was rescued yesterday.
③ He knew <u>that</u> something bad had happened.
④ Can you pass me <u>that</u> green bowl over there?
⑤ I think <u>that</u> Mary told the truth about the accident.

08 다음 두 문장의 빈칸에 공통으로 알맞은 것은?

- It was a great movie _____ gave hope to many people.
- This is the boy _____ broke the window this morning.

① who   ② what   ③ which
④ that   ⑤ whose

09 다음 빈칸에 들어갈 수 <u>없는</u> 것을 <u>모두</u> 고르면?

- He showed us a bird _____ could talk.
- The book _____ is on the table is mine.
- He is the teacher _____ speaks three foreign languages.

① who   ② that   ③ whom
④ which   ⑤ where

[10-11] 다음 빈칸에 들어갈 수 <u>없는</u> 것을 고르시오.

10 This is the man who _____.

① lives in Paris
② won the singing contest
③ has deep blue eyes
④ is working with my brother
⑤ are good at drawing cartoons

한 단계 더!

11 Victor is one of the _____ in his school.

① best singers   ② funniest students
③ smartest students   ④ most kind boys
⑤ most popular boys

12 다음 밑줄 친 부분을 어법상 바르게 고쳐 쓴 것 중 <u>틀린</u> 것은?

ⓐ My sister is <u>closest</u> person to me.
ⓑ Take the map which <u>are</u> lying on the table.
ⓒ Seoul is one of the oldest <u>city</u> in the world.
ⓓ I bought them at the store <u>where</u> is near my school.
ⓔ The man who is walking his dog <u>are</u> my neighbor.

① ⓐ → the closest   ② ⓑ → were
③ ⓒ → cities   ④ ⓓ → which
⑤ ⓔ → is

13 다음 중 어법상 <u>틀린</u> 문장의 개수는?

- Which was the happyest day of your life?
- He has two sons what became scientists.
- I saw a car that was made in Germany.
- There is a girl which is sleeping on the sofa.
- Mr. Tylor is the busiest person in the office.

① 1개   ② 2개   ③ 3개
④ 4개   ⑤ 5개

14 다음 우리말을 영어로 옮긴 것 중 바르지 <u>않은</u> 것은?

① 그 호수는 한국에서 가장 깊다.
 → The lake is the deepest in Korea.
② 2월은 1년 중 가장 짧은 달이다.
 → February is the more shortest month of the year.
③ 여기에서 가장 가까운 병원이 어디에 있나요?
 → Where is the nearest hospital from here?
④ 이것은 그 가게에서 가장 덜 비싼 스웨터이다.
 → This is the least expensive sweater of the store.
⑤ 그것은 내 인생의 가장 큰 실수였다.
 → That was the biggest mistake of my life.

서술형

고
산도

15 다음 수영 선수에 관한 표를 보고, [조건]에 맞게 빈칸에 알맞은 말을 쓰시오.

Name	Bill	James	Mike	Tom
Age	28	26	24	25
Height	178cm	190cm	185cm	180cm
Weight	75kg	85kg	80kg	78kg
Record (Time)	02:00	01:50	01:46	01:43

[조건] 1. 최상급을 쓸 것
2. [보기]에서 알맞은 단어를 골라 활용할 것

[보기] fast tall light young

(1) Bill is _____ of the four swimmers.

(2) James is _____ of the four swimmers.

(3) Mike is _____ of the four swimmers.

(4) Tom is _____ of the four swimmers.

16 다음 조건에 맞게 문장을 완성하시오.

[조건] 1. 관계대명사를 사용할 것
2. [보기]에서 알맞은 말을 골라 활용할 것

[보기] live in the desert teach students
care about each other

(1) A teacher is a person _____.

(2) A camel is a large animal _____.

(3) Friendship is a relationship between people _____.

17 다음 두 문장을 주격 관계대명사를 사용하여 한 문장으로 바꿔 쓰시오.

(1) The foreigner was kind. He took me to the station.

→ _____

(2) Dogs are faithful. They are people's best friends.

→ _____

(3) The train leaves at 3 p.m. It goes to Gangneung.

→ _____

18 다음 그림을 보고, [보기]와 같이 [조건]에 맞게 문장을 완성하시오.

[조건] 1. 괄호 안의 단어를 활용할 것
2. 최상급을 사용할 것

[보기] The red bag is the cheapest of the three bags.

(1) _____ of the three bags.
(big)

(2) _____ of the three bags.
(expensive)

(3) _____ of the three bags.
(small)

다음 우리말과 일치하도록 각 문장을 바르게 영작하시오.

01 _____

당신이 아주 큰 사막의 한가운데에 있다고 상상해 봐라.

02 _____

☆ 모래 언덕이 사방팔방으로 계속 이어진다.

03 _____

태양은 거대한 불덩이 같다.

04 _____

뜨거운 바람이 당신의 얼굴과 목구멍을 태운다.

05 _____

당신은 물을 좀 마시려고 가방을 연다.

06 _____

오, 이런!

07 _____

물이 거의 떨어져 간다.

08 _____

당신은 물 한 방울로 목을 적시고 계속 간다.

09 _____

나쁜 꿈인 것 같은가?

10 _____

☆ 글쎄, 이것은 '4 Deserts Race'에 참가하는 사람들에게 꿈이 아니다.

11 _____

☆ '4 Deserts Race'는 세계에서 가장 험한 사막들을 가로지르는 연속된 4개의 경주이다.

12 _____

☆ 각 경주는 250킬로미터이고 7일이 걸린다.

13 _____

첫 번째 경주는 칠레에 있는 아타카마 사막에서 열린다.

14 _____

☆ 그곳은 세계에서 가장 건조한 사막이다.

15 _____

실제로 아타카마 사막의 어떤 곳에는 400년간 비가 내리지 않았다!

16 _____

다음 경주는 중국에 있는 고비 사막으로 이어진다.

17 _____

☆ 그곳은 세상에서 가장 바람이 많이 부는 사막이다.

18

_____

세 번째 경주는 이집트에 있는 사하라 사막으로 향한다.

19

_____

그곳은 네 개의 사막 중에서 가장 뜨겁다.

20

_____

온도가 섭씨 50도까지 올라갈 수 있다.

21

_____

☆ 마지막으로, 경주는 세상에서 가장 추운 사막인 남극 대륙으로 향한다.

22

_____

☆ 이곳에서 끓는 물을 공중에 던지면, 그것은 얼어 버린다!

23

_____

세상에서 가장 훌륭한 달리기 주자들만 '4 Deserts Race'에 참가할 수 있다, 맞는가?

24

_____

꼭 그렇진 않다.

25

_____

많은 참가자들은 당신과 나와 같은 평범한 사람들이다.

26

_____

그러면 그들은 왜 이것을 하는가?

27

_____

☆ 프랑스 출신의 사서인 Adrianna는 말한다. "이것은 당신의 한계를 시험하고 당신만의 역사를 만들 기회예요.

28

_____

☆ 결승선을 넘는 사람은 어떤 것이든 할 수 있어요."

고득점 맞기

[01-02] 다음 글을 읽고, 물음에 답하시오.

___(A)___ you are in the middle of a great desert. The sands ___(B)___ on and on in every direction. (①) The sun feels like a giant ball of fire. (②) The hot wind burns your face and throat. (③) You open your backpack to drink some water. Oh, no! (④) You wet your throat with ___(C)___ water and keep going. (⑤)

01 윗글의 ①~⑤ 중 주어진 문장이 들어갈 알맞은 곳은?

> You're almost out of water.

①   ②   ③   ④   ⑤

02 윗글의 빈칸 (A)~(C)에 들어갈 말을 [보기]에서 골라 쓰시오. (필요 시 형태를 변형할 것)

[보기]	go	a piece of	a drop of
	fill	imagine	create

(A) _____   (B) _____
(C) _____

[03-05] 다음 글을 읽고, 물음에 답하시오.

Sounds ①like a bad dream? Well, this is not a dream for the people @who ②take part in the 4 Deserts Race. The 4 Deserts Race is a series of four races ③across the world's ④most toughest deserts. Each race is 250 kilometers long and ⑤takes seven days.

03 윗글의 밑줄 친 @who와 쓰임이 <u>다른</u> 것은?

① I know the people who live next door.
② My father promised that he would come home earlier.
③ The girl who answered the phone was polite.
④ He's the person that wants to buy my bicycle.
⑤ The house which belongs to Julie is in London.

04 윗글의 밑줄 친 ①~⑤ 중 어법상 <u>틀린</u> 것은?

①   ②   ③   ④   ⑤

05 윗글에 언급된 경주에 대해 알 수 없는 것을 <u>모두</u> 고르면?

① 참가 자격   ② 경주 장소
③ 각 경주의 거리   ④ 각 경주의 소요 시간
⑤ 우승 상품

[06-09] 다음 글을 읽고, 물음에 답하시오.

The first race takes place in the Atacama Desert in Chile. It is the ___(A)___ desert in the world. In fact, it hasn't rained in some parts of the Atacama Desert for 400 years! The next race goes to the Gobi Desert in China. It is the windiest desert on earth. The third race heads to the Sahara Desert in Egypt. It is the ___(B)___ of the four deserts. Temperatures can @reach up to 50°C. Finally, the race travels to the ___(C)___ desert on earth, Antarctica. If you throw boiling water into the air here, it freezes!

06 윗글의 빈칸 (A)~(C)에 들어갈 말이 순서대로 짝 지어진 것은?

① driest – coldest – hottest
② driest – hottest – coldest
③ hottest – coldest – driest
④ hottest – driest – coldest
⑤ coldest – hottest – driest

07 윗글의 밑줄 친 ⓐreach의 영어 뜻풀이로 알맞은 것은?

① to communicate with somebody, especially by telephone

② to arrive at a place, especially after a lot of effort travelling

③ to attach or place something so that it is held up

④ to get to a particular level, especially a high one

⑤ to stretch out your arm in order to get or touch something

08 윗글을 읽고 답할 수 없는 질문을 모두 고르면?

ⓐ What is the purpose of the four races?

ⓑ Where is the Atacama Desert?

ⓒ Where does the second race take place?

ⓓ Which is the windiest of the four deserts?

ⓔ How long does it take to finish the four races?

① ⓐ, ⓑ   ② ⓐ, ⓓ   ③ ⓐ, ⓔ
④ ⓒ, ⓓ   ⑤ ⓓ, ⓔ

09 윗글을 바르게 이해하지 못한 사람은?

① Mina: It hardly ever rains in the Atacama Desert.

② Derek: You will have to fight against strong winds in the Gobi Desert.

③ Emma: In the Sahara Desert, temperatures can reach up to 50°C.

④ Jinho: I found out that Antarctica is a desert.

⑤ Molly: You start and end the race in the desert of Chile.

[10-12] 다음 글을 읽고, 물음에 답하시오.

①Only the greatest runners on the planet can take part in the 4 Deserts Race, right? ②Not exactly. ③Many of the participants are ordinary people like you and me. ④The participants must carry their clothes, sleeping bags, etc. ⑤So why do they do it? Adrianna, a librarian from France, says, "It's ___ⓐ___ to test your limits and make your own history. ⓑAnyone who crosses the finish line can do anything."

10 윗글의 밑줄 친 ①~⑤ 중 글의 흐름과 관계없는 문장은?

①   ②   ③   ④   ⑤

11 윗글의 빈칸 ⓐ에 들어갈 말로 알맞은 것은?

① a fact   ② a plan   ③ a show
④ a chance   ⑤ a vacation

12 윗글의 밑줄 친 문장 ⓑ가 의미하는 바로 알맞은 것은?

① You are too tired to walk any more after the race.

② At the finish line, you are not allowed to do anything.

③ When you finish the race, you have to return home as soon as possible.

④ Even when you finish the race, you still have a lot of things to do.

⑤ After the race, you will have the courage and confidence to do anything.

서술형

[13-14] 다음 글을 읽고, 물음에 답하시오.

Imagine you are in the middle of a great desert. The sands go on and on in every direction. The sun feels like a giant ball of fire. The hot wind burns your face and throat. You open your backpack to drink some water. Oh, no! You're almost out of water. You wet your throat with a drop of water and keep going. Sounds like a bad dream? Well, 이것은 4 Deserts Race에 참가하는 사람들에게 꿈이 아니다.

13 윗글의 밑줄 친 a bad dream의 내용을 우리말로 쓰시오.

→ _____

14 윗글의 밑줄 친 우리말과 같도록 [조건]에 맞게 문장을 완성하시오.

> [조건]　1. 알맞은 관계대명사를 사용할 것
> 　　　　2. 괄호 안의 말을 사용할 것
> 　　　　3. 12개 단어로 작성할 것

→ _____
the 4 Deserts Race. (for, take part in)

[15-16] 다음 글을 읽고, 물음에 답하시오.

The 4 Deserts Race is a series of four races across the world's toughest deserts. Each race is 250 kilometers long and takes seven days.

The first race takes place in the Atacama Desert in Chile. It is the driest desert in the world. In fact, it hasn't rained in some parts of the Atacama Desert for 400 years! The next race goes to the Gobi Desert in China. It is the windiest desert on earth. The third race heads to the Sahara Desert in Egypt. It is the hottest of the four deserts. Temperatures can reach up to 50°C. Finally, the race travels to the coldest desert on earth, Antarctica. 이곳에서 끓는 물을 공중에 던지면, 그것은 얼어 버린다!

15 Answer the following questions in English.

(1) How many kilometers is each race of the 4 Deserts Race?

→ _____

(2) Where does the second race take place? And what is the main feature of that place?

→ _____

_____

16 윗글의 밑줄 친 우리말과 같도록 괄호 안의 단어를 바르게 배열하여 쓰시오.

→ _____ here, it freezes!
(you, boiling water, into, throw, the air, if)

17 다음 글의 내용과 일치하도록 인터뷰를 완성하시오.

Only the greatest runners on the planet can take part in the 4 Deserts Race, right? Not exactly. Many of the participants are ordinary people like you and me. So why do they do it? Adrianna, a librarian from France, says, "It's a chance to test your limits and make your own history. Anyone who crosses the finish line can do anything."

Reporter: What kind of people ran in the race?
Adrianna: Most of them were (1)_____
_____. I became good
friends with them.
Reporter: Why did you take part in the race?
Adrianna: I wanted (2)_____
_____. I thought, "If I can
finish the race, then (3)_____
_____.

서술형 100% TEST

01 다음 글을 읽고, 대화를 완성하시오.

> Minsu's usual free time activity is playing sports. He has played baseball before. But he has never played tennis. He hopes to play tennis someday.

A: Minsu, (1)_____
B: I usually play sports.
A: (2)_____
B: Yes, I have.
A: (3)_____
B: No, I haven't. But I hope to play it someday.

02 다음 [조건]에 맞게 대화를 완성하시오.

(1)
> [조건] 1. 밑줄 친 우리말을 영어로 옮길 것
>   2. 7개 단어의 완전한 영어 문장으로 쓸 것

A: Tell me what you do in your spare time.
B: 나는 종종 우리 가족을 위해 빵을 굽는다.

→ _____

(2)
> [조건] 1. 밑줄 친 우리말을 영어로 옮길 것
>   2. 괄호 안의 단어를 이용한 문장을 쓸 것
>   3. 완전한 영어 문장으로 쓸 것

A: 너는 인도 음식을 먹어 본 적이 있니?
   (try, Indian food)
B: No, I haven't.

→ _____

[03-04] 다음 대화를 읽고, 물음에 답하시오.

Hojin: Judy, what do you do in your free time?
Judy: I often go rock climbing with my dad.
Hojin: What mountain do you go to?
Judy: No, Hojin. I usually do it at a gym near my house.
Hojin: I see. Have you ever done it on a real mountain?
Judy: Not yet. But I hope to do it someday.
Hojin: That's really cool. Can I come and join you next time?
Judy: Sure. I'm going this Saturday.
Hojin: That sounds great.
Judy: You're going to love it!

03 위 대화의 내용과 일치하도록 다음 문장을 완성하시오.

Judy (1)_____ in her free time, but she (2)_____ on a real mountain yet.

04 위 대화의 내용과 일치하도록 주어진 질문에 답하시오.

(1) Q: What does Judy hope to do?
    A: _____
       _____

(2) Q: What are Judy and Hojin going to do this Saturday?
    A: _____

05 다음 사진을 보고, 대화의 빈칸에 알맞은 말을 쓰시오.

A: Mr. Smith, what do you do (1)_____?
B: I'm a cook.
A: What do you do in your free time?
B: I often (2)_____.

06 다음 표를 보고, 주어진 [조건]에 맞게 대화를 완성하시오.

Experience	Tom	Annie
Trip to Jeju-do	○	×

[조건] 1. (1)은 3개 단어로 쓸 것
2. (2)는 never를 포함해 6개 단어로 쓸 것
3. 축약형을 사용하지 말 것

A: Tom, have you ever been to Jeju-do?
B: (1)_____ I went there last
winter vacation. What about you, Annie?
A: (2)_____, but I'm going
there this summer.
B: That's great! I'm sure you'll like it a lot.

07 다음 글의 내용과 일치하도록 대화를 완성하시오.

Mike has heard of flying yoga and has seen it on TV. These days, Suji is learning flying yoga. She suggests that Mike join her yoga class. But he doesn't want to try it because it's too scary for him.

A: Mike, have you ever heard of flying yoga?
B: Yeah! (1)_____. People
were hanging in the air!
A: Guess what? (2)_____ it
these days.
B: Really? It looked so scary. Do you like it, Suji?
A: At first, I was a little scared, but now I'm
enjoying it.
B: Sounds great! I think I should exercise more,
too.
A: Do you want to (3)_____?
B: No, that's (4)_____. I'll
just play basketball.

08 다음 그림을 보고, [조건]에 맞게 대화를 완성하시오.

[조건] 1. 알맞은 관계대명사를 사용할 것
2. 괄호 안의 단어를 사용할 것
3. 동사는 현재진행형으로 쓸 것

(1) A: Who is Ann?
B: The girl _____ is Ann.
(ride, bike)

(2) A: Who is Kate?
B: The girl _____ is Kate.
(play)

09 다음 [보기]와 같이 제시된 세 가지를 비교하여 괄호 안의
형용사를 써서 문장을 완성하시오. (단, 형용사는 변형하여
사용할 것)

[보기] mouse, cat, tiger (big)
→ The tiger is the biggest of the three.

(1) airplane, car, bicycle (fast)
→ _____ of the three.
(2) gold, silver, plastic (expensive)
→ _____ of the three.

고난도

10 다음 [조건]에 맞게 문장을 완성하시오.

> [조건] 1. (A)와 (B)에서 문장을 하나씩 골라 연결할 것
> 2. (A)의 문장으로 시작할 것
> 3. 알맞은 관계대명사를 사용할 것

(A) (1) That's the baby.
(2) Can you pass me the newspaper?
(3) The girl looks happy.

(B) • It is on the table.
• She won the race.
• He was born three hours ago.

(1) _____
(2) _____
(3) _____

11 다음 [보기]에서 알맞은 말을 골라 빈칸에 알맞은 형태로 쓰시오.

> [보기] busy   tall   cold   popular

(1) The Beatles is one of _____ bands of all time.
(2) Antarctica is _____ place on earth.

고난도

12 다음 ①~⑤ 중 어법상 틀린 것 3개를 찾아 바르게 고쳐 쓰시오.

> Hello, everyone. I'll introduce my family to you. This is my father. He is a teacher ①which teaches English. This is my mother. She is a wise woman ②who is a great cook. The boy who ③is holding a basketball ④are my brother. He wants to be the ⑤better player in the world.

(1) (   ) → _____
(2) (   ) → _____
(3) (   ) → _____

13 다음 [조건]에 맞게 아래 [보기]와 같이 자신의 친구를 설명하는 문장을 완성하시오.

> [조건] 1. 친구 세 명을 정하여 각 친구를 설명하는 문장을 완성할 것
> 2. 알맞은 관계대명사를 사용할 것

> [보기] Jenny is someone who can sing and dance very well.

(1) _____ is someone _____.
(2) _____ is someone _____.
(3) _____ is someone _____.

[14-15] 다음 글을 읽고, 물음에 답하시오.

(A) Imagine you are in the middle of a great desert. The sands go on and on in every direction. The sun feels like a giant ball of fire. The hot wind burns your face and throat. You open your backpack to drink some water. Oh, no! You're almost out of water. You wet your throat with a drop of water and keep going.

(B) Sounds like a bad dream? Well, this is not a dream for the people _____. The 4 Deserts Race is a series of four races across the world's toughest deserts. Each race is 250 kilometers long and takes seven days.

14 각 상자에서 알맞은 말을 하나씩 골라 윗글의 빈칸에 들어갈 문장을 완성하시오.

> who   when   where   which

> • hope to take a trip to a desert
> • take part in the 4 Deserts Race
> • want to try something comfortable

→ Well, this is not a dream for the people _____

_____.

15 윗글의 (A)와 (B) 두 단락과 관련 있는 문장을 [보기]에서 골라 쓰시오.

> [보기]
> • It shows how you feel in the desert.
> • It gives the four locations of the 4 Deserts Race.
> • It explains the 4 Deserts Race.
> • It is about the participants in the race and why they participate.

(1) (A) – _____

(2) (B) – _____

[16-19] 다음 글을 읽고, 물음에 답하시오.

(A)　The first race takes place in the Atacama Desert in Chile. It is the ___ⓐ___ desert in the world. In fact, it hasn't rained in some parts of the Atacama Desert for 400 years! The next race goes to the Gobi Desert in China. It is the windiest desert on earth. The third race heads to the Sahara Desert in Egypt. It is the ___ⓑ___ of the four deserts. Temperatures can reach up to 50°C. Finally, the race travels to the ___ⓒ___ desert on earth, Antarctica. If you throw boiling water into the air here, it freezes!

(B)　Only the most greatest runners on the planet can take part in the 4 Deserts Race, right? Not exactly. Many of the participants are ordinary people like you and me. So why do they do it? <u>Adrianna, a librarian from France, says,</u> "It's a chance to test your limits and make your own history. Anyone which crosses the finish line can do anything."

16 윗글의 흐름상 빈칸 ⓐ~ⓒ에 들어갈 말을 [보기]에서 골라 알맞은 형태로 쓰시오.

> [보기]　hot　wet　dry　cold　warm

ⓐ _____　　ⓑ _____

ⓒ _____

17 윗글의 (B) 단락에서 어법상 **틀린** 부분을 두 군데 찾아 바르게 고쳐 쓰시오.

(1) _____ → _____

(2) _____ → _____

18 윗글의 밑줄 친 부분과 의미가 같도록 [조건]에 맞게 빈칸에 알맞은 말을 쓰시오.

> [조건]　1. 알맞은 관계대명사를 사용할 것
> 　　　　2. 알맞은 be동사를 현재시제로 쓸 것

→ Adrianna _____ says,

19 윗글의 내용과 일치하도록 아래 대화를 완성하시오.

Reporter: How many deserts have you run through?

Adrianna: I've run through (1) _____. They were the Atacama Desert, the Gobi Desert, the Sahara Desert and (2) _____.

Reporter: Which desert was the toughest for you?

Adrianna: (3) _____. Temperatures often (4) _____ to 50°C.

Reporter: What kind of people ran in the race?

Adrianna: Most of them were (5) _____ like you and me. I became good friends with them.

Reporter: Why did you take part in the race?

Adrianna: I wanted to (6) _____ and make my own history. I thought, "If I can finish the race, then I can (7) _____."

01 다음 영어 뜻풀이가 공통으로 가리키는 단어는? [3점]

> • the top part of your body that has your brain, eyes, mouth, etc. in it
> • to go in a particular direction

① burn   ② head   ③ relay
④ reach   ⑤ record

02 다음 빈칸에 공통으로 들어갈 말로 알맞은 것은? [4점]

> • The film festival is going to _____ place next month.
> • They all dressed up to _____ part in the New Year's party.

① keep   ② held   ③ take
④ hang   ⑤ freeze

03 다음 밑줄 친 단어와 바꿔 쓸 수 있는 것은? [4점]

> He is having a really tough time now.

① little   ② scary   ③ overall
④ difficult   ⑤ ordinary

04 다음 대화의 밑줄 친 부분과 바꿔 쓸 수 있는 것은? [4점]

> A: What do you do in your free time?
> B: I often draw pictures.

① How was your free time?
② What do you do for a living?
③ How do you spend your vacation?
④ How often do you have free time?
⑤ How do you spend your spare time?

[05-06] 다음 대화를 읽고, 물음에 답하시오.

> A: Mike, 너는 플라잉 요가에 대해 들어 본 적 있니?
> B: Yeah! I've seen ⓐit on TV. People were hanging in the air!
> A: Guess what? I'm learning ⓑit these days.
> B: Really? ⓒIt looked so scary. Do you like it, Suji?
> A: At first, I was a little scared, but now I'm enjoying ⓓit.
> B: Sounds great! I think I should exercise more, too.
> A: Do you want to join ⓔmy yoga class?
> B: No, that's too scary for me. I'll just play basketball.

서술형1

05 위 대화의 밑줄 친 우리말과 뜻이 같도록 괄호 안의 단어를 이용하여 쓰시오. [4점]

→ _____
(hear of, flying yoga)

06 위 대화의 밑줄 친 ⓐ~ⓔ 중 가리키는 것이 <u>다른</u> 하나는? [4점]

① ⓐ   ② ⓑ   ③ ⓒ

④ ⓓ   ⑤ ⓔ

07 다음 짝 지어진 대화 중 <u>어색한</u> 것은? [4점]

① A: What do you do in your free time?

  B: I usually watch a movie.

② A: What do you do for a living?

  B: I teach students in a middle school.

③ A: Do you go hiking often?

  B: Yes, it's my favorite free time activity.

④ A: Have you ever tried Spanish food?

  B: Not yet. I went to Spain last year and ate some Spanish food.

⑤ A: I often ride my bike in my free time. How about you?

  B: I usually read books.

서술형 2

08 다음 표를 보고, 괄호 안의 단어를 사용하여 대화의 빈칸에 알맞은 말을 쓰시오. [각 2점]

Free Time Activity	

Jake (marathon)	Mina (horse)

A: Jake, tell me what you do in your free time.

B: (1) _____ (usually)
   How about you, Mina?

A: (2) _____ (often)

서술형 3

09 다음 [보기]에서 알맞은 것을 골라 써넣어 대화를 완성하시오. [4점]

[보기]	ever	never	last winter	have

A: Tom, have you (1)_____ been to Jeju-do?

B: Yes, I (2)_____. I went there (3)_____ vacation. What about you?

A: I've (4)_____ been there, but I'm going there this summer.

B: That's great! I'm sure you'll like it a lot.

10 다음 빈칸에 알맞은 말을 <u>모두</u> 고르면? [4점]

Mike has a brother _____ plays the guitar very well.

① who   ② what   ③ that

④ whose   ⑤ which

11 다음 빈칸에 알맞은 말이 순서대로 짝 지어진 것은? [4점]

I am strong, but my brother is _____ than me, and my dad is _____ in my family.

① strong – stronger

② stronger – stronger

③ stronger – strongest

④ stronger – the strongest

⑤ the strongest – stronger

서술형4

12 Find **two** errors and correct them. [4점]

> Kimchi is one of the famousest traditional dish in Korea.

(1) _____ → _____

(2) _____ → _____

서술형5

13 다음 우리말과 뜻이 같도록 괄호 안의 말을 바르게 배열하시오. [5점]

> 교실 뒤편에 앉은 학생이 많은 질문을 했다.

→ _____

_____

(sat, the classroom, questions, asked, the student, a lot of, in the back of, who)

[14-18] 다음 글을 읽고, 물음에 답하시오.

> Imagine you are ⓐ in the middle of a great desert. The sands go on and on ⓑ in every direction. The sun feels _____(A)_____ a giant ball of fire. The hot wind burns your face and throat. You open your backpack (B)to drink some water. Oh, no! You're almost ⓒ out of water. You wet your throat with a drop of water and ⓓ keep going.
>
> Sounds _____(A)_____ a bad dream? Well, this is not a dream for '4 Deserts Race'에 참가하는 사람들. The 4 Deserts Race is ⓔ a series of four races across the world's toughest deserts. Each race is 250 kilometers long and takes seven days.

14 윗글의 밑줄 친 ⓐ~ⓔ의 우리말 뜻이 알맞지 않은 것은? [3점]

① ⓐ: ~의 한가운데에

② ⓑ: 사방팔방으로

③ ⓒ: ~의 바깥에

④ ⓓ: 계속 가다

⑤ ⓔ: 연속의

15 윗글의 빈칸 (A)에 공통으로 들어갈 말로 알맞은 것은? [4점]

① in   ② of   ③ for

④ like   ⑤ with

16 윗글의 밑줄 친 (B)to drink와 쓰임이 같은 것은? [4점]

① She grew up to be a novel writer.

② They stood up to see the stage better.

③ There is no water to drink in the bottle.

④ I hope to travel around the world someday.

⑤ It is not easy to learn a foreign language.

서술형6

17 윗글의 밑줄 친 우리말과 같도록 괄호 안의 말을 바르게 배열하시오. [5점]

→ _____

(take part in, who, the 4 Deserts Race, the people)

18 윗글 속 '4 Deserts Race'에 대해 알 수 없는 것은? [4점]

① 경주 장소   ② 각 경주 거리

③ 각 경주 기간   ④ 경주 코스의 개수

⑤ 경주 참여 방법

[19-22] 다음 글을 읽고, 물음에 답하시오.

The first race takes place in the Atacama Desert in Chile. It is the driest desert in the world. (①) In fact, it ⓐhasn't rained in some parts of the Atacama Desert for 400 years! (②) It is the windiest desert on earth. (③) The third race heads to the Sahara Desert in Egypt. ⓑIt is the most hotest of the four desert. (④) Temperatures can reach up to 50°C. (⑤) Finally, the race travels to the ⓒ _____ desert on earth, Antarctica. If you throw boiling water into the air here, it freezes!

19 윗글의 ①~⑤ 중 주어진 문장이 들어갈 알맞은 곳은? [4점]

The next race goes to the Gobi Desert in China.

①   ②   ③   ④   ⑤

20 윗글의 밑줄 친 ⓐhasn't rained와 쓰임이 같은 것은? [4점]

① He has gone to Japan.
② I have just finished the work.
③ I have eaten Mexican food before.
④ My mother has never been to Busan.
⑤ How long have you lived in the house?

서술형 **7**

21 윗글의 밑줄 친 문장 ⓑ를 어법상 바르게 고쳐 쓰시오. [5점]

→ _____

22 윗글의 빈칸 ⓒ에 들어갈 말로 알맞은 것은? [3점]

① coldest   ② largest
③ smallest   ④ most beautiful
⑤ most dangerous

[23-25] 다음 글을 읽고, 물음에 답하시오.

Only the greatest runners on the planet can participate in the 4 Deserts Race, right? Not exactly. Many of the _____ⓐ_____ are ordinary people like you and me. So why do they do it? Adrianna, a librarian from France, says, "It's a chance to test your limits and make your own history. Anyone _____ⓑ_____ crosses the finish line can do anything."

서술형 **8**

23 윗글의 빈칸 ⓐ에 알맞은 단어를 쓰시오. (윗글 속 단어의 형태를 바꿀 것) [4점]

→ _____

24 윗글의 빈칸 ⓑ에 들어갈 말로 알맞은 것은? [3점]

① what   ② whom   ③ which
④ who   ⑤ whose

서술형 **9**

25 윗글에서 알맞은 표현을 찾아 다음 광고문을 완성하시오. [5점]

Do You Want a Challenge?
Here's the 4 Deserts Race!

Who can join?
(1) _____ can participate in it.
Why join?
It's a good chance (2) _____
_____ .
Take this chance and challenge yourself!

01 다음 빈칸에 공통으로 들어갈 말로 알맞은 것은? [3점]

> • He asked me to take care _____ his children.
> • Haven't you finished yet? You're almost out _____ time!

① in   ② at   ③ on
④ of   ⑤ for

서술형 **1**

02 다음 우리말과 같도록 빈칸에 알맞은 말을 쓰시오. (2단어) [3점]

> 그 회의는 우리가 예상한 것보다 더 오래 계속되었다.

→ The meeting _____ longer than we expected.

03 다음 중 밑줄 친 단어의 쓰임이 어색한 것은? [3점]

① The wall is 2.5 meters in <u>height</u>.
② She pushed me to the <u>limit</u> of my abilities.
③ Her face and neck were quite badly <u>burned</u>.
④ His explanations are clear and <u>tough</u> to understand.
⑤ The children think that Santa Claus is <u>real</u>.

서술형 **2**

04 다음 대화의 빈칸에 알맞은 말을 쓰시오. [4점]

> A: _____
> B: Yes, I have. I rode a horse last summer in Jeju-do. It was exciting.

서술형 **3**

05 다음 괄호 안의 말을 바르게 배열하여 대화의 빈칸에 알맞은 말을 쓰시오. [3점]

> A: What do you do in your spare time?
> B: _____
>   (my dog, walk, I, in the park, often)

06 다음 대화의 빈칸에 들어갈 말이 순서대로 바르게 짝 지어진 것은? [4점]

> A: What do you do in your free time?
> B: (1) _____
> A: Have you ever written a song?
> B: (2) _____

> ⓐ I've played baduk before.
> ⓑ I baked cookies yesterday.
> ⓒ I usually play the guitar.
> ⓓ No, I don't. I like to sing songs.
> ⓔ Yes, I have. I wrote some songs about my family.

① ⓐ – ⓒ   ② ⓑ – ⓓ   ③ ⓑ – ⓔ
④ ⓒ – ⓓ   ⑤ ⓒ – ⓔ

07 자연스러운 대화가 되도록 (A)~(D)를 순서대로 배열한 것은? [4점]

> (A) I usually listen to music.
> (B) Then, have you ever requested a song on the radio?
> (C) How do you spend your free time?
> (D) Yes, I have. The DJ played my favorite song.

① (A) – (C) – (D) – (B)   ② (B) – (C) – (A) – (D)
③ (B) – (D) – (C) – (A)   ④ (C) – (B) – (A) – (D)
⑤ (C) – (A) – (B) – (D)

[08-09] 다음 대화를 읽고, 물음에 답하시오.

> A: I'm so happy. It's Friday!
> B: _____ are you going to do on the weekend, Jean?
> A: I'm going to play badminton.
> B: Do you play badminton often?
> A: Yes, it's my favorite free time activity.
> B: Who do you usually play with?
> A: My dad. _____ do you do in your free time?
> B: I often go to the Han River and ride my bike.

08 위 대화의 빈칸에 공통으로 들어갈 말로 알맞은 것은? [4점]

① Who   ② When   ③ What
④ Where   ⑤ Which

서술형 **4**
09 위 대화의 내용과 일치하도록 다음 문장을 완성하시오. [4점]

> Jean often _____ in her free time.

10 다음 빈칸에 공통으로 알맞은 것은? [4점]

> • I bought a backpack _____ has a big pocket.
> • Look at those monkeys _____ are dancing on the street.

① who   ② that   ③ when
④ why   ⑤ where

11 다음 중 어법상 틀린 문장의 개수는? [4점]

> ⓐ This bowl is the biggest one.
> ⓑ This is the sofa which also can be a bed.
> ⓒ He is the person who are kind to everyone.
> ⓓ It is the deepest of all the lakes in the country.

① 없음   ② 1개   ③ 2개
④ 3개   ⑤ 4개

12 다음 중 밑줄 친 who의 쓰임이 나머지 넷과 다른 하나는? [4점]

① Who gave you the book?
② She asked the man who he was.
③ Who do you think caused the accident?
④ I can't remember who told me about it.
⑤ The police officer who stopped my car was my friend.

서술형 **5**
13 다음 우리말과 같도록 괄호 안의 말을 사용하여 문장을 쓰시오. [5점]

> 그녀는 세계에서 가장 유명한 가수 중 한 명이다.

→ _____

(famous, in the world)

서술형 **6**

14 다음 조건에 맞게 [보기]와 같이 주어진 주어로 시작하는 문 장을 완성하시오. [각 2점]

[조건]   1. 각 상자에서 알맞은 말을 하나씩 골라 이용할 것
        2. 알맞은 관계대명사를 사용할 것

a person	a machine	a team sport

- It is used for cooking food.
- It is popular all over the world.
- He/She competes in sports.

[보기]   A giraffe is an animal that has a very long neck.

(1) An oven is _____.

(2) Soccer is _____.

(3) An athlete is _____.

[15-17] 다음 글을 읽고, 물음에 답하시오.

Imagine you are in the middle of a great desert. The sands go on and on in every direction. The sun ____ⓐ____ like a giant ball of fire. The hot wind burns your face and throat. You open your backpack to drink some water. Oh, no! You're almost out of water. You ____ⓑ____ your throat with a drop of water and keep going.

Sounds like a bad dream? Well, this is not a dream for the people who take part in the 4 Deserts Race. The 4 Deserts Race is a series of four races 세계의 가 장 험한 사막들을 가로지르는. Each race is 250 kilometers long and takes seven days.

15 윗글의 빈칸 ⓐ와 ⓑ에 들어갈 말이 바르게 짝 지어진 것은? [4점]

① smells – drink
② looks – warm
③ feels – burn
④ looks – freeze
⑤ feels – wet

서술형 **7**

16 윗글의 밑줄 친 우리말과 같도록 괄호 안의 단어를 사용하 여 영작하시오. (총 5단어) [4점]

→ _____ (tough)

서술형 **8**

17 윗글을 읽고 답할 수 있는 질문을 골라 완전한 영어 문장으 로 답하시오. [5점]

ⓐ What do people dream about during the race?
ⓑ Which is the longest of the four races?
ⓒ What can you do with the giant ball of fire?
ⓓ How many races does the 4 Deserts Race consist of?

(   ) → _____

[18-21] 다음 글을 읽고, 물음에 답하시오.

The first race takes place in the Atacama Desert in Chile. ①It is the driest desert in the world. ____(A)____, it hasn't rained in some parts of the Atacama Desert for 400 years! The next race goes to the Gobi Desert in China. ②It is the windiest desert on earth. The third race heads to the Sahara Desert in Egypt. ③It is the hottest of the four deserts. Temperatures can reach up to 50°C. Finally, the race travels to ④the coldest desert on earth, Antarctica. If you throw boiling water into the air here, ⑤it freezes!

18 윗글의 내용과 일치하지 않는 것은? [4점]

① The Atacama Desert is in Chile.
② The Atacama Desert is the driest desert in the world.
③ The Gobi Desert is in the same country as the Sahara Desert.
④ The second race takes place in the Gobi Desert.
⑤ Antarctica is the coldest desert in the world.

19 윗글의 밑줄 친 ①~⑤가 가리키는 대상으로 옳지 않은 것은? [4점]

① the Atacama Desert　② the Gobi Desert
③ Egypt　　　　　　　④ Antarctica
⑤ boiling water

20 윗글의 빈칸 (A)에 들어갈 말로 알맞은 것은? [4점]

① In fact　　　② At last
③ However　　④ But
⑤ Finally

서술형 **9**

21 According to the above text, answer the questions in complete English sentences. [각 3점]

(1) **Q**: For how long hasn't it rained in some parts of the Atacama Desert?

　　A: _____

(2) **Q**: Where does the final race take place?

　　A: _____

[22-25] 다음 글을 읽고, 물음에 답하시오.

Only the greatest (A) players / runners on the planet can take part in the 4 Deserts Race, right? Not exactly. Many of the participants are (B) special / ordinary people like you and me. So why do they do it? Adrianna, a(n) _____ from France, says, "ⓐIt's a chance to test your limits and make your own history. Anyone who crosses the finish line can do (C) nothing / anything."

22 윗글의 (A)~(C)에서 글의 흐름상 알맞은 말이 순서대로 짝 지어진 것은? [4점]

	(A)	(B)	(C)
①	players	– special	– nothing
②	players	– ordinary	– anything
③	runners	– special	– nothing
④	runners	– ordinary	– nothing
⑤	runners	– ordinary	– anything

서술형 **10**

23 다음 영어 뜻풀이를 참고하여 윗글의 빈칸에 들어갈 알맞은 단어를 쓰시오. [3점]

someone who works in a library and takes care of books

→ _____

서술형 **11**

24 윗글의 밑줄 친 ⓐIt이 가리키는 것이 무엇인지 찾아 쓰시오. (4단어) [3점]

→ _____

25 윗글을 읽고 알 수 있는 것을 모두 고르면? [4점]

① Adrianna의 국적
② Adrianna의 경주 결과
③ The 4 Deserts Race 완주 기념품
④ The 4 Deserts Race의 평균 참가 인원
⑤ Adrianna가 The 4 Deserts Race에 참가하는 이유

서술형1
01 다음 빈칸에 알맞은 단어를 쓰시오. (단, 영어 뜻풀이를 참고할 것) [3점]

> a large, dry area where there is very little rain and few plants

A hot dry wind blows from the _____ areas of North Africa.

서술형2
02 다음 짝 지어진 단어와 관계가 같도록 빈칸에 알맞은 단어를 쓰시오. [3점]

> drive : driver = _____ : participant

03 다음 중 밑줄 친 부분의 우리말 뜻이 알맞지 <u>않은</u> 것은? [4점]

① Life is a <u>series of</u> choices. (연속의)
② We have some sugar, but we're <u>out of</u> milk.
(~의 이상인)
③ The accident <u>took place</u> on Saturday morning.
(일어났다)
④ I stopped and turned back, but he <u>kept walking</u>.
(계속 걸어갔다)
⑤ How many countries <u>took part in</u> the last Olympic Games? (~에 참가했다)

04 다음 빈칸에 들어갈 말로 가장 알맞은 것은? [4점]

> Readers of the magazine want more stories about _____ people, not about famous people.

① scary ② overall ③ different
④ real ⑤ ordinary

05 다음 짝 지어진 대화 중 <u>어색한</u> 것은? [4점]

① A: What do you like to do in your free time?
　B: I often listen to music.
② A: Have you ever gone to a classical music concert?
　B: Yes, I have. I love classical music.
③ A: How many times have you run a marathon?
　B: Yes, it's my favorite free time activity.
④ A: Have you ever tried Mexican food?
　B: Not yet. But I'd like to try it.
⑤ A: I like playing badminton in my spare time. How about you?
　B: I usually ride a bike.

서술형3
06 다음 표를 보고, 괄호 안의 단어를 사용하여 두 사람의 대화를 완성하시오. [각 2점]

Name	Free Time Activities
Bomi	baking bread and cookies
Tony	watching movies in the theater

Tony: How do you spend your free time?
Bomi: (1) _____
　　　　　　　　　(often)
　　　How about you?
Tony: (2) _____
　　　　　　　　　(usually)
Bomi: I like watching movies, too. Let's go to the theater together this weekend.
Tony: Sounds great.

[07-08] 다음 대화를 읽고, 물음에 답하시오.

> A: Mike, have you ever heard of flying yoga?
> B: Yeah! ①I've seen it on TV. People were hanging in the air!
> A: Guess what? ②I'm learning it these days.
> B: Really? It looked so ____ⓐ____. ③Do you like it, Suji?
> A: At first, I was a little ____ⓑ____, but now I'm enjoying it.
> B: Sounds great! ④I think you should exercise more, too.
> A: Do you want to join my yoga class?
> B: No, that's too scary for me. ⑤I'll just play basketball.

07 위 대화의 밑줄 친 ①~⑤ 중 흐름상 어색한 문장은? [4점]

① ② ③ ④ ⑤

08 위 대화의 빈칸 ⓐ와 ⓑ에 알맞은 말이 순서대로 바르게 짝 지어진 것은? [4점]

① scare – scared
② scary – scared
③ scared – scary
④ scary – scare
⑤ scared – scared

[09-10] 다음 대화를 읽고, 물음에 답하시오.

> Hojin: Judy, what do you do in your free time?
> Judy: I often ①go rock climbing with my dad.
> Hojin: What mountain do you go to?
> Judy: No, Hojin. I usually ②do it at a gym near my house.
> Hojin: I see. Have you ever ③do it on a real mountain?
> Judy: Not yet. But I hope ④to do it someday.
> Hojin: That's really cool. Can I ⑤come and join you next time?
> Judy: Sure. I'm going this Saturday.
> Hojin: That sounds great.
> Judy: You're going to love it!

09 위 대화의 밑줄 친 ①~⑤ 중 어법상 바르지 <u>않은</u> 것은? [4점]

① ② ③ ④ ⑤

 서술형 4

10 위 대화의 내용과 일치하도록 다음 문장의 빈칸에 알맞은 말을 쓰시오. [4점]

> This Saturday, Hojin is going to _____ _____ at a gym.

11 다음 빈칸에 알맞은 말이 순서대로 바르게 짝 지어진 것은? [4점]

> • Greece is one of _____ countries in Europe.
> • The river _____ flows through London is called the Thames.

① hotter – which
② hottest – who
③ the hotest – that
④ the hottest – which
⑤ the most hottest – that

12 다음 빈칸에 is가 들어갈 수 <u>없는</u> 것은? [4점]

① I like the vase that _____ over there.
② I'll talk to the woman who _____ crying.
③ We bought a house which _____ 200 years old.
④ Can you see the cat which _____ lying on the roof?
⑤ The people who live on the island _____ very friendly.

서술형 5

13 다음 우리말과 같도록 괄호 안의 말과 알맞은 관계대명사를 사용하여 문장을 쓰시오. [5점]

> 나는 내 집을 청소할 수 있는 로봇을 가지고 싶다.

→ _____

(have, a robot, clean)

서술형 6

14 다음 [조건]에 맞게 반 친구들을 설명하는 문장을 완성하시오. [각 2점]

> [조건]　1. [보기]의 단어를 한 번씩 활용할 것
> 　　　　2. 최상급 문장을 완성할 것

> [보기]　　tall　　fast　　popular

(1) _____ in my class.
(2) _____ in my class.
(3) _____ in my class.

[15-17] 다음 글을 읽고, 물음에 답하시오.

> Imagine you are in the middle of a great _____. The sands go ⓐon and on in every direction. The sun feels like a giant ball of fire. The hot wind burns your face and throat. You open your backpack ⓑto drink some water. Oh, no! 너는 물이 거의 떨어져 간다. You wet your throat with a drop of water and ⓒkeep go. ⓓSounds like a bad dream? Well, this is not a dream for the people ⓔwhom take part in the 4 Deserts Race.

15 윗글의 빈칸에 들어갈 말로 알맞은 것은? [3점]

① lake　　② desert　　③ jungle
④ forest　　⑤ mountain

16 윗글의 밑줄 친 ⓐ~ⓔ 중 어법상 틀린 것끼리 짝 지어진 것은? [4점]

① ⓐ, ⓑ　　② ⓑ, ⓒ　　③ ⓒ, ⓓ
④ ⓒ, ⓔ　　⑤ ⓓ, ⓔ

서술형 7

17 윗글의 밑줄 친 우리말과 같도록 괄호 안의 말을 사용하여 쓰시오. (축약형을 쓸 것) [4점]

→ _____

(you, almost, out of)

[18-21] 다음 글을 읽고, 물음에 답하시오.

> The 4 Deserts Race is a series of four races across the world's ⓐtough deserts. Each race is 250 kilometers long and takes seven days. The first race takes place in the Atacama Desert in Chile. ①It is the ⓑdry desert in the world. In fact, ②it hasn't rained in some parts of the Atacama Desert for 400 years! The next race goes to the Gobi Desert in China. ③It is the ⓒwindy desert on earth. The third race heads to the Sahara Desert in Egypt. ④It is the ⓓhot of the four deserts. Temperatures can reach up to 50°C. Finally, the race travels to the ⓔcold desert on earth, Antarctica. If you throw boiling water into the air here, ⑤it freezes!

18 윗글의 밑줄 친 ①~⑤ 중 쓰임이 다른 하나는? [4점]

①　　　②　　　③　　　④　　　⑤

서술형 8

19 윗글의 밑줄 친 ⓐ~ⓔ를 최상급 형태로 고쳐 쓰시오.
[각 1점]

ⓐ → _____   ⓑ → _____

ⓒ → _____   ⓓ → _____

ⓔ → _____

서술형 9

20 다음은 윗글 속 사막 중 한 곳을 다녀와서 쓴 글이다. 빈칸에 알맞은 말을 쓰시오. [4점]

> I went to _____ last year. I had to fight against the strong winds there. I wore a scarf over my nose and mouth to protect them from the sand.

서술형 10

21 윗글의 내용과 일치하도록 빈칸에 알맞은 말을 쓰시오.
(2단어) [4점]

> The final race takes place in _____
> _____ is the coldest desert on earth.

[22-24] 다음 글을 읽고, 물음에 답하시오.

> Only the greatest runners on the planet can take part ___(A)___ the 4 Deserts Race, right? ⓐNot exactly. Many of the participants are ordinary people ___(B)___ you and me. So why do they do it? Adrianna, a librarian ___(C)___ France, says, "It's a chance to test your limits and make your own history. Anyone which crosses the finish line can do anything."

22 빈칸 (A)~(C)에 알맞은 말이 순서대로 짝 지어진 것은? [4점]

① at – for – in   ② at – like – for

③ for – like – in   ④ in – like – from

⑤ in – for – from

23 윗글의 밑줄 친 ⓐNot exactly.의 의미로 알맞은 것은?
[3점]

① 달리기 주자들이 정확히는 알 수 없다.

② 정확히 아는 사람이 아무도 없다.

③ 훌륭한 달리기 주자인지 판단하기는 어렵다.

④ 참가한 달리기 주자들의 완주 여부는 정확히 예측하기가 어렵다.

⑤ 가장 훌륭한 달리기 주자들만 경주에 참가할 수 있는 것은 아니다.

서술형 11

24 윗글의 밑줄 친 문장에서 어법상 틀린 부분을 바르게 고쳐 문장을 다시 쓰시오. [4점]

→ _____

25 다음 기사를 읽고 알 수 없는 것은? [4점]

> The school sports day was held on May 14th. It was very exciting. Students played basketball and did group jump rope. They also ran a relay race and a 100m race. Class 2 won the group jump rope, and Class 1 won the relay race. Class 3 won the basketball game and the 100m race. They got the highest score and became the overall winner. All the classes had great fun.

① 학교 운동회 날짜   ② 운동회 개최 종목

③ 이어달리기 우승 학급   ④ 단체 줄넘기에 참가한 학급 수

⑤ 최종 우승 학급

01 다음 중 밑줄 친 단어가 같은 뜻으로 쓰인 것은? [4점]

① I saw a little black puppy.

There is very little water in the bottle.

② She shook her head to say no.

He stood up and headed towards the exit.

③ His face was badly burned at the beach.

This cloth burns very easily, so keep it away from the heater.

④ What does 'desert' mean?

Don't be so mean to your brother.

⑤ It was a tough decision to move to London.

The teacher asked his students some tough questions.

02 다음 중 영어 뜻풀이가 알맞지 않은 것은? [3점]

① ordinary: normal or usual

② freeze: to turn into ice by cold

③ athlete: a person who competes in sports

④ relay: a team race in which each member runs or swims part of the race

⑤ reach: to give an answer about something without knowing the exact answer

03 다음 빈칸에 들어갈 말로 알맞은 것은? [3점]

> The Brighton Festival _____ every year in May.

① expects
② is held
③ is out of
④ requests
⑤ takes part in

[04-05] 다음 대화를 읽고, 물음에 답하시오.

> Hojin: Judy, what do you do in your free time?
>
> Judy: I often went rock climbing with my dad.
>
> Hojin: What mountain do you go to?
>
> Judy: No, Hojin. I usually do it at a gym near my house.
>
> Hojin: I see. Have you ever done it on a real mountain?
>
> Judy: Not yet. But I hope to do it someday.
>
> Hojin: That's really cool. Can I come and join you next time?
>
> Judy: Sure. I'm going this Saturday.
>
> Hojin: That sounds great.
>
> Judy: You're going to love it!

서술형 1

04 위 대화의 밑줄 친 문장을 바르게 고쳐 쓰시오. [4점]

→ _____

05 위 대화를 읽고 답할 수 없는 질문은? [4점]

① What is Judy's free time activity?

② Where does Judy enjoy rock climbing?

③ Who does Judy go rock climbing with?

④ What does Hojin do in his spare time?

⑤ What is Hojin going to do this Saturday?

서술형 2

06 다음 [보기]의 단어를 사용하여 대화를 완성하시오.

(중복 사용할 수 있으며, 필요 시 형태를 바꿀 것) [4점]

> | [보기] | ever | never | go | be |
> |---|---|---|---|---|

> A: Tom, have you (1) _____ _____ to Jeju-do?
>
> B: Yes, I have. I (2) _____ there last winter vacation. What about you?
>
> A: I've (3) _____ _____ there, but I'm (4) _____ there this summer.
>
> B: That's great! I'm sure you'll like it a lot.

07 다음 대화의 빈칸에 알맞은 것은? [3점]

> A: Amber, what do you do in your free time?
> B: I often play sports.
> A: Then, have you ever _____?
> B: Yeah. I have been doing it for three years. I'm good at kicking.

① gone skiing   ② been to Busan
③ play the drums   ④ done taekwondo
⑤ played basketball

서술형3

08 다음 Tony의 글을 읽고, 내용과 일치하도록 대화를 완성하시오. [5점]

> I went on a trip to the U.S. two years ago. It was my first time to visit a foreign country and I had a good time there. This summer, I plan to visit Spain. I can't wait.

> A: Tony, (1) _____ a foreign country?
> B: Yes, I have. I visited (2) _____.
> A: Have you ever visited Europe?
> B: (3) _____ But I'm going to (4) _____.

09 다음 빈칸에 들어갈 말로 의미상 알맞지 <u>않은</u> 것은? [3점]

> - ___①___ is the darkest of all the colors.
> - ___②___ is the fastest land animal in the world.
> - ___③___ is the coldest place on earth.
> - ___④___ is the most powerful person in the country.
> - ___⑤___ is one of the most famous paintings of all time.

① Yellow   ② The cheetah
③ Antarctica   ④ The president
⑤ *The Mona Lisa*

10 다음 두 문장을 한 문장으로 만들 때 쓰이지 <u>않는</u> 것은? [4점]

> Vincent van Gogh was a painter. He painted *The Starry Night*.

① he   ② was   ③ who
④ painted   ⑤ painter

11 다음 중 어법상 옳은 것은? [4점]

① This fruit has the most vitamin C.
② I have the bigger desk in the whole office.
③ Karen screamed the most loud of all the girls.
④ Joseph seems to be most excited child at the party.
⑤ This is one of the most famous restaurant in Korea.

서술형4

12 다음 표를 보고, 최상급 문장 2개를 쓰시오. [각 3점]

Name	Jessie	Daisy	Emma
Age	15	13	17
Height	165cm	160cm	153cm

(1) _____

(2) _____

서술형 5

13 다음 중 어법상 틀린 문장을 골라 바르게 고쳐 쓰시오. [4점]

> ⓐ There's the dog that bit my brother.
> ⓑ Vatican City is the smallest country in the world.
> ⓒ Everyone who have worked with her will miss her very much.

(   ) → _____

_____

[14-17] 다음 글을 읽고, 물음에 답하시오.

> Imagine ____ⓐ____ you are in the middle of a great desert. The sands go on and on in every direction. The sun feels like a giant ball of fire. The hot wind burns your face and throat. You open your backpack to drink some water. Oh, no! You're almost out of water. (a drop of, wet, throat, water, you, with, your) and keep going.
>
> Sounds like a bad dream? Well, this is not a dream for the people ____ⓑ____ take part in the 4 Deserts Race. The 4 Deserts Race is a series of four races across the world's toughest deserts. Each race is 250 kilometers long and takes seven days.

14 윗글의 빈칸 ⓐ, ⓑ에 공통으로 들어갈 말로 알맞은 것은? [4점]

① who   ② that   ③ which
④ what   ⑤ whom

서술형 6

15 윗글의 괄호 안의 단어를 바르게 배열하시오. [4점]

→ _____

서술형 7

16 다음 영어 뜻풀이에 해당하는 단어를 윗글에서 찾은 후, 해당 단어를 이용해서 자유롭게 문장을 만드시오. [4점]

> to destroy something by fire or heat

→ _____

17 윗글 속 '4 Deserts Race'에 대해 추론한 것으로 알맞은 것은? [4점]

① You can't carry a bag during the race.
② You can't carry any water during the race.
③ It takes place in the four deserts in order.
④ Each race is less than 200 kilometers long.
⑤ You have to spend 7 days to finish the four races.

[18-20] 다음 글을 읽고, 물음에 답하시오.

> (①) The first race takes place in the Atacama Desert in Chile. It is the driest desert in the world. (②) The next race goes to the Gobi Desert in China. (③) It is the windiest desert on earth. (④) The third race heads to the Sahara Desert in Egypt. (⑤) 그곳은 네 개의 사막 중 가장 뜨겁다. Temperatures can reach up to 50°C. Finally, the race travels to the coldest desert on earth, Antarctica. If you throw boiling water into the air here, it ____ⓐ____!

18 윗글의 ①~⑤ 중 주어진 문장이 들어갈 알맞은 곳은? [4점]

> In fact, it hasn't rained in some parts of the desert for 400 years!

①   ②   ③   ④   ⑤

서술형 8

19 윗글의 밑줄 친 우리말과 같도록 괄호 안의 말을 사용하여 쓰시오. (총 8단어) [4점]

→ _____

(hot, of)

20 윗글의 빈칸 ⓐ에 들어갈 말로 알맞은 것은? [4점]

① melts   ② stops   ③ burns

④ freezes   ⑤ disappears

[21-24] 다음 글을 읽고, 물음에 답하시오.

Only the greatest runners on the planet can take part in the 4 Deserts Race, right? Not exactly. Many of the participants are ordinary people like you and me. So why do ⓐthey do it? Adrianna, a librarian from France, says, "It's a chance ⓑto test your limits and make your own history. Anyone who crosses the finish line can do anything."

21 윗글의 밑줄 친 ⓐthey가 가리키는 것으로 알맞은 것은? [3점]

① librarians
② the participants
③ all of the historians
④ the greatest runners
⑤ people who finish the race

22 윗글의 밑줄 친 ⓑto test와 쓰임이 같은 것은? [4점]

① It is impossible to live without water.
② I need someone to discuss this matter with.
③ She went to the hospital to see a doctor.
④ He tried to break the ice with a funny joke.
⑤ My teacher told me to finish my homework.

서술형 9

23 윗글의 내용을 참고하여 다음 대화를 완성하시오. [4점]

A: Congratulations on finishing your race, Adrianna!
B: Thank you.
A: Why did you take part in the race?
B: I wanted to (1) _____
_____. I thought, "If I can finish the race, then I can (2) _____."

서술형 10

24 윗글의 내용을 참고하여, 윗글의 글쓴이가 독자에게 전하는 말이 되도록 빈칸에 알맞은 말을 쓰시오. [4점]

You don't need to be one of (1) _____
_____ to take part in the race. Many (2) _____ like you and me are participants in the race. Just try it!

서술형 11

25 Read the following and answer the questions in English. [각 3점]

Taekwondo is a Korean traditional sport that trains one's body and mind. It is one of the most popular sports in the world. People who do taekwondo wear white uniforms. Taekwondo training includes jumping, punching, kicking and shouting. It teaches you ways to protect yourself.

(1) What can we train when we do taekwondo?
→ _____

(2) What does taekwondo training include?
→ _____

● 틀린 문항을 표시해 보세요.

● 부족한 영역을 점검해 보고 어떻게 더 학습할지 학습 계획을 적어 보세요.

〈제1회〉 대표 기출로 내신 **적중** 모의고사 　　총점 _____ / 100

문항	영역	문항	영역	문항	영역
01	p.84(W)	10	p.96(G)	19	pp.104-105(R)
02	p.82(W)	11	p.97(G)	20	pp.104-105(R)
03	p.84(W)	12	p.97(G)	21	pp.104-105(R)
04	p.87(L&S)	13	p.96(G)	22	pp.104-105(R)
05	p.89(L&S)	14	pp.104-105(R)	23	pp.104-105(R)
06	p.89(L&S)	15	pp.104-105(R)	24	pp.104-105(R)
07	p.87(L&S)	16	pp.104-105(R)	25	pp.104-105(R)
08	p.87(L&S)	17	pp.104-105(R)		
09	p.88(L&S)	18	pp.104-105(R)		

오답 공략
부족한 영역
학습 계획

〈제2회〉 대표 기출로 내신 **적중** 모의고사 　　총점 _____ / 100

문항	영역	문항	영역	문항	영역
01	p.82(W)	10	p.96(G)	19	pp.104-105(R)
02	p.82(W)	11	pp.96-97(G)	20	pp.104-105(R)
03	p.82(W)	12	p.96(G)	21	pp.104-105(R)
04	p.87(L&S)	13	p.97(G)	22	pp.104-105(R)
05	p.87(L&S)	14	p.96(G)	23	pp.104-105(R)
06	p.87(L&S)	15	pp.104-105(R)	24	pp.104-105(R)
07	p.87(L&S)	16	pp.104-105(R)	25	pp.104-105(R)
08	p.88(L&S)	17	pp.104-105(R)		
09	p.88(L&S)	18	pp.104-105(R)		

오답 공략
부족한 영역
학습 계획

〈제3회〉 대표 기출로 내신 **적중** 모의고사 　　총점 _____ / 100

문항	영역	문항	영역	문항	영역
01	p.84(W)	10	p.89(L&S)	19	pp.104-105(R)
02	p.84(W)	11	pp.96-97(G)	20	pp.104-105(R)
03	p.82(W)	12	p.96(G)	21	pp.104-105(R)
04	p.82(W)	13	p.96(G)	22	pp.104-105(R)
05	p.87(L&S)	14	p.97(G)	23	pp.104-105(R)
06	p.87(L&S)	15	pp.104-105(R)	24	pp.104-105(R)
07	p.89(L&S)	16	pp.104-105(R)	25	p.118(M)
08	p.89(L&S)	17	pp.104-105(R)		
09	p.89(L&S)	18	pp.104-105(R)		

오답 공략
부족한 영역
학습 계획

〈제4회〉 고난도로 내신 **적중** 모의고사 　　총점 _____ / 100

문항	영역	문항	영역	문항	영역
01	p.84(W)	10	p.96(G)	19	pp.104-105(R)
02	p.84(W)	11	p.97(G)	20	pp.104-105(R)
03	p.82(W)	12	p.97(G)	21	pp.104-105(R)
04	p.89(L&S)	13	pp.96-97(G)	22	pp.104-105(R)
05	p.89(L&S)	14	pp.104-105(R)	23	pp.104-105(R)
06	p.88(L&S)	15	pp.104-105(R)	24	pp.104-105(R)
07	p.87(L&S)	16	pp.104-105(R)	25	p.118(M)
08	p.87(L&S)	17	pp.104-105(R)		
09	p.97(G)	18	pp.104-105(R)		

오답 공략
부족한 영역
학습 계획

Summer on a Stick

주요 학습 내용	여러 가지 형태의 의문문	**How can we stay** cool? (우리는 어떻게 시원하게 지낼 수 있을까?)
	비교급	They have **more** vitamin C **than** oranges. (그것들은 오렌지보다 더 많은 비타민 C를 가지고 있다.)

Words

만점 노트

☆ 자주 출제되는 어휘
* 완벽히 외운 단어는 □ 안에 √표 해 봅시다.

Reading

□□ add	⑧ 추가하다, 더하다	□□ pour	⑧ 붓다
□□ blend	⑧ 섞다, 혼합하다	□□ pour A into B☆	A를 B에 붓다
□□ blender☆	⑲ 믹서, 분쇄기	□□ put A into B☆	A를 B에 넣다
□□ cool	⑱ 시원한	□□ share	⑧ 1. (생각 등을) 나누다
□□ cut A into B☆	A를 B(상태)로 자르다		2. 공유하다, 함께 쓰다
□□ excellent	⑱ 훌륭한	□□ slice	⑲ (음식을 얇게 썬) 조각
□□ freezer☆	⑲ 냉동고		⑧ 얇게 자르다
□□ have a cold	감기에 걸리다	□□ smooth	⑱ (덩어리가 없이) 고루 잘 섞인
□□ health	⑲ 건강	□□ source	⑲ 원천
□□ ice pop	막대 아이스크림	□□ stay	⑧ ~한 상태로 있다, 머무르다
□□ ice pop maker	막대 아이스크림 틀	□□ stick	⑲ 막대
□□ mix	⑲ 혼합물 ⑧ 섞다	□□ strawberry	⑲ 딸기
□□ own	⑱ 자신의	□□ together	⑨ 함께, 같이
□□ peel☆	⑧ (과일·채소 등의) 껍질을 벗기다	□□ try	⑧ 1. (시험삼아) 해 보다 2. 노력하다
□□ piece	⑲ 조각	□□ until☆	⑳ ~까지 ㉧ ~할 때까지

Project

□□ bacon	⑲ 베이컨	□□ fry☆	⑧ (기름에) 볶다, 튀기다
□□ boil☆	⑧ 끓이다, 삶다	□□ ham	⑲ 햄
□□ bread	⑲ 빵	□□ milk	⑲ 우유
□□ butter	⑲ 버터	□□ spread☆	⑧ (얇게 펴서) 바르다
□□ cheese	⑲ 치즈	□□ tomato	⑲ 토마토
□□ egg	⑲ 달걀, 계란	□□ watermelon	⑲ 수박

영어 뜻풀이

□□ add	추가하다, 더하다	to put something with another thing
□□ blend	섞다, 혼합하다	to mix two or more substances together
□□ blender	믹서, 분쇄기	an electric machine for mixing soft food or liquid
□□ excellent	훌륭한	very good
□□ freezer	냉동고	a container that freezes foods or stores frozen foods
□□ peel	(과일·채소 등의) 껍질을 벗기다	to take the outer layer off fruit, vegetables, etc.
□□ pour	붓다	to make a liquid or other substance flow from a container, especially into another container
□□ share	1. (생각 등을) 나누다 2. 공유하다, 함께 쓰다	1. to tell other people about your thoughts, feelings, ideas, etc. 2. to have or use something with others
□□ smooth	(덩어리가 없이) 고루 잘 섞인	mixed well so that it has no lumps
□□ source	원천	a place, person, or thing that you get something from

Words

연습 문제

A 다음 단어의 우리말 뜻을 쓰시오.

01 blender _____

02 excellent _____

03 freezer _____

04 pour _____

05 add _____

06 boil _____

07 fry _____

08 stick _____

09 source _____

B 다음 우리말에 해당하는 영어 단어를 쓰시오.

10 혼합물, 섞다 _____

11 나누다; 공유하다 _____

12 고루 잘 섞인 _____

13 조각, 얇게 자르다 _____

14 섞다, 혼합하다 _____

15 껍질을 벗기다 _____

16 ~까지 _____

17 (얇게 펴서) 바르다 _____

18 (시험삼아) 해 보다 _____

C 다음 영어 표현의 우리말 뜻을 쓰시오.

01 pour *A* into *B* _____

02 have a cold _____

03 put *A* into *B* _____

04 cut *A* into *B* _____

D 다음 뜻풀이에 알맞은 말을 [보기]에서 골라 쓴 후, 우리말 뜻을 쓰시오.

[보기]	freezer	blend	pour	add	share

01 _____ : to put something with another thing : _____

02 _____ : to mix two or more substances together : _____

03 _____ : a container that freezes foods or stores frozen foods : _____

04 _____ : to tell other people about your thoughts, feelings, ideas, etc. : _____

05 _____ : to make a liquid or other substance flow from a container, especially into another container : _____

E 다음 우리말과 같도록 빈칸에 알맞은 말을 쓰시오.

01 나는 감기에 걸려서 냄새를 못 맡는다. → I can't smell because I _____ _____ _____.

02 끓는 물을 컵에 부어라. → _____ boiling water _____ a cup.

03 사과를 네 조각으로 잘라라. → _____ the apple _____ four pieces.

04 바구니에 공들을 넣어라. → _____ the balls _____ the basket.

01 다음 단어들을 대표할 수 있는 것은?

apple kiwi pineapple strawberry

① season   ② fruit   ③ vegetable
④ subject   ⑤ animal

02 다음 빈칸에 들어갈 말로 알맞은 것은?

_____ two cups of water into the pot.

① Cut   ② Mix   ③ Pour
④ Peel   ⑤ Blend

03 다음 중 사진과 단어가 <u>잘못</u> 연결된 것은?

①

boil

②

spread

③

fry

④

slice

⑤

mix

04 다음 짝 지어진 두 단어의 관계가 같도록 빈칸에 알맞은 말을 쓰시오.

blend : blender = freeze : _____

05 다음 영어 뜻풀이가 설명하는 단어로 알맞은 것은?

to take the outer layer off fruit, vegetables, etc.

① add   ② blend   ③ peel
④ pour   ⑤ share

고
/난도
06 다음 우리말과 같도록 빈칸에 알맞은 말을 쓰시오.

We waited _____ a police officer arrived.
(우리는 경찰관이 도착할 때까지 기다렸다.)

07 다음 문장의 빈칸에 공통으로 들어갈 말로 알맞은 것은?

• She cut the potatoes _____ small pieces.
• I poured the flour _____ the bowl.

① in   ② into   ③ to
④ from   ⑤ of

Reading
핵심 구문 노트

1 여러 가지 형태의 의문문

- **How can we stay** cool?
  의문사+조동사+주어+동사원형 ~?
- **Do you enjoy** ice pops in summer?
  Do+주어+동사원형 ~?

우리는 어떻게 시원하게 지낼 수 있을까?

당신은 여름에 막대 아이스크림을 즐기는가?

의문문은 동사의 종류에 따라 그 형태를 다르게 쓴다. 동사의 종류는 be동사(am, are, is), 일반동사(have, go, like 등), 조동사(can, will 등)로 구분한다. 의문사가 있는 의문문은 의문사를 문장의 맨 앞에 쓴다.

be동사의 의문문	「(의문사+)Be동사+주어 ~?」 be동사의 시제에 주의하세요.
일반동사의 의문문	「(의문사+)Do/Does/Did+주어+동사원형 ~?」
조동사의 의문문	「(의문사+)조동사+주어+동사원형 ~?」

point
시험 포인트
동사의 종류에 따른 의문문의 어순을 기억해 두세요. 의문사가 있는 의문문에는 Yes/No로 답하지 않고 구체적인 정보로 답한다는 점을 유의하세요.

- **Are pineapples** an excellent source of vitamin C? 파인애플은 비타민 C의 훌륭한 원천인가?
- **How will you make** your own ice pops? 당신은 어떻게 자신의 막대 아이스크림을 만들 것인가?

2 비교급

- They have **more** vitamin C **than** oranges.
  비교급+than+비교 대상
- My new smartphone is **more expensive than** the old one.
  비교급+than+비교 대상
- Light travels **much faster than** sound.
  비교급 수식 부사+비교급+than+비교 대상

그것들은 오렌지보다 더 많은 비타민 C를 가지고 있다.

내 새 스마트폰은 이전 것보다 더 비싸다.

빛은 소리보다 훨씬 더 빠르게 이동한다.

(1) **형태와 의미**: 두 대상을 비교할 때 「형용사/부사의 비교급+than+비교 대상」의 형태로 쓰고, '~보다 더 …한/하게'의 뜻을 나타낸다.

(2) **비교급 만드는 방법**: 대부분 형용사/부사의 원급에 -er을 붙여서 만들고, 원급이 3음절 이상인 경우와 -ous, -ful, -ive, -ing로 끝나는 2음절인 경우는 「more+원급」의 형태로 쓴다.

(3) **비교급 강조**: 비교급 앞에 much, still, even, far, a lot 등의 부사를 사용하여 '훨씬'이라는 뜻을 나타낸다.

point
시험 포인트
비교급 강조 부사가 시험에 자주 출제돼요. very는 비교급을 수식할 수 없다는 점을 꼭 기억하세요.

* **불규칙 변화**
good/well – better
bad/ill – worse
many/much – more
little – less

QUICK CHECK

1 다음 괄호 안의 단어들을 배열하여 의문문을 쓰시오.

(1) (want, you, some ice cream, do) → _____

(2) (were, where, two hours ago, you) → _____

(3) (you, ride, can, a skateboard) → _____

2 다음 문장에서 틀린 부분을 찾아 바르게 고쳐 쓰시오.

(1) Mike runs very faster than his brother. _____ → _____

(2) This black bag is cheaper then that blue one. _____ → _____

STEP A

막대 위의 여름

01 파인애플 막대 아이스크림

02 더운 여름날이 왔어요.

03 우리는 어떻게 시원하게 지낼 수 있을까요?

04 막대 아이스크림을 함께 만들어 봐요!

05 여러분은 필요해요: 파인애플 1/2개, 키위 2개, 사과 주스 1컵, 막대 아이스크림 틀

〈단계〉

06 1. 파인애플을 작은 조각으로 자르세요.

07 2. 키위의 껍질을 벗기고 얇게 자르세요.

08 3. 파인애플 조각들을 믹서에 넣으세요.

09 4. 사과 주스를 첨가하세요.

10 5. 혼합물이 덩어리 없이 고루 잘 섞일 때까지 섞으세요.

11 6. 혼합물을 막대 아이스크림 틀에 부으세요.

12 7. 키위 조각들을 추가하세요.

13 8. 막대 아이스크림 틀을 닫으세요.

14 9. 약 세 시간 동안 그것들을 냉동고에 넣어 두세요.

15 끝났어요!

16 막대 위의 여름을 즐기세요!

Summer on a Stick

01 Pineapple Ice Pops

02 The hot days of summer are here.

stay + 형용사: ～한 상태로 있다
03 How can we stay cool?
How can we ~?: 우리가 어떻게 ～할 수 있을까?

04 Let's make ice pops together!
Let's + 동사원형: ～하자

05 You need: 1/2 pineapple, 2 kiwis, 1 cup of apple juice, ice pop makers
a half 또는 one half로 읽음   1 cup of ~: ～ 한 컵

STEPS

06 1. Cut the pineapple into small pieces.
cut A into B: A를 B(상태)로 자르다

07 2. Peel the kiwis and slice them.
= kiwis

08 3. Put the pineapple pieces into the blender.
put A into B: A를 B에 넣다

09 4. Add the apple juice.

혼합물
10 5. Blend until the mix is smooth.
젭 ～할 때까지(「until + 주어 + 동사」)

11 6. Pour the mix into the ice pop makers.
pour A into B: A를 B에 붓다

12 7. Add the kiwi slices.

13 8. Close the ice pop makers.

전 약
14 9. Put them in the freezer for about three hours.
= the ice pop makers   for + 숫자를 포함하는 기간: ～ 동안

15 Finished!

16 Enjoy your summer on a stick!

17 Health Tips

18 Pineapples are an excellent source of vitamin C.
~의 원천

much의 비교급
19 They have more vitamin C than oranges.
= Pineapples   than+비교 대상

20 So when you have a cold, try pineapples.
~할 때(접속사)   ⑤ 시도해 보다

21 Share Your Ideas!

22 How will you make your own pops?
⑱ 자신의

23 Share your ideas!

24 Jinsu: I will use kiwis and strawberries.
strawberry의 복수형

25 I will cut them into big pieces.
= kiwis and strawberries

26 I will put them into the ice pop makers with apple juice.
= big pieces of kiwis and strawberries

27 I think my ice pops will be pretty.
(접속사 that)

17 건강 조언들

18 파인애플은 비타민 C의 훌륭한 원천이에요.

19 파인애플은 오렌지보다 더 많은 비타민 C 를 가지고 있어요.

20 그러니 감기에 걸리면, 파인애플을 먹어 보세요.

21 여러분의 생각을 나누세요!

22 여러분은 어떻게 자신만의 막대 아이스크 림을 만들 건가요?

23 여러분의 생각을 나누세요!

24 진수: 저는 키위와 딸기를 사용할 거예요.

25 저는 그것들을 큰 조각으로 자를 거예요.

26 저는 그것들을 사과 주스와 함께 막대 아 이스크림 틀에 넣을 거예요.

27 제 막대 아이스크림은 예쁠 거라고 생각해요.

빈칸 채우기

우리말 뜻과 일치하도록 교과서 본문의 문장을 완성하시오.

██████ 중요 문장

01 Pineapple _____ _____

01 파인애플 막대 아이스크림

02 The hot days of summer _____ _____ .

02 더운 여름날이 왔어요.

03 How can we _____ _____ ?

03 우리는 어떻게 시원하게 지낼 수 있을까요?

04 _____ _____ ice pops together!

04 막대 아이스크림을 함께 만들어 봐요!

05 _____ _____ : 1/2 pineapple, 2 kiwis, 1 _____ _____ apple juice, ice pop makers

05 여러분은 필요해요: 파인애플 1/2개, 키위 2개, 사과 주스 1컵, 막대 아이스크림 틀

06 <STEPS> 1. Cut the pineapple _____ _____ _____ .

06 〈단계〉 1. 파인애플을 작은 조각으로 자르세요.

07 2. _____ the kiwis and _____ them.

07 2. 키위의 껍질을 벗기고 얇게 자르세요.

08 3. _____ the pineapple pieces _____ the blender.

08 3. 파인애플 조각들을 믹서에 넣으세요.

09 4. _____ the apple juice.

09 4. 사과 주스를 첨가하세요.

10 5. Blend until _____ _____ _____ _____ .

10 5. 혼합물이 (덩어리 없이) 고루 잘 섞일 때까지 섞으세요.

11 6. _____ _____ into the ice pop makers.

11 6. 혼합물을 막대 아이스크림 틀에 부으세요

12 7. Add the kiwi _____ .

12 7. 키위 조각들을 추가하세요.

13 8. _____ the ice pop makers.

13 8. 막대 아이스크림 틀을 닫으세요.

14 9. Put them _____ _____ _____ for about three hours.

14 9. 약 세 시간 동안 그것들을 냉장고에 넣어 두세요.

15 _____ !

15 끝났어요!

16 Enjoy your summer _____ _____ _____ !

16 막대 위의 여름을 즐기세요!

17 Health _____

18 Pineapples are _____ _____ _____ of vitamin C.

19 They have _____ _____ C _____ oranges.

20 So when you _____ _____ _____, try pineapples.

21 _____ Your Ideas!

22 _____ _____ _____ _____ your own ice pops?

23 Share your _____!

24 Jinsu: I will _____ kiwis and strawberries.

25 I will _____ _____ _____ big pieces.

26 I will put them into the ice pop makers _____ _____
_____.

27 _____ _____ my ice pops will be pretty.

17 건강 조언들

18 파인애플은 비타민 C의 훌륭한 원천이에요.

19 파인애플은 오렌지보다 더 많은 비타민 C
를 가지고 있어요.

20 그러니 감기에 걸리면, 파인애플을 먹어
보세요.

21 여러분의 생각을 나누세요!

22 여러분은 어떻게 자신만의 막대 아이스크
림을 만들 건가요?

23 여러분의 생각을 나누세요!

24 진수: 저는 키위와 딸기를 사용할 거예요.

25 저는 그것들을 큰 조각으로 자를 거예요.

26 저는 그것들을 사과 주스와 함께 막대 아
이스크림 틀에 넣을 거예요.

27 제 막대 아이스크림은 예쁠 거라고 생각해요.

바른 어휘 · 어법 고르기

글의 내용과 문장의 어법에 맞게 괄호 안에서 알맞은 어휘를 고르시오.

01 Pineapple (Ice / Stick) Pops

02 The hot days of summer (is / are) here.

03 How (can we / we can) stay cool?

04 Let's (make / to make) ice pops together!

05 You need: 1/2 pineapple, 2 (kiwi / kiwis), 1 (cup / slice) of apple juice, ice pop makers

06 <STEPS> 1. Cut the pineapple (for / into) small pieces.

07 2. Peel the kiwis and slice (their / them).

08 3. (Putting / Put) the pineapple pieces into the blender.

09 4. (Adds / Add) the apple juice.

10 5. Blend (until / after) the mix is smooth.

11 6. Pour the mix (into / under) the ice pop makers.

12 7. (Add / Cut) the kiwi slices.

13 8. (Closed / Close) the ice pop makers.

14 9. Put them in the freezer for about three (hour / hours).

15 (Finishing / Finished)!

16 Enjoy (you / your) summer on a stick!

17   (Health / Healthily) Tips

18   Pineapples are (a / an) excellent source of vitamin C.

19   They have more vitamin C (than / to) oranges.

20   So (when / until) you have a cold, try pineapples.

21   (Shared / Share) Your Ideas!

22   How will you (make / to make) your own ice pops?

23   (Share / Forget) your ideas!

24   Jinsu: I (will use / am use) kiwis and strawberries.

25   I will cut (their / them) into big pieces.

26   I will put them into the ice pop makers (with / without) apple juice.

27   I think my ice pops (will be pretty / was pretty).

틀린 문장 고치기

밑줄 친 부분이 내용이나 어법상 바르면 ○, 어색하면 ✕에 표시하고 고쳐 쓰시오.

STEP A

01   Pineapple Ice <u>Pops</u>   ○ ✕

02   <u>The cold days</u> of summer are here.   ○ ✕

03   How can we <u>stay hot</u>?   ○ ✕

04   <u>Let's make</u> ice pops together!   ○ ✕

05   <u>You want</u>: 1/2 pineapple, 2 kiwis, 1 cup of apple juice, ice pop makers   ○ ✕

06   <STEPS> 1. Cut the pineapple <u>into small piece</u>.   ○ ✕

07   2. Peel the kiwis <u>and</u> slice them.   ○ ✕

08   3. <u>Put</u> the pineapple pieces into the blender.   ○ ✕

09   4. <u>Drink</u> the apple juice.   ○ ✕

10   5. Blend until the mix <u>are</u> smooth.   ○ ✕

11   6. <u>Pouring</u> the mix into the ice pop makers.   ○ ✕

12   7. <u>Add</u> the kiwi slices.   ○ ✕

13   8. <u>Open</u> the ice pop makers.   ○ ✕

14   9. Put <u>it</u> in the freezer for about three hours.   ○ ✕

15   <u>Started</u>!   ○ ✕

16   <u>Enjoy summer your</u> on a stick!   ○ ✕

17   Health Tips   ⓞ ✕

18   Pineapples are a bad source of vitamin C.   ⓞ ✕

19   They have less vitamin C than oranges.   ⓞ ✕

20   So when you have a cold, try pineapples.   ⓞ ✕

21   Share Your Ideas!   ⓞ ✕

22   Will how you make your own ice pops?   ⓞ ✕

23   Share your ideas!   ⓞ ✕

24   Jinsu: I will use kiwis and strawberries.   ⓞ ✕

25   I will cut them to big pieces.   ⓞ ✕

26   I will putting them into the ice pop makers with apple juice. ⓞ ✕

27   I think my ice pops will pretty.   ⓞ ✕

R Reading
배열로 문장 완성하기

주어진 단어를 바르게 배열하여 문장을 쓰시오.

01 파인애플 막대 아이스크림 (Pops / Ice / Pineapple)

→

02 더운 여름날이 왔어요. (of summer / are / the hot days / here)

→

03 우리는 어떻게 시원하게 지낼 수 있을까요? (stay / we / cool / how / can)

→

04 막대 아이스크림을 함께 만들어 봐요! (make / let's / together / ice pops)

→

05 여러분은 필요해요: 파인애플 1/2개, 키위 2개, 사과 주스 1컵, 막대 아이스크림 틀
(ice pop makers / you need: / 1 cup of / 1/2 pineapple / 2 kiwis / apple juice)

→

06 파인애플을 작은 조각으로 자르세요. (cut / small pieces / the pineapple / into)

→

07 키위의 껍질을 벗기고 얇게 자르세요. (slice / peel / the kiwis / them / and)

→

08 파인애플 조각들을 믹서에 넣으세요. (put / into / the blender / the pineapple pieces)

→

09 사과 주스를 첨가하세요. (the apple juice / add)

→

10 혼합물이 (덩어리 없이) 고루 잘 섞일 때까지 섞으세요. (until / blend / is / smooth / the mix)

→

11 혼합물을 막대 아이스크림 틀에 부으세요. (the mix / the ice pop makers / into / pour)

→

12 키위 조각들을 추가하세요. (the kiwi slices / add)

→

13 막대 아이스크림 틀을 닫으세요. (the ice pop makers / close)

→

14 약 세 시간 동안 그것들을 냉동고에 넣어 두세요. (them / about three hours / in the freezer / for / put)

→

15 끝났어요! (finished)

→

16 막대 위의 여름을 즐기세요! (on a stick / enjoy / your summer)

→

17 건강 조언들 (Tips / Health)

→

18 파인애플은 비타민 C의 훌륭한 원천이에요. (pineapples / vitamin C / are / of / an excellent source)

→

19 그것들은 오렌지보다 더 많은 비타민 C를 가지고 있어요. (vitamin C / they / oranges / have / more / than)

→

20 그러니 감기에 걸리면, 파인애플을 먹어 보세요. (try / so / when / you / pineapples / have a cold)

→

21 여러분의 생각을 나누세요! (Your Ideas / Share)

→

22 여러분은 어떻게 자신만의 막대 아이스크림을 만들 건가요? (make / how / your own ice pops / will / you)

→

23 여러분의 생각을 나누세요! (ideas / your / share)

→

24 저는 키위와 딸기를 사용할 거예요. (use / I / strawberries / will / kiwis / and)

→

25 저는 그것들을 큰 조각으로 자를 거예요. (will / I / big pieces / them / into / cut)

→

26 저는 그것들을 사과 주스와 함께 막대 아이스크림 틀에 넣을 거예요.

(with / put / I / apple juice / will / into / the ice pop makers / them)

→

27 제 막대 아이스크림은 예쁠 거라고 생각해요. (will / I / my ice pops / be pretty / think)

→

[01-02] 다음 글을 읽고, 물음에 답하시오.

The hot days of summer are here. ____ⓐ____ can we stay cool? Let's ⓑmake ice pops together!

01 윗글의 빈칸 ⓐ에 들어갈 말로 알맞은 것은?

① Why   ② What   ③ How
④ When   ⑤ Where

02 윗글의 밑줄 친 ⓑmake의 형태로 알맞은 것은?

① make   ② made   ③ making
④ to make   ⑤ will make

[03-07] 다음 글을 읽고, 물음에 답하시오.

You need: 1/2 pineapple, 2 kiwis, 1 cup of apple juice, ice pop makers

STEPS
1. Cut the pineapple ____ⓐ____ small ①pieces.
2. ②Peel the kiwis and ③slice them.
3. Put the pineapple pieces ____ⓑ____ the blender.
4. ④Add the apple juice.
5. ⑤Blend until the mix is smooth.
6. (A) Blend / Pour the mix into the ice pop makers.
7. (B) Add / Cut the kiwi slices.
8. Close the ice pop makers.
9. Put them in the freezer (C) during / for about three hours.

03 윗글의 종류로 알맞은 것은?

① diary   ② recipe   ③ letter
④ food review ⑤ news article

04 윗글의 밑줄 친 ①~⑤의 우리말 뜻이 알맞지 않은 것은?

① 조각들   ② 붓다   ③ 얇게 자르다
④ 추가하다   ⑤ 섞다

05 윗글의 빈칸 ⓐ와 ⓑ에 공통으로 들어갈 말로 알맞은 것은?

① in   ② on   ③ to
④ into   ⑤ with

06 윗글의 (A)~(C)에 들어갈 말이 바르게 짝 지어진 것은?

	(A)	(B)	(C)
①	Blend	Add	during
②	Blend	Cut	for
③	Pour	Add	for
④	Pour	Add	during
⑤	Pour	Cut	for

07 윗글을 읽고 알 수 없는 것은?

① 재료의 종류   ② 재료의 양   ③ 만드는 방법
④ 만드는 순서   ⑤ 총 소요 시간

[08-09] 다음 글을 읽고, 물음에 답하시오.

Health Tips

Pineapples are an excellent source of vitamin C. They have more vitamin C _____ⓐ_____ oranges. So ⓑwhen you have a cold, try pineapples.

08 윗글의 빈칸 ⓐ에 들어갈 말로 알맞은 것은?

① as   ② than   ③ which
④ like   ⑤ to

09 윗글의 밑줄 친 ⓑ와 어법상 쓰임이 같은 것은?

① When is your mother's birthday?
② When did you move to Los Angeles?
③ When I have free time, I read books.
④ When do you plan to visit Spain?
⑤ When is the most convenient for you?

10 다음 글의 ①~⑤ 중 주어진 문장이 들어갈 위치로 알맞은 것은?

How will you make your own ice pops? (①) Share your ideas!
Jinsu: (②) I will use kiwis and strawberries. (③) I will put them into the ice pop makers with apple juice. (④) I think my ice pops will be pretty. (⑤)

> I will cut them into big pieces.

①   ②   ③   ④   ⑤

 서술형

[11-13] 다음 글을 읽고, 물음에 답하시오.

STEPS

1. Cut the pineapple into small pieces.
2. Peel the kiwis and slice them.
3. Put the pineapple pieces into the _____ⓐ_____.
4. Add the apple juice.
5. <u>혼합물이 고루 잘 섞일 때까지 섞으세요.</u>
6. Pour the mix into the ice pop makers.
7. Add the kiwi slices.
8. Close the ice pop makers.
9. Put ⓑ<u>them</u> in the freezer for about three hours.

고/난도

11 윗글의 빈칸 ⓐ에 들어갈 말을 주어진 영어 뜻풀이를 참고하여 쓰시오.

> an electric machine for mixing soft food or liquid

→ _____

12 윗글의 밑줄 친 ⓑ가 가리키는 것을 윗글에서 찾아 네 단어로 쓰시오.

→ _____

고/난도

13 윗글의 밑줄 친 우리말과 같도록 [보기]에서 필요한 단어만 골라 바르게 배열하시오.

> [보기]   when, slice, the mix, until, is, blend, smooth

→ _____

W

Words

고득점 맞기

01 다음 중 의미상 쓰임이 다른 것은?

① cooker ② blender ③ freezer

④ toaster ⑤ composer

02 다음 중 밑줄 친 부분의 우리말 뜻으로 알맞지 않은 것은?

① Would you like to try some kimchi?
(김치를 먹어 보다)

② How can we stay cool during hot summer?
(시원하게 지내다)

③ She eats chicken soup when she has a cold.
(추위를 느끼다)

④ We talked on the phone for about an hour.
(약 한 시간 동안)

⑤ I need 2 kiwis and 1 cup of apple juice.
(사과 주스 1컵)

03 다음 중 밑줄 친 부분의 의미가 같은 것끼리 짝 지어진 것은?

ⓐ I tried to join the broadcasting club.
ⓑ How about trying the cheese sandwich?
ⓒ Try to think in English all the time.
ⓓ Have you tried that new recipe?
ⓔ The front door is locked. Try the back door.

① ⓐ, ⓑ, ⓒ ② ⓐ, ⓓ, ⓔ
③ ⓑ, ⓒ, ⓔ ④ ⓑ, ⓓ, ⓔ
⑤ ⓒ, ⓓ, ⓔ

04 다음 밑줄 친 두 단어를 주어진 철자로 시작하는 한 단어로 쓰시오.

The musical actor is very good at both acting and singing.

→ e_____

05 다음 중 단어의 영어 뜻풀이가 잘못된 것은?

① add: to put something with another thing
② pour: to make a liquid or other substance flow from a container, especially into another container
③ share: to tell other people about your thoughts, feelings, ideas, etc.
④ peel: to take the outer layer off fruit, vegetables, etc.
⑤ source: mixed well so that it has no lumps

06 다음 글의 빈칸 (A)~(C)에 들어갈 단어를 [보기]에서 골라 알맞은 형태로 쓰시오.

How to make a bacon sandwich

1. ___(A)___ the tomato into thin slices.
2. Fry the egg and the slices of bacon.
3. ___(B)___ butter on each slice of bread.
4. Put the bacon, cheese, fried egg, and tomato slices on bread.
5. ___(C)___ it with the other slice of bread.

[보기] boil cover peel pour slice spread

(A) _____ (B) _____
(C) _____

다음 우리말과 일치하도록 각 문장을 바르게 영작하시오.

01
_____

파인애플 막대 아이스크림

02
_____

더운 여름날이 왔어요.

03
_____

☆ 우리는 어떻게 시원하게 지낼 수 있을까요?

04
_____

막대 아이스크림을 함께 만들어 봐요!

05
_____

여러분은 필요해요: 파인애플 1/2개, 키위 2개, 사과 주스 1컵, 막대 아이스크림 틀

06
_____

파인애플을 작은 조각으로 자르세요.

07
_____

키위의 껍질을 벗기고 얇게 자르세요.

08
_____

파인애플 조각들을 믹서에 넣으세요.

09
_____

사과 주스를 첨가하세요.

10
_____

☆ 혼합물이 (덩어리 없이) 고루 잘 섞일 때까지 섞으세요.

11
_____

혼합물을 막대 아이스크림 틀에 부으세요.

12
_____

키위 조각들을 추가하세요.

13
_____

막대 아이스크림 틀을 닫으세요.

14
_____

☆ 약 세 시간 동안 그것들을 냉동고에 넣어 두세요.

15
_____

끝났어요!

16
_____

막대 위의 여름을 즐기세요!

17

_____

건강 조언들

18

_____

파인애플은 비타민 C의 훌륭한 원천이에요.

19

_____

☆ 그것들은 오렌지보다 더 많은 비타민 C를 가지고 있어요.

20

_____

☆ 그러니 감기에 걸리면, 파인애플을 먹어 보세요.

21

_____

여러분의 생각을 나누세요!

22

_____

☆ 여러분은 어떻게 자신만의 막대 아이스크림을 만들 건가요?

23

_____

여러분의 생각을 나누세요!

24

_____

저는 키위와 딸기를 사용할 거예요.

25

_____

저는 그것들을 큰 조각으로 자를 거예요.

26

_____

저는 그것들을 사과 주스와 함께 막대 아이스크림 틀에 넣을 거예요.

27

_____

☆ 저는 제 막대 아이스크림이 예쁠 거라고 생각해요.

고득점 맞기

[01-04] 다음 글을 읽고, 물음에 답하시오.

_____(A)_____

The hot days of summer are here. How can we ①stay cool? ②Let's make ice pops together!

You need: 1/2 pineapple, 2 kiwis, 1 cup of apple juice, ice pop makers

STEPS

1. Cut the pineapple into small pieces.
2. Peel the kiwis and ③slice ⓐthem.
3. Put the pineapple pieces into the blender.
4. Add the apple juice.
5. Blend ④until the mix smooth.
6. Pour the mix into the ice pop makers.
7. Add the kiwi slices.
8. Close the ice pop makers.
9. Put them in the freezer ⑤for about three hours.

01 윗글의 빈칸 (A)에 들어갈 제목으로 알맞은 것은?

① Popcorn ② Apple Pie
③ Fruit Juice ④ Pineapple Cupcake
⑤ Pineapple Ice Pops

02 윗글의 밑줄 친 ①~⑤ 중 어법상 틀린 것은?

① ② ③ ④ ⑤

03 윗글의 밑줄 친 ⓐthem이 가리키는 것은?

① the pineapple ② small pieces
③ the kiwis ④ ice pops
⑤ ice pop makers

04 윗글의 내용과 일치하지 <u>않는</u> 것은?

① 첫 단계는 파인애플을 작은 조각으로 자르는 것이다.
② 파인애플 조각과 사과 주스를 믹서에 넣는다.
③ 막대 아이스크림 틀에 혼합물과 얼음을 넣는다.
④ 막대 아이스크림 틀을 닫아 냉동고에 넣는다.
⑤ 막대 아이스크림 틀을 세 시간 정도 냉동고에 넣어 둔다.

[05-07] 다음 글을 읽고, 물음에 답하시오.

여러분은 어떻게 자신만의 막대 아이스크림을 만들 건가요?
Share your ideas!

Jinsu: I will use kiwis and strawberries. I will cut them into big pieces. I will put them into the ice pop makers with apple juice. I think ⓐthat my ice pops will be pretty.

05 윗글의 밑줄 친 우리말과 같도록 문장을 쓸 때, 네 번째로 오는 단어는?

① are ② you ③ will
④ make ⑤ how

06 윗글의 밑줄 친 ⓐ와 쓰임이 같은 것은?

① This is mine, and that is my brother's.
② That window was broken by someone.
③ Have you seen the tulips that are flowering in the park?
④ I have an idea that will surprise you.
⑤ I hope that she'll get first place in the race.

07 다음 영어 뜻풀이에 해당하는 단어를 윗글에서 찾아 쓰시오.

> to tell other people about your thoughts, feelings, ideas, etc.

→ _____

[08-10] 다음 글을 읽고, 물음에 답하시오.

Bacon Sandwich

You need: 2 slices of bread, 2 slices of bacon, 1 egg,
1 tomato, cheese, butter

STEPS

1. Slice the tomato ____(A)____ thin slices.
2. Fry the egg and the slices of bacon.
3. Spread butter ____(B)____ each slice of bread.
4. Put the bacon, cheese, ⓐ달걀 프라이, and tomato slices on bread.
5. Cover it ____(C)____ the other slice of bread.

08 윗글을 쓴 목적으로 알맞은 것은?

① to advertise
② to give information
③ to give thanks
④ to share an opinion
⑤ to introduce an event

09 윗글의 빈칸 (A)~(C)에 들어갈 말이 순서대로 바르게 짝지어진 것은?

① in – into – with
② in – over – of
③ into – on – with
④ into – over – of
⑤ into – on – of

10 윗글의 밑줄 친 우리말 ⓐ와 같은 뜻이 되도록 fry를 알맞은 형태로 바꿔 쓰시오.

→ _____ egg

11 다음 글의 밑줄 친 문장에서 틀린 부분을 찾아 문장을 바르게 고쳐 쓰시오.

Pineapples are an excellent source of vitamin C. They have much vitamin C than oranges. So when you have a cold, try pineapples.

→ _____

[12-13] 다음 글을 읽고, 물음에 답하시오.

Share Your Ideas!

How will you make your own ice pops? Share your ideas!

Jinsu: I will use kiwis and strawberries. I will cut them into big pieces. I will put them into the ice pop makers with apple juice. I think my ice pops will be pretty.

12 윗글의 밑줄 친 them이 가리키는 것을 본문에서 찾아 쓰시오.

→ _____

고
난도
13 윗글의 내용과 일치하도록 대화를 완성하시오.

Reporter: What will you use for your own ice pops?
Jinsu: (1) I will use _____,
_____, _____, and ice pop makers.
Reporter: What do you think your ice pops will be?
Jinsu: (2) I think _____.

대표 기출로 **내신 적중 모의고사**

01 다음 빈칸에 들어갈 말로 의미상 가장 알맞은 것은? [5점]

> I always keep some pizza in the _____.

① freezer　　② blender　　③ oven
④ drawer　　⑤ closet

02 다음 영어 뜻풀이에 해당하는 단어는? [6점]

> a place, person, or thing that you get something from

① share　　② add　　③ source
④ smooth　　⑤ excellent

03 다음 중 밑줄 친 부분이 어법상 틀린 문장은? [6점]

① Let's go to the park for a bike ride.
② I have been studying for two hours.
③ We will wait for you until midnight.
④ I exercise every day to stay healthily.
⑤ She has read a lot more books than I.

04 다음 빈칸에 들어갈 말이 순서대로 바르게 짝 지어진 것은? [6점]

> • Cut the potato _____ small pieces.
> • Boil the water _____ five minutes.

① into – during　　② into – for
③ in – for　　④ in – by
⑤ on – during

[05-06] 다음 글을 읽고, 물음에 답하시오.

> **Health Tips**
>   Pineapples are an excellent source of vitamin C. They have more vitamin C than oranges. So when you have a cold, try pineapples.

05 윗글을 쓴 목적으로 알맞은 것은? [6점]

① 광고하기 위해　　② 감사하기 위해
③ 조언하기 위해　　④ 사과하기 위해
⑤ 항의하기 위해

06 윗글을 읽고, 답할 수 있는 질문은? [6점]

① What are vitamins?
② Why do people catch a cold?
③ Where do people go when they have a cold?
④ Which fruits do people like best?
⑤ Which fruits have more vitamin C, pineapples or oranges?

[07-08] 다음 글을 읽고, 물음에 답하시오.

> How will you make your own ice pops? Share your ideas!
>
> Jinsu: (A) I think my ice pops will be pretty.
> (B) I will put them into the ice pop makers with apple juice.
> (C) I will use kiwis and strawberries.
> (D) I will cut them into big pieces.

07 자연스러운 응답이 되도록 윗글의 (A)~(D)를 순서대로 배열한 것은? [6점]

① (A) – (B) – (C) – (D)
② (B) – (C) – (A) – (D)
③ (C) – (A) – (B) – (D)
④ (C) – (D) – (B) – (A)
⑤ (D) – (C) – (A) – (B)

08 윗글을 읽고 알 수 없는 것은? [6점]

① 진수는 자신만의 요리법을 공유하고 있다.
② 요리에는 주스와 과일이 사용될 것이다.
③ 막대 아이스크림을 만드는 데에는 긴 시간이 소요된다.
④ 막대 아이스크림 틀에는 키위와 딸기, 사과 주스가 들어간다.
⑤ 진수는 자신의 막대 아이스크림이 예쁠 것이라고 예상한다.

[09-10] 다음 글을 읽고, 물음에 답하시오.

> **Bacon Sandwich**
> You need: 2 slices of bread, 2 slices of bacon, 1 egg, 1 tomato, cheese, butter
>
> **STEPS**
> 1. ①Slice the tomato into thin slices.
> 2. Fry the egg and the ②slices of bacon.
> 3. Spread butter on each ③slice of bread.
> 4. Put the bacon, cheese, fried egg, and tomato ④slices on bread.
> 5. Cover it with _____ ⑤slice of bread.

09 윗글의 밑줄 친 ①~⑤ 중 쓰임이 다른 하나는? [6점]

①   ②   ③   ④   ⑤

10 윗글의 빈칸에 들어갈 말로 알맞은 것은? [6점]

① an   ② other   ③ some
④ any   ⑤ the other

서술형 **1**

11 다음 글의 밑줄 친 부분을 읽는 법을 영어로 쓰시오. [8점]

> The hot days of summer are here. How can we stay cool? Let's make ice pops together!
> You need: 1/2 pineapple, 2 kiwis, 1 cup of apple juice, ice pop makers

→ _____

[12-13] 다음 글을 읽고, 물음에 답하시오.

You need: 1/2 pineapple, 2 kiwis, (A)사과 주스 한 컵, ice pop makers

STEPS

1. Cut the pineapple into small pieces.
2. Peel the kiwis and slice them.
3. Put the pineapple pieces into the blender.
4. Add the apple juice.
5. (B)혼합물이 고루 잘 섞일 때까지 섞으세요.
6. Pour the mix into the ice pop makers.
7. Add the kiwi slices.
8. Close the ice pop makers.
9. Put them in the freezer for about three hours.

서술형 2

12 윗글의 밑줄 친 우리말 (A)와 (B)를 영어로 쓰시오. [각 4점]

(A) _____

(B) _____

서술형 3

13 윗글의 내용과 일치하도록 주어진 질문에 완전한 문장으로 답하시오. [각 4점]

(1) **Q**: What should you do with the kiwis?

　　A: _____

(2) **Q**: How long should you put the ice pop makers in the freezer?

　　A: _____

서술형 4

14 다음 글의 밑줄 친 우리말 (A)를 [조건]에 맞게 영어로 옮겨 쓰시오. [8점]

Health Tips

　Pineapples are an excellent source of vitamin C. (A)파인애플에는 오렌지보다 더 많은 비타민 C가 들어 있다. So when you have a cold, try pineapples.

[조건]　1. They have로 문장을 시작할 것
　　　　2. 비교급을 사용할 것

→ _____

서술형 5

15 다음 우리말과 같도록 괄호 안의 말을 활용하여 문장을 완성하시오. [각 3점]

(1) Tony가 Chris보다 한국말을 더 잘한다. (good)
　　→ Tony speaks Korean _____ _____ Chris.

(2) 건강이 돈보다 더 중요하다. (important)
　　→ Health is _____ _____ _____ money.

(3) 나는 아빠보다 더 많은 물고기를 잡았다. (many)
　　→ I caught _____ fish _____ my father.

01 다음 중 밑줄 친 부분의 우리말 뜻으로 알맞지 <u>않은</u> 것은? [5점]

① Follow the health <u>tips</u> for the rainy season.
(조언)

② This car is in an <u>excellent</u> condition.
(훌륭한)

③ Oranges are a good <u>source</u> of vitamin C.
(성분)

④ I'd like to <u>share</u> my idea with you.
(나누다)

⑤ When you feel tired, <u>try</u> to get some sleep.
(노력하다)

02 다음 밑줄 친 부분을 바르게 읽은 것을 <u>모두</u> 고르면? [6점]

> You need: <u>1/2</u> watermelon, 2 kiwis, 1 cup of apple juice, ice pop makers

① one two
② one and two
③ one half
④ a half
⑤ first second

03 다음 빈칸에 공통으로 들어갈 말로 알맞은 것은? [6점]

> • He asked me to wait for him _____ 3:00.
> • Walk along the street _____ you find the flower shop.

① at ② by ③ until
④ for ⑤ with

04 다음 중 밑줄 친 단어의 쓰임이 <u>다른</u> 것은? [6점]

① She acted in her <u>own</u> way.
② Do you <u>own</u> a smartphone?
③ I'm glad to return to my <u>own</u> country.
④ Don't measure others by your <u>own</u> standards.
⑤ They were in their <u>own</u> little world.

05 다음 빈칸에 들어갈 말의 형태로 알맞은 것은? [6점]

> The hot days of summer are here. How can we _____? Let's make ice pops together!

① stay coolly
② stay cool
③ staying cool
④ stayed cool
⑤ to stay cool

서술형 **1**

06 다음 영어 뜻풀이에 알맞은 단어를 [보기]에서 골라 쓰시오. [각 2점]

> [보기] blend freezer pour

(1) _____ : to make a liquid or other substance flow from a container, especially into another container

(2) _____ : a container that freezes foods or stores frozen foods

(3) _____ : to mix two or more substances together

07 다음 글의 밑줄 친 ①~⑤ 중 어법상 틀린 것은? [6점]

> I will use kiwis and strawberries. I will cut ①it into big pieces. I will put ②them into the ice pop makers ③with apple juice. I think ④that my ice pops ⑤will be pretty.

09 윗글의 빈칸 ⓐ와 ⓑ에 공통으로 들어갈 말을 주어진 영어 뜻풀이를 참고하여 고르면? [5점]

> to put something with another thing

① Add   ② Pour   ③ Blend

④ Mix   ⑤ Peel

[서술형 2]

10 다음 주어진 정보를 읽고, 글을 완성하시오. [8점]

Facts	• Vitamin C is helpful for curing colds. • Pineapples are full of vitamin C. • Pineapples have more vitamin C than oranges.

> Pineapples are an excellent source of _____. They have more vitamin C than _____. So when you have _____, try pineapples.

[08-09] 다음 글을 읽고, 물음에 답하시오.

> STEPS
>
> 1. ①Cut the pineapple into small pieces.
> 2. ②Peel the kiwis and slice them.
> 3. ③Put the pineapple pieces into the blender.
> 4. ___ⓐ___ the apple juice.
> 5. ④Blend by the mix is smooth.
> 6. ⑤Pour the mix into the ice pop makers.
> 7. ___ⓑ___ the kiwi slices.
> 8. Close the ice pop makers.
> 9. Put them in the freezer for about three hours.
>
> Finished!
>
> Enjoy your summer on a stick!

08 윗글의 ①~⑤ 중 틀린 문장에 대해 바르게 설명한 사람은? [6점]

① 민아: into를 with로 바꿔야 한다.

② 수진: them을 it으로 바꿔야 한다.

③ 희진: Put을 Boil로 바꿔야 한다.

④ 유준: by를 until로 바꿔야 한다.

⑤ 정민: makers를 blender로 바꿔야 한다.

[서술형 3]

11 Read the following and answer the question. [8점]

> Pineapple Ice Pops
>
> The hot days of summer are here. How can we stay cool? Let's make ice pops together!
>
> You need: 1/2 pineapple, 2 kiwis, 1 cup of apple juice, ice pop makers

Q: What do you need to make pineapple ice pops?

A: _____

[12-13] 다음 글을 읽고, 물음에 답하시오.

> How will you make your own ice pops? Share your ideas!
>
> Jinsu: I will use kiwis and strawberries. I will cut them ___ⓐ___ big pieces. I will put them ___ⓑ___ the ice pop makers with apple juice. I think my ice pops will ___ⓒ___ pretty.

12 윗글의 빈칸 ⓐ와 ⓑ에 공통으로 들어갈 알맞은 전치사는? [6점]

① for   ② by   ③ on
④ with   ⑤ into

13 윗글의 빈칸 ⓒ에 들어갈 말의 형태로 알맞은 것은? [6점]

① is   ② are   ③ am
④ be   ⑤ being

서술형4

14 다음 중 틀린 문장을 두 개 골라 기호를 쓰고, 문장을 바르게 고쳐 쓰시오. [각 4점]

> ⓐ Are you in the magic club last year?
> ⓑ Can you fix my bike by this Friday?
> ⓒ Did you study hard for the exam last night?
> ⓓ Does the final match starts at 9 o'clock?
> ⓔ How will you go to the museum tomorrow?

(   ) → _____

(   ) → _____

서술형5

15 다음 우리말과 같도록 괄호 안의 말을 바르게 배열하시오. [각 3점]

(1) 혼합물을 막대 아이스크림 틀에 부으세요.

→ _____

(into, the mix, pour, the ice pop makers)

(2) 약 세 시간 동안 그것들을 냉동고에 넣어 두세요.

→ _____

(them, about, in, the freezer, put, for, three hours)

(3) 파인애플은 비타민 C의 훌륭한 원천이에요.

→ _____

(an, pineapples, source, are, excellent, of, vitamin C)

(4) 저는 제 막대 아이스크림이 예쁠 거라고 생각해요.

→ _____

(my ice pops, I, pretty, will, think, be)

Lesson 5

Come One, Come All

주요 학습 내용			
의사소통 기능	길 묻고 답하기	A: **How can I get to** the post office? (우체국까지 어떻게 가나요?) B: Go straight to 1st Street and make a right. (1st Street까지 곧장 가서 오른쪽으로 도세요.)	
	소요 시간 말하기	A: **How long will it take to** make the sandwiches? (샌드위치 만드는 데 시간이 얼마나 걸릴까?) B: Maybe **it will take** about an hour. (아마도 한 시간 정도 걸릴 거야.)	
언어 형식	가주어 it	**It** is a lot of fun **to throw** colorful powder at everyone. (형형색색의 가루를 모두에게 던지는 것은 정말 재미있다.)	
	지각동사	You can **hear** musicians **playing** beautiful live music. (너는 음악가들이 아름다운 라이브 음악을 연주하는 것을 들을 수 있다.)	

Words

만점 노트

Listen & Speak

☐☐ advertise	통 광고하다	☐☐ go straight☆	앞으로 곧장 가다
☐☐ almost	부 거의 (= nearly)	☐☐ hurry up	서두르다
☐☐ between A and B	A와 B 사이에	☐☐ make a left(right)☆	왼쪽(오른쪽)으로 돌다
☐☐ block	명 블록, 구획	☐☐ near	전 ~에 가까운, ~에 가까이에 있는
☐☐ come out	나오다	☐☐ neighborhood	명 근처, 이웃, 인근
☐☐ cross	통 가로지르다, 가로질러 건너다	☐☐ next to	~ 옆에
☐☐ decorate	통 장식하다	☐☐ post	통 올리다, 게시하다
☐☐ festival	명 축제	☐☐ ready	형 준비가 된
☐☐ get off	내리다, 하차하다 (↔ get on)	☐☐ take☆	통 (시간이) 걸리다 (take-took-taken)

Reading

☐☐ adult	명 성인, 어른 (= grown-up)	☐☐ gather	통 모이다, 모으다
☐☐ appear	통 나타나다 (↔ disappear)	☐☐ go on	(어떤 상황이) 계속되다
☐☐ artwork	명 예술 작품	☐☐ hold☆	통 개최하다 (hold-held-held)
☐☐ because of	~ 때문에	☐☐ hometown	명 고향
☐☐ celebrate☆	통 축하하다, 기념하다	☐☐ huge	형 거대한
☐☐ celebration	명 기념행사, 축하 행사	☐☐ last☆	통 지속하다
☐☐ chase☆	통 뒤쫓다	☐☐ live	형 라이브의, 실황인
☐☐ colorful	형 형형색색의	☐☐ musician	명 음악가
☐☐ competition☆	명 대회, 시합, 경쟁	☐☐ parade	명 퍼레이드, 행진
☐☐ completely	부 완전히 (= totally)	☐☐ pile	명 더미, 덩어리
☐☐ during	전 ~ 동안	☐☐ powder	명 가루, 분말
☐☐ each other	서로	☐☐ ride	명 타기
☐☐ everywhere	부 모든 곳에서[으로]	☐☐ sail	명 돛
☐☐ fireworks	명 불꽃놀이	☐☐ shape	통 ~ 모양으로 만들다
☐☐ follow	통 따라가다, 뒤를 잇다	☐☐ sled	명 썰매
☐☐ from beginning to end	처음부터 끝까지 (= from start to finish)	☐☐ throw	통 던지다 (throw-threw-thrown)

Language Use

☐☐ arrow	명 화살	☐☐ regularly☆	부 규칙적으로
☐☐ climb up	~에 오르다	☐☐ shoot	통 쏘다 (shoot-shot-shot)
☐☐ in person☆	직접	☐☐ solve	통 (문제를) 풀다, 해결하다

Think and Write · Project

☐☐ be born	태어나다	☐☐ mud	명 진흙
☐☐ be called	~로 불리다	☐☐ outdoor	형 야외의
☐☐ beach	명 해변	☐☐ soft	형 부드러운, 폭신한 (↔ hard)

연습 문제

A 다음 단어의 우리말 뜻을 쓰시오.

01 follow
02 hold
03 post
04 everywhere
05 hometown
06 chase
07 neighborhood
08 appear
09 beach
10 colorful
11 during
12 powder
13 block
14 completely
15 outdoor
16 almost
17 gather
18 huge
19 solve
20 celebrate

B 다음 우리말에 해당하는 영어 단어를 쓰시오.

21 장식하다
22 ~에 가까운
23 불꽃놀이
24 음악가
25 지속하다
26 성인
27 (시간이) 걸리다
28 돛
29 광고하다
30 ~ 모양으로 만들다
31 가로지르다
32 규칙적으로
33 부드러운, 폭신한
34 예술 작품
35 기념행사, 축하 행사
36 축제
37 대회, 시합, 경쟁
38 더미, 덩어리
39 던지다
40 라이브의, 실황인

C 다음 영어 표현의 우리말 뜻을 쓰시오.

01 between A and B
02 make a left
03 because of
04 next to
05 each other
06 get off
07 from beginning to end
08 go straight

Words Plus

만점 노트

영어 뜻풀이

☐☐	adult	성인, 어른	a fully grown person
☐☐	advertise	광고하다	to make something known in public
☐☐	artwork	예술 작품	an object made by an artist
☐☐	celebrate	축하하다, 기념하다	to do something special for an important event, holiday, etc.
☐☐	chase	뒤쫓다	to follow and try to catch someone or something
☐☐	competition	대회, 시합, 경쟁	an event or contest in which people compete
☐☐	completely	완전히	totally, fully
☐☐	decorate	장식하다	to make something look more beautiful by putting things on it
☐☐	festival	축제	a special day or period when people celebrate something
☐☐	fireworks	불꽃놀이	a display in which fireworks are exploded
☐☐	gather	모이다, 모으다	to come together into a group
☐☐	hold	개최하다	to have a meeting, competition, conversation, etc.
☐☐	hometown	고향	the city or town where you were born or grew up
☐☐	last	지속하다	to continue in time
☐☐	live	라이브의, 실황인	done in front of an audience, not pre-recorded
☐☐	parade	퍼레이드, 행진	a formal walk or march in public to celebrate something
☐☐	pile	더미, 덩어리	a mass of something that has been placed somewhere
☐☐	sail	돛	a large piece of cloth that catches the wind on a ship or boat
☐☐	shape	~ 모양으로 만들다	to give a form or shape to something
☐☐	sled	썰매	a small vehicle used for sliding over snow or ice

단어의 의미 관계

- **유의어**
  adult = grown-up (성인, 어른)
  almost = nearly (거의)
  chase (뒤쫓다) = follow (따르다)
  completely = totally (완전히)

- **반의어**
  appear (나타나다) ↔ disappear (사라지다)
  get on (타다) ↔ get off (내리다)
  soft (부드러운) ↔ hard (딱딱한)

- **동사 – 명사**
  celebrate (기념하다) – celebration (기념행사)
  compete (경쟁하다) – competition (경쟁, 대회)
  solve (풀다, 해결하다) – solution (해결책)

- **형용사 – 부사**
  complete (완전한) – completely (완전히)
  regular (규칙적인) – regularly (규칙적으로)

다의어

- **cross** 1. 통 가로지르다, 가로질러 건너다 2. 통 교차하다
  1. **Cross** the bridge and turn right.
     다리를 건너 우회전하시오.
  2. She sat down and **crossed** her legs.
     그녀는 앉아서 다리를 꼬았다.

- **hold** 1. 통 잡다 2. 통 (회의·시합 등을) 열다, 개최하다
  1. The little girl was **holding** her mother's hand.
     그 어린 소녀는 엄마의 손을 잡고 있었다.
  2. They **hold** the competition every 4 years.
     그들은 4년마다 그 대회를 개최한다.

- **last** 1. 형 마지막의 2. 형 지난, 최근의 3. 통 지속하다, 계속되다
  1. I didn't read the **last** chapter of the book.
     나는 그 책의 마지막 장을 읽지 못했다.
  2. I saw the game on TV **last** night.
     나는 지난밤에 그 경기를 TV로 봤다.
  3. Each lesson **lasts** an hour. 각 수업은 한 시간 동안 계속된다.

Words Plus
연습 문제

A 다음 뜻풀이에 알맞은 말을 [보기]에서 골라 쓴 후, 우리말 뜻을 쓰시오.

[보기]	chase	hold	sled	adult	sail	advertise	gather	parade

1 _____ : a fully grown person : _____
2 _____ : to follow and try to catch someone or something : _____
3 _____ : to come together into a group : _____
4 _____ : a small vehicle used for sliding over snow or ice : _____
5 _____ : to have a meeting, competition, conversation, etc. : _____
6 _____ : a formal walk or march in public to celebrate something : _____
7 _____ : to make something known in public : _____
8 _____ : a large piece of cloth that catches the wind on a ship or boat : _____

B 다음 짝 지어진 두 단어의 관계가 같도록 빈칸에 알맞은 말을 쓰시오.

1 soft : hard = get on : _____
2 almost : nearly = grown-up : _____
3 solve : solution = compete : _____
4 complete : completely = regular : _____

C 다음 빈칸에 알맞은 말을 [보기]에서 골라 쓰시오. (필요 시 형태를 바꿀 것)

[보기]	celebrate	gather	everywhere	neighborhood	hold

1 A big bookstore opened in our _____ recently.
2 I've looked _____ but I can't find the map.
3 Let's have a party to _____ your birthday.
4 We will _____ a meeting to discuss the problems tomorrow.
5 Many people _____ in front of the City Hall to take part in the marathon yesterday.

D 다음 우리말과 같도록 빈칸에 알맞은 말을 쓰시오.

1 그녀는 그 음악가들을 직접 보기 위해 콘서트에 갔다.
   → She went to the concert to see the musicians _____ _____.
2 버스에서 내리면 내게 전화해 줘. → Give me a call when you _____ _____ the bus.
3 그들은 계속 서로를 쳐다보면서 미소 지었다. → They kept looking at _____ _____ and smiling.
4 그 회의는 내가 예상한 것보다 훨씬 오래 계속되었다.
   → The meeting _____ _____ a lot longer than I expected.
5 오른쪽으로 도세요, 그러면 우체국을 발견할 수 있을 것입니다.
   → _____ _____ _____, and you can find the post office.

01 다음 짝 지어진 단어와 관계가 같은 것은?

> completely – totally

① solve – solution
② almost – nearly
③ appear – disappear
④ get on – get off
⑤ celebrate – celebration

02 다음 영어 뜻풀이에 해당하는 단어를 주어진 철자로 시작하여 쓰시오.

> a fully grown person

→ a _____

03 다음 빈칸에 들어갈 말을 complete의 알맞은 형태를 사용하여 쓰시오.

- She felt _____ relaxed.
- The meeting was a _____ waste of time.

04 다음 밑줄 친 단어와 같은 의미로 쓰인 것은?

> I feel that your marriage will <u>last</u> for a long time.

① I saw him <u>last</u> night.
② I think this box is the <u>last</u>.
③ The game <u>lasts</u> 80 minutes.
④ When did you <u>last</u> hear from Tara?
⑤ What time does the <u>last</u> train leave?

05 다음 빈칸에 들어갈 말로 알맞은 것은?

> How do you usually _____ New Year?

① post
② hold
③ throw
④ gather
⑤ celebrate

06 다음 밑줄 친 부분의 우리말 뜻이 알맞지 <u>않은</u> 것은?

① The flight just seemed to <u>go on</u> and on.
(시작하다)
② The moon <u>came out</u> from behind a cloud.
(나왔다)
③ They talk to <u>each other</u> on the phone every night.
(서로)
④ Q comes <u>between</u> P <u>and</u> R in the English alphabet.
(~와 … 사이에)
⑤ <u>Go straight</u> along this road and turn left at the traffic lights. (앞으로 곧장 가다)

07 다음 빈칸에 들어갈 말로 알맞지 <u>않은</u> 것은?

- Ten schools took part in the ___①___.
- A crowd ___②___ to watch the fight.
- The snow was like ___③___.
- These companies ___④___ their products in magazines.
- I don't feel that I'm ___⑤___ for the test yet.

① competition
② gathered
③ powder
④ chase
⑤ ready

L&S Listen & Speak
핵심 노트

1 길 묻고 답하기

A: **How can I get to** the post office?　　　　우체국까지 어떻게 가나요?

B: Go straight to 1st Street and make a right.　　1st Street까지 곧장 가서 오른쪽으로 도세요.

「How can I get to + 장소?」는 '~에 어떻게 갈 수 있나요?'라는 뜻의 길을 묻는 표현이다. 길을 안내할 때는 보통 Go straight. 또는 Make a right(left).와 같이 명령문의 형태로 말한다.

e.g. • A: **How can I get to** the library? 도서관까지 어떻게 가나요?

　　Can you tell me how to get to the library?

　　Can you show me the way to the library?

• B: Cross the street and go straight two blocks. 길을 건너서 두 블록을 곧장 가세요.

　　Come out from the school and go straight to Green Street. 학교에서 나와서 Green Street까지 곧장 가세요.

　　Make a left, and the restaurant will be on your left. 왼쪽으로 돌면, 음식점이 왼쪽에 있을 거예요.

　　Take the No. 11 bus and get off at the sixth stop. 11번 버스를 타고 여섯 번째 정류장에서 내리세요.

• A: **Where can I find** the library? 도서관을 어디에서 찾을 수 있나요?

　B: It's just around the corner. 그것은 모퉁이 주변에 있어요.

　　It's across from the museum. 그것은 박물관 건너편에 있어요.

> **시험 포인트** **point**
> 그림을 보고 대화에 따른 목적지가 어디인지 고르는 문제가 자주 출제돼요. 구체적인 방향과 위치 정보 파악이 중요해요.

2 소요 시간 말하기

A: **How long will it take to** make the sandwiches?　　샌드위치 만드는 데 시간이 얼마나 걸릴까?

B: Maybe **it will take** about an hour.　　　　　　아마도 한 시간 정도 걸릴 거야.

「How long will it take to + 동사원형 ~?」은 '~하는 데 시간이 얼마나 걸릴까?'라는 뜻으로 어떤 일을 하는 데 걸리는 소요 시간을 묻는 말이다. 이에 답할 때는 시간 단위 second(초), minute(분), hour(시간), day(일), month(달), year(년)를 사용하여 「It will take + 시간.」으로 표현한다.

e.g. • A: **How long will it take to** get to the theater?

　　영화관까지 가는 데 시간이 얼마나 걸릴까?

• B: **It will take** about 15 minutes by bus. 버스로 15분 정도 걸릴 거야.

• A: **How long does it take to** get there? 그곳에 도착하는 데 시간이 얼마나 걸리니?

• B: **It takes** about 10 minutes on foot. 걸어서 10분 정도 걸려.

• A: **How much time will it take to** clean the classroom?

　　교실을 청소하는 데 시간이 얼마나 걸릴까?

• B: **It will take** about three hours. 3시간 정도 걸릴 거야.

> **시험 포인트** **point**
> '(시간이) 걸리다'라는 뜻의 동사 take를 쓰는 것에 주의해요. 묻는 말에 따라 미래시제나 현재시제로 답을 해야 해요.

만점 노트

대화문 해석 보기 >> 192~193쪽

주요 표현
구문 해설

Listen and Speak 1-A

교과서 84쪽

G: ❶ Excuse me. ❷ How can I get to the library?

B: Oh, the library? ❸ Cross the street and go straight two blocks. Then make a left.

G: Thank you very much.

Q1 소녀가 가고자 하는 목적지는 어디인가요?

❶ '실례합니다.'라는 뜻으로 모르는 사람의 관심을 끌 때 쓰는 말
❷ 「How can I get to+장소?」: '~에 어떻게 갈 수 있나요?' 라는 뜻의 길을 묻는 표현
❸ 길을 안내하는 표현. and나 then을 사용하여 순서에 따라 차례대로 안내한다.

Listen and Speak 1-B

교과서 84쪽

(A phone rings.)

B: Hi, Emma. ❶ What's up?

G: Hey, Minsu. Are you ❷ free this Saturday?

B: Yes. ❸ Why do you ask?

G: Well, ❹ how about having lunch together?

B: Sure.

G: Let's try the new Chinese restaurant, Ming's. ❺ It's near the school.

B: Okay. ❻ How can I get there from the school?

G: ❼ Come out from the school and ❽ go straight to Green Street. ❾ Make a left, and the restaurant will be ❿ on your left.

B: All right. Let's meet at 12 o'clock.

G: Wonderful. See you then.

Q2 두 사람은 토요일에 무엇을 하기로 하였나요?
Q3 Where's the new Chinese restaurant? → It's _____.

❶ '잘 지내니?'라는 뜻으로 안부를 묻는 표현
❷ 한가한
❸ Why do you ~?: 이유를 묻는 표현
❹ 「How about+동사원형-ing ~?」: 상대방에게 제안하는 표현
❺ 어떤 장소의 위치를 나타내는 말이다. near는 '~에서 가까운'이라는 뜻이다.
❻ 「How can I get ~ from+출발 장소?」: 출발 장소에서부터 목적지까지 가는 길을 묻는 표현
❼ ~에서 나오다
❽ 곧장 앞으로 가다
❾ 왼쪽으로 돌다
❿ 네 왼편에

Listen and Speak 1-C

교과서 84쪽

A: Excuse me. How can I get to the post office?

B: ❶ Go straight to 1st Street and ❷ make a right. It will be ❸ on your right.

A: ❹ Is it far from here?

B: No, it's not.

A: Thank you very much.

Q4 우체국까지 어떻게 가는지 설명하세요.

❶ 곧장 앞으로 가다
❷ 오른쪽으로 돌다
❸ 네 오른편에
❹ '여기서 먼가요?'라는 뜻으로 대화를 나누는 곳에서부터 앞서 말한 목적지까지 거리가 먼지 묻는 표현

Listen and Speak 2-A

교과서 85쪽

G: Jinho, ❶ hurry up. We're going to ❷ be late for the movie.

B: Okay. ❸ How long will it take to get to the theater?

G: ❹ It will take about 15 minutes ❺ by bus.

B: All right. I'm ❻ almost ready.

❶ 서두르다　❷ ~에 늦다
❸ 「How long will it take to+동사원형 ~?」: '~하는 데 시간이 얼마나 걸릴까?'라는 뜻으로 소요 시간을 묻는 표현
❹ It will take ~.: '~이 걸릴 거야.'라는 뜻으로 소요 시간을 말하는 표현　❺ 「by+교통수단」: ~을 타고　❻ 거의

Q5 ❹와 ❺를 포함한 문장을 해석해 보세요.

Listen and Speak 2-B

교과서 85쪽

B: I'm so excited about the school festival this Friday.

G: Me, too. ❶ What can we do to advertise it, Andy?

B: ❷ How about making posters?

G: Great idea. We can ❸ post them in our ❹ neighborhood.

B: Right. ❺ How long will it take to make them?

G: Well, ❻ it will take about three hours.

B: Okay, ❼ I hope many people come to the festival.

❶ 「What can we do to+동사원형 ~?」: ~하려면 무엇을 해야 할까?
❷ 제안하는 표현
❸ 올리다, 게시하다
❹ 근처, 이웃, 인근
❺ 소요 시간을 묻는 표현
❻ 소요 시간을 말하는 표현
❼ 「I hope (that)+주어+동사 ~.」: 소망을 말하는 표현

Q6 What are they going to do?　ⓐ to make posters　ⓑ to post posters on the school website

Listen and Speak 2-C

교과서 85쪽

A: Chris, ❶ what will you do for the class party?

B: ❷ I'll make sandwiches.

A: Great idea. How long will it take to make them?

B: Maybe it'll take about an hour.

❶ What will you do ~?: '무엇을 할 거니?'라는 뜻으로 할 일을 묻는 표현
❷ 「I'll+동사원형 ~.」: 자신이 할 일을 말하는 표현

Q7 Chris는 학급 파티를 위해 무엇을 할 것인가요?

Real Life Talk > Watch a Video

교과서 86쪽

Man: Excuse me. ❶ How can I get to Suwon Hwaseong from here?

Mina: ❷ It's easy. Do you see the bus stop over there?

Man: Yes, I do.

Mina: ❸ Take the No. 11 bus and ❹ get off at the sixth stop.

Man: ❺ How long will it take to get there?

Mina: ❻ It will take about 20 minutes.

Man: Thank you very much.

Mina: ❼ No problem. ❽ Are you going there for the festival?

Man: Yes. I heard it's a lot of fun.

Mina: I hope you ❾ have a great time.

❶ 길을 묻는 표현
❷ 앞에서 묻는 질문의 내용, 즉 '여기(대화를 나누는 곳)에서부터 수원 화성까지 가는 방법'을 가리킴
❸ 11번 버스를 타다
❹ 내리다, 하차하다
❺ 소요 시간을 묻는 표현
❻ 소요 시간을 말하는 표현
❼ 고맙다는 말에 대한 응답
❽ 「Are you+동사원형-ing ~?」: '~하는 중이니?'라는 뜻으로 진행 중인 일을 묻는 표현
❾ 좋은 시간을 보내다

Q8 남자가 이용할 교통수단은 무엇인가요?

Q9 Why is the man going to Suwon Hwaseong?　→　He is going there because he wants to go to _____.

빈칸 채우기

STEP A

우리말과 일치하도록 대화의 빈칸에 알맞은 말을 쓰시오.

주요 표현

1 Listen and Speak 1-A

해석

교과서 84쪽

G: Excuse me. _____ _____ _____ _____ _____ the library?

B: Oh, the library? _____ _____ _____ and go straight two blocks. Then _____ _____ _____.

G: Thank you very much.

G: 실례합니다. 도서관에 어떻게 갈 수 있나요?

B: 아, 도서관이요? 길을 건너서 두 블록을 곧장 가세요. 그런 다음 왼쪽으로 도세요.

G: 정말 고마워요.

2 Listen and Speak 1-B

교과서 84쪽

(A phone rings.)

B: Hi, Emma. What's up?

G: Hey, Minsu. _____ _____ _____ this Saturday?

B: Yes. Why do you ask?

G: Well, how about _____ _____ _____?

B: Sure.

G: Let's try the new Chinese restaurant, Ming's. It's _____ the school.

B: Okay. _____ _____ _____ _____ _____ from the school?

G: Come out from the school and _____ _____ _____ _____ _____. Make a left, and the restaurant will _____ _____ _____ _____.

B: All right. Let's meet at 12 o'clock.

G: Wonderful. See you then.

(전화벨이 울린다.)

B: 안녕, Emma. 잘 지내니?

G: 안녕, 민수야. 이번 토요일에 한가하니?

B: 응. 왜 묻는 거니?

G: 그럼, 함께 점심 먹는 게 어떠니?

B: 좋아.

G: Ming's라는 새로 생긴 중국 음식점에 가 보자. 학교 근처에 있어.

B: 좋아. 학교에서 거기까지 어떻게 갈 수 있니?

G: 학교에서 나와서 Green Street까지 곧장 가. 왼쪽으로 돌면, 음식점이 왼쪽에 있을 거야.

B: 알겠어. 12시에 만나자.

G: 좋아. 그때 보자.

3 Listen and Speak 1-C

교과서 84쪽

A: _____ _____. How can I _____ _____ _____ _____ _____?

B: Go straight to 1st Street and _____ _____ _____. It will be _____ _____ _____.

A: _____ _____ _____ _____ _____ _____ _____?

B: No, it's not.

A: Thank you very much.

A: 실례합니다. 우체국에 어떻게 갈 수 있나요?

B: 1st Street까지 곧장 가서 오른쪽으로 도세요. 그것은 오른쪽에 있을 거예요.

A: 여기에서 먼가요?

B: 아니요, 멀지 않아요.

A: 정말 고마워요.

4 Listen and Speak 2-A

교과서 85쪽

G: Jinho, hurry up. We're going to _____ _____

_____ _____.

B: Okay. _____ _____ _____ to get to

the theater?

G: It will take _____ _____ _____.

B: All right. I'm almost ready.

5 Listen and Speak 2-B

교과서 85쪽

B: _____ _____ _____ about the school festival this Friday.

G: Me, too. What can we do _____ _____ _____, Andy?

B: How about making posters?

G: Great idea. We can _____ _____ _____

_____.

B: Right. _____ _____ will it _____ to make them?

G: Well, it will take _____ _____ _____.

B: Okay, I hope many people come to the festival.

6 Listen and Speak 2-C

교과서 85쪽

A: Chris, _____ _____ _____ for the class party?

B: I'll make sandwiches.

A: Great idea. _____ _____ _____ _____ to

make them?

B: Maybe _____ _____ about an hour.

7 Real Life Talk > Watch a Video

교과서 86쪽

Man: Excuse me. _____ _____ _____

Suwon Hwaseong from here?

Mina: It's easy. _____ _____ the bus stop over there?

Man: Yes, I do.

Mina: _____ the No. 11 bus and _____ _____

_____ _____.

Man: _____ _____ _____

_____ _____?

Mina: It will take about 20 minutes.

Man: Thank you very much.

Mina: No problem. Are you going there _____?

Man: Yes. I heard it's a lot of fun.

Mina: I hope you _____.

대화 순서 배열하기

STEP A

자연스러운 대화가 되도록 순서를 바르게 배열하시오.

1 Listen and Speak 1-A

교과서 84쪽

ⓐ Oh, the library? Cross the street and go straight two blocks. Then make a left.

ⓑ Thank you very much.

ⓒ Excuse me. How can I get to the library?

(   ) – (   ) – (   )

2 Listen and Speak 1-B

교과서 84쪽

(A phone rings.)

ⓐ Well, how about having lunch together?

ⓑ Hey, Minsu. Are you free this Saturday?

ⓒ Okay. How can I get there from the school?

ⓓ Hi, Emma. What's up?

ⓔ Sure.

ⓕ Come out from the school and go straight to Green Street. Make a left, and the restaurant will be on your left.

ⓖ Yes. Why do you ask?

ⓗ All right. Let's meet at 12 o'clock.

ⓘ Let's try the new Chinese restaurant, Ming's. It's near the school.

ⓙ Wonderful. See you then.

(ⓓ) – (   ) – (   ) – (   ) – (ⓔ) – (ⓘ) – (   ) – (   ) – (   ) – (   )

3 Listen and Speak 1-C

교과서 84쪽

ⓐ Is it far from here?

ⓑ Thank you very much.

ⓒ Excuse me. How can I get to the post office?

ⓓ Go straight to 1st Street and make a right. It will be on your right.

ⓔ No, it's not.

(   ) – (   ) – (   ) – (   ) – (   )

4 Listen and Speak 2-A

교과서 85쪽

ⓐ It will take about 15 minutes by bus.
ⓑ Jinho, hurry up. We're going to be late for the movie.
ⓒ All right. I'm almost ready.
ⓓ Okay. How long will it take to get to the theater?

(   ) – (   ) – (   ) – (   )

5 Listen and Speak 2-B

교과서 85쪽

ⓐ I'm so excited about the school festival this Friday.
ⓑ How about making posters?
ⓒ Well, it will take about three hours.
ⓓ Great idea. We can post them in our neighborhood.
ⓔ Okay, I hope many people come to the festival.
ⓕ Me, too. What can we do to advertise it, Andy?
ⓖ Right. How long will it take to make them?

(ⓐ   ) – (   ) – (   ) – (   ) – (ⓖ   ) – (   ) – (   )

6 Listen and Speak 2-C

교과서 85쪽

ⓐ Chris, what will you do for the class party?
ⓑ Maybe it'll take about an hour.
ⓒ Great idea. How long will it take to make them?
ⓓ I'll make sandwiches.

(   ) – (   ) – (   ) – (   )

7 Real Life Talk > Watch a Video

교과서 86쪽

ⓐ Take the No. 11 bus and get off at the sixth stop.
ⓑ Thank you very much.
ⓒ It's easy. Do you see the bus stop over there?
ⓓ Yes. I heard it's a lot of fun.
ⓔ It will take about 20 minutes.
ⓕ How long will it take to get there?
ⓖ I hope you have a great time.
ⓗ No problem. Are you going there for the festival?
ⓘ Excuse me. How can I get to Suwon Hwaseong from here?
ⓙ Yes, I do.

(   ) – (   ) – (ⓘ   ) – (   ) – (   ) – (   ) – (ⓑ   ) – (   ) – (   ) – (ⓖ   )

01 다음 대화의 빈칸에 들어갈 말이 순서대로 짝 지어진 것은?

> A: _____ can I get to the post office?
>
> B: Go straight to 1st Street and make a right. It will be on your right.
>
> A: _____ will it take to get there?
>
> B: Maybe it'll take about 10 minutes.

① How – How long
② How – How often
③ What – How long
④ What – How often
⑤ Where – How much

02 다음 대화의 밑줄 친 부분과 바꿔 쓸 수 있는 것은?

> A: How long will it take to fix my computer?
>
> B: Maybe it'll take about two days.

① How far
② How often
③ How difficult
④ How much time
⑤ How many hours

03 다음 표지판의 순서에 따라, 대화의 빈칸에 들어갈 말을 [보기]에서 골라 기호를 쓰시오.

> [보기] ⓐ Go(go) straight
>
> ⓑ Make(make) a left
>
> ⓒ Make(make) a right
>
> ⓓ Cross(cross) the street

> A: Excuse me. How can I get to the library?
>
> B: Oh, the library? _____ and _____ two blocks. Then _____.
>
> A: Thank you very much.

04 다음 그림을 보고, 대화의 빈칸에 들어갈 알맞은 말을 쓰시오.

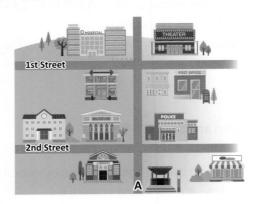

> A: Excuse me. How can I get to the _____?
>
> B: Go straight to 1st Street and make a right. It will be on your left.

05 다음 대화의 빈칸에 들어갈 말로 알맞지 <u>않은</u> 것은?

> A: Excuse me. How can I get to the bank?
>
> B: _____ and make a right.

① Cross the street
② Walk straight ahead
③ It's not far from here
④ Go straight three blocks
⑤ Go straight to Yellow Street

06 자연스러운 대화가 되도록 (A)~(D)를 순서대로 배열한 것은?

> (A) It will take about 15 minutes by bus.
>
> (B) Okay. How long will it take to get to the theater?
>
> (C) All right. I'm almost ready.
>
> (D) Jinho, hurry up. We're going to be late for the movie.

① (A)–(C)–(D)–(B)
② (B)–(A)–(D)–(C)
③ (B)–(D)–(A)–(C)
④ (D)–(B)–(A)–(C)
⑤ (D)–(C)–(A)–(B)

[07-08] 다음 대화를 읽고, 물음에 답하시오.

(A phone rings.)

A: Hi, Emma. _____'s up?

B: Hey, Minsu. Are you free this Saturday?

A: Yes. _____ do you ask?

B: _____ having lunch together?

A: Sure.

B: Let's try the new Chinese restaurant, Ming's. It's near the school.

A: Okay. _____ can I get there from the school?

B: Come out from the school and go straight to Green Street. Make a left, and the restaurant will be on your left.

A: All right. Let's meet at 12 o'clock.

B: Wonderful. See you then.

07 위 대화의 빈칸에 들어갈 수 <u>없는</u> 것은?

① Why   ② How   ③ What

④ Where   ⑤ How about

08 위 대화의 내용과 일치하지 <u>않는</u> 것은?

① 두 사람은 통화 중이다.

② 두 사람은 이번 주 토요일에 점심을 함께 먹기로 하였다.

③ Ming's는 새로 연 중국 음식점이다.

④ 두 사람은 학교 앞에서 만날 것이다.

⑤ 약속 시간은 12시이다.

09 다음 대화의 내용과 일치하는 것은?

A: I'm so excited about the school festival this Friday.

B: Me, too. What can we do to advertise it, Andy?

A: How about making posters?

B: Great idea. We can post them in our neighborhood.

A: Right. I hope many people come to the festival.

① Andy는 학교 축제 때문에 걱정된다.

② 학교 축제는 다음 주 금요일에 열린다.

③ 두 사람은 학교 축제를 광고하기 위해 포스터를 만들 것이다.

④ 두 사람은 포스터를 학교 게시판에 붙일 계획이다.

⑤ 학교 축제에는 많은 사람이 참석하기로 되어 있다.

 서술형

[10-12] 다음 그림과 대화를 보고, 물음에 답하시오.

A: Excuse me. 경찰서까지 어떻게 가나요?

B: _____

A: How often will it take to get there?

B: It will take about 5 minutes.

A: Thank you very much.

10 위 대화의 밑줄 친 우리말과 같도록 괄호 안의 단어들을 사용하여 문장을 쓰시오.

→ _____

(how, can, get)

11 위 그림과 일치하도록 위 대화의 빈칸에 알맞은 말을 완성하시오.

B: _____. Cross the street.

Then _____. The police station is

_____ the flower shop _____ the bakery.

12 위 대화에서 문맥상 어색한 부분을 찾아 바르게 고쳐 쓰시오.

_____ → _____

STEP
A

1 가주어 It

- **It** is a lot of fun **to throw** colorful powder at everyone.
  가주어 / 진주어

  형형색색의 가루를 모든 사람들에게 던지는 것은 정말 재미있다.

- **It** was amazing **to see** my favorite singer in person.
  가주어 / 진주어

  내가 가장 좋아하는 가수를 직접 본 것은 정말 놀라웠다.

- **It** is difficult **to shoot** an arrow.
  가주어 / 진주어

  화살을 쏘는 것은 어렵다.

(1) 형태: It(가주어) + is/was + 형용사 + to부정사구(진주어)

(2) 쓰임과 의미

to부정사구가 문장의 주어로 쓰여 주어가 길어진 경우, 주어 자리에 It을 쓰고 to부정사구는 문장의 맨 뒤로 보내는 것이 일반적이다. 이때 It을 '가주어', to부정사구를 '진주어'라고 한다. 가주어 It은 아무런 뜻이 없고, to부정사구를 주어로 해석한다.

- To learn English is not easy. 영어를 배우는 것은 쉽지 않다.

  → **It** is not easy **to learn** English.
  가주어 / 진주어

  비교 that절이 진주어 역할을 할 수도 있다.

- **It** is certain that they will agree. 그들이 동의할 것임은 확실하다.
  가주어 / 진주어

한 단계 더!

to부정사구의 동작의 주체를 나타낼 때 to부정사구 앞에 「for + 목적격」의 형태로 의미상의 주어를 쓸 수 있다. kind, nice, clever, stupid 등의 사람의 성격이나 태도를 나타내는 형용사가 올 경우에는 의미상의 주어를 「of + 목적격」의 형태로 쓴다.

- It is natural **for a baby** to cry. 아기가 우는 것은 자연스럽다.
- It is kind **of you** to help me. 네가 나를 도와주다니 친절하구나.

point

시험 포인트

주어로 쓰인 It의 쓰임을 묻는 문제가 자주 출제돼요. 지시대명사 또는 비인칭 주어로 쓰인 It과 구별할 수 있어야 해요.

to부정사의 명사적 용법
Rahul loved **to sing**.
Rahul은 노래 부르는 것을 좋아했다.

[중1 6과]

QUICK CHECK

1 다음 괄호 안에서 알맞은 것을 고르시오.

(1) It was nice (talk / to talk) with you again.

(2) (It / That) is interesting to visit different places.

(3) It is impossible (to building / to build) a house in a day.

2 자연스러운 문장이 되도록 다음 괄호 안의 말을 바르게 배열하시오.

(1) It is _____. (difficult, keep, the secret, to)

(2) It _____. (not, the machine, easy, to fix, was)

(3) It _____. (good friends, necessary, to make, is)

2 지각동사

- You can **hear** musicians **playing** beautiful live music.
  지각동사 hear + 목적어 + 현재분사

  여러분은 음악가들이 아름다운 라이브 음악을 연주하는 것을 들을 수 있다.

- People **watch** the artists **shaping** their works from beginning to end. 지각동사 watch + 목적어 + 현재분사

  사람들은 예술가들이 그들의 작품을 만드는 것을 처음부터 끝까지 지켜본다.

- The hunter **felt** someone **following** him in the woods.
  지각동사 feel + 목적어 + 현재분사

  그 사냥꾼은 숲에서 누군가가 그를 따라오는 것을 느꼈다.

(1) 지각동사

감각 기관을 통해 보고, 듣고, 냄새를 맡고, 느끼는 등의 감각을 나타내는 동사로, see/watch(보다), hear(듣다), smell(냄새 맡다), feel(느끼다) 등이 있다.

(2) 지각동사가 쓰인 문장의 형태

지각동사가 쓰인 5형식 문장은 「주어 + 지각동사 + 목적어 + 목적격보어」의 형태로 쓰며, '~가 …하는 것을 보다/듣다/냄새 맡다/느끼다'로 해석한다. 목적격보어로는 동사원형이나 현재분사를 쓸 수 있다. 참고! 진행 중이거나 완료되지 않았음을 강조할 때 현재분사를 쓴다.

- She **smelled** something **burning**. 그녀는 무언가가 타는 냄새를 맡았다.
- I **heard** my mother **calling** my name. 나는 어머니가 내 이름을 부르는 것을 들었다.
- I **saw** Judy **ride** a bike. 나는 Judy가 자전거 타는 것을 봤다.
- I **felt** someone **kick** my chair. 나는 누군가가 내 의자를 발로 차는 것을 느꼈다.

비교 「주어 + 동사 + 목적어 + to부정사」 형태의 5형식 문장

ask(부탁하다), want(원하다), tell(말하다), advise(충고하다), expect(기대하다), allow(허락하다) 등은 5형식으로 쓰이면 목적격보어로 to부정사를 쓰며, '~가 …하라고(하기를) 부탁하다/원하다/말하다' 등으로 해석한다. to부정사의 부정은 to 앞에 not을 쓴다.

- My parents **wanted** me **to study** hard. 내 부모님은 내가 열심히 공부하길 원하셨다.
- The teacher **told** the students **not to run** on the stairs.
  선생님은 학생들에게 계단에서 뛰지 말라고 말했다.

---

point

시험 포인트

- 지각동사의 목적격보어의 형태를 묻는 문제가 자주 출제돼요.
- 「주어 + 동사 + 목적어 + 목적격보어」의 5형식 문장에서 쓰일 수 있는 동사를 묻는 문제가 자주 출제돼요. 동사에 따라 목적격보어의 형태를 달리 쓰는 것에 주의하도록 해요.

ask/want/tell이 쓰인 5형식 문장
We **asked** the doctor **to help** us.
우리는 그 의사에게 우리를 도와달라고 부탁했다.

[중2 2과]

QUICK CHECK

1 다음 괄호 안에서 알맞은 것을 고르시오.

(1) Did you see anyone (go / to go) out?

(2) She heard someone (to knock / knocking) on the door.

(3) I felt something (move / to move) behind me.

2 다음 문장의 밑줄 친 부분이 어법상 틀렸으면 바르게 고쳐 쓰시오.

(1) He asked me move the chairs. → _____

(2) I saw the sun to rise this morning. → _____

(3) She smelled the cookies baking in the oven. → _____

G ▶ Grammar
연습 문제

1 가주어 It

A 괄호 안에 주어진 동사를 이용하여 가주어 It(it)이 쓰인 문장을 완성하시오.

1 _____ is nice _____ _____ you. (meet)

2 Is _____ safe _____ _____ this water? (drink)

3 _____ is not easy _____ _____ a poem. (write)

4 _____ is very important _____ _____ your promise. (keep)

B 다음 문장을 가주어 It을 사용한 문장으로 바꿔 쓰시오.

1 To swim in the river is dangerous.

→ _____

2 To feel sleepy after lunch is natural.

→ _____

3 To learn a foreign language is difficult.

→ _____

4 That he is alive is certain.

→ _____

C 다음 문장의 빈칸에 for나 of 중 알맞은 말을 쓰시오.

1 It is difficult _____ her to find a job.

2 It was foolish _____ me to forget your birthday.

3 It is necessary _____ students to join a club.

4 It was wise _____ him to follow my advice.

5 It was smart _____ you to solve this problem.

D 다음 우리말과 같도록 괄호 안의 단어들을 이용하여 가주어 It이 쓰인 문장을 영작하시오.

1 규칙적으로 운동을 하는 것이 중요하다. (important, exercise, regularly)

→ _____

2 밤에 운전하는 것은 안전하지 않다. (safe, drive)

→ _____

3 저렴한 호텔을 찾는 것은 어려웠다. (difficult, find, cheap)

→ _____

4 나를 도와주다니 너는 친절하구나. (kind, help)

→ _____

2 지각동사 & 그 밖의 5형식 동사

A 다음 괄호 안에서 알맞은 것을 고르시오.

1 I saw them (went / going / to go) into the mall.

2 I felt my hair (blow / blew / to blow) in the wind.

3 Mr. White asked Tony (clean / cleaning / to clean) the blackboard.

4 She heard her mother (sings / singing / to sing) a song.

5 The doctor told Rachel not (eat / eating / to eat) fast food.

B 다음 문장에서 어법상 틀린 부분을 찾아 바르게 고쳐 쓰시오. (본동사는 유지할 것)

1 I heard his calling my name.　　　　　　　　＿＿＿＿＿＿＿＿ → ＿＿＿＿＿＿＿＿

2 I saw a cat to chase a mouse.　　　　　　　　＿＿＿＿＿＿＿＿ → ＿＿＿＿＿＿＿＿

3 I watched my sister studied at my desk.　　　　＿＿＿＿＿＿＿＿ → ＿＿＿＿＿＿＿＿

4 Did you see they cross the street?　　　　　　＿＿＿＿＿＿＿＿ → ＿＿＿＿＿＿＿＿

5 My mom wanted me to not watch TV at night.　＿＿＿＿＿＿＿＿ → ＿＿＿＿＿＿＿＿

C 다음 우리말과 같도록 괄호 안의 단어들을 바르게 배열하시오.

1 그는 누군가가 그의 어깨를 만지는 것을 느꼈다. (felt, touching, he, his shoulder, someone)
→ ＿＿＿＿＿＿＿＿＿＿＿＿＿＿＿＿＿＿＿＿＿＿＿＿＿＿＿＿＿＿＿

2 나는 John이 버스에 타는 것을 볼 수 있었다. (could, the bus, John, see, getting on, I)
→ ＿＿＿＿＿＿＿＿＿＿＿＿＿＿＿＿＿＿＿＿＿＿＿＿＿＿＿＿＿＿＿

3 그녀는 그녀의 아이가 그림을 그리는 것을 보았다. (her child, a picture, she, drawing, watched)
→ ＿＿＿＿＿＿＿＿＿＿＿＿＿＿＿＿＿＿＿＿＿＿＿＿＿＿＿＿＿＿＿

4 너는 지난밤에 누군가가 피아노를 치는 것을 들었니? (you, last night, hear, the piano, did, play, someone)
→ ＿＿＿＿＿＿＿＿＿＿＿＿＿＿＿＿＿＿＿＿＿＿＿＿＿＿＿＿＿＿＿

D 다음 우리말과 같도록 괄호 안의 단어들을 이용하여 문장을 완성하시오.

1 나는 그녀가 무대 위에서 춤추는 것을 보았다. (watch, dance)
→ ＿＿＿＿＿＿＿＿＿＿＿＿＿＿＿＿＿＿＿＿＿＿＿＿＿ on the stage.

2 그 의사는 Chris에게 채소를 많이 먹으라고 조언했다. (advise, eat, lots of)
→ ＿＿＿＿＿＿＿＿＿＿＿＿＿＿＿＿＿＿＿＿＿＿＿＿＿＿＿＿＿＿＿

3 그녀는 땅이 흔들리는 것을 느꼈다. (feel, the earth, shake)
→ ＿＿＿＿＿＿＿＿＿＿＿＿＿＿＿＿＿＿＿＿＿＿＿＿＿＿＿＿＿＿＿

4 그 남자는 아기가 집 안에서 우는 것을 들었다. (hear, a baby, cry)
→ ＿＿＿＿＿＿＿＿＿＿＿＿＿＿＿＿＿＿＿＿＿＿＿＿＿＿＿＿＿＿＿

[01-02] 다음 문장의 빈칸에 들어갈 말로 알맞은 것을 고르시오.

01 We _____ them playing badminton in the park.

① told   ② saw
③ wanted   ④ advised
⑤ allowed

02 Sarah heard the dog _____ in the middle of the night.

① barking   ② barks
③ was barked   ④ to bark
⑤ to be barked

03 다음 문장의 빈칸에 공통으로 들어갈 말로 알맞은 것은?

• _____ is true that he can speak four languages.
• _____ is difficult to write a novel in English.

① It   ② He   ③ That
④ What   ⑤ Which

[04-05] 다음 문장의 빈칸에 들어갈 말로 알맞은 것을 <u>모두</u> 고르시오.

한 단계 | 더!

04 It is _____ of you to help me.

① kind   ② hard
③ nice   ④ necessary
⑤ important

05 I _____ someone follow me.

① allowed   ② saw
③ asked   ④ felt
⑤ expected

[06-07] 다음 우리말을 바르게 영작한 것을 고르시오.

06 과거로 되돌아가는 것은 불가능하다.

① To go back to the past impossible is.
② It's impossible to go back to the past.
③ To impossible is going back to the past.
④ That's impossible to go back to the past.
⑤ It's impossible that going back to the past.

07 나는 내 남동생이 학교로 뛰어가는 것을 보았다.

① I saw my brother run to school.
② I saw my brother to run to school.
③ I saw running to school my brother.
④ I saw running my brother to school.
⑤ I saw my brother is running to school.

10 • I smelled the food _____.
• I saw a cat _____ out of the window.

① burn – to jump   ② burning – jumped
③ burn – jumped   ④ burning – jump
⑤ to burn – to jump

고
/ 산도
08 다음 문장의 밑줄 친 it과 쓰임이 같은 것은?

It will be hard to finish the marathon.

① It was snowing for three days.
② It is across from the museum.
③ It is too dark outside in this season.
④ It will be rainy and cold this weekend.
⑤ Was it exciting to travel in different countries?

고
/ 산도
11 다음 문장의 빈칸에 들어갈 말이 나머지와 다른 것은?

① It is not easy _____ get up early.
② It is true _____ a pet can be a good friend.
③ It is important _____ take your passport.
④ It was great _____ meet the famous singer.
⑤ It is nice of you _____ lend me some money.

[12-13] 다음 중 밑줄 친 부분이 어법상 틀린 것을 고르시오.

12 ①Last night, I ②heard ③someone ④to scream ⑤outside.

[09-10] 다음 빈칸에 들어갈 말이 순서대로 짝 지어진 것을 고르시오.

한 단계 | 더!

09 • It is possible _____ her to win the game.
• It was very smart _____ you to solve this puzzle.

① of – of   ② of – for   ③ of – to
④ for – of   ⑤ for – for

13 ①There ②is important ③for me ④to do my best ⑤all the time.

14 다음 중 어법상 <u>틀린</u> 것은?

① Everybody heard the girl yell.

② He asked me open the door.

③ Did you see him leave the room?

④ The teacher told us to stay in the classroom.

⑤ They watched the lion taking care of its cubs.

15 다음 문장의 밑줄 친 to부정사와 쓰임이 같은 것은?

It is dangerous <u>to cross</u> the street at night.

① It's time <u>to go</u> to bed.

② I'm happy <u>to hear</u> that.

③ My dream is <u>to be</u> an artist.

④ I need a pencil <u>to write</u> with.

⑤ I turned on the radio <u>to hear</u> the news.

16 다음 중 어법상 옳은 문장의 개수는?

ⓐ Did you see her to read a book there?

ⓑ It is fun to playing tennis with my brother.

ⓒ I heard my roommate singing in the shower.

ⓓ He asked me open the window.

ⓔ It is possible to improve your English.

① 1개 ② 2개 ③ 3개 ④ 4개 ⑤ 5개

한 단계 더!

17 다음 중 빈칸에 들어갈 말이 <u>다른</u> 하나는?

① It is impossible _____ me to go there.

② It is difficult _____ me to know myself.

③ It was wise _____ him not to spend the money.

④ It is important _____ you to choose good friends.

⑤ It is dangerous _____ them to climb that mountain.

18 다음 빈칸에 들어갈 말로 알맞지 <u>않은</u> 것은?

- I told him _____①_____ for her.
- Alex heard someone _____②_____.
- She asked her mom _____③_____ the book.
- He saw a man _____④_____ delicious cakes.
- Did you feel someone _____⑤_____ your chair?

① to wait ② crying ③ to read

④ baking ⑤ kicks

19 다음 우리말을 영작한 것 중 어법상 <u>틀린</u> 것은?

① 그 일을 한 시간 안에 끝마치는 것은 불가능하다.

→ It is impossible to finish the work in an hour.

② 우리는 사람들이 박수 치는 것을 들었다.

→ We heard people clapping hands.

③ 그 수학 문제를 푸는 것은 어렵다.

→ It is difficult to solve the math problem.

④ 그녀는 한 남자가 지붕을 올라가는 것을 봤다.

→ She saw a man climb up the roof.

⑤ 패스트푸드를 너무 많이 먹는 것은 좋지 않다.

→ It is not to eat too much fast food.

20 다음 문장을 가주어 It과 진주어 to부정사를 사용한 문장으로 바꿔 쓰시오.

(1) Living without water is impossible.

→ _____

(2) Setting up a tent alone is difficult.

→ _____

(3) Finding out about your family history is always interesting.

→ _____

21 다음 두 문장을 한 문장으로 바꿔 쓸 때 빈칸에 알맞은 말을 쓰시오. (목적격보어로 현재분사를 쓸 것)

(1) She saw a stranger. He was passing by.

→ She saw _____.

(2) I heard the dog. It was barking outside.

→ I heard _____.

(3) Mia could feel something. It was following her in the darkness.

→ Mia could feel _____.

고난도

22 다음 우리말과 같도록 괄호 안의 단어들을 사용하여 문장을 쓰시오. (가주어 It과 진주어 to부정사를 포함할 것)

(1) 많은 사람들과 함께 일하는 것은 어렵다.

→ _____

(difficult, work with)

(2) 빗속에 우산 없이 외출한 것은 어리석었다.

→ _____

(stupid, go out, in the rain, without)

23 다음 우리말과 같도록 [보기]에서 알맞은 단어를 이용하여 5형식 문장을 완성하시오. (필요 시 형태를 바꿀 것)

[보기] see hear sing look feel dance

(1) 나는 그녀가 나를 보는 것을 느꼈다.

→ I _____ at me.

(2) 나는 그가 노래를 크게 부르는 것을 들었어.

→ I _____ the song loudly.

(3) 너는 내 여동생이 무대에서 춤을 추는 것을 봤니?

→ Did you _____ on the stage?

24 다음 문장에서 어법상 틀린 부분을 찾아 바르게 고쳐 쓰시오.

(1) It is not easy learn Chinese.

_____ → _____

(2) It's not true to he was there last night.

_____ → _____

(3) It is important of you to have a dream.

_____ → _____

고난도

25 다음 우리말과 같도록 괄호 안의 단어들을 이용하여 영작하시오. (5형식 문장으로 쓸 것)

(1) 나는 그 여자가 집 밖으로 나오는 것을 봤다.

→ _____

(watch, out of)

(2) 그녀는 오늘 아침 새들이 노래하는 것을 들었다.

→ _____

(hear, this morning)

STEP A

파티하자!

Let's Party!

01 홀리, 색의 축제

01 **Holi, the Festival of Colors**
└ 동격을 나타내는 콤마(,) (Holi = the Festival of Colors)

02 인도 델리의 Amala

02 **Amala from Delhi, India**
(전) ~ 출신의

03 홀리는 우리나라에서 가장 인기 있는 축제예요.

03 **Holi is the most popular festival in my country.**
(형) popular의 최상급: 가장 인기 있는

04 그것은 보통 3월에 있어요.

04 **It is usually in March.**
= Holi   빈도부사 (주로 be동사 뒤에 위치)

05 축제 기간 동안, 우리는 추운 겨울에게 작별 인사를 하고 따뜻한 봄을 맞는 인사를 해요.

05 **During the festival, we say goodbye to cold winter and hello to warm**
(전) ~ 동안 (특정 기간을 나타내는 말 앞에 쓰임)   (say)
spring.

06 우리는 이틀 동안 어디서나 축제를 기념해요.

06 **We celebrate the festival everywhere for two days.**
(전) ~ 동안 (숫자로 된 구체적인 기간 숫자 앞에 쓰임)
(부) 모든 곳에서, 어디에서나

07 첫째 날, 사람들은 밤에 큰 모닥불 주변에 모여 노래하고 춤을 춰요.

07 **On the first day, people gather around a big fire at night and sing and**
시간상 전후를 나타냄
dance.
병렬구조

08 주요 행사는 다음 날에 시작돼요.

08 **The main event begins the next day.**

09 어린이들과 어른들이 'gulal'을 지니고 서로를 쫓아다녀요.

09 **Children and adults chase each other with gulal.**
동사 chase의 목적어

10 'gulal'이 무엇이냐고요?

10 **What is gulal?**

11 그것은 파랑, 노랑, 초록, 분홍의 가루예요.

11 **It is blue, yellow, green and pink powder.**
= Gulal   세 가지 이상을 나열할 때 마지막 단어 앞에만 and를 씀

12 주변을 뛰어다니며 형형색색의 가루를 모든 사람들에게 던지는 것은 정말 재미있어요.

12 **It's a lot of fun to run around and throw colorful powder at everyone.**
가주어   진주어   병렬구조   (to) throw A at B: B에 A를 던지다

13 우리는 거리 행진에도 참가해요!

13 **We also join street parades!**

14 백야 축제

14 **White Nights Festival**

15 러시아 상트페테르부르크의 Victor

15 **Victor from St. Petersburg, Russia**

16 '백야'에 대해 들어 본 적이 있나요?

16 **Have you heard of the White Nights?**
~에 대해 듣다
Have you + 과거분사 ~?: ~해 본 적이 있니? (현재완료의 경험)
= White Nights

17 매년 여름, 이 놀라운 일이 제 고향에서 일어나요.

17 **Every summer, this amazing thing happens in my hometown.**
every(한정사) + 단수 명사: 모든 ~, ~마다

18 The night sky does not get completely dark.
get + 형용사: (어떤 상태가) 되다(되게 하다)

18 밤하늘이 완전히 어두워지지 않아요.

19 During that time, we hold the White Nights Festival.
= 밤하늘이 완전히 어두워지지 않는 시기

19 그 기간 동안, 우리는 백야 축제를 열어요.

20 It usually starts in May and lasts for about a month.
병렬구조
= The White Nights Festival

20 축제는 보통 5월에 시작되고 약 한 달 동안 지속돼요.

21 During the festival, there is a ballet or an opera almost every night.
there is + 단수 명사: ~가 있다

21 축제 기간 동안, 거의 매일 밤 발레나 오페라 공연이 있어요.

22 The most popular event is the Scarlet Sails celebration.
최상급
수 일치(단수 동사)

22 가장 인기 있는 행사는 '붉은 돛' 축하 행사예요.

23 A boat with red sails slowly appears on the river.
⑳ ~가 부착된, 달린

23 빨간 돛을 단 배가 강 위에 서서히 나타나요.

24 Soon, fireworks begin and a water show follows.
시간상 전후를 나타냄

24 곧, 불꽃놀이가 시작되고 물 쇼가 이어져요.

25 You can also hear musicians playing beautiful live music.
⑳ 라이브의
지각동사 hear + 목적어 + 목적격보어(현재분사): (목적어)가 …하고 있는 것을 듣다

25 여러분은 또한 음악가들이 아름다운 라이브 음악을 연주하는 것을 들을 수 있어요.

26 Kiruna Snow Festival

26 키루나 눈 축제

27 Ebba from Kiruna, Sweden

27 스웨덴 키루나의 Ebba

28 Winter is my favorite season because of the Kiruna Snow Festival.
because of + 명사(구): ~ 때문에
(cf. because + 절: ~ 때문에)

28 겨울은 키루나 눈 축제 때문에 제가 가장 좋아하는 계절이에요.

29 The festival starts in the last week of January and goes on for five or six
시간상 전후를 나타냄

days.

29 축제는 1월 마지막 주에 시작해서 5일이나 6일 동안 계속돼요.

30 The largest event is the snow design competition.
⑳ large의 최상급: 가장 큰

30 가장 큰 행사는 눈 디자인 대회예요.

31 The artists shape huge piles of snow into animals, buildings, and other
shape A into B: A를 B의 모양으로 만들다   A, B, and C (세 가지 이상을 나열할 때)
beautiful artworks.

31 예술가들이 거대한 눈 덩어리를 동물, 건물, 그리고 다른 아름다운 작품으로 만들어요.

32 People watch the artists shaping their works from beginning to end.
지각동사 watch + 목적어 + 목적격보어(현재분사)

32 사람들은 예술가들이 그들의 작품을 만드는 것을 처음부터 끝까지 지켜봐요.

33 My favorite activity is the dog sled ride.

33 제가 가장 좋아하는 활동은 개 썰매 타기예요.

34 It is amazing to fly through a world of snow on a dog sled.
가주어   진주어

34 개 썰매를 타고 눈 세상을 날아가는 것은 정말 놀라워요.

STEP A

우리말 뜻과 일치하도록 교과서 본문의 문장을 완성하시오.

▩▩▩ 중요 문장

01 Holi, the Festival of _____

01 홀리, 색의 축제

02 Amala _____ Delhi, India

02 인도 델리의 Amala

03 Holi is _____ _____ _____ _____ in my country.

03 홀리는 우리나라에서 가장 인기 있는 축제예요.

04 It is usually _____ _____ .

04 그것은 보통 3월에 있어요.

05 During the festival, we _____ _____ _____ _____ _____ and hello to warm spring.

05 축제 기간 동안, 우리는 추운 겨울에게 작별 인사를 하고 따뜻한 봄을 맞는 인사를 해요.

06 We _____ the festival _____ for two days.

06 우리는 이틀 동안 어디서나 축제를 기념해요.

07 On the first day, people _____ _____ _____ _____ _____ at night and sing and dance.

07 첫째 날, 사람들은 밤에 큰 모닥불 주변에 모여 노래하고 춤을 춰요.

08 The main event _____ the next day.

08 주요 행사는 다음 날에 시작돼요.

09 Children and adults _____ _____ _____ with *gulal*.

09 어린이들과 어른들이 'gulal'을 지니고 서로를 쫓아다녀요.

10 _____ _____ *gulal*?

10 'gulal'이 무엇이냐고요?

11 It is blue, yellow, green and _____ _____ .

11 그것은 파랑, 노랑, 초록, 분홍의 가루예요.

12 It's a lot of fun _____ _____ _____ and _____ colorful powder at everyone.

12 주변을 뛰어다니며 형형색색의 가루를 모든 사람들에게 던지는 것은 정말 재미있어요.

13 We also join _____ _____ !

13 우리는 거리 행진에도 참가해요!

14 White Nights _____

14 백야 축제

15 Victor _____ St. Petersburg, Russia

15 러시아 상트페테르부르크의 Victor

16 _____ _____ _____ _____ the *White Nights*?

16 '백야'에 대해 들어 본 적이 있나요?

17 Every summer, this amazing thing _____ _____ _____ _____ .

17 매년 여름, 이 놀라운 일이 제 고향에서 일어나요.

18 The night sky does not _____ _____ _____ .

18 밤하늘이 완전히 어두워지지 않아요.

19 During that time, we _____ the White Nights Festival.

19 그 기간 동안, 우리는 백야 축제를 열어요.

20 It usually _____ _____ _____ and _____ for about a month.

20 축제는 보통 5월에 시작되고 약 한 달 동안 지속돼요.

21 _____ _____ _____ , there is a ballet or an opera almost every night.

21 축제 기간 동안, 거의 매일 밤 발레나 오페라 공연이 있어요.

22 _____ _____ _____ _____ is the Scarlet Sails celebration.

22 가장 인기 있는 행사는 '붉은 돛' 축하 행사예요.

23 A boat with _____ _____ slowly _____ on the river.

23 빨간 돛을 단 배가 강 위에 서서히 나타나요.

24 Soon, _____ begin and a water show _____ .

24 곧, 불꽃놀이가 시작되고 물 쇼가 이어져요.

25 You can also _____ _____ _____ beautiful live music.

25 여러분은 또한 음악가들이 아름다운 라이브 음악을 연주하는 것을 들을 수 있어요.

26 Kiruna _____ Festival

26 키루나 눈 축제

27 Ebba from Kiruna, _____

2 스웨덴 키루나의 Ebba

28 Winter is my favorite season _____ _____ the Kiruna Snow Festival.

28 겨울은 키루나 눈 축제 때문에 제가 가장 좋아하는 계절이에요.

29 The festival starts _____ _____ _____ _____ of January and _____ _____ for five or six days.

29 축제는 1월 마지막 주에 시작해서 5일이나 6일 동안 계속돼요.

30 _____ _____ _____ is the snow design competition.

30 가장 큰 행사는 눈 디자인 대회예요.

31 The artists shape huge _____ _____ _____ into animals, buildings, and _____ _____ _____ .

31 예술가들이 거대한 눈 덩어리를 동물, 건물, 그리고 다른 아름다운 작품으로 만들어요.

32 People watch the artists shaping their works _____ _____ _____ _____ .

32 사람들은 예술가들이 그들의 작품을 만드는 것을 처음부터 끝까지 지켜봐요.

33 My favorite activity is _____ _____ _____ _____ .

33 제가 가장 좋아하는 활동은 개 썰매 타기예요.

34 _____ is amazing _____ _____ through a world of snow on a dog sled.

34 개 썰매를 타고 눈 세상을 날아가는 것은 정말 놀라워요.

STEP
A

글의 내용과 문장의 어법에 맞게 괄호 안에서 알맞은 어휘를 고르시오.

01   Holi, the Festival of (Colors / Colorful)

02   Amala (to / from) Delhi, India

03   Holi is the (more popular / most popular) festival in my country.

04   It is (usual / usually) in March.

05   (While / During) the festival, we say (goodbye / hello) to cold winter and hello to warm spring.

06   We celebrate the festival (nowhere / everywhere) for two days.

07   On the first day, people gather (around / out of) a big fire at night and sing and dance.

08   The main event (begins / began) the next day.

09   Children and adults (care for / chase) each other with *gulal*.

10   (Who / What) is *gulal*?

11   (It is / They are) blue, yellow, green and pink powder.

12   It's a lot of fun (for run / to run) around and throw colorful powder at everyone.

13   We also (join / joins) street parades!

14   (Snow Nights / White Nights) Festival

15   Victor from St. Petersburg, (Russia / Russian)

16   Have you (hear / heard) of the *White Nights*?

17   Every summer, this amazing thing (holds / happens) in my hometown.

18   The night sky does not get (complete / completely) dark.

19   During that time, we (hold / happen) the White Nights Festival.

20   It usually starts (in / on) May and lasts (until / for) about a month.

21   (During / While) the festival, there is a ballet or an opera almost every night.

22   The most popular event (is / are) the Scarlet Sails celebration.

23   A boat with red sails slowly (appears / disappears) on the river.

24   Soon, fireworks begin and a water show (follows / is followed).

25   You can also hear musicians (to play / playing) beautiful live music.

26   Kiruna (Ice / Snow) Festival

27   Ebba from Kiruna, (Sweden / Swedish)

28   (Summer / Winter) is my favorite season (because / because of) the Kiruna Snow Festival.

29   The festival starts in the last week of January and (finishes / goes on) for five or six days.

30   The largest (accident / event) is the snow design competition.

31   The artists shape huge (piles of / slices of) snow into animals, buildings, and other beautiful (artworks / paintings).

32   People (hear / watch) the artists shaping their works (at / from) beginning to end.

33   My (famous / favorite) activity is the dog sled ride.

34   (It / That) is amazing to fly through a world of snow on a dog sled.

밑줄 친 부분이 내용이나 어법상 바르면 ○, 어색하면 ✕에 표시하고 고쳐 쓰시오.

01   Holi, the Festival <u>of</u> Colors   ○ | ✕

02   Amala from Delhi, <u>Indian</u>   ○ | ✕

03   Holi is <u>the popularest</u> festival in my country.   ○ | ✕

04   It is <u>usually</u> in March.   ○ | ✕

05   During the festival, we say goodbye to <u>hot winter</u> and hello to warm spring.   ○ | ✕

06   We celebrate the festival everywhere <u>during two days</u>.   ○ | ✕

07   On the first day, people gather around a big fire at night and <u>sing and dancing</u>.   ○ | ✕

08   The main event begins <u>the day before</u>.   ○ | ✕

09   Children and adults chase each other <u>to *gulal*</u>.   ○ | ✕

10   <u>What is</u> *gulal*?   ○ | ✕

11   <u>It is</u> blue, yellow, green and pink powder.   ○ | ✕

12   It's a lot of fun <u>run around and throw</u> colorful powder at everyone.   ○ | ✕

13   We also <u>join</u> street parades!   ○ | ✕

14   <u>White Nights</u> Festival   ○ | ✕

15   Victor <u>through</u> St. Petersburg, Russia   ○ | ✕

16   <u>Have you hear</u> of the *White Nights*?   ○ | ✕

17   Every summer, <u>this amazed thing</u> happens in my hometown.   ○ | ✕

18   The night sky does not get completely <u>bright</u>.   ☐ ○ ☐ ✕

19   <u>During that time</u>, we hold the White Nights Festival.   ☐ ○ ☐ ✕

20   It usually starts in May and <u>lasts</u> for about a month.   ☐ ○ ☐ ✕

21   <u>While the festival</u>, there is a ballet or an opera almost every night.   ☐ ○ ☐ ✕

22   <u>The most popular event</u> is the Scarlet Sails celebration.   ☐ ○ ☐ ✕

23   A boat with red sails <u>slow appears</u> on the river.   ☐ ○ ☐ ✕

24   Soon, fireworks <u>begin</u> and a water show follows.   ☐ ○ ☐ ✕

25   You can also <u>hear musicians to play</u> beautiful live music.   ☐ ○ ☐ ✕

26   Kiruna <u>Snow</u> Festival   ☐ ○ ☐ ✕

27   Ebba from Kiruna, <u>Swedish</u>   ☐ ○ ☐ ✕

28   Winter is <u>favorite my season</u> because of the Kiruna Snow Festival.   ☐ ○ ☐ ✕

29   The festival starts in the last week of January and goes on <u>for five or six days</u>.   ☐ ○ ☐ ✕

30   The largest event is the snow design <u>compete</u>.   ☐ ○ ☐ ✕

31   The artists shape <u>huge snow piles of</u> into animals, buildings, and other beautiful artworks.   ☐ ○ ☐ ✕

32   People watch the artists <u>to shape</u> their works from beginning to end.   ☐ ○ ☐ ✕

33   My favorite activity is <u>the dog sled ride</u>.   ☐ ○ ☐ ✕

34   It is amazing <u>fly</u> through a world of snow on a dog sled.   ☐ ○ ☐ ✕

배열로 문장 완성하기

정답 보기 >> 206~207쪽

STEP
A

주어진 단어를 바르게 배열하여 문장을 쓰시오.

01 홀리, 색의 축제 (the Festival / of / Holi, / Colors)
→

02 인도 델리의 Amala (Delhi, / India / Amala / from)
→

03 홀리는 우리나라에서 가장 인기 있는 축제예요. (Holi / in my country / festival / is / the most popular)
→

04 그것은 보통 3월에 있어요. (usually / it / in March / is)
→

05 축제 기간 동안, 우리는 추운 겨울에게 작별 인사를 하고 따뜻한 봄을 맞는 인사를 해요.
(say goodbye / and / during the festival, / to cold winter / hello / we / to warm spring)
→

06 우리는 이틀 동안 어디서나 축제를 기념해요. (the festival / we / celebrate / for two days / everywhere)
→

07 첫째 날, 사람들은 밤에 큰 모닥불 주변에 모여 노래하고 춤을 춰요.
(and dance / people / on the first day, / gather / at night / and sing / around a big fire)
→

08 주요 행사는 다음 날에 시작돼요. (the main event / the next day / begins)
→

09 어린이들과 어른들이 'gulal'을 지니고 서로를 쫓아다녀요. (with *gulal* / chase / children and adults / each other)
→

10 'gulal'이 무엇이냐고요? (*gulal* / what / is)
→

11 그것은 파랑, 노랑, 초록, 분홍의 가루예요. (pink powder / it / blue, / yellow, / and / is / green)
→

12 주변을 뛰어다니며 형형색색의 가루를 모든 사람들에게 던지는 것은 정말 재미있어요.
(throw / at everyone / a lot of fun / and / it's / colorful powder / to run around)
→

13 우리는 거리 행진에도 참가해요! (we / street parades / also / join)
→

14 백야 축제 (Festival / White Nights)
→

15 러시아 상트페테르부르크의 Victor (St. Petersburg, / Victor / Russia / from)
→

16 '백야'에 대해 들어 본 적이 있나요? (you / the *White Nights* / heard of / have)
→

17 매년 여름, 이 놀라운 일이 제 고향에서 일어나요.
(happens / this amazing thing / every summer, / in my hometown)
→

18 밤하늘이 완전히 어두워지지 않아요. (dark / the night sky / completely / does / get / not)
→

19 그 기간 동안, 우리는 백야 축제를 열어요. (hold / during that time, / the White Nights Festival / we)
→

20 축제는 보통 5월에 시작되고 약 한 달 동안 지속돼요. (lasts / it / starts / in May / and / for about a month / usually)
→

21 축제 기간 동안, 거의 매일 밤 발레나 오페라 공연이 있어요.
(there is / during the festival, / every night / almost / a ballet or an opera)
→

22 가장 인기 있는 행사는 '붉은 돛' 축하 행사예요. (is / the most popular / the Scarlet Sails celebration / event)
→

23 빨간 돛을 단 배가 강 위에 서서히 나타나요. (a boat / appears / slowly / on the river / with red sails)
→

24 곧, 불꽃놀이가 시작되고 물 쇼가 이어져요. (begin / fireworks / a water show / soon, / and / follows)
→

25 여러분은 또한 음악가들이 아름다운 라이브 음악을 연주하는 것을 들을 수 있어요.
(beautiful live music / you / musicians / can / hear / playing / also)
→

26 키루나 눈 축제 (Snow / Kiruna / Festival)
→

27 스웨덴 키루나의 Ebba (Sweden / Kiruna, / from / Ebba)
→

28 겨울은 키루나 눈 축제 때문에 제가 가장 좋아하는 계절이에요.
(my favorite season / winter / the Kiruna Snow Festival / is / because of)
→

29 축제는 1월 마지막 주에 시작해서 5일이나 6일 동안 계속돼요.
(for five or six days / goes on / the festival / and / in the last week of January / starts)
→

30 가장 큰 행사는 눈 디자인 대회예요. (the snow design competition / event / the largest / is)
→

31 예술가들이 거대한 눈 덩어리를 동물, 건물, 그리고 다른 아름다운 작품으로 만들어요.
(and / shape / the artists / animals, / other beautiful artworks / huge piles of snow / into / buildings,)
→

32 사람들은 예술가들이 그들의 작품을 만드는 것을 처음부터 끝까지 지켜봐요.
(shaping / people / watch / from beginning to end / the artists / their works)
→

33 제가 가장 좋아하는 활동은 개 썰매 타기예요. (the dog sled ride / my favorite activity / is)
→

34 개 썰매를 타고 눈 세상을 날아가는 것은 정말 놀라워요.
(to fly / it / a world of snow / is / through / on a dog sled / amazing)
→

[01-07] 다음 글을 읽고, 물음에 답하시오.

Amala from Delhi, India

ⓐHoli is the most popular festival in my country. ⓑIt is usually in March. During ⓒthe festival, we say ____(A)____ to cold winter and ____(B)____ to warm spring. We celebrate the festival everywhere for two days. On the first day, people gather around a big fire at night and sing and dance. ⓓThe main event begins the next day. Children and adults chase 서로 with *gulal*. What is *gulal*? ⓔIt is blue, yellow, green and pink powder. It's a lot of fun ____(C)____ around and throw colorful powder at everyone. We also join street parades!

01 윗글의 밑줄 친 ⓐ~ⓔ 중 가리키는 것이 같은 것끼리 짝 지어진 것은?

① ⓐ, ⓓ
② ⓐ, ⓑ, ⓒ
③ ⓐ, ⓑ, ⓒ, ⓔ
④ ⓑ, ⓓ
⑤ ⓑ, ⓓ, ⓔ

02 윗글의 빈칸 (A)와 (B)에 들어갈 말이 바르게 짝 지어진 것은?

① hello – goodbye
② hello – good luck
③ goodbye – hello
④ goodbye – goodbye
⑤ good luck – cheese

03 윗글의 밑줄 친 우리말을 두 단어의 영어로 쓰시오.

→ _____

04 윗글의 밑줄 친 *gulal*이 무엇인지 본문에서 찾으면?

① the most popular festival
② a big fire
③ the main event
④ colorful powder
⑤ street parades

05 윗글의 빈칸 (C)에 들어갈 말로 알맞은 것은?

① run
② runs
③ ran
④ running
⑤ to run

06 윗글에서 설명하는 홀리 축제의 첫날에 하는 일을 우리말로 쓰시오.

→ _____

07 윗글의 홀리 축제에 관한 내용으로 일치하지 <u>않는</u> 것은?

① 인도의 축제이다.
② 보통 3월에 열린다.
③ 주요 행사는 두 번째 날에 열린다.
④ 어린이들이 형형색색의 가루로 자신의 몸을 단장한다.
⑤ 사람들은 거리 행진에 참여할 수 있다.

[08-12] 다음 글을 읽고, 물음에 답하시오.

Victor from St. Petersburg, Russia
Have you ① heard of ⓐ the *White Nights*? Every summer, this ② amazed thing happens in my hometown. The night sky does not get completely dark. ___ⓑ___ that time, we ___(A)___ the White Nights Festival. It ③ usually starts in May and lasts for about a month. ___ⓒ___ the festival, there ④ is a ballet or an opera almost ⑤ every night.

08 윗글의 밑줄 친 ①~⑤ 중 어법상 **틀린** 것은?

① ② ③ ④ ⑤

09 윗글의 밑줄 친 ⓐ의 현상을 설명하는 문장을 찾아 쓰시오.

→ _____

10 문맥상 윗글의 빈칸 (A)에 들어갈 말로 가장 알맞은 것은?

① hold ② arrive ③ gather
④ order ⑤ cancel

11 윗글의 빈칸 ⓑ와 ⓒ에 공통으로 들어갈 말로 알맞은 것은?

① For ② In ③ About
④ During ⑤ While

12 윗글의 내용과 일치하지 **않는** 문장끼리 짝 지어진 것은?

ⓐ St. Petersburg has the *White Nights* in summer.
ⓑ During the *White Nights*, you can see a completely dark night sky.
ⓒ The White Nights Festival is held for about a month.
ⓓ People can enjoy a ballet or an opera for free almost every night.

① ⓐ, ⓑ ② ⓐ, ⓒ ③ ⓑ, ⓒ
④ ⓑ, ⓓ ⑤ ⓒ, ⓓ

[13-16] 다음 글을 읽고, 물음에 답하시오.

The most popular event of the White Nights Festival is the Scarlet ⓐ Sails celebration. ⓑ A boat with red sails slowly appear on the river. Soon, fireworks begin and a water show follows. You can also hear musicians _____ beautiful live music.

13 윗글의 밑줄 친 ⓐ Sail에 대한 영어 뜻풀이로 알맞은 것은?

① a fully grown person
② a special day or period when people celebrate something
③ a small vehicle used for sliding over snow or ice
④ a formal walk or march in public to celebrate something
⑤ a large piece of cloth that catches the wind on a ship or boat

14 윗글의 밑줄 친 ⓑ에서 어법상 **틀린** 부분을 찾아 바르게 고친 것은?

① with → for
② slowly → slow
③ appear → appears
④ slowly appear → appear slowly
⑤ on → into

15 윗글의 빈칸에 들어갈 말로 알맞은 것은?

① plays   ② played   ③ be played

④ playing   ⑤ to play

16 윗글에서 설명하는 행사에서 볼 수 없는 것은?

① 물 쇼   ② 모닥불   ③ 불꽃놀이

④ 강 위의 배   ⑤ 라이브 음악 연주

신유형

18 윗글의 밑줄 친 우리말을 영어로 옮길 때 쓰이지 <u>않는</u> 것은?

① people   ② watch   ③ for

④ the artists   ⑤ shaping

19 윗글의 밑줄 친 ①~⑤의 우리말 뜻이 알맞지 <u>않은</u> 것은?

① 지난   ② ~ 모양으로 만들다

③ 처음부터 끝까지   ④ 개 썰매 타기

⑤ 눈 세상

[17-21] 다음 글을 읽고, 물음에 답하시오.

Ebba from Kiruna, Sweden

Winter is my favorite season (A) because / because of the Kiruna Snow Festival. The festival starts in the ①last week of January and (B) ends / goes on for five or six days. The largest event is the snow design competition. The artists ②shape huge (C) piles / pieces of snow into animals, buildings, and other beautiful artworks. 사람들은 예술가들이 그들의 작품을 만드는 것을 지켜봐요 ③from beginning to end. My favorite activity is ④the dog sled ride. _____ is amazing to fly through ⑤a world of snow on a dog sled.

17 윗글의 (A)~(C)에서 알맞은 말이 순서대로 짝 지어진 것은?

	(A)	(B)	(C)
①	because	– ends	– piles
②	because	– goes on	– pieces
③	because of	– ends	– piles
④	because of	– goes on	– piles
⑤	because of	– ends	– pieces

20 윗글의 빈칸에 들어갈 말로 알맞은 것은?

① It   ② That   ③ Then

④ There   ⑤ Which

21 윗글을 읽고 알 수 <u>없는</u> 것은?

① 글쓴이가 좋아하는 계절

② 키루나 눈 축제가 열리는 기간

③ 키루나 눈 축제의 가장 큰 행사

④ 눈 디자인 대회의 올해 우승자

⑤ 축제에서 글쓴이가 가장 좋아하는 활동

[22-23] 다음 글을 읽고, 물음에 답하시오.

Holi is the most popular festival in my country. It is usually in March. During the festival, we say goodbye to cold winter and hello to warm spring. We celebrate the festival everywhere for two days. On the first day, people gather around a big fire at night and sing and dance. The main event begins the next day. Children and adults chase each other with *gulal*. What is *gulal*? It is blue, yellow, green and pink powder. It's a lot of fun run around and throw colorful powder at everyone. We also join street parades!

22 윗글의 밑줄 친 부분을 어법상 올바른 형태로 고쳐 쓰시오.

→ _____

23 윗글의 내용과 일치하도록 다음 질문에 완전한 영어 문장으로 답하시오.

Q: What can we do on the first day of Holi?

A: _____

_____

[24-25] 다음 글을 읽고, 물음에 답하시오.

Have you heard of the *White Nights*? Every summer, this amazing thing happens in my hometown. The night sky does not get completely dark. During that time, we hold the White Nights Festival. It usually starts in May and lasts for about a month. During the festival, there is a ballet or an opera almost every night.

The most popular event is the Scarlet Sails celebration. A boat with red sails slowly appears on the river. Soon, fireworks begin and a water show follows. _____

24 윗글의 내용과 일치하도록 다음 대화를 완성하시오.

A: What happens to the night sky during the *White Nights*?

B: The night sky _____.

A: Oh, that's interesting.

B: During that time, we hold the White Nights Festival. It usually starts _____ and lasts _____.

25 윗글의 빈칸에 알맞은 말이 되도록 괄호 안의 말을 배열하여 문장을 완성하시오.

→ _____

(can, hear, live music, also, you, beautiful, playing, musicians)

26 다음 글을 읽고, Ebba가 할 말을 완성하시오.

Ebba from Kiruna, Sweden

Winter is my favorite season because of the Kiruna Snow Festival. The festival starts in the last week of January and goes on for five or six days. The largest event is the snow design competition. The artists shape huge piles of snow into animals, buildings, and other beautiful artworks. People watch the artists shaping their works from beginning to end. My favorite activity is the dog sled ride. It is amazing to fly through a world of snow on a dog sled.

Ebba: Why don't you come to the _____ _____ _____ and try _____ _____ _____ _____? If you don't like speed, you can enjoy the snow design competition. You can watch _____ _____ _____ huge piles of snow into beautiful artworks.

Before You Read

❶ Are You Tired of the Same Old Festivals? Then ❷ Check These Out!

• **Holi, the Festival of Colors**
Visit India
March 24 – 25
❸ Throw colorful powder at people!
Enjoy a big fire!

• **White Nights Festival**
Come to Russia
May 31 – July 26
See the Scarlet Sails ❹ celebration.
Enjoy a classical ballet and an opera ❺ every night.

• **Kiruna Snow Festival**
Come to Sweden
January 25 – 29
Watch the snow design competition.
❻ Ride the dog sled.

항상 똑같은 축제에 싫증이 났나요? 그렇다면 이 축제들을 확인하세요!

• 홀리, 색의 축제
인도를 방문하세요
3월 24일 ~ 25일
형형색색의 가루를 사람들에게 던지세요!
큰 모닥불을 즐기세요!

• 백야 축제
러시아로 오세요
5월 31일 ~ 7월 26일
'붉은 돛' 축하 행사를 보세요.
매일 밤 고전 발레와 오페라를 즐기세요.

• 키루나 눈 축제
스웨덴으로 오세요
1월 25일 ~ 29일
눈 디자인 대회를 보세요
개 썰매를 타세요.

❶ be tired of: ~에 싫증이 나다
❷ check ~ out: ~을 확인하다, 조사하다
❸ throw A at B: B에 A를 던지다
❹ 축하(기념) 행사
❺ every + 단수 명사: 모든 ~, ~마다
❻ (탈것을) 타다

Think and Write

I Love Gangneung
I live in Gangneung. ❶ There are beautiful beaches in my neighborhood. ❷ It's a lot of fun to swim at the beach. ❸ There is a famous hanok in Gangneung. It ❹ is called Ojukheon. Yulgok ❺ was born there. ❻ The most famous food in Gangneung is potato tteok. It is soft and sweet. Come and enjoy Gangneung!

저는 강릉이 정말 좋아요
저는 강릉에 살아요. 우리 지역에는 아름다운 해변들이 있어요. 해변에서 수영하는 것은 정말 재미있어요. 강릉에는 유명한 한옥이 있어요. 그것은 오죽헌이라고 불러요. 율곡이 거기에서 태어났어요. 강릉에서 가장 유명한 음식은 감자떡이에요. 그것은 부드럽고 달콤해요. 와서 강릉을 즐기세요!

❶ There are + 복수 명사: ~들이 있다
❷ It: 가주어 / to부정사구: 진주어
❸ There is + 단수 명사: ~가 있다
❹ be called: ~라고 불리다
❺ be born: 태어나다
❻ famous의 최상급 표현

Project

Boryeong Mud Festival
❶ It's held in Daecheon Beach in July.
❷ It's fun to paint your body with colorful mud.
You can ❸ roll around in a mud pool.
Enjoy an outdoor concert.

보령 진흙 축제
7월에 대천 해수욕장에서 열려요
형형색색의 진흙으로 당신의 몸을 칠하는 것은 재미있어요.
당신은 진흙 웅덩이에서 뒹굴 수 있어요.
야외 콘서트를 즐기세요.

❶ be held: 열리다
❷ It: 가주어 / to부정사구: 진주어
❸ roll around: 뒹굴다

실전 TEST

[01-02] 다음 글을 읽고, 물음에 답하시오.

Are you (A) tired / excited of the same old festivals?
Then check these out!

- **Holi, the Festival of Colors**
  Visit India
  March 24 – 25
  Throw (B) colorful / colorless powder at people!
  Enjoy a big fire!

- **White Nights Festival**
  Come to Russia
  May 31 – July 26
  See the Scarlet Sails celebration.
  Enjoy a classical ballet and an opera every night.

- **Kiruna Snow Festival**
  Come to Sweden
  January 25 – 29
  Watch the snow design competition.
  Ride the dog (C) sled / parade .

01 윗글의 (A)~(C)에서 알맞은 말이 순서대로 짝 지어진 것은?

	(A)	(B)	(C)
①	tired	– colorful	– sled
②	tired	– colorless	– parade
③	tired	– colorless	– sled
④	excited	– colorful	– sled
⑤	excited	– colorful	– parade

02 윗글의 내용과 일치하지 <u>않는</u> 것은?

① 홀리 축제는 3월에 열린다.
② 홀리 축제에서는 큰 모닥불을 즐길 수 있다.
③ 백야 축제는 러시아에서 열린다.
④ 백야 축제에서는 주말에만 오페라를 즐길 수 있다.
⑤ 키루나 눈 축제에는 눈 디자인 대회가 있다.

[03-04] 다음 글을 읽고, 물음에 답하시오.

I Love Gangneung

I live in Gangneung. ①There are beautiful beaches in my neighborhood. It's a lot of fun ②will swim at the beach. ③There is a famous hanok in Gangneung. It ④called Ojukheon. Yulgok was born there. ⑤The most famous food in Gangneung is potato tteok. It is soft and sweet. Come and enjoy Gangneung!

03 윗글의 밑줄 친 ①~⑤ 중 어법상 <u>틀린</u> 것의 개수는?

① 1개 ② 2개 ③ 3개 ④ 4개 ⑤ 5개

04 윗글을 읽고 답할 수 있는 질문은?

① Where does the writer live?
② What is the most famous beach in Gangneung?
③ What did Yulgok do?
④ Where was the writer born?
⑤ What food does the writer like best?

[05-06] 다음 글을 읽고, 물음에 답하시오.

Boryeong Mud Festival

- It's held in Daecheon Beach in July.
- <u>To paint your body with colorful mud is fun.</u>
- You can roll around in a mud pool.
- Enjoy an outdoor concert.

05 윗글의 밑줄 친 문장을 가주어 It을 사용한 문장으로 고쳐 쓰시오.

→ _____

06 윗글을 읽고 알 수 <u>없는</u> 것을 <u>모두</u> 고르면?

① 축제 이름
② 축제가 열리는 장소
③ 축제 개최 시간
④ 축제에서 참여할 수 있는 활동
⑤ 축제 참여 시 주의점

Words
고득점 맞기

01 다음 단어 중 성격이 <u>다른</u> 것은?

① ready   ② almost   ③ regularly

④ colorfully   ⑤ completely

02 다음 중 짝 지어진 두 단어의 관계가 나머지와 <u>다른</u> 것은?

① solve – solution

② celebrate – celebration

③ compete – competition

④ advertise – advertisement

⑤ neighbor – neighborhood

03 다음 밑줄 친 부분과 바꿔 쓸 수 있는 것은?

> It's time for bed. It's <u>nearly</u> 10 o'clock.

① never   ② hardly   ③ almost

④ finally   ⑤ carefully

04 다음 빈칸에 들어갈 말이 순서대로 짝 지어진 것은?

- If you can't be there _____ person, the next best thing is watching it on TV.
- The noise goes _____ 24 hours a day.
- I watched the game _____ beginning to end.

① in – on – with   ② in – on – from

③ on – in – with   ④ on – in – from

⑤ with – on – up

05 다음 단어의 영어 뜻풀이를 완성할 때, 빈칸에 들어갈 말로 알맞은 것은?

> advertise: to make something _____ in public

① known   ② followed   ③ given

④ lent   ⑤ taught

06 다음 단어의 영어 뜻풀이가 알맞지 <u>않은</u> 것은?

① chase: to follow and try to catch someone or something

② gather: to come together into a group

③ neighborhood: the city or town where you were born or grew up

④ celebrate: to do something special for an important event, holiday, etc.

⑤ decorate: to make something look more beautiful by putting things on it

07 다음 밑줄 친 단어의 의미가 같은 것끼리 짝 지어진 것은?

① A car was <u>blocking</u> the road.
   The museum is just six <u>blocks</u> away.

② The ship will <u>sail</u> the Atlantic.
   The yacht with white <u>sails</u> moved slowly.

③ They say the snow will <u>last</u> until next week.
   <u>Last</u> summer we traveled in Greece for a month.

④ <u>Cross</u> the street and go straight.
   The man <u>crossed</u> his arms over his chest.

⑤ They will <u>hold</u> a party to celebrate his birthday.
   We plan to <u>hold</u> the meeting in a larger conference room this year.

08 다음 우리말과 뜻이 같도록 빈칸에 알맞은 말을 쓰시오.

신호등에서 왼쪽으로 돌면 오른편에 은행이 보일 거야.
→ Make ＿＿＿＿＿＿ ＿＿＿＿＿＿ at the lights, and you'll see the bank on your right.

09 다음 빈칸에 들어갈 말로 알맞은 것은?

I ＿＿＿＿ at the wrong stop and had to wait for another bus.

① got off   ② went on
③ hurried up   ④ climbed up
⑤ went straight

10 다음 중 밑줄 친 단어의 쓰임이 어색한 것은?

① He shaped mud into bricks.
② He had a pile of papers on his desk.
③ How long does this paint take to dry?
④ During the summer season, all the hotels are full.
⑤ We're having a small competition for Dad's birthday.

11 다음 빈칸에 공통으로 들어갈 말로 알맞은 것은?

If you ＿＿＿＿ someone, or ＿＿＿＿ after them, you run after them or follow them quickly in order to catch or reach them.

① last   ② chase   ③ climb
④ throw   ⑤ appear

12 다음 영어 뜻풀이에 모두 해당하는 단어는?

• to put or place something over something else
• to go across from one side of something to the other

① sail   ② ride   ③ sled
④ cross   ⑤ throw

13 다음 밑줄 친 부분의 의미가 나머지와 다른 것은?

① Hold the wheel with both hands.
② Jackson was holding a large brown bag.
③ That's not the right way to hold a pair of scissors.
④ You have to hold my hand when we cross the road.
⑤ The country is holding its first free elections for 20 years.

14 다음 (A)~(C)에서 문맥상 알맞은 것을 골라 쓰시오.

• I felt that someone was (A) gathering / following me in the dark.
• One day a stranger (B) appeared / attended in my town.
• More details will be (C) lasted / posted on the website tomorrow.

(A) ＿＿＿＿＿＿   (B) ＿＿＿＿＿＿
(C) ＿＿＿＿＿＿

정답 보기 >> 190~191쪽

우리말과 일치하도록 대화를 바르게 영작하시오.

1 Listen and Speak 1-A

G: _____

B: _____

G: _____

해석

교과서 84쪽

G: 실례합니다. 도서관에 어떻게 갈 수 있나요?

B: 아, 도서관이요? 길을 건너서 두 블록을 곧장 가세요. 그런 다음 왼쪽으로 도세요.

G: 정말 고마워요.

2 Listen and Speak 1-B

(A phone rings.)

B: _____

G: _____

B: _____

G: _____

B: _____

G: _____

B: _____

G: _____

B: _____

G: _____

교과서 84쪽

(전화벨이 울린다.)

B: 안녕, Emma. 잘 지내니?

G: 안녕, 민수야. 이번 토요일에 한가하니?

B: 응. 왜 묻는 거니?

G: 그럼, 함께 점심 먹는 게 어떠니?

B: 좋아.

G: Ming's라는 새로 생긴 중국 음식점에 가 보자. 학교 근처에 있어.

B: 좋아. 학교에서 거기까지 어떻게 갈 수 있니?

G: 학교에서 나와서 Green Street까지 곧장 가. 왼쪽으로 돌면, 음식점이 왼쪽에 있을 거야.

B: 알겠어. 12시에 만나자.

G: 좋아. 그때 보자.

3 Listen and Speak 1-C

A: _____

B: _____

A: _____

B: _____

A: _____

교과서 84쪽

A: 실례합니다. 우체국에 어떻게 갈 수 있나요?

B: 1st Street까지 곧장 가서 오른쪽으로 도세요. 그것은 오른쪽에 있을 거예요.

A: 여기에서 먼가요?

B: 아니요, 멀지 않아요.

A: 정말 고마워요.

4 Listen and Speak 2-A

G: _____

B: _____

G: _____

B: _____

교과서 85쪽

G: 진호야, 서둘러. 우리 영화 시간에 늦겠어.

B: 응. 영화관까지 가는 데 시간이 얼마나 걸릴까?

G: 버스로 15분 정도 걸릴 거야.

B: 알겠어. 나 거의 준비됐어.

5 Listen and Speak 2-B

교과서 85쪽

B: _____

G: _____

B: _____

G: _____

B: _____

G: _____

B: _____

해석

B: 나는 이번 주 금요일 학교 축제가 정말 기대돼.

G: 나도 그래. 축제를 광고하기 위해 무엇을 할 수 있을까, Andy?

B: 포스터를 만들면 어떨까?

G: 좋은 생각이야. 이 근처에 포스터를 붙일 수 있겠다.

B: 맞아. 포스터를 만드는 데 시간이 얼마나 걸릴까?

G: 음, 세 시간 정도 걸릴 거야.

B: 좋아, 많은 사람들이 축제에 오면 좋겠다.

6 Listen and Speak 2-C

교과서 85쪽

A: _____

B: _____

A: _____

B: _____

A: Chris, 학급 파티를 위해 무엇을 할 거니?

B: 나는 샌드위치를 만들 거야.

A: 좋은 생각이야. 샌드위치를 만드는 데 시간이 얼마나 걸릴까?

B: 아마 한 시간 정도 걸릴 거야.

7 Real Life Talk > Watch a Video

교과서 86쪽

Man: _____

Mina: _____

Man: _____

Mina: _____

Man: _____

Mina: _____

Man: _____

Mina: _____

Man: _____

Mina: _____

Man: 실례합니다. 여기에서 수원 화성까지 어떻게 갈 수 있나요?

Mina: 쉬워요. 저쪽에 버스 정류장 보이세요?

Man: 네, 보여요.

Mina: 11번 버스를 타고 여섯 번째 정류장에서 내리세요.

Man: 그곳에 도착하는 데 시간이 얼마나 걸릴까요?

Mina: 20분 정도 걸릴 거예요.

Man: 정말 고마워요.

Mina: 별말씀을요. 그곳에 축제 때문에 가시는 건가요?

Man: 네. 그 축제가 무척 재미있다고 들었어요.

Mina: 즐거운 시간 보내시길 바라요.

Listen & Speak
고득점 맞기

01 다음 대화의 밑줄 친 부분과 바꿔 쓸 수 없는 것은?

> A: How can I get to the gym?
> B: Go straight to 2nd Street and make a left. It will be on your right.

① Where can I find the gym?
② Do you know where the gym is?
③ Can you show me the way to the gym?
④ Can you tell me how to get to the gym?
⑤ How many stops should I go to the gym?

02 다음 대화의 빈칸에 공통으로 알맞은 것은?

> A: Rachel, what will you do for the class party?
> B: I'll decorate the classroom.
> A: Great idea. How long will it _____ to decorate it?
> B: Maybe it'll _____ about half an hour.

① get   ② make   ③ take
④ have   ⑤ spend

03 다음 대화의 빈칸에 들어갈 말로 알맞은 것은?

> A: Excuse me. How can I get to the museum?
> B: _____
> A: Is it far from here?
> B: No, it's not.
> A: Thank you very much.

① I went there yesterday.
② You can go to the museum.
③ It took about 10 minutes by bus.
④ You can buy the ticket using this machine.
⑤ Cross the street and go straight two blocks. Then make a left.

04 다음 대화에서 A가 가려는 곳의 위치는?

> A: Excuse me. How can I get to the police station?
> B: Go straight to 2nd Street and make a left. It will be on your right.
> A: Thank you very much.

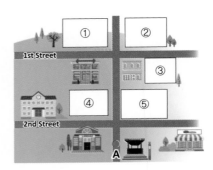

[05-06] 다음 대화를 읽고, 물음에 답하시오.

> A: I'm so excited about the school festival this Friday.
> B: Me, too. _____ can we do to advertise it, Andy?
> A: _____ making posters?
> B: Great idea. We can post them in our neighborhood.
> A: Right. _____ will it take to make them?
> B: Well, it will take about three hours.
> A: Okay, I hope many people come to the festival.

05 위 대화의 빈칸에 들어갈 말이 순서대로 짝 지어진 것은?

① How – How about – Where
② How – How long – How many
③ What – How long – How many
④ What – How about – How long
⑤ Where – How much – How long

06 위 대화를 읽고, 답할 수 없는 질문은?

① What does Andy hope?
② What will be held this Friday?
③ Where can they post their posters?
④ Why are they going to make posters?
⑤ What are they going to do at the school festival?

07 다음 상황을 읽고, 주어진 단어를 사용해 대화를 완성하시오.

> Chris and Rachel want to do something for the class party. Chris wants to make sandwiches and Rachel likes the idea. Rachel wonders how much time it will take to make sandwiches.

Rachel: Chris, what will you do for the class party?
Chris: I'll _____. (make)
Rachel: Great idea. _____
_____ (long, take)
Chris: Maybe it'll take about an hour.

08 다음 메모의 내용과 일치하도록 대화의 빈칸에 알맞은 말을 쓰시오.

- 목적지: 남대문 시장
- 가는 방법: 11번 버스를 타고 다섯 번째 정류장에서 내린다.
- 소요 시간: 약 20분

A: Excuse me. How can I get to Namdaemun Market from here?
B: It's easy. Do you see the bus stop over there?
A: Yes, I do.
B: (1) _____ and get off at the fifth stop.
A: How long will it take to get there?
B: (2) _____
A: Thank you very much.

[09-10] 다음 대화를 읽고, 물음에 답하시오.

A: Minsu, how about having lunch together this Saturday?
B: Sure.
A: Let's try the new Chinese restaurant, Ming's. It's near the school.
B: Okay. How can I get there from the school?
A: _____
B: All right. Let's meet at 12 o'clock.
A: Wonderful. See you then.

09 다음 그림에 표시된 이동 경로를 참고하여 위 대화의 빈칸에 알맞은 말을 완성하시오. ([보기]의 단어를 모두 사용할 것)

[보기]   come out   go   left   straight

A: _____
Make _____, and the restaurant will be on your left.

10 위 대화의 내용과 일치하도록 [조건]에 맞게 질문에 답하시오.

> [조건]   1. 장소를 포함하여 답할 것
>   2. 주어와 동사를 포함한 완전한 문장으로 답할 것

Q: What are they going to do this Saturday?
A: _____
_____

01 다음 문장의 빈칸에 들어갈 말로 알맞지 <u>않은</u> 것은?

> It is _____ to help people in danger.

① difficult ② hardly ③ possible
④ necessary ⑤ important

02 다음 문장의 빈칸에 들어갈 말로 알맞은 것은?

> She saw people _____ music on the streets.

① play ② played ③ plays
④ to play ⑤ have played

03 다음 우리말을 영어로 옮길 때 다섯 번째로 오는 단어는?

> 유나는 그 새들이 하늘에서 날고 있는 것을 보았다.

① in ② sky ③ saw
④ birds ⑤ flying

한 단계 │ 더!

04 다음 중 빈칸에 들어갈 말이 나머지와 다른 하나는?

① It was easy _____ me to find the house.
② It's hard _____ him to solve the problem.
③ It is difficult _____ her to read this book.
④ It is impossible _____ us to get there in time.
⑤ It is very kind _____ you to invite us to the party.

05 다음 문장의 빈칸에 들어갈 수 있는 것을 <u>모두</u> 고르면?

> Can you see my friends _____ on the street?

① dancing
② picking up trash
③ to help people
④ ate sandwiches
⑤ to playing beautiful music

06 다음 중 밑줄 친 부분의 쓰임이 나머지와 <u>다른</u> 것은?

① <u>It</u>'s nice to meet you.
② <u>It</u> was true that I told a lie.
③ <u>It</u>'s impossible to live without air.
④ <u>It</u> is just around the corner.
⑤ <u>It</u> is natural for us to ask someone's age.

07 다음 우리말을 영어로 옮긴 것 중 <u>틀린</u> 것은?

① 정기적으로 의사의 진찰을 받는 것은 중요하다.
→ It is important to see a doctor regularly.
② 야구 경기를 보는 것은 재미있다.
→ It is fun to watch baseball games.
③ 그가 시험을 통과할 것이 확실하다.
→ It's certain that he will pass the exam.
④ 그녀가 어제 그 책을 산 것은 사실이었다.
→ It was true to she bought the book yesterday.
⑤ 8시 전에 그곳에 도착하는 것은 불가능하다.
→ It's impossible to get there before eight.

[08-09] 다음 중 어법상 옳은 것을 고르시오.

한 단계 더!

08 ① It's certain to Mark isn't here.

② It was foolish of her to forget her homework.

③ It was really nice that hear from you again.

④ It is hard of me to read without my glasses.

⑤ It's important to wearing a helmet when you go inline skating.

고 난도

09 ① Mr. White told us not be late for school.

② We saw the monkey climbed the tree.

③ Jenny wanted me come to the party.

④ Tim smelled potatoes burning in the kitchen.

⑤ I heard someone to yell in the middle of the night.

신 유형 한 단계 더!

10 다음 중 빈칸에 for가 들어갈 수 있는 문장의 개수는?

- It's interesting _____ me to learn a new language.
- It is not necessary _____ you to wear a necktie.
- It was very kind _____ you to visit me when I was ill.
- It's important _____ children to learn about history.
- It was careless _____ you to leave your umbrella on the bus.

① 1개　　② 2개　　③ 3개　　④ 4개　　⑤ 5개

11 다음 문장의 빈칸에 들어갈 말이 순서대로 짝 지어진 것은?

- Jessica asked her friend _____ her dog.
- John felt someone _____ his back.
- I heard you _____ some noise in the library.

① walk – push – make

② walk – pushing – make

③ walking – push – making

④ to walk – push – make

⑤ to walk – to push – making

고 난도

12 다음 중 어법상 옳은 문장끼리 짝 지어진 것은?

ⓐ Did you hear her shouting?

ⓑ I could see your lips to move.

ⓒ It is dangerous to travel alone.

ⓓ It is certain that he will come back soon.

ⓔ It was wonderful meet many old friends.

① ⓐ, ⓑ　　② ⓐ, ⓒ, ⓓ　　③ ⓑ, ⓒ, ⓔ

④ ⓑ, ⓔ　　⑤ ⓒ, ⓓ, ⓔ

13 다음 중 밑줄 친 부분을 어법에 맞게 고친 것이 **틀린** 것은?

① It's not easy for the boy <u>use</u> chopsticks.

(→ to use)

② My mom told me <u>not tell</u> a lie.

(→ not to tell)

③ I heard the front door <u>to open</u> last night.

(→ opening)

④ Dean watched the boys <u>chased</u> each other.

(→ to chase)

⑤ It is important for me <u>be</u> honest.

(→ to be)

서술형

14 다음 우리말과 같도록 괄호 안의 말과 to부정사를 사용하여 문장을 완성하시오.

(1) 한자를 쓰는 것은 쉽지 않다.

→ It _____ Chinese characters. (easy, write)

(2) 네가 그렇게 말해 주다니 친절하구나.

→ It _____ so. (kind, say)

(3) 내가 너만큼 빨리 걷는 것은 불가능하다.

→ It _____ as fast as you. (impossible, walk)

15 다음 괄호 안의 단어들을 바르게 배열하여 대화를 완성하시오.

(1)
A: Listen. _____

(coming, a car, hear, I)

B: It must be Martin.

(2)
A: What's happening? _____

(burning, I, smell, something)

B: Oops! I forgot my toast.

신/유형
16 다음 표를 보고, 주어진 [조건]에 맞게 문장을 쓰시오.

[조건] 1. 가주어 It과 진주어 to부정사구를 쓸 것
       2. 현재시제로 쓸 것

	not easy	difficult	exciting
(1) climb the mountain	○		
(2) finish the project		○	
(3) ride a horse			○

(1) _____

(2) _____

(3) _____

17 다음 질문에 대한 답으로 그림을 묘사하는 문장을 4개 쓰시오. (지각동사를 포함한 5형식 문장으로 쓸 것)

Q: What can you see?

A: (1) _____

(2) _____

(3) _____

(4) _____

곡/산도
18 다음 대화를 읽고, 조사 내용에 관한 보고서를 완성하시오. (지각동사를 포함한 5형식 문장으로 쓸 것)

Officer: This morning someone broke the window of the bakery. Did you see or hear anything this morning?

Cindy: I saw two boys. They ran down the street.

Dave: I heard a song. Someone sang a song loudly.

Jina: I smelled cookies. Ms. Jackson baked cookies.

Report

• Cindy _____.

• Dave _____.

• Jina _____.

다음 우리말과 일치하도록 각 문장을 바르게 영작하시오.

01
_____

홀리, 색의 축제

02
_____

인도 델리의 Amala

03
_____

홀리는 우리나라에서 가장 인기 있는 축제예요.

04
_____

그것은 보통 3월에 있어요.

05
_____

☆ 축제 기간 동안, 우리는 추운 겨울에게 작별 인사를 하고 따뜻한 봄을 맞는 인사를 해요.

06
_____

우리는 이틀 동안 어디서나 축제를 기념해요.

07
_____

첫째 날, 사람들은 밤에 큰 모닥불 주변에 모여 노래하고 춤을 춰요.

08
_____

주요 행사는 다음 날에 시작돼요.

09
_____

어린이들과 어른들이 'gulal'을 지니고 서로를 쫓아다녀요.

10
_____

'gulal'이 무엇이냐고요?

11
_____

그것은 파랑, 노랑, 초록, 분홍의 가루예요.

12
_____

☆ 주변을 뛰어다니며 형형색색의 가루를 모든 사람들에게 던지는 것은 정말 재미있어요.

13
_____

우리는 거리 행진에도 참가해요!

14
_____

백야 축제

15
_____

러시아 상트페테르부르크의 Victor

16
_____

'백야'에 대해 들어 본 적이 있나요?

17
_____

매년 여름, 이 놀라운 일이 제 고향에서 일어나요.

18

_____

☆ 밤하늘이 완전히 어두워지지 않아요.

19

_____

그 기간 동안, 우리는 백야 축제를 열어요.

20

_____

☆ 축제는 보통 5월에 시작되고 약 한 달 동안 지속돼요.

21

_____

축제 기간 동안, 거의 매일 밤 발레나 오페라 공연이 있어요.

22

_____

가장 인기 있는 행사는 '붉은 돛' 축하 행사예요.

23

_____

빨간 돛을 단 배가 강 위에 서서히 나타나요.

24

_____

곧, 불꽃놀이가 시작되고 물 쇼가 이어져요.

25

_____

☆ 여러분은 또한 음악가들이 아름다운 라이브 음악을 연주하는 것을 들을 수 있어요.

26

_____

키루나 눈 축제

27

_____

스웨덴 키루나의 Ebba

28

_____

겨울은 키루나 눈 축제 때문에 제가 가장 좋아하는 계절이에요.

29

_____

☆ 축제는 1월 마지막 주에 시작해서 5일이나 6일 동안 계속돼요.

30

_____

가장 큰 행사는 눈 디자인 대회예요.

31

_____

예술가들이 거대한 눈 덩어리를 동물, 건물, 그리고 다른 아름다운 작품으로 만들어요.

32

_____

☆ 사람들은 예술가들이 그들의 작품을 만드는 것을 처음부터 끝까지 지켜봐요.

33

_____

제가 가장 좋아하는 활동은 개 썰매 타기예요.

34

_____

☆ 개 썰매를 타고 눈 세상을 날아가는 것은 정말 놀라워요.

고득점 맞기

[01-04] 다음 글을 읽고, 물음에 답하시오.

> Amala from Delhi, India
>
> Holi is the most popular festival in my country. It is usually in March. ___(A)___ the festival, we say goodbye to cold winter and hello to warm spring. We celebrate the festival everywhere ___(B)___ two days. (①) On the first day, people gather around a big fire at night and sing and dance. (②) The main event begins the next day. (③) Children and adults chase each other with *gulal*. (④) It is blue, yellow, green and pink powder. (⑤) It's a lot of fun ⓐrun around and throw colorful powder at everyone. We also join street parades!

01 윗글의 ①~⑤ 중 주어진 문장이 들어갈 알맞은 곳은?

> What is *gulal*?

①   ②   ③   ④   ⑤

02 윗글의 제목을 다음과 같이 쓸 때, 빈칸에 들어갈 말로 가장 알맞은 것은?

> Holi, the Festival of _____

① Winter
② Colors
③ Big Fire
④ Street Parades
⑤ Song and Dance

03 윗글의 밑줄 친 ⓐrun의 형태로 알맞은 것은?

① run
② ran
③ running
④ to run
⑤ to running

04 윗글의 빈칸 (A)와 (B)에 들어갈 말이 순서대로 짝 지어진 것은?

① For – during
② About – during
③ During – for
④ During – about
⑤ With – about

[05-08] 다음 글을 읽고, 물음에 답하시오.

> Victor from St. Petersburg, Russia
>
> Have you ①heard of the *White Nights*? Every summer, this amazing thing happens in my hometown. The night sky does not get completely dark. During that time, we hold the White Nights Festival. It usually starts in May and ⓐlasts ②for about a month. During the festival, there ③are a ballet or an opera almost every night.
>
> The most popular event is the Scarlet Sails celebration. A boat with red sails slowly appears on the river. Soon, fireworks begin and a water show ④follows. You can also hear musicians ⑤played beautiful live music.

05 윗글의 밑줄 친 ①~⑤ 중 어법상 틀린 부분을 바르게 고쳐 쓴 것을 모두 고르면?

① heard → hear
② for → during
③ are → is
④ follows → follow
⑤ played → playing

06 윗글의 밑줄 친 ⓐlasts와 같은 의미로 쓰인 것은?

① Her house is the last one on the left before the traffic lights.

② He who laughs last laughs longest.

③ I don't think the rain will last long.

④ Last night, they stayed at home and watched TV.

⑤ They've lived in this building for the last three years.

07 윗글에서 언급된 행사가 아닌 것은?

① a ballet

② an opera

③ a boat cruise

④ fireworks

⑤ a water show

08 윗글을 읽고 답할 수 없는 질문은?

① Where does the White Nights Festival take place?

② When does the *White Nights* happen?

③ What happens to the night sky during the *White Nights*?

④ How long does the White Nights Festival last?

⑤ Which costumes do people wear during the White Nights Festival?

[09-11] 다음 글을 읽고, 물음에 답하시오.

Ebba from Kiruna, Sweden

Winter is my favorite season because of the Kiruna Snow Festival. The festival starts in the last week of January and goes on for five or six days. The largest event is the snow design competition. The artists ⓐshape huge piles of snow into animals, buildings, and other beautiful artworks. People watch the artists ⓑshape their works from beginning to end. My favorite activity is the dog sled ride. (A)It is amazing to fly through a world of snow on a dog sled.

09 윗글의 밑줄 친 ⓐ와 ⓑ의 shape를 알맞은 형태로 쓰시오.
(ⓐ와 ⓑ의 형태를 다르게 쓸 것)

ⓐ _____   ⓑ _____

10 윗글의 밑줄 친 (A)It과 쓰임이 같은 것은?

① What time is it, Nick?

② It is exciting to ride a horse.

③ I can't find my phone. Do you know where it is?

④ It was October, so it was quite cold.

⑤ It was 4 o'clock, but the mail still hadn't come.

11 윗글의 내용과 일치하지 않는 것은?

① The Kiruna Snow Festival is held in Kiruna, Sweden.

② The festival ends within one week.

③ There is only one event in the festival.

④ The artists create beautiful artworks with snow.

⑤ People can ride on dog sleds.

[12-13] 다음 글을 읽고, 물음에 답하시오.

Amala from Delhi, India

Holi is the most popular festival in my country. It is usually in March. During the festival, we say goodbye to cold winter and hello to warm spring. We celebrate the festival everywhere for two days. On the first day, people gather around a big fire at night and sing and dance. The main event begins the next day. Children and adults chase each other with *gulal*. What is *gulal*? It is blue, yellow, green and pink powder. It's a lot of fun to run around and throw colorful powder at everyone. We also join street parades!

12 윗글의 내용과 일치하도록 다음 질문에 완전한 영어 문장으로 답하시오.

Q: How long does the festival last?

A: _____

13 윗글의 내용을 바탕으로 축제 광고문을 완성하시오.

_____, the Festival of Colors
Visit _____ from _____ 24 to 25.
〈Event〉
1st day: Enjoy _____ _____ _____ at night. Sing and dance around the fire.
2nd day: _____ colorful powder at people! Join street parades.

[14-15] 다음 두 글을 읽고, 물음에 답하시오.

(A) Have you heard of the *White Nights*? Every summer, this amazing thing happens in my hometown. The night sky does not get completely dark. During that time, we hold the White Nights Festival. It usually starts in May and lasts for about a month. During the festival, there is a ballet or an opera almost every night.

The most popular event is the Scarlet Sails celebration. A boat with red sails slowly appears on the river. Soon, fireworks begin and a water show follows. You can also hear musicians playing beautiful live music.

(B) Winter is my favorite season because of the Kiruna Snow Festival. The festival starts in the last week of January and goes on for five or six days. The largest event is the snow design competition. The artists shape huge piles of snow into animals, buildings, and other beautiful artworks. People watch the artists shaping their works from beginning to end. My favorite activity is the dog sled ride. It is amazing to fly through a world of snow on a dog sled.

신유형

14 윗글의 내용과 일치하지 <u>않는</u> 문장을 골라 기호를 쓰고 바르게 고쳐 쓰시오.

ⓐ Each writer is introducing a festival.
ⓑ The two festivals are held in the same season.
ⓒ The White Nights Festival includes the Scarlet Sails celebration.
ⓓ You can ride a dog sled during the Kiruna Snow Festival.

(   ) → _____

_____

15 다음 상황을 읽고, Ann에게 윗글에 나온 축제 중 한 곳을 방문할 것을 권유하는 문장을 쓰시오.

Ann is an active girl. She enjoys various outdoor activities. During the winter vacation, she wants to go to a wonderful festival.

You: _____

_____

01 다음 빈칸에 알맞은 말을 [조건]에 맞게 쓰시오.

They say the snow will _____ until the end of next week.

[조건] 1. The word starts with "l."
2. The word has four letters.
3. The word means "to continue in time."

02 다음 밑줄 친 단어를 포함하는 문장을 [조건]에 맞게 쓰시오.

We hold an election for a class president every year.

[조건] 1. 주어진 문장의 hold와 같은 의미로 쓸 것
2. 주어와 동사를 포함한 완전한 문장으로 쓸 것

_____

[03-04] 다음 대화를 읽고, 물음에 답하시오.

A: Hi, Emma. What's up?
B: Hey, Minsu. (1) _____
A: Yes. Why do you ask?
B: (2) _____
A: Sure.
B: Let's try the new Chinese restaurant, Ming's. It's near the school.
A: Okay. (3) _____
B: Come out from the school and go straight to Green Street. Make a left, and the restaurant will be on your left.
A: All right. Let's meet at 12 o'clock.
B: Wonderful. See you then.

03 위 대화의 빈칸에 들어갈 알맞은 말을 [보기]에서 골라 쓰시오.

[보기] What do you do in your free time?
Are you free this Saturday?
How can I get there from the school?
How long will it take to get there?
How about having lunch together?

(1) _____
(2) _____
(3) _____

04 위 대화의 내용을 바탕으로 다음 질문에 대한 민수의 답을 완성하시오.

Q: How can you get to the Chinese restaurant, Ming's?
Minsu: I will _____ and _____ _____. I'll _____.
Then I'll see the restaurant _____.

[05-06] 다음 대화를 읽고, 물음에 답하시오.

Man: Excuse me. How can I get to Suwon Hwaseong from here?
Mina: It's easy. Do you see the bus stop over there?
Man: Yes, I do.
Mina: Take the No. 11 bus and get off at the sixth stop.
Man: How long will it take to get there?
Mina: It will take about 20 minutes.
Man: Thank you very much.
Mina: No problem. Are you going there for the festival?
Man: Yes. I heard it's a lot of fun.
Mina: I hope you have a great time.

05 위 대화의 내용을 바탕으로 남자가 쓴 여행 일지를 완성하시오.

> May 12
> I visited (1) _____ today.
> I (2) _____ and got off at
> the (3) _____ . It took (4) _____
> _____ to get there by bus. I took part
> in the festival there and had a lot of fun.

06 위 대화의 내용과 일치하도록 다음 질문에 완전한 문장으로 답하시오.

> Q: How did the man find out the way to Suwon Hwaseong?
> A: _____
> _____

[07-08] 다음 지도를 보고, 물음에 답하시오.

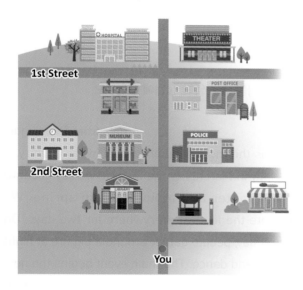

07 다음 [조건]에 맞게 대화의 빈칸에 알맞은 말을 쓰시오.

> [조건] 1. 괄호 안의 단어들을 사용할 것
>   2. 7단어로 된 문장을 쓸 것

> A: Excuse me. _____
>   (can, get)
> B: Go straight to 1st Street and make a right. It will be on your left.

08 다음 문장의 빈칸에 알맞은 말을 쓰시오.

> If you go straight two blocks and make a left,
> the _____ will be on your right.

09 다음 상황을 읽고, James가 할 말을 괄호 안의 단어들을 사용하여 쓰시오.

> Rachel and James want to do something for the class party. Rachel wants to decorate the classroom and James likes the idea. James wonders how much time it will take to decorate the classroom. In this situation, what would James ask Rachel?

> James: _____
>   (long, will, take)

10 다음 대화를 읽고, [조건]에 맞게 문장을 완성하시오.

> [조건] 1. 대화 내용과 일치하도록 문장을 완성할 것
>   2. 가주어 It과 진주어 to부정사구가 있는 문장을 완성할 것

(1)
> A: Hojin, what do you think about doing homework?
> B: I think it is important.

> → It is _____ for Hojin _____.

(2)
> A: Olivia, can you stay under water for 4 minutes?
> B: No, I can't. It's impossible.

> → _____ for Olivia _____
> _____.

11 다음 우리말과 같도록 [조건]에 맞게 영작하시오.

> [조건] 1. see, play, feel, hear, water, touch 중 단어를 두 개씩 사용할 것
> 2. 지각동사가 쓰인 5형식 문장을 완성할 것
> 3. 시제에 유의할 것

(1) Ann은 그녀의 아버지가 꽃들에 물을 주는 것을 보았다.

→ _____

(2) Max는 Hana가 피아노를 치는 것을 들었다.

→ _____

(3) Andy는 누군가가 그의 어깨를 건드리는 것을 느꼈다.

→ _____

12 다음은 한국 여행을 마친 외국인들의 의견을 정리한 표이다. 표의 내용을 나타내는 문장을 [조건]에 맞게 완성하시오.

> [조건] 가주어 It과 진주어 to부정사구가 쓰인 문장을 완성할 것

activities	opinions
making kimchi	interesting
using chopsticks	not easy
visiting Gyeongju	wonderful

(1) _____ was _____ .
(2) _____
(3) _____

13 다음 [조건]에 맞게 문장을 완성하시오.

> [조건] 1. 앞뒤 문맥상 의미가 통하도록 쓸 것
> 2. 지각동사가 쓰인 5형식 문장을 완성할 것
> 3. 3개의 문장에 각각 다른 지각동사를 쓸 것

(1) I watched _____ .
(2) I heard _____ .
(3) _____

14 다음 글을 읽고, 주어진 질문에 완전한 문장으로 답하시오.

> I live in Gangneung. There are beautiful beaches in my neighborhood. It's a lot of fun to swim at the beach. There is a famous hanok in Gangneung. It is called Ojukheon. Yulgok was born there. The most famous food in Gangneung is potato tteok. It is soft and sweet. Come and enjoy Gangneung!

(1) Q: What is the famous hanok called in Gangneung?

A: _____

(2) Q: What is the most famous food in Gangneung? How does it taste?

A: _____

[15-16] 다음 글을 읽고, 물음에 답하시오.

> Amala from Delhi, India
> Holi is the most popular festival in my country. It is usually in March. For the festival, we say goodbye to cold winter and hello to warm spring. We celebrate the festival everywhere for two days. On the first day, people gather around a big fire at night and sing and dance. The main event begins the next day. Children and adults chase each other with *gulal*. What is *gulal*? It is blue, yellow, green and pink powder. It's a lot of fun that run around and throw colorful powder at everyone. We also join street parades!

15 윗글에서 어법상 틀린 부분을 두 군데 찾아 바르게 고쳐 쓰시오.

(1) _____ → _____
(2) _____ → _____

16 윗글의 내용을 바탕으로 홀리 축제에 대한 다음 글을 완성하시오.

Holi is a festival for celebrating _____ in India. It is held for _____ _____ in March. The main event in Holi is throwing *gulal*, _____ _____, at people.

[17-18] 다음 글을 읽고, 물음에 답하시오.

Ebba from Kiruna, Sweden

Winter is my favorite season because of the Kiruna Snow Festival. The festival starts in the last week of January and goes on for five or six days. The largest event is the snow design competition. The artists shape huge piles of snow into animals, buildings, and other beautiful artworks. 사람들은 예술가들이 그들의 작품을 만드는 것을 처음부터 끝까지 지켜봐요. My favorite activity is the dog sled ride. It is amazing to fly through a world of snow on a dog sled.

17 윗글의 밑줄 친 우리말과 같도록 [보기]에서 필요한 단어만 골라 순서대로 배열하여 문장을 쓰시오.

[보기] people, hear, watch, the artists, the musicians, shaping, painting, their works, from, to, end, last, first, beginning

[조건] 지각동사를 포함하여 5형식 문장으로 쓸 것

→ _____

_____

18 윗글의 내용과 일치하도록 다음 질문에 완전한 영어 문장으로 답하시오.

(1) **Q**: What do the artists do during the snow design competition?

　A: _____

_____

(2) **Q**: What is Ebba's favorite activity in the festival?

　A: _____

[19-20] 다음 글을 읽고, 물음에 답하시오.

Victor from St. Petersburg, Russia

Have you heard of the *White Nights*? Every summer, this amazing thing happens in my hometown. The night sky does not get completely dark. During that time, we hold the White Nights Festival. 그것은 보통 5월에 시작되고 약 한 달 동안 지속된다. During the festival, there is a ballet or an opera almost every night.

The most popular event is the Scarlet Sails celebration. A boat with red sails slowly appears on the river. Soon, fireworks begin and a water show follows. You can also hear musicians playing beautiful live music.

19 윗글의 밑줄 친 우리말과 일치하도록 괄호 안의 말을 사용하여 문장을 쓰시오.

→ _____

(usually, start, last, about)

20 윗글의 내용을 바탕으로 다음 대화를 완성하시오.

Yumi: I'm planning to visit St. Petersburg in Russia this summer. Can you recommend what to enjoy there?

Victor: Sure. (1) _____ takes place there in summer. You can enjoy (2) _____ almost every night. You can also enjoy the Scarlet Sails celebration.

Yumi: What is the Scarlet Sails celebration?

Victor: It's (3) _____ in the festival. After (4) _____ with red sails appears on the river, you can enjoy (5) _____ and a water show.

01 다음 중 짝 지어진 두 단어의 관계가 <u>다른</u> 것은? [3점]

① chase – follow
② almost – nearly
③ adult – grown-up
④ completely – totally
⑤ soft – hard

02 다음 빈칸에 공통으로 들어갈 말로 알맞은 것은? [4점]

> • Can you _____ the bag while I open the door?
> • The band is going to _____ a concert in New York.

① join   ② ring   ③ ride
④ hold   ⑤ save

03 다음 빈칸에 들어갈 말이 순서대로 짝 지어진 것은? [4점]

> • _____. There's no time to waste.
> • You must not _____ the train while it's moving.

① Hurry up – go on
② Hurry up – get off
③ Get well – climb up
④ Hold your breath. – go on
⑤ Hold your breath. – get off

04 다음 밑줄 친 단어의 영어 뜻풀이로 알맞은 것은? [4점]

> The city has a <u>parade</u> every 4th of July.

① a special day or period when people celebrate something
② a display in which fireworks are exploded
③ an event or contest in which people compete
④ a formal walk or march in public to celebrate something
⑤ a large piece of cloth that catches the wind on a ship or boat

05 다음 대화의 밑줄 친 부분의 의도로 알맞은 것은? [3점]

> **A:** <u>How long will it take to make sandwiches?</u>
> **B:** Maybe it'll take about an hour.

① 길이 묻기   ② 거리 묻기
③ 방법 묻기   ④ 소요 시간 묻기
⑤ 체류 기간 묻기

06 자연스러운 대화가 되도록 (A)~(E)를 바르게 배열한 것은? [4점]

> (A) No, it's not.
> (B) Excuse me. How can I get to the post office?
> (C) Thank you very much.
> (D) Is it far from here?
> (E) Go straight to 1st Street and make a right. It will be on your right.

① (B)–(D)–(A)–(E)–(C)
② (B)–(E)–(D)–(A)–(C)
③ (D)–(A)–(C)–(B)–(E)
④ (E)–(B)–(D)–(C)–(A)
⑤ (E)–(D)–(B)–(A)–(C)

[07-08] 다음 대화를 읽고, 물음에 답하시오.

> *(A phone rings.)*
> A: Hi, Emma. What's up?
> B: Hey, Minsu. Are you free this Saturday?
> A: Yes. Why do you ask?
> B: Well, how about having lunch together?
> A: Sure.
> B: Let's try the new Chinese restaurant, Ming's. It's near the school.
> A: Okay. _____
> B: Come out from the school and go straight to Green Street. Make a left, and the restaurant will be on your left.
> A: All right. Let's meet at 12 o'clock.
> B: Wonderful. See you then.

07 위 대화의 빈칸에 들어갈 말로 알맞은 것은? [3점]

① How was your vacation?
② How much did you pay for the books?
③ How can I get there from the school?
④ How can I get there from my house?
⑤ Can you tell me the way to the school?

08 위 대화를 읽고 알 수 <u>없는</u> 것을 모두 고르면? [3점]

① 점심을 먹기로 한 장소
② 민수의 현재 위치
③ 만나기로 한 시간
④ Ming's 식당의 위치
⑤ Ming's 식당까지 가는 데 걸리는 시간

서술형 **1**

09 다음 그림을 보고, 대화의 빈칸에 알맞은 말을 쓰시오. [4점]

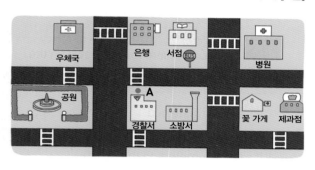

> A: Can you show me the way to the bookstore?
> B: (1) _____ the street and make a (2) _____. Go straight (3) _____ and make a (4) _____. Go straight some more, and it will be on your (5) _____.

서술형 **2**

10 다음 대화를 읽고, James의 말을 완성하시오. [4점]

> A: James, what will you do for the class party?
> B: I'll clean the classroom.
> A: Great idea. How much time will it take?
> B: Maybe it'll take about half an hour.

James: I will _____ for the class party.
It'll _____ to clean it.

서술형 **3**

11 괄호 안의 말을 사용하여 다음 대화의 빈칸에 알맞은 말을 쓰시오. [각 2점]

(1) A: _____ finish your homework? (how, take)
B: It will take about thirty minutes.
(2) A: _____ Gyeongbokgung? (how, get to)
B: Take the subway Line No. 3 and get off at Gyeongbokgung Station.

12 다음 문장의 밑줄 친 부분의 쓰임이 [보기]와 같은 것을 모두 고르면? [4점]

> [보기] It is convenient to read news on the Internet.

① It's time to go to bed.
② It is certain that she's rich.
③ It's two kilometers to the beach.
④ It was rude to say such a thing.
⑤ It's a letter from my grandmother.

13 다음 문장의 빈칸에 들어갈 말로 알맞은 것은? [4점]

> Mina _____ Jessica laughing at lunch time.

① asked　　② told　　③ heard
④ wanted　　⑤ expected

서술형 4

14 다음 우리말과 같도록 괄호 안의 말을 사용하여 문장을 완성하시오. [각 3점]

(1) 좋은 친구를 사귀는 것은 중요하다. (important, make)
→ It is _____.

(2) 너를 그곳에서 본 것은 정말 좋았다. (wonderful, see)
→ It _____ there.

서술형 5

15 다음 [조건]에 맞게 대화를 완성하시오. [5점]

> [조건] 1. 대화의 흐름에 맞게 알맞은 말을 쓸 것
> 　　　 2. 대화 속 표현을 변형 없이 사용할 것

> A: Did someone come in?
> B: No, I didn't see anyone.
> A: But I heard you _____ someone.
> B: Oh, I was talking to Sam on the phone.

[16-19] 다음 글을 읽고, 물음에 답하시오.

> ### Holi, the Festival of Colors
> Holi is the most popular festival in my country. It is usually in March. (A) For / During the festival, we say goodbye to cold winter and hello to warm spring. We ⓐcelebrate the festival everywhere for two days. (B) In / On the first day, people gather around a big fire at night and sing and dance. The main event begins the next day. Children and adults ⓑchase each other (C) for / with gulal. What is gulal? It is blue, yellow, green and pink powder. It's a lot of fun to ⓒrun around and ⓓthrow colorful powder at everyone. We also ⓔjoin street parades!

16 윗글의 (A)~(C)에서 알맞은 말이 순서대로 짝 지어진 것은? [4점]

　　　(A)　　　(B)　　　(C)
① For　　–　In　　–　with
② For　　–　On　　–　for
③ During　–　In　　–　with
④ During　–　On　　–　for
⑤ During　–　On　　–　with

17 다음 영어 뜻풀이에 해당하는 단어를 윗글의 밑줄 친 ⓐ~ⓔ에서 고르면? [4점]

> to follow and try to catch someone or something

① ⓐ　　② ⓑ　　③ ⓒ　　④ ⓓ　　⑤ ⓔ

서술형 6

18 윗글의 내용과 일치하도록 다음 질문에 대한 답을 완성하시오. [5점]

(1) Q: Why do people celebrate Holi?
A: They celebrate it to say goodbye to _____ _____ and hello to _____ _____.

(2) Q: What is the main event in Holi?
A: _____ _____, colorful powder, at people is the main event.

19 윗글의 내용과 일치하는 것은? [5점]

① Holi is held at the beginning of the winter.
② People say goodbye to each other during the festival.
③ People celebrate the festival for two days.
④ *Gulal* is not necessary for celebrating Holi.
⑤ You can enjoy throwing powder at people on the first day of the festival.

[20-22] 다음 글을 읽고, 물음에 답하시오.

①Have you heard of the *White Nights*? ②Every summer, this amazing thing happens in my hometown. The night sky does not get @completely dark. ③The sun is hidden behind the moon in this season. ④During that time, we hold the White Nights Festival. ⑤It usually starts in May and lasts for about a month. During the festival, there is a ballet or an opera almost every night. The most popular event is the Scarlet Sails celebration. A boat with red sails slowly appears on the river. Soon, fireworks begin and a water show follows. You can also hear musicians playing beautiful live music.

20 윗글의 ①~⑤ 중 흐름상 관계없는 것은? [4점]

①   ②   ③   ④   ⑤

21 윗글의 밑줄 친 @와 바꿔 쓸 수 있는 것은? [3점]

① partly   ② slowly   ③ hardly
④ totally   ⑤ carefully

서술형**7**

22 What can we enjoy at the Scarlet Sails celebration? Answer in two sentences. [4점]

→ _____

_____

[23-24] 다음 글을 읽고, 물음에 답하시오.

Winter is my favorite season @because of the Kiruna Snow Festival. The festival starts ⓑin the last week of January and ⓒgoes on for five or six days. The largest event is the snow design competition. The artists shape huge ⓓpiles of snow into animals, buildings, and other beautiful artworks. People watch the artists ___(A)___ their works ⓔfrom beginning to end. My favorite activity is the dog sled ride. It is amazing ___(B)___ through a world of snow on a dog sled.

23 윗글의 밑줄 친 @~ⓔ의 우리말 뜻으로 알맞지 않은 것은? [3점]

① @: ~ 때문에   ② ⓑ: 마지막 주에
③ ⓒ: 앞서 가다   ④ ⓓ: 눈 덩어리
⑤ ⓔ: 처음부터 끝까지

24 윗글의 빈칸 (A)와 (B)에 들어갈 말이 바르게 짝 지어진 것은? [4점]

① shape – fly   ② shape – will fly
③ shaping – fly   ④ shaping – to fly
⑤ shaped – to fly

서술형**8**

25 다음 글을 읽고, 어법상 틀린 문장을 찾아 바르게 고쳐 문장을 다시 쓰시오. [5점]

I live in Gangneung. There are beautiful beaches in my neighborhood. There is a lot of fun to swim at the beach. There is a famous hanok in Gangneung. It is called Ojukheon. Yulgok was born there. The most famous food in Gangneung is potato tteok. It is soft and sweet. Come and enjoy Gangneung!

→ _____

01 다음 영어 뜻풀이에 해당하는 단어는? [4점]

> to continue in time

① last ② throw ③ chase
④ gather ⑤ decorate

02 다음 밑줄 친 부분의 우리말 뜻이 알맞은 것은? [3점]

① The girls looked at each other.
   (각자 다르게)
② Make a right at the second traffic lights.
   (오른쪽에 두다)
③ Come on boys, hurry up and finish your food.
   (달리다)
④ He sat down next to me in the restaurant.
   (~ 옆에)
⑤ You had better go and speak to him in person.
   (대신)

03 다음 빈칸에 들어갈 말이 순서대로 짝 지어진 것은? [4점]

> • It's important to exercise _____.
> • There is a _____ of sand in the garden.
> • We stayed at Grandma's for _____ a week.

① regular – piece – almost
② regular – pile – during
③ regularly – piece – during
④ regularly – pile – almost
⑤ regularly – pile – during

04 다음 대화의 빈칸에 들어갈 수 <u>없는</u> 것은? [4점]

> A: _____
> B: Cross the street and make a left. It will be on your right.

① Where can I find the hospital?
② How far is the hospital from here?
③ Do you know where the hospital is?
④ Can you show me the way to the hospital?
⑤ Can you tell me how to get to the hospital?

[05-06] 다음 대화를 읽고, 물음에 답하시오.

> Man: Excuse me. _____ can I get to Suwon Hwaseong from here?
> Mina: It's easy. Do you see the bus stop over there?
> Man: Yes, I do.
> Mina: Take the No. 11 bus and get off at the sixth stop. (①)
> Man: _____ long will it take to get there?
> Mina: It will take about 20 minutes. (②)
> Man: Thank you very much. (③)
> Mina: No problem. (④) Are you going there for the festival?
> Man: Yes. (⑤)
> Mina: I hope you have a great time.

05 위 대화의 빈칸에 공통으로 들어갈 말로 알맞은 것은? [3점]

① Why ② How ③ Who
④ What ⑤ Where

06 위 대화의 ①~⑤ 중 주어진 문장이 들어갈 위치로 알맞은 곳은? [4점]

> I heard it's a lot of fun.

① ② ③ ④ ⑤

07 다음 그림의 내용과 일치하도록 주어진 문장을 완성하시오. [4점]

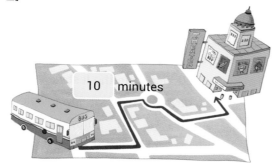

It takes _____ to the _____ by _____.

08 다음 상황에서 나눌 수 있는 대화로 알맞지 <u>않은</u> 것은? [5점]

> Lisa wants to go to the National Museum, but she doesn't know where it is. She asks a man for directions to the museum, and the man tells her how to get there. He also tells her that it will take about twenty minutes. Lisa thanks the man for his help.

① Lisa: Excuse me. How can I get to the National Museum?
　Man: Take the subway Line No. 4 and get off at Ichon Station.
② Lisa: Excuse me. Can you show me the way to the National Museum?
　Man: I'm sorry. I'm a stranger here.
③ Lisa: Sorry? Can you say that again?
　Man: You can take the subway Line No. 4 and get off at Ichon Station.
④ Lisa: How long will it take to get to the National Museum?
　Man: It will take about 20 minutes.
⑤ Lisa: Thank you very much.
　Man: No problem.

09 다음 대화를 읽고, 주어진 질문에 완전한 문장으로 답하시오. [각 3점]

> A: I'm so excited about the school festival this Friday.
> B: Me, too. What can we do to advertise it, Andy?
> A: How about making posters?
> B: Great idea. We can post them in our neighborhood.
> A: Right. How long will it take to make them?
> B: Well, it will take about three hours.
> A: Okay, I hope many people come to the festival.

(1) Q: How do they feel about the school festival?
　A: _____

(2) Q: What are they going to do after making the posters?
　A: _____

10 다음 문장의 빈칸에 들어갈 말로 알맞은 것을 <u>모두</u> 고르면? [3점]

> I saw a monkey _____ up the tree.

① go　　　　② goes　　　　③ went
④ gone　　　⑤ going

11 다음 중 어법상 틀린 것이 <u>모두</u> 짝 지어진 것은? [4점]

> ⓐ It's strange to he says so.
> ⓑ Is it necessary to buy a ticket now?
> ⓒ I heard him talked to you.
> ⓓ It is silly buy the heavy camera.
> ⓔ He asked his sister close the window.

① ⓐ, ⓒ　　　　② ⓐ, ⓒ, ⓔ　　　　③ ⓐ, ⓒ, ⓓ, ⓔ
④ ⓑ, ⓓ　　　　⑤ ⓑ, ⓓ, ⓔ

서술형3

12 두 사람의 증언을 정리한 다음 표를 보고, 문장을 완성하시오. (목적격보어를 포함할 것) [각 2점]

이름	증언
세호	The colorful balloons rose up in the air.
Emma	Someone cried out.

(1) Seho saw _____.

(2) Emma heard _____.

서술형4

13 다음 [조건]에 맞게 문장을 완성하시오. [5점]

> [조건] 1. 앞뒤 문맥상 의미가 통하도록 쓸 것
> 2. 가주어 It과 진주어 to부정사구를 포함할 것
> 3. 3개의 문장에 각각 다른 형용사를 쓸 것

(1) It is important _____.

(2) It was _____.

(3) _____

서술형5

14 다음 중 어법상 틀린 문장의 기호를 쓰고, 바르게 고쳐 쓰시오. [4점]

> ⓐ It's hard to keep a secret.
> ⓑ Can you hear the rain falling on the roof?
> ⓒ It's strange to she didn't call me last night.
> ⓓ I saw Joe get into the car and to drive away.
> ⓔ Liz suddenly felt something touch her on the arm.

(   ) → _____

(   ) → _____

[15-18] 다음 글을 읽고, 물음에 답하시오.

> Holi is the most popular festival in my country. It is usually _____ⓐ_____ March. During the festival, we say goodbye _____ⓑ_____ cold winter and hello to warm spring. We celebrate the festival everywhere _____ⓒ_____ two days. On the first day, people gather around a big fire _____ⓓ_____ night and sing and dance. The main event begins the next day. Children and adults chase each other _____ⓔ_____ gulal. What is gulal? It is blue, yellow, green and pink powder. 주변을 뛰어다니는 것은 정말 재미있다 and throw _____ powder at everyone. We also join street parades!

15 윗글의 빈칸 ⓐ~ⓔ에 들어갈 말로 알맞지 않은 것은? [4점]

① ⓐ in   ② ⓑ to   ③ ⓒ in

④ ⓓ at   ⑤ ⓔ with

16 윗글의 빈칸에 들어갈 말로 알맞은 것은? [3점]

① white   ② flour   ③ colorful

④ colorless   ⑤ red pepper

17 윗글의 내용과 일치하면 T, 일치하지 않으면 F로 표현할 때, 순서대로 짝 지어진 것은? [4점]

> • People in India celebrate Holi for two days.
> • The main event takes two whole days.
> • People can take part in street parades on the first day of the festival.

① T – T – T   ② T – T – F   ③ T – F – F

④ F – F – F   ⑤ F – T – F

서술형6

18 윗글의 밑줄 친 우리말과 같도록 괄호 안의 단어들을 사용하여 영작하시오. [4점]

→ _____

(it, a lot of, run around)

[19-22] 다음 글을 읽고, 물음에 답하시오.

Victor from St. Petersburg, Russia

Have you heard of the *White Nights*? Every summer, this amazing thing happens in my hometown. The night sky does not get completely dark. ____ⓐ____ that time, we ⓑ<u>hold</u> the White Nights Festival. It usually starts in May and lasts for about a month. ____ⓐ____ the festival, there is a ballet or an opera almost every night.

The most popular event is the Scarlet Sails celebration. A boat with red sails slowly appears on the river. Soon, fireworks begin and a water show follows. You can also hear musicians playing beautiful live music.

19 윗글의 빈칸 ⓐ에 공통으로 들어갈 말로 알맞은 것은? [4점]

① For   ② When   ③ During
④ While   ⑤ Before

20 윗글의 밑줄 친 ⓑ의 영어 뜻풀이로 알맞은 것은? [4점]

① to support something
② to take and keep something in your hand or arms
③ to keep someone somewhere so that they cannot leave
④ to have a meeting, competition, conversation, etc.
⑤ to have something, especially a position or money, or to control something

21 윗글의 Scarlet Sails celebration에 관한 내용으로 알맞지 <u>않은</u> 것은? [4점]

① 백야 축제에서 가장 인기 있는 행사이다.
② 배가 강 위에 서서히 등장한다.
③ 배의 돛은 빨간색이다.
④ 물 쇼 뒤에 불꽃놀이가 이어진다.
⑤ 아름다운 라이브 음악 연주를 즐길 수 있다.

서술형7

22 According to the above text, answer the question. [4점]

Q: What happens to the night sky during the *White Nights*?

A: _____

[23-25] 다음 글을 읽고, 물음에 답하시오.

Ebba from Kiruna, Sweden

Winter is my favorite ⓐ<u>season</u> because of the Kiruna Snow Festival. The festival starts in the last week of January and goes on for five or six days. The largest event is the snow design ⓑ<u>competition</u>. The artists ⓒ<u>bring</u> huge piles of snow into animals, buildings, and other beautiful ⓓ<u>artworks</u>. _____ My favorite activity is the dog sled ⓔ<u>ride</u>. It is amazing to fly through a world of snow on a dog sled.

23 윗글의 밑줄 친 ⓐ~ⓔ 중 문맥상 알맞지 <u>않은</u> 것은? [4점]

① ⓐ   ② ⓑ   ③ ⓒ   ④ ⓓ   ⑤ ⓔ

서술형8

24 윗글의 빈칸에 알맞은 말이 되도록 괄호 안의 말을 배열하여 문장을 완성하시오. [4점]

→ _____

_____

(watch, their works, the artists, people, to end, shaping, from beginning)

25 윗글을 읽고 답할 수 <u>없는</u> 질문은? [4점]

① What season does Ebba like the best?
② When does the Kiruna Snow Festival start?
③ How long does the festival last?
④ How many artworks can you see during the festival?
⑤ What is Ebba's favorite activity in the festival?

01 다음 중 밑줄 친 단어를 괄호 안의 단어로 바꿔 쓸 수 없는 것은? [3점]

① I agree with you completely.
　　　　　(→ totally)
② We lived there for nearly two years.
　　　　　(→ almost)
③ Tickets are 5 dollars for grown-ups and 3 dollars for children. 　　(→ adults)
④ Can you help me decorate the Christmas tree?
　　　　　(→ appear)
⑤ I'm tired of watching television all day.
　　　　　(→ sick)

[서술형 1]
02 다음 우리말과 뜻이 같도록 빈칸에 알맞은 말을 쓰시오. [3점]

> 나는 책을 처음부터 끝까지 다 읽었지만 여전히 그 이야기가 이해가 안 된다.
> → I've read the whole book _____ _____ _____ _____ and still can't understand the story.

03 다음 빈칸에 공통으로 들어갈 말로 알맞은 것은? [4점]

> • Remember to _____ your coat when you leave.
> • The journey to the airport _____s about half an hour.

① take　　② solve　　③ throw
④ chase　　⑤ appear

04 다음 밑줄 친 부분의 영어 뜻풀이로 알맞지 않은 것은? [5점]

① His speeches could go on for hours.
(to continue doing something or being in a situation)
② You'll miss your train if you don't hurry up.
(to do something more quickly)
③ You should come here in person tomorrow.
(yourself, instead of asking somebody else to do it)
④ Her fans will be waiting for her when she gets off the plane.
(to go onto a bus, train, aircraft, or boat)
⑤ Their baby was born last December.
(to come out of a mother's body, and start to exist)

05 다음 대화의 빈칸에 들어갈 말로 알맞은 것은? [3점]

> A: _____ will it take to get there?
> B: Maybe it will take about an hour.

① How　　② Why　　③ What time
④ How long　　⑤ How many

06 다음 대화를 읽고, 길 안내 순서에 따라 해당되는 표지판 옆에 번호를 쓰시오. [3점]

> A: Excuse me. How can I get to the bank?
> B: Go straight and make a right. Then cross the street. It's on your left. You can't miss it.

07 다음 중 짝 지어진 대화가 <u>어색한</u> 것은? [4점]

① A: Go straight to Red Street and make a right. The park will be on your left.
   B: Thank you very much.
② A: How much time will it take to make ice pops?
   B: About three hours.
③ A: Maybe it'll take about thirty minutes to make sandwiches.
   B: Good! Let's make them.
④ A: Excuse me. How can I get to the library?
   B: First, choose the drink. Put the money in the machine. Lastly, press the button.
⑤ A: Can you tell me how to get to the museum?
   B: Sure. You are here on the map. Walk along the street and make a left. Then cross the street.

서술형 2

08 다음 대화의 내용과 일치하지 <u>않는</u> 문장을 <u>모두</u> 골라 기호를 쓰고, 바르게 고쳐 쓰시오. [각 3점]

(A phone rings.)
A: Hi, Emma. What's up?
B: Hey, Minsu. How about having lunch together this Saturday?
A: Sure.
B: Let's try the new Chinese restaurant, Ming's. It's near the school.
A: Okay. How can I get there from the school?
B: Come out from the school and go straight to Green Street. Make a left, and the restaurant will be on your left.
A: All right. Let's meet at 12 o'clock.
B: Wonderful. See you then.

ⓐ Minsu is talking with Emma on the phone.
ⓑ Emma suggests they have lunch together today.
ⓒ Ming's is far from the school.
ⓓ They're going to meet at 12 o'clock.

(   ) → _____
(   ) → _____

[09-10] 다음 대화를 읽고, 물음에 답하시오.

A: I'm so excited about the school festival this Friday.
B: Me, too. What can we do to advertise it, Andy?
A: How about make posters?
B: Great idea. We can post them in our neighborhood.
A: Right. How long will it take to make them?
B: Well, <u>3시간 정도 걸릴 거야</u>.
A: Okay, I hope many people come to the festival.

서술형 3

09 위 대화에서 어법상 <u>틀린</u> 문장을 찾아 바르게 고쳐 다시 쓰시오. [4점]

→ _____

서술형 4

10 위 대화의 밑줄 친 우리말을 [조건]에 맞게 영작하시오. [4점]

[조건]   1. about을 포함할 것
         2. 주어와 동사를 포함한 형태로 쓸 것

→ _____

11 다음 문장을 가주어를 사용하여 바꿔 쓴 것으로 옳은 것은? [4점]

Taking the subway in Seoul is convenient.

① It to take the subway in Seoul is convenient.
② That is convenient to take the subway in Seoul.
③ It is convenient that taking the subway in Seoul.
④ It is convenient to take the subway in Seoul.
⑤ There is convenient to take the subway in Seoul.

12 다음 문장의 빈칸에 들어갈 수 있는 동사는? [4점]

I _____ the little child enter the house.

① want   ② ask   ③ told
④ allowed   ⑤ watched

서술형5

13 다음 두 문장의 의미가 같도록 할 때 빈칸에 알맞은 말을 쓰시오. (5형식 문장으로 쓸 것) [4점]

> When I saw Minji, she was jumping rope with Tom.

> → I _____ Minji _____ rope with Tom.

서술형6

14 다음 [조건]에 맞게 의미가 통하도록 문장을 완성하시오. [5점]

> [조건] 1. [보기1]과 [보기2]에서 각각 하나씩 골라 사용할 것
> 2. 가주어 It과 진주어 to부정사구를 사용할 것

> [보기1] nice   useful   dangerous

> [보기2] ride a bike at night
> speak a foreign language
> help people in trouble

> (1) _____ is _____ .
> (2) _____ is _____ .
> (3) _____ is _____ .

[15-18] 다음 글을 읽고, 물음에 답하시오.

> Amala from Delhi, India
> Holi is the most popular festival in my country. (①) It is usually in March. (②) During the festival, we say goodbye to cold winter and hello to warm spring. (③) We celebrate the festival everywhere for two days. (④) The main event begins the next day. (⑤) Children and adults chase each other with *gulal*. What is *gulal*? It is blue, yellow, green and pink powder. It's a lot of fun to run around and throw colorful powder at everyone. We also join street parades!

15 윗글의 ①~⑤ 중 주어진 문장이 들어갈 알맞은 곳은? [4점]

> On the first day, people gather around a big fire at night and sing and dance.

① ② ③ ④ ⑤

서술형7

16 윗글의 밑줄 친 It과 괄호 안의 단어를 사용하여 자유롭게 문장을 영작하시오. [4점]

→ _____

(wonderful)

17 윗글을 읽고 알 수 있는 것은? [3점]

① 축제의 기원
② 축제 참가 자격
③ 축제에 투입된 비용
④ 축제가 열리는 기간
⑤ 축제 참가 신청 방법

18 Which one is **NOT** true according to the above text? [4점]

① Holi is a well-known festival in India.
② The festival is held in March and lasts for two days.
③ People welcome spring by taking part in the festival.
④ You can enjoy the festival everywhere in India.
⑤ The *gulal* activity happens on the first day of the festival.

[19-22] 다음 글을 읽고, 물음에 답하시오.

> Victor from St. Petersburg, Russia
> 당신은 '백야'에 대해 들어본 적이 있나요? Every summer, this amazing thing happens in my hometown. The night sky does not get completely dark. During that time, we hold the White Nights Festival. It usually _____ⓐ_____ in May and _____ⓑ_____ for about a month. During the festival, there is a ballet or an opera almost every night.
> The most popular event is the Scarlet Sails celebration. A boat with red sails slowly appears on the river. Soon, fireworks begin and a water show follows. You can also hear musicians _____ⓒ_____ beautiful live music.

서술형 8

19 윗글의 밑줄 친 우리말을 [조건]에 맞게 영작하시오. [4점]

> [조건] 1. hear of 표현을 이용할 것
> 2. 총 7단어로 쓸 것
> 3. 시제에 주의할 것

→ _____

20 윗글의 빈칸 ⓐ와 ⓑ에 들어갈 말이 순서대로 짝 지어진 것은? [4점]

① starts – ends   ② starts – lasts
③ starts – stops   ④ goes on – ends
⑤ goes on – lasts

21 윗글의 빈칸 ⓒ에 들어갈 말로 알맞은 것은? [4점]

① plays   ② played   ③ playing
④ to play   ⑤ have played

서술형 9

22 윗글을 읽고 답할 수 있는 질문을 골라 기호를 쓰고, 완전한 영어 문장으로 답하시오. [5점]

> ⓐ What causes the *White Nights*?
> ⓑ During the *White Nights*, what is held in St. Petersburg?
> ⓒ What do people do at the end of the *White Nights*?
> ⓓ What should you keep in mind during the Scarlet Sails celebration?

(   ) → _____
_____

[23-25] 다음 글을 읽고, 물음에 답하시오.

> Winter is my favorite season because of the Kiruna _____ Festival. The festival starts in the last week of January and goes ⓐon for five or six days. ⓑThe most largest event is the snow design competition. The artists shape huge ⓒpiles of snow into animals, buildings, and other beautiful artworks. People watch the artists ⓓshaping their works from beginning to end. My favorite activity is the dog sled ride. ⓔThat is amazing to fly through a world of snow on a dog sled.

23 윗글의 빈칸에 들어갈 말로 알맞은 것은? [4점]

① Art   ② Sled   ③ Dogs
④ Snow   ⑤ Design

24 윗글의 밑줄 친 ⓐ~ⓔ 중 어법상 틀린 것의 개수는? [4점]

① 1개   ② 2개   ③ 3개   ④ 4개   ⑤ 5개

서술형 10

25 윗글의 내용과 일치하도록 다음 문장의 빈칸에 알맞은 말을 쓰시오. [4점]

> The writer likes _____
> the most among the activities in the festival.

01 다음 빈칸에 들어갈 수 <u>없는</u> 것은? [4점]

> • Football fans _____(e)d around the TV in the corner of the bar.
> • We had to tie up the ships' _____(e)s with short pieces of ropes.
> • It's not a good place to _____ the road.
> • The dog _____(e)d after the stick.

① sail   ② hold   ③ cross
④ chase   ⑤ gather

02 다음 밑줄 친 부분의 쓰임이 어색한 것은? [4점]

① She <u>climbed up</u> the stairs.
② Don and Susie really loved <u>each other</u>.
③ Excuse me, I have to <u>go on</u> at the next stop.
④ You must <u>hurry up</u>, or you cannot finish it in time.
⑤ You should apply immediately, <u>in person</u> or by letter.

03 다음 중 밑줄 친 부분의 의미가 같은 것끼리 짝 지어진 것은? [4점]

> ⓐ Enjoy this season because it won't <u>last</u>.
> ⓑ May I have the <u>last</u> chocolate?
> ⓒ The game <u>lasted</u> for more than two hours.
> ⓓ Who was she dancing with at the party <u>last</u> night?
> ⓔ When I <u>last</u> saw her, she was working in New York.

① ⓐ, ⓑ   ② ⓐ, ⓒ   ③ ⓐ, ⓒ, ⓔ
④ ⓑ, ⓓ   ⑤ ⓒ, ⓓ, ⓔ

[04-06] 다음 대화를 읽고, 물음에 답하시오.

> Man: Excuse me. ①<u>How can I get to Suwon Hwaseong from here?</u>
> Mina: It's easy. ②<u>Do you see the bus stop over there?</u>
> Man: Yes, I do.
> Mina: ③<u>Take the No. 11 bus and get off at the sixth stop.</u>
> Man: ④<u>How long did it take to build it?</u>
> Mina: ⑤<u>It will take about 20 minutes.</u>
> Man: Thank you very much.
> Mina: No problem. Are you going there for the festival?
> Man: Yes. I heard it's a lot of fun.
> Mina: I hope you have a great time.

04 위 대화의 밑줄 친 ①~⑤ 중 흐름상 어색한 것은? [4점]

①   ②   ③   ④   ⑤

05 위 대화를 읽고 추론할 수 <u>없는</u> 것은? [4점]

① Mina is not a stranger here.
② They are talking while looking at the bus stop.
③ Mina is going to give the man a ride to Suwon Hwaseong.
④ Within one hour, the man will maybe arrive at Suwon Hwaseong.
⑤ The man is going to Suwon Hwaseong in order to enjoy the festival.

서술형 1
06 What is the man going to do right after the conversation? Answer in English. [4점]

→ _____

_____

서술형2

07 다음 표를 보고, 대화를 완성하시오. [4점]

Preparation for the Class Party

name	what	time
Ann	decorate the classroom	about 1 hour

A: Ann, what will you do for (1) _____?
B: I'll (2) _____.
A: Great idea. (3) _____ will it take to
   (4) _____?
B: Maybe it'll take (5) _____.

서술형3

08 다음 그림을 보고, 대화를 완성하시오. [5점]

A: How can I get to the bank from the school?
B: Come out from the school and cross the
   street. Make a left and (1) _____.
   Then make a right. Go straight one block
   more and (2) _____ at the corner.
   The bank will be on (3) _____.

09 다음 빈칸에 들어갈 말이 순서대로 짝 지어진 것은? [4점]

• She asked him _____ the salt.
• She could not hear the birds _____.

① pass – sing
② pass – singing
③ passing – sing
④ to pass – singing
⑤ to pass – to sing

10 다음 중 짝 지어진 대화가 <u>어색한</u> 것은? [4점]

① A: Can you tell me how to get to the National
     Folk Museum?
   B: Take the subway Line No. 3 and get off at
     Anguk Station.
② A: Excuse me. Can you show me the way to the
     subway station?
   B: It's far from here. You can't miss it.
③ A: Go straight one block and make a right. The
     theater will be on your left.
   B: Sorry? Can you say that again?
④ A: How long will it take to finish the work?
   B: It will take about half an hour.
⑤ A: Where can I find the post office?
   B: I'm sorry. I'm a stranger here.

11 다음 우리말을 영어로 옮길 때 쓰이지 <u>않는</u> 단어는? [4점]

다른 문화를 경험하는 것은 흥분되는 일이다.

① experience   ② to   ③ for
④ exciting   ⑤ cultures

12 다음 중 어법상 <u>틀린</u> 문장의 개수는? [4점]

• It is great of her to pass the exam.
• I can hear him knocking at the door.
• I allowed my little brother play with my
  smartphone.
• They watched the runner to cross the finish
  line.
• It is important to find the right person for the
  work.

① 1개   ② 2개   ③ 3개   ④ 4개   ⑤ 5개

서술형 4

13 다음 문장에서 어법상 틀린 부분을 찾아 고쳐 쓰고, 그 이유를 우리말로 쓰시오. [3점]

> Thank you. It was very kind for you to help me.

(1) _____ → _____
(2) 이유: _____
_____

서술형 5

14 다음 글의 밑줄 친 @~@ 중 어법상 틀린 것을 골라 기호를 쓰고, 바르게 고쳐 쓰시오. [4점]

> Boryeong Mud Festival @is held in Daecheon Beach ⓑin July. You can roll around in a mud pool. ⓒIt is fun to paint your body with colorful mud. You can also see people @to do ssireum in the mud, and you can enjoy an @outdoor concert.

( ) → _____

[15-18] 다음 글을 읽고, 물음에 답하시오.

> Amala from Delhi, India
> Holi is the most popular festival in my country. @It is usually on March. During the festival, we say goodbye to cold winter and hello to warm spring. ⓑWe celebrate the festival everywhere during two days. On the first day, people gather around a big fire at night and sing and dance. The main event begins the next day. Children and adults chase each other with *gulal*. What is *gulal*? It is blue, yellow, green and pink powder. ⓒIt's a lot of fun run around and throw colorful powder at everyone. We also join street parades!

서술형 6

15 윗글의 밑줄 친 @~ⓒ 문장을 어법상 바르게 고쳐 쓰시오. [각 2점]

@ → _____
ⓑ → _____
ⓒ → _____

16 Choose the things you can do on the second day of Holi. [4점]

① singing
② dancing
③ joining street parades
④ gathering around a big fire
⑤ throwing *gulal* at each other

서술형 7

17 다음 대화의 빈칸에 알맞은 표현을 윗글에서 찾아 쓰시오. (각 2단어) [3점]

> A: It's time to leave, Tom. You have to (1) _____
> _____ to John. John and you can contact
> (2) _____ any time.
> B: Okay, Mom.

서술형 8

18 윗글의 내용과 일치하도록 다음 질문에 두 문장으로 답하시오. [4점]

Q: What is *gulal* and what is it used for?
A: _____
_____

[19-22] 다음 글을 읽고, 물음에 답하시오.

> Victor from St. Petersburg, Russia
> Have you heard of the *White Nights*? Every summer, this amazing thing happens in my hometown. The night sky does not get completely dark. ___(A)___ that time, we hold the White Nights Festival. It usually starts in May and lasts ___(B)___ about a month. ___(C)___ the festival, there is a ballet or an opera almost every night.
> The most popular event is the Scarlet Sails celebration. A boat with red sails slowly appears on the river. Soon, fireworks begin and a water show follows. 여러분은 또한 음악가들이 아름다운 라이브 음악을 연주하는 것을 들을 수 있다.

19 윗글에 나오는 단어의 영어 뜻풀이가 <u>아닌</u> 것은? [4점]

① to continue in time

② the city or town where you were born or grew up

③ a special day or period when people celebrate something

④ a large piece of cloth that catches the wind on a ship or boat

⑤ an event or contest in which people compete

20 윗글의 빈칸 (A)~(C)에 들어갈 말이 순서대로 짝 지어진 것은? [4점]

① For – for – For

② For – during – For

③ During – for – For

④ During – for – During

⑤ During – during – During

서술형 **9**

21 윗글의 밑줄 친 우리말과 같도록 괄호 안의 말을 바르게 배열하여 문장을 완성하시오. [4점]

→ _____

(also, beautiful live music, you, can, musicians, hear, playing)

22 윗글을 바르게 이해하지 <u>못한</u> 사람은? [3점]

① 창민: 러시아에서는 여름에 백야를 경험할 수 있구나.

② 미소: 백야 현상은 낮이 짧아지고 밤이 길어지는 현상이야.

③ 근수: 백야 축제에 가면 거의 매일 밤 발레 공연이나 오페라를 볼 수 있겠다.

④ 보라: 백야 축제에서 '붉은 돛 축하 행사'가 가장 인기가 많아.

⑤ 진영: 빨간 돛을 단 배가 등장하면 불꽃놀이와 물 쇼가 시작해.

[23-25] 다음 글을 읽고, 물음에 답하시오.

> Ebba from Kiruna, Sweden
>
> Winter is my favorite season because of the Kiruna Snow Festival. The festival starts in the last week of January and goes ⓐ<u>on</u> for five or six days. The largest event is the snow design competition. The artists shape huge piles of snow ⓑ<u>for</u> animals, buildings, and other beautiful artworks. People watch the artists shaping their works ⓒ<u>with</u> beginning ⓓ<u>to</u> end. My favorite activity is the dog sled ride. _____ through a world of snow ⓔ<u>on</u> a dog sled.

23 윗글의 밑줄 친 ⓐ~ⓔ 중 알맞지 <u>않은</u> 것끼리 짝 지어진 것은? [4점]

① ⓐ, ⓑ   ② ⓑ, ⓒ   ③ ⓑ, ⓒ, ⓓ

④ ⓒ, ⓓ   ⑤ ⓒ, ⓓ, ⓔ

서술형 **10**

24 윗글의 빈칸에 알맞은 말을 [조건]에 맞게 쓰시오. [4점]

[조건] 1. 가주어와 진주어를 사용할 것
        2. amazing과 fly를 반드시 포함할 것
        3. 총 5단어로 쓸 것

→ _____

서술형 **11**

25 윗글의 내용과 일치하도록 축제 광고문을 완성하시오. [4점]

Kiruna Snow Festival

Come to Kiruna, _____

When: _____ 25-29

Event

• Watch _____ competition.

• Ride _____.

● 틀린 문항을 표시해 보세요.

〈제1회〉 대표 기출로 내신 적중 모의고사　　총점 _____ / 100

문항	영역	문항	영역	문항	영역
01	p.186(W)	10	p.191(L&S)	19	pp.206-207(R)
02	p.186(W)	11	p.189(L&S)	20	pp.206-207(R)
03	p.184(W)	12	p.198(G)	21	pp.206-207(R)
04	p.186(W)	13	p.199(G)	22	pp.206-207(R)
05	p.189(L&S)	14	p.198(G)	23	pp.206-207(R)
06	p.190(L&S)	15	p.199(G)	24	pp.206-207(R)
07	p.190(L&S)	16	pp.206-207(R)	25	p.220(M)
08	p.190(L&S)	17	pp.206-207(R)		
09	p.189(L&S)	18	pp.206-207(R)		

〈제2회〉 대표 기출로 내신 적중 모의고사　　총점 _____ / 100

문항	영역	문항	영역	문항	영역
01	p.186(W)	10	p.199(G)	19	pp.206-207(R)
02	p.184(W)	11	pp.198-199(G)	20	pp.206-207(R)
03	p.184(W)	12	p.199(G)	21	pp.206-207(R)
04	p.189(L&S)	13	p.198(G)	22	pp.206-207(R)
05	p.191(L&S)	14	pp.198-199(G)	23	pp.206-207(R)
06	p.191(L&S)	15	pp.206-207(R)	24	pp.206-207(R)
07	p.189(L&S)	16	pp.206-207(R)	25	pp.206-207(R)
08	p.189(L&S)	17	pp.206-207(R)		
09	p.191(L&S)	18	pp.206-207(R)		

〈제3회〉 대표 기출로 내신 적중 모의고사　　총점 _____ / 100

문항	영역	문항	영역	문항	영역
01	p.186(W)	10	p.191(L&S)	19	pp.206-207(R)
02	p.184(W)	11	p.198(G)	20	pp.206-207(R)
03	p.184(W)	12	p.199(G)	21	pp.206-207(R)
04	p.184(W)	13	p.199(G)	22	pp.206-207(R)
05	p.189(L&S)	14	p.198(G)	23	pp.206-207(R)
06	p.189(L&S)	15	pp.206-207(R)	24	pp.206-207(R)
07	p.189(L&S)	16	pp.206-207(R)	25	pp.206-207(R)
08	p.190(L&S)	17	pp.206-207(R)		
09	p.191(L&S)	18	pp.206-207(R)		

〈제4회〉 고난도로 내신 적중 모의고사　　총점 _____ / 100

문항	영역	문항	영역	문항	영역
01	p.184(W)	10	p.189(L&S)	19	pp.206-207(R)
02	p.184(W)	11	p.198(G)	20	pp.206-207(R)
03	p.186(W)	12	pp.198-199(G)	21	pp.206-207(R)
04	p.191(L&S)	13	p.198(G)	22	pp.206-207(R)
05	p.191(L&S)	14	p.220(M)	23	pp.206-207(R)
06	p.191(L&S)	15	pp.206-207(R)	24	pp.206-207(R)
07	p.191(L&S)	16	pp.206-207(R)	25	p.220(M)
08	p.189(L&S)	17	pp.206-207(R)		
09	p.199(G)	18	pp.206-207(R)		

● 부족한 영역을 점검해 보고 어떻게 더 학습할지 학습 계획을 적어 보세요.

오답 공략
부족한 영역
학습 계획

오답 공략
부족한 영역
학습 계획

오답 공략
부족한 영역
학습 계획

오답 공략
부족한 영역
학습 계획

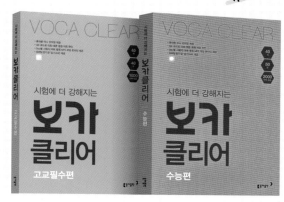

동아출판 영어 교재 가이드

영역	브랜드	초1~2	초3~4	초5~6	중1	중2	중3	고1	고2	고3
문법	[초·중등] 개념서 그래머 클리어 스타터 중학 영문법 클리어		Grammar CLEAR Starter 1	Grammar CLEAR Starter 2	중학 영문법 클리어 1	중학 영문법 클리어 2	중학 영문법 클리어 3			
	[중등] 문법 문제서 그래머 클라우드 3000제				그래머 클라우드 3000제 1	그래머 클라우드 3000제 2	그래머 클라우드 3000제 3			
	[중등] 실전 문제서 빠르게 통하는 영문법 핵심 1200제				빠르게 통하는 영문법 1200제 1	빠르게 통하는 영문법 1200제 2	빠르게 통하는 영문법 1200제 3			
	[중등] 서술형 영문법 서술형에 더 강해지는 중학 영문법				서술형에 더 강해지는 중학 영문법 1	서술형에 더 강해지는 중학 영문법 2	서술형에 더 강해지는 중학 영문법 3			
	[고등] 시험 영문법 시험에 더 강해지는 고등 영문법							시험에 더 강해지는 고등영문법		
	[고등] 개념서 Supreme 고등 영문법							Supreme 고등영문법		
어법	[고등] 기본서 Supreme 수능 어법 기본 실전							Supreme 수능 어법 기본 / Supreme 수능 어법 실전		
쓰기	[중등] 영작 집중 훈련서 중학 문법+쓰기 클리어				중학 문법+쓰기 클리어 1	중학 문법+쓰기 클리어 2	중학 문법+쓰기 클리어 3			

동아출판이 만든 진짜 기출예상문제집

특급기출

중학영어 **2-1**

이병민

정답 및 해설

동아출판

Lesson 3
The Music Goes On

STEP A

C 1 recent 2 breath 3 movement 4 powerful
  5 Unlike
D 1 at once 2 hold your breath 3 Press down
  4 in person 5 from memory

W Words 연습 문제   p. 9

A 01 미친 듯이
02 괴성을 지르다
03 본래의
04 접다
05 ~와는 달리
06 역할
07 ~를 마주 보다(향하다)
08 청중, 관람객
09 음, 음표
10 움직임
11 작곡가
12 발명하다
13 창조물, 창조
14 진짜의, 현실적인
15 우상, 아이돌
16 연기
17 단 하나의
18 끝나다, 끝내다
19 (가득) 채우다, 채워지다
20 풍요로운

B 21 performance
22 breath
23 recent
24 powerful
25 perfect
26 down
27 novel
28 cheer
29 pianist
30 ballet
31 miss
32 definitely
33 key
34 take
35 drummer
36 fantastic
37 softly
38 fan
39 successfully
40 sheet music

C 01 미친 듯이 날뛰다, 열광하다 02 숨을 참다, 숨죽이다
03 누르다 04 동시에, 한꺼번에
05 점점 높이다 06 A를 B로 생각하다
07 기억해서, 외워서 08 직접

W Words Plus 연습 문제   p. 11

A 1 invent, 발명하다 2 face, ~을 마주 보다(향하다)
3 note, 음, 음표 4 idol, 우상, 아이돌 5 original, 본래의
6 composer, 작곡가 7 scream, 괴성을 지르다
8 audience, 청중, 관람객
B 1 definitely 2 original 3 creation 4 performance
5 single

W Words 실전 TEST   p. 12

01 ④ 02 (r)ecent 03 ② 04 at the same time 05 ④
06 ⑤ 07 think of, as

01 ④는 반의어 관계이고, 나머지는 모두 유의어 관계이다.
  |해석| ① 최근의 ② 단 하나의 ③ 괴성을 지르다 – 소리치다
  ④ 부유한 – 가난한 ⑤ 힘 있는 – 강한
02 '최근의'라는 의미의 단어는 recent이다.
03 ② 첫 번째 문장에는 '~을 마주 보다(향하다)'라는 의미의 동사 face
  가, 두 번째 문장에는 '얼굴'이라는 의미의 명사 face가 들어가야 하므
  로 공통으로 알맞은 말은 face이다.
  |해석| • 만약 내가 그런 일을 했다면 나는 부모님을 마주 볼 수 없었을
  것이다.
  • 그녀는 매일 폼 클렌저로 얼굴을 씻는다.
04 at once는 '동시에, 한꺼번에'라는 뜻으로 at the same time과 같은
  뜻이다.
  |해석| 너는 많은 사람과 동시에 의사소통할 수 있다.
05 ④ hold one's breath는 '숨을 참다'라는 의미이다.
06 주어진 문장과 ⑤의 note는 '음'이라는 의미로 쓰였다.
  |해석| 피아니스트가 피아노로 첫 음을 연주했다.
  ① 그녀는 부엌 식탁 위에 Jake에게 쓴 쪽지를 남겼다.
  ② Jessica는 그 쪽지를 그녀의 주머니 속에 넣었다.
  ③ John은 그녀의 전화번호를 메모했다.
  ④ 그는 쪽지를 써서 창문에 붙였다.
  ⑤ 그 가수는 높은 음을 매우 힘들어했다.
07 think of A as B는 'A를 B로 생각하다'라는 의미이다.

L·S Listen & Speak 만점 노트   pp. 14~15

Q1 너는 어떤 책을 가장 좋아하니?
Q2 Blue Sky's fan meeting with his friends
Q3 Lucy
Q4 테니스
Q5 헌 옷
Q6 He made paper flowers for his mom's birthday.
Q7 종이접기 수업
Q8 나이아가라 폭포를 보고 싶어서
Q9 The Beatles
Q10 우울할 때 기분이 나아지게 해 주기 때문에

1 interesting books, Which book, best

2 are you going to do, a big fan of, Which member do you like best, can't wait

3 Which, do you like best, I like, best

4 Why do you have, sell, flea market, why don't you join me

5 why do you have, for my mom's birthday, taking a paper folding class, the perfect gift

6 Which country, your dream vacation, Why do you want, Because

7 I'm happy to be, what's your favorite band, Which song do you like best, Why do you like it, makes me feel better

---

 Listen & Speak 대화 순서 배열하기　　　　　pp. 18~19

1 ⓒ - ⓓ - ⓐ - ⓑ

2 ⓔ - ⓒ - ⓑ - ⓖ - ⓐ - ⓓ - ⓕ

3 ⓒ - ⓐ - ⓑ - ⓓ

4 ⓑ - ⓔ - ⓒ - ⓐ - ⓓ

5 ⓒ - ⓓ - ⓐ - ⓗ - ⓕ - ⓑ - ⓔ - ⓖ

6 ⓓ - ⓐ - ⓒ - ⓑ

7 ⓐ - ⓘ - ⓑ - ⓔ - ⓓ - ⓖ - ⓒ - ⓗ - ⓕ

 Listen & Speak 실전 TEST　　　　　pp. 20~21

01 ② 　**02** ① 　**03** ② 　**04** ④ 　**05** ⓐ why 　ⓑ Where

06 paper folding class, paper flowers 　**07** ③ 　**08** Because

09 ④

[서술형]

10 (1) What → Why 　(2) why do you → why don't you

11 (1) Which animal do you like best?

　　(2) Why do you like them?

12 (모범답) She sings really well.

01 「Why do you+동사원형 ~?」은 '너는 왜 ~하니?'라는 뜻으로 상대방에게 이유를 묻는 표현이다.

|해석| A: 너는 왜 매일 운동을 하니?

B: 왜냐하면 나는 살을 좀 빼고 싶기 때문이야.

02 가장 좋아하는 책이 무엇인지 묻고 있으므로 좋아하는 책이 무엇인지 말하는 응답이 와야 한다.

|해석| ① 나는 "Harry Potter"를 가장 좋아해.

② 독서는 내 취미야.

③ 나는 도서관에서 책을 읽어.

④ 나는 서점에 가는 것을 좋아해.

⑤ 나는 만화책 몇 권을 빌릴 거야.

03 B가 이유를 말하고 있으므로 빈칸에는 이유를 묻는 질문이 와야 한다.

|해석| A: 왜 미국에 가고 싶니?

B: 그랜드 캐니언을 보고 싶기 때문이야.

① 언제 미국에 가니?

③ 미국에 갈 예정이니?

④ 얼마나 자주 미국에 가니?

⑤ 어떻게 미국에 가니?

04 ④는 '너는 그것에 대해 어떻게 생각하니?'라는 의미이고 나머지는 모두 상대방에게 왜 그렇게 생각하는지 이유를 묻는 표현이다.

05 ⓐ에는 이유를 묻는 의문사 why가 알맞고, ⓑ에는 종이꽃의 출처를 묻는 의문사 Where가 알맞다.

06 |해석| Tom은 요즘 종이접기 수업을 듣고 있다. 그는 엄마를 위해 종이꽃을 만들었다.

07 어떤 노래를 가장 좋아하는지 묻는 질문이므로 가장 좋아하는 노래가 무엇인지 말하는 응답 앞에 와야 한다.

08 Why로 이유를 물을 때는 Because로 답한다.

09 ④ The Beatles를 좋아한다는 Smith 선생님의 말에 미나가 자신도 좋아한다고 답했으므로, 미나는 The Beatles를 잘 알고 있을 것이다.

10 (1) B가 벼룩시장에서 헌 옷들을 팔 거라고 답한 것으로 보아, A는 헌 옷들을 왜 가지고 있는지 이유를 묻는 것이 알맞으므로, What은 이유를 묻는 접속사 Why가 되어야 한다.

(2) 문맥상 이번 토요일에 함께 헌 옷을 팔자는 권유의 말이 되는 것이 자연스러우므로, 권유의 표현 Why don't you ~?가 되어야 한다.

11 (1) '너는 어느 ~을 가장 좋아하니?'라는 뜻으로 상대방이 가장 선호하는 것을 묻는 표현 Which ~ do you like best?를 사용하여 문장을 쓴다.

(2) 이유를 묻는 표현 「Why do you+동사원형 ~?」을 사용하여 문장을 쓴다.

12 '그녀(Lucy)는 노래를 아주 잘한다.' 등의 의미로 밴드 멤버 중 Lucy를 가장 좋아하는 이유를 밝히는 문장을 완성한다.

 Grammar 핵심 노트 1　　　　　p. 22

QUICK CHECK

1 (1) loved 　(2) were 　(3) by

2 (1) The window was broken by them.

　(2) The fish was caught by my uncle.

　(3) The heavy boxes were carried by Sam.

1 |해석| (1) 이 노래는 많은 청소년들에 의해 사랑받는다.

(2) 이 쿠키들은 요리사에 의해 구워졌다.

(3) 그 탑은 유명한 건축가에 의해 설계되었다.

2 |해석| (1) 그들이 그 창문을 깼다.

(2) 우리 삼촌이 그 물고기를 잡았다.

(3) Sam이 무거운 상자들을 옮겼다.

QUICK CHECK
1 (1) take   (2) don't   (3) If
2 (1) 옳음   (2) are sick and tired   (3) Unless

1 |해석| (1) 만약 네가 이 약을 먹는다면, 너는 나아질 것이다.
   (2) 만약 네가 떠들지 않는다면, 아기는 잠을 잘 잘 것이다.
   (3) 만약 네가 서두른다면, 너는 첫 기차를 탈 수 있다.
2 |해석| (1) 만약 내일 날이 덥다면, 우리는 해변에 갈 것이다.
   (2) 만약 네가 아프고 피곤하다면, 너는 오늘 일찍 집에 갈 수 있다.
   (3) 만약 네가 너무 많이 먹는다면(→ 먹지 않는다면), 너는 건강을 유지할 것이다.

G Grammar 연습 문제 1   p. 24

A 1 cleaned   2 built   3 spoken   4 painted   5 broken
B 1 him   2 were   3 were   4 cut   5 taught
C 1 was loved by   2 is read by
   3 was canceled(cancelled)
D 1 The difficult math problem was solved by Jane.
   2 A delicious meal was cooked by my father.
   3 The plants are watered by Tony every day.

A |해석| 1 교실이 학생들에 의해 청소되었다.
   2 엠파이어 스테이트 빌딩은 1931년에 지어졌다.
   3 영어는 전 세계에서 말해진다(쓰인다).
   4 "모나리자"는 Leonardo da Vinci에 의해 그려졌다.
   5 내 휴대 전화는 내 남동생에 의해 고장 났다.
B |해석| 1 그 기계는 그에 의해 발명되었다.
   2 그 동화책들은 쉬운 영어로 쓰였다.
   3 정원의 꽃들은 우리 아버지에 의해 심겨졌다.
   4 산의 나무들이 베어졌다.
   5 작년에 수학은 Smith 선생님에 의해 가르쳐졌다.
D |해석| 1 Jane이 그 어려운 수학 문제를 풀었다.
   2 우리 아버지께서 맛있는 식사를 요리해 주셨다.
   3 Tony는 매일 화초에 물을 준다.

G Grammar 연습 문제 2   p. 25

A 1 is   2 Unless   3 arrive   4 tells   5 If
B 1 If   2 Unless   3 If   4 Unless   5 If
C 1 rain → rains   2 not study → don't study
   3 will be → is   4 If → Unless / leave → don't leave
   5 don't go → go / Unless → If
D 1 If you don't wear a coat, you will catch a cold.

---

   2 If you aren't nice to others, you can't make a lot of friends.
   3 If you take a taxi, you can get there on time.
   4 If you ask your teacher about the problem, you will get the answer.

A |해석| 1 만약 이번 주 토요일에 날씨가 좋다면, 우리는 캠핑을 갈 것이다.
   2 만약 네가 더 열심히 연습하지 않는다면, 너는 1등상을 탈 수 없다.
   3 만약 네가 일찍 도착한다면, 너는 좋은 자리를 얻을 것이다.
   4 만약 그가 거짓말을 한다면, 그의 부모님은 그에게 화를 내실 것이다.
   5 만약 방이 덥게 느껴진다면, 당신은 에어컨을 켤 수 있습니다.
B |해석| 1 만약 네가 애완동물을 키운다면, 너는 외롭지 않을 것이다.
   2 만약 네가 더 빨리 뛰지 않으면, 너는 마지막 버스를 놓칠 것이다.
   3 만약 네가 오른쪽으로 돌면, 은행이 보일 것이다.
   4 만약 네가 더 크게 말하지 않는다면, 아무도 네 말을 듣지 못할 것이다.
   5 만약 네가 사탕을 너무 많이 먹으면, 너는 심한 치통을 앓을 것이다.
C |해석| 1 만약 내일 비가 오면, 나는 집에 머물면서 쉴 것이다.
   2 만약 네가 공부를 열심히 하지 않으면, 너는 시험에 떨어질 것이다.
   3 만약 이번 주말에 날씨가 화창하면, 우리는 하이킹을 하러 갈 것이다.
   4 만약 네가 지금 떠나지 않는다면, 너는 버스를 놓칠 것이다.
   5 만약 네가 지금 잠자리에 들지 않으면, 너는 일찍 일어날 수 없다.

G Grammar 실전 TEST   pp. 26~29

01 ②	02 ③	03 ④	04 ⑤	05 ④	06 ⑤	07 ②

08 If, don't   09 was watched by   10 ②   11 ④   12 ③
13 was painting → was painted   14 will be → is   15 ③
16 ①   17 ③   18 ③   19 ④   20 ③   21 ③

[서술형]
22 (1) won't → don't
   (2) if가 이끄는 조건절에서는 미래를 나타낼 때 현재시제를 쓴다. 주어가 you이므로 won't를 don't로 고쳐야 한다.
23 ⓐ by → in   ⓔ will rain → rains
24 (1) Smartphones are used by many people these days.
   (2) A blue shirt was bought by her.
   (3) *Harry Potter* was written by J. K. Rowling.
   (4) The paintings were painted by a famous artist.
25 were played by Andy
26 (1) If you jog every morning, you will be healthier.
   (2) If you buy one more, you will get a 30% discount.
   (3) Unless you hurry, you will be late for school.

01 if가 이끄는 조건절에서는 미래를 나타낼 때 현재시제로 쓴다. 주어가 3인칭 단수이므로 comes가 알맞다
   |해석| 만약 아버지가 집에 일찍 오신다면, 우리는 저녁에 외식할 것이다.
02 수동태 문장에서 행위자는 일반적으로 「by+목적격」의 형태로 쓴다.
   |해석| 이 편지는 내 사촌에 의해 나에게 보내졌다.

03 주어 These pictures(이 사진들)가 '찍힌' 것으로 동작의 대상이므로 수동태로 써야 한다. 수동태 문장의 동사는 「be동사+과거분사」의 형태로 쓰므로 take의 과거분사인 taken이 알맞다.

|해석| 이 사진들은 유명한 사진작가에 의해 찍혔다.

04 ⑤는 주어가 행위의 주체인 능동태 문장으로 made가 들어가고, 나머지는 모두 주어가 동작의 대상이 되는 수동태 문장으로 was made가 들어가야 한다.

|해석| ① 그녀의 반지는 보석으로 만들어졌다.

② 그 영화는 Steven Spielberg 감독에 의해 만들어졌다.

③ 스파게티는 어젯밤에 Jenny에 의해 만들어졌다.

④ 청소 로봇은 그 과학자에 의해 만들어졌다.

⑤ 그녀는 연설을 하기 전에 긴장했다.

05 문맥상 ④는 '만약 ~하지 않는다면'이라는 의미의 Unless가 알맞고 나머지는 모두 '만약 ~한다면'이라는 의미의 If가 알맞다.

|해석| ① 만약 그가 방 청소를 한다면, 내가 설거지를 할게.

② 만약 네가 그 책을 읽으면, 너는 많은 것을 배울 수 있어.

③ 만약 네가 좀 더 주의하면, 너는 다치지 않을 거야.

④ 만약 그녀가 안경을 쓰지 않는다면, 그녀는 작은 글자를 볼 수 없어.

⑤ 만약 네가 두 블록을 가면, 너는 꽃가게를 볼 수 있어.

06 ⑤ 주어 The museum(박물관)은 '방문되어'지는 것으로 동작의 대상이다. 따라서 수동태 문장이 되어야 하며, 수동태는 「주어+be동사+과거분사+by+행위자」의 형태로 쓴다.

07 ② if가 이끄는 조건절에서는 미래를 나타낼 때 현재시제를 사용한다. 주어가 3인칭 단수(it)이므로 rains를 쓰는 것에 유의한다.

08 unless는 if ~ not으로 바꿔 쓸 수 있다. 주어가 you이고 일반동사이므로 조동사 do를 사용하여 don't를 쓴다.

|해석| 만약 네가 음량을 줄이지 않는다면, 아기가 깰 것이다.

09 능동태의 목적어가 주어가 되었으므로 수동태로 바꿔야 한다. 수동태는 「주어+be동사+과거분사+by+행위자」의 형태로 쓴다.

|해석| 많은 학생들이 환경에 관한 다큐멘터리를 봤다.

10 대부분의 수동태 문장은 「주어+be동사+과거분사+by+행위자」의 형태로 쓴다. be interested in은 '~에 관심이 있다'라는 뜻으로 by 이외의 전치사를 쓰는 수동태 구문이다.

|해석| • 그 소년은 그의 할머니의 보살핌을 받았다.

• 나는 만화를 그리는 것에 관심이 있다.

11 주어 A big fish(큰 물고기)가 '잡힌' 것으로 동작의 대상이므로, 수동태로 써야 한다. 수동태의 동사는 「be동사+과거분사」로 쓰는데 주어가 3인칭 단수이고 과거를 나타내는 부사구 last weekend가 있으므로, be동사의 과거형 was와 catch의 과거분사 caught를 쓴다.

|해석| 지난주에 큰 물고기가 우리 아버지에 의해 잡혔다.

12 if나 unless가 이끄는 조건절에서는 미래를 나타낼 때 현재시제를 써야 하고, unless는 if ~ not의 뜻으로 부정의 의미를 담고 있으므로 not과 함께 쓰이지 않는다.

ⓑ won't change → doesn't change ⓒ don't save → save ⓓ will leave → leave

|해석| ⓐ 만약 네가 열심히 공부한다면, 너는 좋은 성적을 받을 것이다.

ⓑ 만약 스케줄이 바뀌지 않는다면, 그들은 다음 주에 돌아올 것이다.

ⓒ 만약 네가 돈을 절약하지 않는다면, 너는 그것을 후회할 것이다.

ⓓ 만약 네가 5시 전에 떠나지 않는다면, 극심한 교통 체증이 있을 것이다.

ⓔ 만약 내가 오늘 오후에 Amy를 만난다면, 나는 그녀에게 네 책을 줄 것이다.

13 주어 The painting(그림)이 '그려지는' 것으로 동작의 대상이므로 수동태의 동사는 「be동사+과거분사」의 형태가 되어야 한다.

|해석| 그 그림은 5살 소년에 의해 그려졌다.

14 if가 이끄는 조건절에서는 미래를 나타낼 때 현재시제를 쓴다.

|해석| 만약 날씨가 좋으면, 우리는 현장 학습을 갈 것이다.

15 괄호 안의 단어를 바르게 배열하면 The rules were not followed by some people.이 되므로, 다섯 번째로 오는 단어는 followed이다.

16 주어진 문장과 ②~⑤의 if는 '만약 ~한다면'의 조건절을 이끄는 접속사이다. ①의 if는 '~인지 아닌지'로 목적어 역할을 하는 명사절을 이끄는 접속사이다.

|해석| 만약 네가 나를 도와준다면, 나는 정오까지 이 일을 끝낼 수 있다.

① 그녀가 회복될지 나는 모르겠어.

② 만약 네가 Chris를 본다면, 나에게 전화해 달라고 말해 줘.

③ 만약 네가 원한다면, 너는 내 휴대 전화를 사용해도 돼.

④ 만약 그가 똑똑하다면, 그는 쉽게 시험을 통과할 것이다.

⑤ 만약 그들이 지금 떠난다면, 그들은 버스를 탈 수 있을 것이다.

17 ③ 주어인 My uncle(삼촌)이 연을 만드는 동작의 주체이므로 능동태 문장이 되어야 한다. (was not made → didn't make)

|해석| ① 그 탑은 10년 전에 지어졌다.

② 만약 네가 또다시 거짓말을 한다면, 나는 너를 용서하지 않을 것이다.

③ 우리 삼촌이 어제 연을 만들어 주셨다.

④ 만약 네가 질문이 없다면, 나는 수업을 끝낼 것이다.

⑤ 만약 네가 감기에 걸리고 싶지 않다면, 코트를 입어라.

18 be filled with는 '~으로 가득 차 있다'라는 뜻으로 by 이외의 전치사를 쓰는 수동태 구문이다.

|해석| 그 방은 꽃과 풍선으로 가득 차 있었다.

19 ① 「be동사+과거분사」가 쓰인 것으로 보아, (A)는 수동태 문장이다.

② 「by+행위자」가 생략된 문장이다.

③ 주어가 복수이므로 be동사 are가 옳다.

④ if ~ not은 unless로 바꿀 수 있으므로 옳다.

⑤ if가 이끄는 조건절에서는 미래를 나타낼 때 현재시제를 쓴다.

|해석| (A) 퀘벡에서는 영어와 프랑스어가 사용된다.

(B) 만약 네가 그녀의 조언을 받아들이지 않는다면, 너는 후회할 것이다.

20 '그것은 Gustave Eiffel에 의해 설계되었다.'는 의미의 수동태 문장이 되어야 한다. 수동태의 동사는 「be동사+과거분사」의 형태로 쓰는데, 과거시제이므로 be동사는 was로 쓴다.

|해석| A: 에펠 탑은 누가 설계했나요?

B: 그것은 Gustave Eiffel에 의해 설계되었다.

21 ⓐ 수동태에서 「by+행위자」를 쓸 때 행위자가 인칭대명사이면 목적격으로 써야 하므로 we는 us가 되어야 한다.

ⓓ 주어(The light bulb)가 3인칭 단수이므로 were가 아니라 was가 되어야 한다.

|해석| ⓐ 우리는 졸업 영상을 만들었다. → 졸업 영상은 우리에 의해 만들어졌다.

ⓑ Michael은 그의 애완견 사진을 찍었다. → 애완견 사진은 Michael에 의해 찍혔다.

ⓒ Edgar Degas는 "발레 수업"을 그렸다. → "발레 수업"은 Edgar Degas에 의해 그려졌다.

ⓓ Thomas Edison은 전구를 발명했다. → 전구는 Thomas Edison에 의해 발명되었다.

22 if가 이끄는 조건절에서는 미래를 나타낼 때 현재시제를 쓰므로 won't를 don't로 고쳐야 한다.

|해석| 만약 네가 약을 먹지 않는다면, 두통이 더 심해질 것이다.

23 ⓐ be interested in은 '~에 흥미가 있다'라는 뜻으로 by 이외의 전치사를 쓰는 수동태 구문이다.

ⓔ if가 이끄는 조건절에서는 미래를 나타낼 때 현재시제를 쓴다.

|해석| ⓐ 나는 노래하고 춤추는 것에 관심이 있다.

ⓑ 만약 네가 지하철을 타지 않으면, 너는 늦을 것이다.

ⓒ 내 고장난 노트북은 아버지에 의해 고쳐졌다.

ⓓ 전등이 누군가에 의해 꺼졌다.

ⓔ 만약 내일 비가 온다면, 나는 집에 있을 것이다.

24 능동태 문장을 수동태로 바꿀 때는 능동태의 목적어를 수동태의 주어로 보내고, 동사는 「be동사+과거분사」의 형태로 고치고, 능동태의 주어를 「by+목적격」의 형태로 문장 뒤에 쓴다. 이때 주어의 수와 시제에 따라 알맞은 be동사를 쓰는 것에 유의한다.

|해석| (1) 요즘 많은 사람들이 스마트폰을 사용한다.

(2) 그녀는 파란색 셔츠를 샀다.

(3) J. K. Rowling은 "해리포터"를 썼다.

(4) 유명한 화가가 그 그림들을 그렸다.

25 '드럼은 Andy에 의해 연주되었다.'는 뜻의 수동태 문장을 완성한다. 수동태 문장은 「주어+be동사+과거분사+by+행위자」의 형태로 쓴다.

|해석| A: 콘서트에서 드럼을 연주한 사람이 누구니?

B: 드럼은 Andy에 의해 연주되었어.

26 문맥상 자연스러운 문장이 되도록 조건절과 주절을 연결하여 한 문장을 완성한다. unless는 '만약 ~하지 않는다면'이라는 부정의 의미를 가지고 있음에 유의한다.

|해석| (1) 만약 네가 매일 아침 조깅을 한다면, 너는 더 건강해질 것이다.

(2) 만약 네가 하나를 더 산다면, 너는 30% 할인을 받을 것이다.

(3) 만약 네가 서두르지 않는다면, 너는 학교에 지각할 것이다.

R Reading **빈칸 채우기**   pp. 32~33

01 favorite **02** will answer **03** show great love **04** scream madly **05** Others, to take pictures **06** to see **07** recent creation **08** way **09** Did, begin **10** were loved by **11** How about **12** Not **13** To find **14** are filled **15** Unlike, faces **16** can see, better **17** any sheet music **18** from memory **19** by softly touching **20** hold their breath **21** builds up speed **22** makes, powerful **23** pays

---

attention to **24** everywhere **25** like watching **26** Time flies **27** throw flowers **28** goes wild **29** amazing star **30** was born **31** started playing **32** later became **33** think of him as **34** Why don't you **35** If, will love

---

R Reading **바른 어휘 · 어법 고르기**   pp. 34~35

01 have **02** students **03** their **04** madly **05** take **06** travel **07** Are **08** No **09** Did **10** were loved **11** in **12** close **13** take **14** seats **15** faces **16** see **17** any **18** from **19** touching **20** breath **21** up, at **22** powerful **23** to **24** flies **25** watching **26** ends **27** pieces **28** goes **29** Who **30** was born **31** playing **32** and **33** as **34** give **35** If

---

R Reading **틀린 문장 고치기**   pp. 36~37

01 ○ **02** ×, Every students → Many students
03 ×, student → students **04** ○
05 ×, waits → wait **06** ○ **07** ×, recently → recent
08 ○ **09** ×, began with → begin with
10 ×, love → loved **11** ○ **12** ○ **13** ×, on → in
14 ×, is → are **15** ○ **16** ○ **17** ×, his → him
18 ×, played → play
19 ×, for softly touching → by softly touching
20 ×, missing → to miss **21** ○ **22** ○
23 ×, movements → movement **24** ○ **25** ○
26 ×, fly → flies **27** ○ **28** ×, wildly → wild
29 ○ **30** ×, at → in **31** ×, while → when
32 ○ **33** ×, think for him → think of him
34 ×, listening → listen **35** ○

R Reading **실전 TEST**   pp. 40~43

01 ④ **02** scream **03** ③ **04** ③ **05** ② **06** ④ **07** ③
08 ⑤ **09** ③ **10** ③ **11** ② **12** ③ **13** 속도를 점점 높이고 긴 손가락으로 많은 건반을 한꺼번에 누르며 연주하는 것 **14** ③
15 ③ **16** ② **17** ② **18** audience, performance **19** ①
20 ② **21** ①
[서술형]
22 (1) They scream madly at concerts.

(2) They wait hours to take pictures of their stars.

(3) They even travel to another city to see their favorite stars.

23 starts slowly by softly touching the keys, builds up speed, his long fingers press down on many keys at once

24 (1) (모범답) They can see the pianist better because the side of the piano faces the audience unlike other concerts.

　　(2) Because they don't want to miss a single note.

25 (1) When and where was Franz Liszt born?

　　(2) When did he first start playing the piano?

　　(3) What do many people think of Liszt?

01 정해진 범위 없이 일부분을 나타내어, '어떤 ～은'과 '다른 ～은'을 뜻할 때 some과 others를 쓴다.

02 '놀라움, 흥분 등으로 인해 크고 높은 목소리로 외치다'라는 뜻의 단어는 scream (괴성을 지르다)이다.

03 K팝 아이돌을 좋아하는 팬들이 자신들의 스타들에게 많은 애정을 보인다는 말은 있지만, 스타들이 팬들에게 애정을 보인다는 말은 없다.

04 ⓒ는 '완전히 헛짚었다'는 의미로 Not 앞에 The answer is가 생략된 말이다.

05 '사랑받았다'라는 수동태 문장이므로 「주어+be동사+과거분사+by+행위자」의 형태가 되어야 한다. 주어가 복수이고 과거시제이므로 be동사로 were를 쓴다.

06 마지막 문장에서 '1845년에 빈에 있는 콘서트홀로 타임머신을 타고 가보자'고 했으므로, 1845년의 빈에 있는 콘서트홀의 모습을 묘사하는 내용이 이어질 것이다.

07 피아노의 옆면이 청중들을 바라보고 있다고 했으므로 그 뒤에 이 방법이 피아니스트를 더 잘 볼 수 있게 했다는 주어진 문장이 이어지는 것이 자연스럽다.

08 '모든 좌석이 채워졌다.'라는 의미의 수동태 문장이 되어야 하므로 「be동사+과거분사」의 형태인 are filled가 알맞다.

09 「not+any」는 no로 바꿔 쓸 수 있다.

10 윗글의 ⓒ와 ⓑ, ⓒ, ⓓ는 명사적 용법의 to부정사(목적어)로 쓰였고, ⓐ는 감정의 원인을 나타내는 부사적 용법의 to부정사, ⓔ는 목적을 나타내는 부사적 용법의 to부정사로 쓰였다.

　|해석| ⓐ 나는 자유의 여신상을 봐서 기쁘다.

　　　ⓑ 너는 보드게임을 하는 것을 좋아하니?

　　　ⓒ 나는 언젠가 이탈리아를 방문하기를 희망한다.

　　　ⓓ 그는 K팝 스타가 되기를 원한다.

　　　ⓔ 나는 시험에 통과하기 위해 열심히 공부했다.

11 ⓐ 전치사 by의 목적어로 동명사 touching이 되어야 한다.

　ⓔ 「주어+make+목적어+목적격 보어」 형태의 5형식 문장으로, 목적격 보어로는 형용사가 와야 하므로 powerful이 되어야 한다.

12 build up: 점점 높이다 / press down: 누르다

13 밑줄 친 This는 앞 문장에 나온 내용을 가리킨다.

14 ③ 피아니스트는 속도를 점점 올리고 손가락으로 많은 건반을 한꺼번에 누르는 방식으로 연주한다고 했다.

15 ⓐ와 ③의 like는 '～처럼, ～와 같이'라는 뜻의 전치사이고, 나머지는

모두 '좋아하다'라는 뜻의 동사이다.

|해석| ① 나는 주말에 자전거 타는 것을 좋아한다.

② 그는 코미디 공연 보는 것을 정말 좋아한다.

③ 그녀는 패션 모델처럼 걷는다.

④ 나는 어제 산 드레스를 좋아한다.

⑤ 너는 내일 무엇을 하고 싶니?

16 ⓑ에 쓰인 fly는 '(시간이) 아주 빨리 가다(흐르다)'의 뜻으로 쓰였으므로, ②가 영어 뜻풀이로 알맞다.

|해석| ① 비행기에 탑승하다

② 빨리 움직이거나 지나가다

③ 두 개의 날개를 가진 작은 곤충을 가지다

④ 날개를 사용해 하늘을 날다

⑤ 공중에서 날거나 떠다니거나 매달려 있게 하다

17 첫 번째 질문의 콘서트 지속 시간과 두 번째 질문의 콘서트 관람객의 수는 윗글에 나와 있지 않아 알 수 없다. 네 번째 질문인 사람들이 더 좋아하는 공연이 무엇인지는 알 수 없다.

|해석| • 연주회는 얼마나 오래 지속되는가?

　　　• 얼마나 많은 사람이 콘서트홀에 있는가?

　　　• 연주회가 끝나자 사람들은 무엇을 하는가?

　　　• 사람들은 어느 공연을 더 좋아하는가?

18 '청중(audience)이 그의 공연(performance)에 감동을 받았다.'라는 의미가 되도록 문장을 완성한다.

19 ① 수식을 받는 명사가 '놀라게 하는' 주체이므로 현재분사형의 형용사가 되어야 한다. (→ amazing)

20 ⓐ 국가 앞에는 전치사 in을 쓴다.

　ⓑ 'A를 B로 생각하다'라는 의미의 think of A as B가 되는 것이 알맞다.

21 ② 일곱 살에 피아노를 치기 시작했다.

③ 나중에 위대한 피아니스트이자 작곡가, 선생님이 되었다.

④ 많은 사람들이 그를 첫 번째 아이돌이라고 생각한다고 했다.

⑤ 어렸을 때 피아노 치는 것을 싫어했다는 언급은 없다.

22 학생들이 스타를 향해 큰 애정을 보이는 방식의 3가지 예를 언급하고 있다.

23 피아니스트는 건반을 부드럽게 누르면서 천천히 시작해서 속도를 점점 올리고, 긴 손가락으로 많은 건반을 한꺼번에 누른다고 했다.

24 (1) 다른 연주회와 달리 피아노의 옆면이 청중을 향해 있어서, 청중은 피아니스트를 잘 볼 수 있었다.

(2) 사람들이 Liszt의 콘서트에서 숨죽인 이유는 하나의 음도 놓치고 싶지 않았기 때문이다.

25 (1) 태어난 때와 장소를 묻는 말이 와야 한다.

(2) 피아노를 언제 시작했는지 묻는 말이 와야 한다.

(3) 사람들이 Liszt에 대해 어떻게 생각하는지 묻는 말이 와야 한다.

|해석| [보기] • 언제 그는 처음 피아노를 치기 시작했는가?

　　　• 사람들은 Liszt에 대해서 어떻게 생각하는가?

　　　• Franz Liszt는 언제 그리고 어디서 태어났는가?

01 ①   **02** ③   **03** ②   **04** I'm a big fan of yours.   **05** will meet → meet   **06** ①, ④

01 ① 과거를 나타내는 부사 Yesterday가 있으므로 과거시제 performed 가 되어야 한다.

02 be different from: ~와 다르다 / from memory: 외워서, 기억해서

03 ② 피아노의 옆면이 청중을 향해 있었으므로 Liszt가 청중을 마주 보고 않는 구조가 아니다.

04 '~의 열혈 팬'은 a big fan of로 표현하며, of 뒤에 소유대명사를 쓰는 것에 유의한다.

05 if가 이끄는 조건절에서는 미래의 의미를 가지더라도 현재시제로 써야 한다.

06 ① Sandra는 영화배우이다.
　④ 지나는 Sandra의 연기가 정말 실제 같다고 생각한다.
　|해석| ① Sandra는 무엇을 하는가(직업이 무엇인가)?
　② 지나는 언제 "Into the Sky"를 봤는가?
　③ "Into the Sky"에서 Sandra의 역할은 무엇인가?
　④ 지나는 Sandra의 연기에 대해 어떻게 생각하는가?
　⑤ Sandra는 얼마나 많은 영화에 출연했는가?

STEP B

01 ④   **02** ①   **03** ④   **04** ⑤   **05** ④   **06** ③   **07** powerful   **08** definitely   **09** ①   **10** ②   **11** ②   **12** ①   **13** ③   **14** (A) take   (B) cheer   (C) pianist   **15** ②

01 ④는 「명사 – 형용사」의 관계이고, 나머지는 「동사 – 명사」의 관계이다.
　|해석| ① 숨 쉬다 – 숨   ② 움직이다 – 움직임   ③ 창조하다 – 창조물
　④ 힘 – 힘 있는   ⑤ 공연하다 – 공연

02 '아주 많이 사랑받고 존경받는 사람'은 idol(우상, 아이돌)이다.
　|해석| ② 청중, 관람객   ③ 선생님   ④ 작곡가   ⑤ 피아니스트

03 miss는 '놓치다, 그리워하다'의 의미를 가진다.
　|해석| • Mike는 늦게 일어나서 비행기를 놓쳤다.
　• 나는 그가 떠났을 때 정말 그가 그리웠다.
　① fill: (가득) 채우다   ② order: 주문하다   ③ find: 찾다(발견하다)
　⑤ end: 끝나다

04 여기서 at once는 '동시에'라는 뜻으로 at the same time과 같은 뜻이다.
　① 느리게   ② 많아 봐야(기껏해야)   ③ 적어도(최소한)   ④ 가끔
　|해석| 우리는 동시에 두 장소에 있을 수 없다.

05 ⓐ '그들은 그녀의 모든 움직임을 지켜보고 있었다.'라는 의미가 적절하 므로 movement가 알맞다.
　ⓑ '그 케이크는 크림과 과일을 넣어 만든 맛있는 창조물이었다.'라는 의미가 적절하므로 creation이 알맞다.
　ⓒ '그 공연은 7시에 시작할 것이다.'라는 의미가 적절하므로 performance가 알맞다.
　ⓓ '나는 악보를 가져오는 것을 깜빡해서 기억을 더듬어서 연주했다.'라 는 의미가 적절하므로 sheet music이 알맞다.

06 composer(작곡가)의 영어 뜻풀이는 a person who writes music(작곡하는 사람)이다. something that is made(만들어진 무 언가)는 creation(창조물)의 영어 뜻풀이이다.

07 '힘 있는'을 뜻하는 형용사 powerful이 들어가는 것이 알맞다.
　|해석| 그녀는 그 회사에서 가장 힘 있는 사람이다.

08 '분명히, 틀림없이'를 뜻하는 definitely가 들어가는 것이 알맞다.
　|해석| 그는 현재 직업에 틀림없이 만족한다.

09 press down: 누르다 / in person: 직접
　|해석| • 직사각형 버튼을 꾹 누르시오.
　• 나는 내가 가장 좋아하는 가수를 직접 볼 수 있기를 바란다.

10 ⓐ, ⓑ, ⓔ는 '~을 마주 보다(향하다)'라는 의미이고 ⓒ, ⓓ는 '얼굴'이라 는 의미이다.
　|해석| ⓐ 그 아파트는 남쪽을 향해 있다.
　ⓑ 그녀는 돌아서 그를 마주 보았다.
　ⓒ 자기 전에 얼굴을 씻어라(세수를 해라).
　ⓓ 그는 항상 얼굴에 미소를 머금고 있다.

ⓔ 대부분의 방이 바다를 향해 있다.

11 ② press down은 '누르다'라는 의미이다.

|해석| ① 나는 벼룩시장에서 이 배낭을 샀다.

② 가속 페달을 밟지(누르지) 마라.

③ Megan은 그 노래를 외워서 불렀다.

④ 내 여동생은 종이접기를 잘한다.

⑤ 나는 그 작곡가를 직접 만나고 싶다.

12 주어진 문장의 note는 '음'을 뜻하며, 이를 뜻하는 것은 a specific musical tone(특정 악음)이다. ②는 '지폐', ③은 '쪽지, 편지', ④는 '주석, 주', ⑤는 '메모'를 뜻한다.

|해석| 그는 높은 음을 잘 부르지 못한다.

13 ③ 문을 미친듯이 닫으라는 내용은 문맥상 어색하다. madly 대신 softly가 들어가 '문을 부드럽게 닫아라'는 의미가 되어야 한다.

|해석| ① 만약 우리가 서두르면, 제시간에 그곳에 도착할 것이다.

② 그 커피는 부드럽고 맛이 풍부하다.

④ 의사는 나에게 숨을 깊게 들이쉬라고 말했다.

⑤ 나는 키가 크지 않지만, 나와 달리 내 남동생은 키가 매우 크다.

14 (A) take pictures of: 사진을 찍다

(B) '힘을 북돋우다'라는 뜻의 cheer가 알맞다.

(C) 공연을 마치고 박수를 받는 사람으로 pianist(피아니스트)가 알맞다.

|해석| • 그들은 밴드 멤버들의 사진을 찍기 위해 몇 시간을 기다렸다.

• 너는 스스로를 기운 내게 할 무언가가 필요하다.

• 우리는 피아니스트가 연주를 끝내자 큰 박수를 쳤다.

15 '처음 혹은 최초에 발생하거나 존재하는'이 뜻하는 것은 original(본래의)이다.

|해석| ① 갑자기, 나는 미친 듯이 질투심이 났다.

② 본래 계획은 뉴욕으로 날아 가는 것이었다.

③ 최근 몇 년간 많은 변화가 있었다.

④ 우리 팀은 1점 차이로 경기를 이겼다.

⑤ 음악이 배경으로 부드럽게 연주되었다.

 Listen & Speak 고득점 맞기   pp.50~51

01 ④   **02** ②, ④   **03** ⑤   **04** ③   **05** which band, like best   **06** ⓐ Why ⓑ Because

[서술형]

07 I'm also a big fan of the band.

08 I can't wait!

09 (1) favorite member   (2) fantastic drummer

(3) she sings really well(she's a good singer)

(4) Blue Sky's fan meeting

10 paper flowers

11 They are going to be the perfect gift for your mom.

12 (1) He(Tom) is taking a paper folding class (these days).

(2) Tom's friend thinks (that) they(paper flowers) are so beautiful.

---

(3) He(Tom) made them(paper flowers) for his mom's birthday.

01 기린이 가장 좋다고 답하고 있으므로, 빈칸에는 어떤 동물을 가장 좋아하는지 묻는 말이 알맞다.

02 「Why do you+동사원형 ~?」과 「Can you tell me why+주어+동사 ~?」, 「What makes you+동사원형 ~?」은 모두 이유를 묻는 표현이다.

03 ⑤ 책 동아리가 지루하다고 말한 뒤 재미있는 책을 많이 읽는다고 말하는 것은 어색하다.

|해석| ① A: 이번 주 토요일에 무엇을 할 거니?

B: 나는 가족들과 소풍을 갈 거야.

② A: 가장 좋아하는 음악이 뭐니, Amy?

B: 나는 클래식 음악을 가장 좋아해.

③ A: 왜 너는 프랑스에 가 보고 싶니?

B: 나는 에펠 탑을 보고 싶기 때문이야.

④ A: 나는 "Charlotte's Web"을 가장 좋아해. 너는 어떠니?

B: 나는 "The Wizard of Oz"를 좋아해.

⑤ A: 책 동아리는 어떻게 되고 있니?

B: 너무 지루해. 나는 재미있는 책을 많이 읽어.

04 헌 옷들을 왜 가지고 있는지 이유를 묻는 말에 벼룩시장에서 그 옷들을 팔 거라고 이유를 말하고(C), 자신에게도 헌 옷이 있다는 말(A)에 함께 팔러 가자고 제안한(D) 후 동의하는 말(B)이 이어지는 것이 자연스럽다.

05 '가장 좋아하는 밴드가 무엇이니?'라는 뜻의 (A)는 선호를 묻는 표현 which~ do you like best?를 사용하여 바꿔 쓸 수 있다.

06 ⓐ에는 이유를 묻는 의문사 Why가 알맞고, ⓑ에는 이유를 나타내는 접속사 Because가 알맞다.

07 '~의 열혈 팬'을 뜻하는 a big fan of를 사용하여 문장을 완성한다.

08 I can't wait가 '기다릴 수 없다'는 뜻이 아니라 '기다릴 수 없을 만큼 기대된다'라는 의미임에 유의한다.

09 (1), (2) like ~ best는 '가장 좋아하다'라는 뜻으로 favorite을 써서 표현할 수 있다. 지호가 가장 좋아하는 멤버는 드러머인 Mike라고 했다.

(3) Amy는 Lucy를 가장 좋아하고, 그녀가 노래를 정말 잘한다고 했다.

(4) Amy는 지호와 함께 토요일에 Blue Sky의 팬 미팅에 가기로 했다.

10 두 사람은 Tom이 가지고 있는 종이꽃에 대해 이야기하고 있다.

11 '그것들은 너희 엄마에게 완벽한 선물이 될 거야.'라는 의미가 되도록 「be going to+동사원형」을 이용하여 문장을 완성한다.

12 (1) Tom은 요즘 종이접기 수업을 듣고 있다고 했다.

(2) Tom의 친구는 Tom의 종이꽃이 매우 아름답다고 생각한다.

(3) Tom은 어머니의 생신을 위해 종이꽃을 만들었다.

01 ⑤ 02 ③ 03 ④ 04 ② 05 Unless 06 ②, ⑤
07 ④, ⑤ 08 ⑤ 09 ⑤ 10 ⑤ 11 ③ 12 ④ 13 ④

[서술형]

14 (1) *The Starry Night*(It) was painted by Vincent van Gogh.

　(2) When was *Charlotte's Web* written?

15 (1) wakes up early, he will ride a bike

　(2) has free time, he will watch a movie

　(3) goes to the zoo, she will take pictures of animals

16 (1) The pictures were not taken by Sam.

　(2) This expression is used by many people.

　(3) Jim's house was burned down by fire.

17 (1) (모범답) if you go to bed early, you won't feel tired and can concentrate better on the lessons.

　(2) (모범답) if you read English books, you can improve your English

01 수동태의 행위자는 「by+행위자」의 형태로 쓰는데, by 대신 다른 전치사를 사용하는 수동태 구문이 있다. ⑤ be interested in은 '~에 관심이 있다'라는 뜻으로 by 대신 in을 쓴 수동태 구문이다. 나머지 빈칸에는 by가 들어간다.

|해석| ① 그 배우는 많은 십 대들에게 사랑받는다.

② 작년에 스페인어는 Kim 선생님에 의해 가르쳐졌다.

③ 그 식사는 엄마에 의해 만들어졌다.

④ "Hey Jude"는 유명한 밴드에 의해 불러졌다.

⑤ 나는 내 사업을 시작하는 것에 관심이 있다.

02 if가 이끄는 조건절에서는 미래의 의미이더라도 현재시제를 쓴다. (③ → it doesn't rain)

03 ④ 수동태 문장에서 be동사 뒤에는 과거분사를 써야 하므로 동사 break의 과거분사형 broken이 쓰여야 한다.

|해석| ① 만약 네가 배고프면, 너는 피자를 먹을 수 있다.

② 그 건물은 유명한 건축가에 의해 설계되었다.

③ Andy의 방은 책들로 가득 차 있다.

④ 창문이 누군가에 의해 깨졌다.

⑤ 만약 네가 괜찮다면, 나는 TV를 끌 것이다.

04 ⓐ와 ⓒ는 수동태 문장으로 빈칸에 was written이 알맞다. ⓑ는 과거시제의 능동태 문장으로 wrote가 와야 하고, ⓓ는 미래시제의 능동태 문장으로 조동사 will 뒤에 동사원형 write가 알맞다.

|해석| ⓐ 그 노래는 2년 전에 재능 있는 작곡가에 의해 쓰여졌다.

ⓑ 그는 어렸을 때 이 시들을 썼다.

ⓒ 그 편지는 지난 달 캐나다에 있는 내 사촌에 의해 쓰여졌다.

ⓓ 우리는 함께 보고서를 쓸 것이다.

05 if ~ not은 unless로 바꿔 쓸 수 있다.

|해석| 만약 네가 여권이 없다면, 너는 전 세계를 여행할 수 없다.

06 수동태 문장은 「주어+be동사+과거분사+by+행위자」의 형태로 쓴

다. 이때 주어의 인칭과 수, 시제에 따라 be동사의 형태가 결정되는데, ②는 능동태 문장이 과거시제이므로 be동사가 is가 아닌 was가 되어야 한다. ⑤는 수동태 문장의 주어(The difficult math problems)가 복수이므로 was가 아니라 were가 되어야 한다.

|해석| ① 그 새들이 그 둥지를 지었다.

　→ 그 둥지는 그 새들에 의해 지어졌다.

② 버스 운전기사가 소녀를 구했다.

　→ 소녀는 버스 운전기사에 의해 구해졌다.

③ 세종대왕은 한글을 창제했다.

　→ 한글은 세종대왕에 의해 창제되었다.

④ 내 남동생이 이 그림을 그렸다.

　→ 이 그림은 내 남동생에 의해 그려졌다.

⑤ Amy는 그 어려운 수학 문제를 풀었다.

　→ 그 어려운 수학 문제는 Amy에 의해 풀렸다.

07 ① '~이 열리다'라는 뜻의 be held가 쓰인 수동태 문장이 되어야 한다. (holding → held)

② 자동차가 '멈춰지는' 것으로 동작의 대상이므로 수동태 문장이 되어야 한다. (stopped → was stopped)

③ 과거를 나타내는 부사구 a few months ago가 있으므로 과거시제의 문장이 되어야 한다. (is → was)

|해석| ① 월드컵은 4년마다 열린다.

② 그 차는 경찰에 의해 멈춰졌다.

③ 그 건물은 몇 달 전에 지어졌다.

④ 그 TV 쇼는 많은 사람들에 의해 사랑받았다.

⑤ 내 지갑이 버스에서 도난당했다.

08 If ~ not은 Unless로 바꿔 쓸 수 있다. ⑤ 조건절의 If ~ not을 Unless로 바꾸고 주절은 그대로 두어야 같은 의미가 된다. (can → can't)

|해석| 만약 네가 이 규칙을 따르지 않는다면, 우리는 함께 일할 수 없다.

09 수동태 문장의 「by+행위자」에서 행위자가 인칭대명사일 때는 목적격으로 쓴다.

|해석| 많은 탐정 이야기가 그에 의해 쓰여졌다.

10 ① 주어인 '소식'이 놀라게 하는 동작의 주체이므로 능동태가 되어야 한다. (was surprised → surprised)

② read의 과거분사형은 read이다. (is readed → is read)

④ if가 이끄는 조건절에서는 미래의 의미이더라도 현재시제를 쓴다. (they'll miss → they miss)

⑤ '말하지 않으면'이라고 했으므로 부정의 의미를 가진 조건의 접속사 unless가 되어야 한다. (if → unless 또는 tell → don't tell)

11 ③ 수동태 문장 Jessica was trusted by her friends.로 바꿀 수 있다. 주어가 Jessica이므로 동사는 were가 아니라 was가 알맞다.

|해석| ① 동전이 그 소년에 의해 주워졌다.

② 만약 너무 춥지 않으면 나는 내일 수영하러 갈 것이다.

③ Jessica의 친구들은 그녀를 믿었다.

④ 만약 이번 주말에 눈이 온다면, 나는 집에 머물 것이다.

⑤ 영어는 전 세계에서 말해진다.

12 ⓑ if가 이끄는 조건절에서는 미래의 의미이더라도 현재시제를 쓴다. (will hurry → hurry)

ⓒ unless는 '만약 ∼이 아니라면'의 의미로 부정의 뜻이 있으므로 부정어 not과 함께 쓰이지 않는다. (don't read → read)

|해석| ⓐ 만약 네가 내 생일 파티에 온다면, 나는 기쁠 것이다.

ⓑ 만약 네가 서두른다면, 너는 제시간에 그곳에 도착할 수 있다.

ⓒ 만약 네가 지금 읽지 않는다면, 나에게 그 책을 빌려주겠니?

ⓓ 만약 네가 Kevin을 만나면, 나에게 전화해 달라고 전해 줘.

ⓔ 만약 네가 더 열심히 한다면, 너는 만점을 받을 것이다.

13 ⓒ if가 이끄는 조건절에서는 미래의 의미이더라도 현재시제를 쓴다. 주어가 3인칭 단수인 he이므로 동사는 tells가 되어야 한다.

|해석| ⓐ 그 방은 많은 학생들로 가득 차 있었다.

ⓑ 그 장난감 로봇은 그에 의해 고쳐지지 않았다.

ⓒ 만약 그가 다시 거짓말을 한다면, 나는 그를 용서하지 않을 것이다.

ⓓ 만약 네가 다른 사람들에게 친절하다면, 그들은 너를 좋아할 것이다.

14 수동태 문장의 평서문은 「주어+be동사+과거분사+by+행위자」의 형태로 쓰고, 의문문은 「(의문사+)be동사+주어+과거분사 ∼?」의 형태로 쓴다.

15 if가 이끄는 조건절에서는 미래의 의미를 나타낼 때 현재시제를 쓴다는 점에 유의한다. 주어가 3인칭 단수이므로 3인칭 단수 동사를 쓴다.

16 수동태 문장은 「주어+be동사+과거분사+by+행위자(목적격)」의 형태로 쓰고, 부정문은 be동사 뒤에 not을 쓴다. 주어의 인칭과 수, 시제에 따라 be동사를 씀에 유의한다.

17 조건의 접속사 if를 사용하여 각 사람에게 할 말을 완성한다.

|해석| 수지와 Jason은 요즘 문제가 있다. 수지는 주로 밤에 늦게 잔다. 그래서 항상 학교에서 피곤함을 느끼고 수업에 집중하지 못한다. Jason은 영어에 관심이 있다. 그는 자신의 영어 실력을 향상시키고 싶지만 어떻게 할지 방법을 모른다. 이런 상황에서, 당신은 그들에게 뭐라고 말하고 싶은가?

ⓡ Reading 고득점 맞기　　　　　　　　pp.57~59

01 ②　**02** (A) Some　(B) Others　**03** ①, ③　**04** ④　**05** ④　**06** ④　**07** ②　**08** ③　**09** ②　**10** ④　**11** ④　**12** ③

[서술형]

13 ⓐ in　ⓑ about

14 They were loved by many, but they were not the first.

15 (1) He(The pianist) is handsome.

(2) He(The pianist) is 185cm tall.

(3) [모범답] He(The pianist) plays the piano from memory(without sheet music).

16 (1) ⓐ to watch → watching　(2) like는 전치사이고 전치사 뒤에는 동명사가 와야 한다.

17 If you like today's idols, you will love the original idol.

18 paid attention to, went wild

---

01 ② '미친 듯이 괴성을 지르다'라는 의미가 되어야 하므로 동사

scream을 수식하는 부사가 되어야 한다. (→ madly)

02 정해진 범위 없이 일부분을 나타내어, '어떤 ∼은'과 '다른 ∼은'을 뜻하는 부정대명사 some과 others를 쓴다.

03 ① 스타에게 선물을 보내거나, ③ 스타의 이름으로 기부나 선행을 한다는 내용은 본문에 나와 있지 않다.

04 아이돌이 언제 생겼는지에 대한 내용의 글이므로 '아이돌이 최근의 창조물일까?'라는 문장이 되는 것이 가장 자연스럽다.

05 ④ 수동태는 「주어+be동사+과거분사+by+행위자」 형태로 표현하므로 by는 어법상 옳다.

06 ④ Elvis Presley도 최초의 아이돌이 아니라고 했다.

07 피아노의 옆면이 청중들을 향해 있어 피아니스트를 더 잘 볼 수 있었다는 말이 되는 것이 자연스러우므로, 청중들이 피아노를 더 많이 보고 싶어 한다는 ②는 흐름상 어색하다.

08 (A) 주어(all the seats)는 동작(fill)의 대상인 수동태 문장이 되어야 하므로 be동사 are 뒤에는 과거분사 filled가 와야 한다.

(B) by 뒤에 동사가 올 때는 동명사(touching)가 되어야 한다.

(C) 「make+목적어+형용사」의 5형식 문장이 되어야 한다.

09 ② 콘서트홀의 좌석 수는 언급되지 않았다.

|해석| ① 좌석은 꽉 찼는가?

② 콘서트홀에는 몇 개의 좌석이 있는가?

③ 피아노의 옆면은 무대에서 어느 방향을 바라보고 있는가?

④ 피아니스트는 키가 몇인가?

⑤ 피아니스트는 어떻게 연주하는가?

10 연주회가 끝날 때 청중들이 소리를 지르며 꽃과 옷을 던진다고 했으므로 청중들은 '흥분된' 상태이다.

|해석| ① 무서운　② 지루한　③ 피곤한　⑤ 실망한

11 ④는 original(본래의)의 영어 뜻풀이인데, original은 본문에서 쓰이지 않았다.

① movement(움직임)　② audience(청중, 관람객)

③ performance(공연)　⑤ scream(괴성을 지르다)

12 빈칸의 순서대로 successfully, different, better, wild가 들어가는 것이 알맞다.

13 ⓐ '1960년대에'라는 의미로 전치사 in이 알맞다.

ⓑ '∼은 어때?'라는 의미인 How about ∼?이 되도록 about이 알맞다.

14 많은 사람들에게 사랑을 받았다는 수동태 문장이 되어야 한다. 수동태의 동사는 「be동사+과거분사」의 형태로 표현한다.

15 피아니스트는 잘생기고, 키는 185cm이며, 악보 없이 외워서 연주를 한다고 했다.

17 if가 이끄는 조건절은 현재시제로 쓰고, 주절은 '∼할 것이다'라는 의미가 되도록 will을 포함해서 써야 한다.

18 Franz Liszt는 첫 번째 아이돌이었다. 연주회에서 관객들은 그의 모든 작은 몸짓에 주의를 집중했고, 연주회가 끝나면 콘서트홀은 열광의 도가니였다고 했다. 과거시제의 글이므로 동사를 과거형으로 쓰는 것에 유의한다.

01 (1) idol (2) performance (3) note
02 모범답 I turned around to face her.
03 (1) How (2) Which (3) best
04 (1) Which song do you like best? (2) Why do you like it?
05 (1) worst → best (2) sad → better
06 (1) I like Michael Jackson best.
　　(2) (Because) He sings so well.
　　(3) I like *Heal the World* best.
07 모범답 (Because) They are going to sell their old
　　clothes at the flea market.
08 (1) Why do you want (2) Because
09 (1) 모범답 I like spring best.
　　(2) 모범답 (Because) The weather is nice and flowers
　　　start to bloom.
10 (1) were held (2) was built by (3) am interested in
11 (1) The trees were planted by his family yesterday.
　　(2) The trees were not planted by his family yesterday.
　　(3) Were the trees planted by his family yesterday?
12 Unless you take his advice, you will make a mistake.
13 (1) take the subway, you will get there very quickly
　　(2) read English books, you will improve your English
　　(3) stay up late, you will feel tired tomorrow
14 (1) Was it painted (2) It was painted
15 (1) If you don't waste money, you will be rich.
　　/ Unless you waste money, you will be rich.
　　(2) This novel was written by Karen.
16 If you join our(the) magic club, you will learn magic
　　tricks.
17 (1) 콘서트에서 미친 듯이 괴성 지르기
　　(2) 스타의 사진을 찍기 위해 몇 시간을 기다리기
　　(3) 스타를 보기 위해 다른 도시로 여행 가기
18 first idol
19 (1) a piano and ballet performance
　　(2) screamed and threw flowers and pieces of clothing
20 (1) He was born in Hungary.
　　(2) He started playing the piano when he was seven.
　　(3) He became a great pianist, composer and teacher.
21 Why don't you give his music a listen?
22 (1) ⓔ seeing → to see
　　(2) hope은 to부정사를 목적어로 취하는 동사이다.
23 (1) 모범답 the weather is sunny this Sunday
　　(2) 모범답 I get up at six
　　(3) 모범답 I'll watch a soccer game on TV

01 문맥상 (1)에는 '우상, 아이돌'을 뜻하는 idol, (2)에는 '공연'을 뜻하는

performance, (3)에는 '음'을 뜻하는 note가 들어가는 것이 알맞다.
|해석| (1) 모든 팬들이 자신들의 아이돌을 봤을 때 괴성을 질렀다.
　　(2) 그 밴드의 마지막 공연은 환상적이었다.
　　(3) 그 가수는 노래 중간에 음을 놓쳤다.
02 주어진 문장의 face는 '~을 마주 보다(향하다)'라는 뜻의 동사로 쓰였다.
　　|해석| 이 방의 창문은 바다를 향해 있다.
03 (1) How's ~ going?은 '~은 어떠니?'라는 뜻으로 상황이나 안부를
　　묻는 말이다. (2), (3) 상대방의 선호를 물을 때 Which ~ do you like
　　best?로 말한다.
04 (1) 자신이 가장 좋아하는 노래를 밝히는 말이 이어지는 것으로 보아,
　　어떤 노래를 가장 좋아하는지 선호를 묻는 말이 오는 것이 알맞다.
　　(2) 이유를 밝히는 말이 이어지는 것으로 보아, 이유를 묻는 말이 오는
　　것이 알맞다.
05 (1) Smith 선생님이 가장 좋아하는 노래가 "Hey Jude"라고 했으므
　　로 worst를 best로 고쳐야 한다. (2) 노래 "Hey Jude"가 Smith 선
　　생님의 기분이 나아지게 해 준다고 했으므로 sad를 better로 고쳐야
　　한다.
　　|해석| 미나와 Smith 선생님은 오늘 인터뷰를 했다. 그들은 음악에 관
　　해 이야기했다. Smith 선생님의 가장 좋아하는 밴드는 The Beatles
　　이다. 그 노래는 그가 우울할 때 슬프게 (→기분을 나아지게) 하기 때문
　　에 그는 "Hey Jude"를 가장 싫어한다(→ 좋아한다). 인터뷰가 끝난 후
　　미나는 오늘 우리에게 그 노래를 틀어주었다.
06 (1), (3) I like ~ best.를 이용하여 선호하는 것을 말한다.
　　(2) Because를 이용하여 좋아하는 이유를 말한다. 이때 Because를
　　생략하고 말할 수도 있다.
07 두 사람은 이번 주 토요일에 벼룩시장에서 자신들의 헌 옷을 팔기로 했
　　다.
08 이유를 물을 때는 Why do you ~?로 묻고, 이유를 말할 때는
　　Because를 사용한다.
　　|해석| A: 나는 베니스에 가 보고 싶어.
　　B: (1) 왜 베니스에 가 보고 싶니?
　　A: (2) 나는 곤돌라를 타 보고 싶기 때문이야.
09 자신이 가장 좋아하는 계절과 그 이유를 자유롭게 쓴다.
10 수동태는 「주어+be동사+과거분사+by+행위자」의 형태로 표현한다.
　　(1)은 「by+행위자」가 생략된 형태이고, (3)은 by 이외의 전치사를 쓰
　　는 수동태 구문이다.
11 수동태는 「주어+be동사+과거분사+by+행위자」의 형태로 표현한다.
　　수동태 문장에서 be동사 뒤에 not을 붙여 부정문을 만들고, 주어와
　　be동사의 위치를 바꿔 써서 의문문을 만든다.
　　|해석| 그의 가족은 어제 나무를 심었다.
12 unless는 부정의 의미를 가지고 있으므로 unless가 이끄는 절에 부
　　정어를 쓰지 않도록 유의한다.
13 '만약 ~라면'의 의미를 나타내는 if 조건절을 사용하여 문장을 완성한
　　다. if 조건절에서는 현재시제가 미래를 대신한다는 점에 유의한다.
14 「by+행위자(by Picasso, by Vincent van Gogh)」가 있으므로 수동
　　태 문장이 되어야 한다. (1)은 의문문이므로 「Be동사+주어+과거분사

~?」의 형태로 쓴다.

|해석| A: 이 그림은 "Sunflowers"이다.

　　B: 그것은 Picasso에 의해 그려졌니?

　　A: 아니, 그렇지 않아. 그것은 Vincent van Gogh에 의해 그려졌어.

　　B: 오, 그렇구나.

15 (1) '만약 ~하지 않으면'을 뜻하는 if ~ not이나 unless를 사용하여 문장을 쓴다. if나 unless가 이끄는 조건절에서는 미래의 의미이더라도 현재시제를 쓴다.

　　(2) 「주어+be동사+과거분사+by+행위자」 형태의 수동태 문장을 쓴다.

16 조건을 나타내는 if절을 사용하여 문장을 쓴다. if가 이끄는 조건절에서는 현재시제가 미래시제를 대신한다.

18 Not even close.는 '완전히 헛짚었다'라는 뜻으로 'Elvis Presley가 최초의 아이돌이 아니었다.'라는 의미이다.

19 지난주에 갔었던 연주회에 대해 이야기하는 편지이므로 과거시제로 써야 한다는 것에 유의한다.

　　(1) Franz Liszt의 공연이 피아노와 발레 공연을 동시에 보는 것 같았다고 했다.

　　(2) 콘서트가 끝났을 때 사람들이 소리를 지르며 꽃과 옷을 무대로 던졌다고 했다.

20 (1) Franz Liszt는 헝가리에서 태어났다.

　　(2) Franz Liszt는 7살에 처음 피아노를 치기 시작했다.

　　(3) Franz Liszt는 나중에 훌륭한 피아니스트이며 작곡가이자 선생님이 되었다.

21 제안하는 표현인 Why don't you ~?와 '~을 듣다'를 뜻하는 표현 give ~ a listen을 사용하여 문장을 완성한다.

23 if절에는 미래시제 대신 현재시제를 사용하는 것에 유의한다.

| 제 1 회 | 대표 기출로 내신 **적중** 모의고사 | pp. 64~67 |

01 ⑤　02 ①　03 ④　04 ①　05 ④　06 ③　07 paper flowers　08 I hope so, too.　09 ④　10 ④　11 They are going to listen to *Hey Jude*.　12 ②　13 ①　14 If you don't study hard / Unless you study hard　15 ⑤　16 ④　17 ①　18 Others wait hours to take pictures of their stars.　19 They were loved by　20 ②　21 ②　22 (A) from memory　(B) at once　23 ①　24 ⓐ successfully ⓑ powerful　25 Franz Liszt, in, in Hungary, pianist, composer, teacher

01 ⑤는 각각 '~와 같은'과 '~와는 달리'라는 뜻의 전치사로 반의어 관계이다. 나머지는 「동사 – 명사」의 관계이다.

|해석| ① 발명하다 – 발명　② 창조하다 – 창조물, 창조

　　③ 숨 쉬다 – 숨　④ 움직이다 – 움직임

02 '~을 마주 보다(향하다)'라는 의미의 단어는 face이다.

03 ④ at once는 '한꺼번에, 동시에'라는 뜻이다.

|해석| ① 나는 유명한 영화배우를 직접 만났다.

　　② 내가 그것을 준비하기 위해 할 수 있는 것이 있니?

　　③ 그는 그 편지를 외워서 읽었다.

　　④ 너는 많은 사람들과 동시에 의사소통할 수 있다.

　　⑤ 나는 시끄러운 곳에서 주의를 집중할 수 없다.

04 첫 번째 빈칸에는 '~을 타다'의 뜻으로, 두 번째 빈칸에는 '(특정 과목을) 듣다, 수강하다'의 뜻으로 쓰이는 take(과거형 took)가 알맞다.

|해석| ・오늘 오후에 우리는 콘서트에 제시간에 도착하기 위해 택시를 탔다.

　　・그녀는 영어 말하기 대회에서 좋은 결과를 얻기 위해 웅변 수업을 들었다.

05 가장 좋아하는 동물이 무엇인지 답하고 있으므로 가장 좋아하는 동물을 묻는 질문이 들어가는 것이 알맞다.

06 꿈의 휴가로 어느 나라를 가 보고 싶은지 묻는 말(B)에 캐나다를 가 보고 싶다고 답(A)하고, 그 이유를 묻는 말(C)에 이유를 말하는(D) 흐름이 되는 것이 자연스럽다.

07 ⓐ~ⓔ가 공통으로 가리키는 것은 paper flowers(종이꽃)이다.

08 밑줄 친 문장의 that절 이하를 so로 대신하여 '나도 그러기를 바라.'라는 말로 줄여 쓸 수 있다.

09 ⓐ와 ④의 to부정사는 부사적 용법(감정의 원인)으로 쓰였고, ①은 명사적 용법(목적어), ②는 부사적 용법(목적), ③은 명사적 용법(보어), ⑤는 형용사적 용법(명사 수식)으로 쓰였다.

|해석| ① 나는 언젠가 뉴욕을 방문하기를 바란다.

　　② 나는 경주에서 이기기 위해 최선을 다했다.

　　③ 내 꿈은 위대한 과학자가 되는 것이다.

　　④ 나는 네가 안전하다는 소식을 들어서 기뻐.

⑤ 너는 나에게 말할 것이 있니?

10 ⓑ에는 '그러나, 하지만'이라는 뜻의 역접의 접속사 but이 알맞고, ⓒ에는 '~ 때문에'라는 뜻의 이유를 나타내는 접속사 Because가 알맞다.

11 Mina의 마지막 말에 나온 the song은 Smith 선생님이 가장 좋아하는 노래 "Hey Jude"를 가리키므로, 두 사람이 그 노래를 함께 들을 것임을 알 수 있다.

12 수동태 부정문은 be동사 뒤에 not을 붙여 나타낸다.

13 ① if가 이끄는 조건절에서는 미래를 나타내더라도 현재시제를 쓴다. (will be → is)

|해석| ① 만약 날씨가 좋다면, 나는 하이킹을 갈 것이다.

② "Hamlet"은 William Shakespeare에 의해 쓰여졌다.

③ 만약 네가 서두르지 않는다면, 너는 제시간에 영화관에 도착하지 못할 것이다.

④ 우리는 경기 결과에 놀랐다.

⑤ 만약 네가 더 빨리 걷지 않는다면, 너는 기차를 놓칠 것이다.

14 문맥상 '열심히 공부하지 않으면, 너는 시험에 합격하지 못할 것이다.'라는 의미의 문장이 되도록 조건절을 완성한다.

15 우리말을 영작하면 This piano was played by him.이 되므로, 네 번째로 오는 단어는 played이다.

16 ④ 수동태 문장의 동사는 「be동사+과거분사」 형태가 되어야 한다. eat의 과거분사형은 eaten이다.

|해석| ① 만약 네가 Max를 본다면, 그에게 이 모자를 전해 줘.

② 학생들은 축제에서 노래를 불렀다.

③ 그 TV쇼는 전 세계에서 시청된다.

④ 상자에 있던 마지막 쿠키는 John에 의해 먹어졌다.

⑤ 만약 내일 비가 오지 않는다면, 우리는 낚시를 갈 것이다.

17 (A) '자신들의 스타를 향해'라는 의미로 전치사 for가 알맞다. (B) 도시 이름 앞에는 전치사 in을 사용한다.

18 '다른 학생들은'이라는 의미의 부정대명사 others를 주어로 쓰고, 뒤에 동사 wait와 목적어 hours를 쓴다. 그 뒤에 '자신들의 스타의 사진을 찍기 위해'라는 의미의 목적을 나타내는 to부정사구를 써서 문장을 완성한다.

19 '~에 의해 사랑을 받았다'는 의미의 수동태 문장은 「주어+be동사+과거분사+by+행위자」 형태로 쓴다.

20 Not even close.는 '완전히 헛짚었다.'라는 의미로, 앞에 나온 1950년대의 Elvis Presley는 최초의 아이돌인지에 대한 질문에 아니라고 답하는 말이다.

21 ⓑ hold one's breath는 '숨죽이다'라는 뜻이다.

22 (A) '기억해서, 외워서'를 뜻하는 from memory가 알맞다.

(B) '한꺼번에, 동시에'를 뜻하는 at once가 알맞다.

23 This concert라고 했으므로 바로 앞에는 연주회에 관한 내용이 오고, 뒤에는 다른 연주회와 다른 점에 대한 내용이 나와야 한다.

24 ⓐ는 동사(performed)를 설명하는 부사(successfully)가 되어야 한다. ⓑ는 주어(His music)를 설명하는 보어 역할로 쓰이는 형용사(powerful)가 되어야 한다.

25 표의 내용에 맞게 빈칸에 알맞은 말을 쓴다.

---

01 ③   **02** ③   **03** (1) build up speed (2) play from memory (3) hold one's breath (4) press down   **04** ④   **05** ②   **06** (A) I'm also a big fan of the band. (B) I can't wait!   **07** She is going to Blue Sky's fan meeting (with Jiho).   **08** ③   **09** (1) Why do you want to join the school band? (2) Which music do you like best?   **10** ②   **11** ④   **12** ③   **13** ⑤   **14** ④   **15** (1) ⓐ Her pet cat is loved by Angela. (2) ⓓ If you keep a diary in English, you can improve your English.   **16** (1) If he studies harder (2) If you don't take this medicine (3) If we work together   **17** (1) The novel was written by my daughter. (2) The box is filled with toy cars. (3) Emma was invited to the birthday party by him.   **18** ②   **19** ⑤   **20** ③   **21** ④   **22** This makes the music very powerful and rich.   **23** ②   **24** ④   **25** ②

01 ③은 형용사 good나 부사 well의 비교급이고, 나머지는 각각 '피아니스트, 작곡가, 선생님, 가수'라는 뜻의 어떤 행위를 하는 사람을 나타내는 명사이다.

02 ③은 둘 다 '팬'이라는 의미이다.

|해석| ① 거울 속 네 얼굴을 봐라.

그 호텔은 아름다운 경관을 마주 보고 있다.

② 나는 늘 내 고향이 그립다.

서둘러라, 그렇지 않으면 너는 학교 버스를 놓칠 것이다.

③ 그 영화배우는 팬들에 의해 둘러싸였다.

많은 팬들이 그를 보기 위해 콘서트에 왔다.

④ 내 친구는 나에게 생일 선물을 주었다.

그녀는 이야기를 잘 하는 재능을 가졌다.

⑤ 그는 식탁에 Amy에게 쓴 쪽지를 남겼다.

그녀는 피아노로 몇 음을 연주했다.

03 (1) build up speed: 점점 속도를 높이다

(2) play from memory: 외워서 연주하다

(3) hold one's breath: 숨을 참다

(4) press down: 누르다

04 첫 번째 빈칸에는 fold(접다)가, 두 번째 빈칸에는 original(본래의, 원래의)이, 세 번째 빈칸에는 role(역할)이, 네 번째 빈칸에는 single(단 하나의)이 들어가는 것이 알맞다. 어디에도 들어가지 않는 단어는 unlike(~와는 달리)이다.

|해석| • 먼저, 종이를 반으로 접어라.

• 그 성은 원래 주인에게 돌려졌다.

• David는 학교 연극에서 주인공 역할을 맡았다.

• 우리는 단 하루 만에 일을 끝냈다.

05 ② 어떤 과일을 가장 좋아하는지 묻고 있으므로 선호를 묻는 것이 그 의도로 알맞다.

06 (A) '~의 열혈 팬'을 뜻하는 a big fan of ~를 사용하여 문장을 쓴다.

(B) '기다릴 수 없을 만큼 기대된다!'는 마음을 표현할 때 I can't wait! 라고 한다.

07 Amy가 이번 주 토요일에 할 일은 Blue Sky의 팬 모임에 참석하는 것이다.

08 주어진 문장은 '나도 헌 옷들이 조금 있어.'라는 의미로 이 말을 듣고 '이번 주 토요일에 나와 함께 파는 게 어때?'라고 제안하는 말 앞에 오는 것이 자연스럽다.

09 (1) 이유를 묻는 표현 「Why do you+동사원형 ~?」을 이용하여 문장을 완성한다.
(2) 선호를 묻는 표현 Which ~ do you like best?를 이용하여 문장을 완성한다.

10 「make+목적어+목적격 보어(동사원형)」 형태가 되어야 하므로 feel이 알맞다.

11 "Hey Jude"를 좋아한다고 말한 사람은 Smith 선생님이다.

12 Andy를 좋아하는 이유를 물었는데 Andy가 K팝 듣는 것을 좋아한다고 답하는 것은 어색하다.
|해석| ① A: 종이꽃이 어디서 났니?
　　　B: 내가 만들었어.
② A: 네 동아리는 어때?
　　　B: 재미있어. 나는 흥미로운 영화를 많이 봤어.
③ A: 너는 왜 Andy를 좋아하니?
　　　B: 아니. 그는 K팝 듣는 것을 좋아해.
④ A: 어떤 과목을 가장 좋아하니?
　　　B: 나는 수학을 가장 좋아해.
⑤ A: 너는 왜 스페인에 가 보고 싶니?
　　　B: 나는 알함브라 궁전을 보고 싶기 때문이야.

13 ①~④는 '만약 ~라면'의 의미로 조건절을 이끄는 접속사 if이고, ⑤는 '~인지 아닌지'라는 의미로 명사절을 이끄는 접속사 if이다.
|해석| ① 만약 비가 온다면, 우리는 해변에 안 갈 것이다.
② 만약 네가 샤워를 한다면, 너는 기분이 나아질 것이다.
③ 만약 네가 계속 연습한다면, 너는 대회에서 우승할 것이다.
④ 만약 네가 정직하다면, 많은 친구를 가질 것이다.
⑤ 이번 주 토요일에 맑을지 아닐지는 나도 몰라.

14 능동태의 목적어가 주어가 되었으므로 수동태 문장이 되어야 한다. 능동태 문장을 수동태로 바꿀 때 동사는 「be동사+과거분사」 형태로 쓰는데, 수동태 문장의 주어(Four different languages)가 복수이고 현재시제 이므로 be동사 are를 쓴다.
|해석| 그 나라의 사람들은 네 가지 다른 언어를 말한다.

15 ⓐ 문장의 주어(Her pet cat)가 단수이므로 be동사를 is로 고친다. 수동태 문장에서 행위자 앞에 by를 쓴다.
ⓓ 조건의 if절에서는 미래를 나타내더라도 현재시제로 쓴다.
|해석| ⓐ 그녀의 애완 고양이는 Angela에 의해 사랑받는다.
ⓑ 만약 네가 운동하지 않으면, 너는 건강을 유지할 수 없다.
ⓒ 내 노트북이 도서관에서 도난당했다.
ⓓ 만약 네가 영어로 일기를 쓴다면, 너는 영어 실력을 향상시킬 수 있다.

16 내용상 자연스럽게 연결될 수 있는 말을 골라 if절로 쓴다. 조건의 if절에서는 미래를 현재시제로 표현하며, 이때 주어의 인칭에 따른 동사의

형태에 유의한다.

17 수동태 문장은 「주어+be동사+과거분사+by+행위자」의 형태로 쓴다. 이때, 주어의 인칭과 수, 시제에 따른 be동사의 형태에 유의한다.

18 ⓐ, ⓑ, ⓒ는 가장 좋아하는 K팝 아이돌이 있다고 답할 Many students를 가리킨다. ⓓ, ⓔ는 Many students 중 일부 학생들을 가리킨다. ⓓ는 '사진을 찍기 위해 몇 시간을 기다리는 일부 학생들'을 가리키고, ⓔ는 '스타를 보기 위해 다른 도시로 여행을 가는 일부 학생들'을 가리킨다.

19 윗글에서 학생들이 자신들의 스타를 향해 큰 애정을 보이는 방식으로 콘서트에서 미친 듯이 괴성을 지르는 것, 사진을 찍기 위해 몇 시간을 기다리는 것, 스타를 보기 위해 다른 도시로 여행을 가는 것이 언급되어 있다.
|해석| ① 편지 쓰기
② 그 스타의 앨범을 사기
③ 그 스타의 고향을 방문하기
④ 팬클럽에 가입하기
⑤ 그 스타의 콘서트에서 괴성을 지르기

20 in the 1950's: 1950년대에 / in+도시 이름 / in+연도

21 ⓐ와 ④는 to부정사의 부사적 용법(목적)으로 쓰였고, ①은 명사적 용법(목적어), ②는 부사적 용법(감정의 원인), ③은 명사적 용법(진주어), 그리고 ⑤는 형용사적 용법(명사 수식)으로 쓰였다.
|해석| ① 나는 미래에 음악가가 되기로 결심했다.
② 나는 그 나쁜 소식을 듣게 되어 너무 놀랐다.
③ 외국어를 배우는 것은 쉽지 않다.
④ 나는 영화를 보러 영화관에 갔다.
⑤ 너는 오늘 할 일이 많니?

22 「make+목적어+목적격 보어(형용사)」 형태의 5형식 문장이다.

23 윗글에서 Unlike other concerts(다른 연주회와 달리)라고 언급된 것으로 보아, 피아노 옆면이 청중을 향해 있는 것이 특별한 경우임을 추측할 수 있다.

24 ④ 가족 관계에 대해서는 언급되지 않았다.

25 ⓐ는 '~할 때'라는 의미의 접속사 when이 알맞고, ⓑ는 'A를 B로 간주하다, 생각하다'라는 의미의 think of *A* as *B*가 되는 것이 알맞다.

01 ②   02 ④   03 ③   04 ②   05 ④   06 Lucy, Mike, Blue Sky's fan meeting   07 ④   08 I'm taking a paper folding class these days.   09 ⑤   10 (1) Which country do you want to visit for your dream vacation? (2) Why do you want to visit Canada?   11 The Beatles   12 ④   13 ②, ③   14 (1) The picture(painting) was painted by Mary. (2) The flowers were sent by Jenny. (3) The card was written by Eric.   15 ④   16 (1) If it is sunny tomorrow, we will go on a picnic. (2) If it rains tomorrow, we will visit the museum.   17 (1) if you eat → unless you eat / if you don't eat (2) 의미상 '~하지 않으면'을 뜻하는 것이 자연스러우므로, if ~ not이나 unless를 써야 한다.   18 ⑤   19 ④   20 ②   21 (A) are filled (B) touching (C) powerful   22 ⑤   23 ②   24 Why don't you give his music a listen?   25 ①

01 breath는 '숨'이라는 뜻의 단어이므로, 신체 기관 중에서 '폐'로 들어갔다가 나가는 공기를 의미한다.

02 첫 번째 문장은 '열리다'라는 의미의 be held가, 두 번째 문장은 '숨을 참다'라는 의미의 hold one's breath가 되는 것이 알맞다. 따라서 공통으로 들어갈 말로 hold의 과거형과 과거분사형인 held가 알맞다.
ㅣ해석ㅣ • 언제 첫 번째 월드컵이 열렸니?
• 나는 30초 동안 물속에서 숨을 참았다.

03 ⓐ, ⓓ는 '음, 음표'라는 의미이고 ⓑ, ⓒ, ⓔ는 '쪽지'라는 의미이다.
ㅣ해석ㅣ ⓐ Sally는 트럼펫으로 몇 개의 음을 불렀다.
ⓑ 식탁에 아빠가 남긴 쪽지가 있다.
ⓒ 그는 집에 늦을 거라고 말하는 쪽지를 남겼다.
ⓓ 너는 기타를 연주하면서 높은 음을 부를 수 있니?
ⓔ 나는 Taylor 씨에게 쪽지를 쓰려고 했지만, 그 대신 전화를 하기로 했다.

04 상황이나 안부를 물을 때 '~은 어떠니?'라는 뜻의 How's ~ going? 이라고 하고, 선호를 물을 때 Which ~ do you like best?라고 한다.

05 ④ 가장 좋아하는 밴드 멤버가 드러머 Mike라고 한 뒤 그를 좋아하는 이유가 나오는 것이 자연스럽다. 따라서 '형편없는'을 뜻하는 poor 대신 fantastic 등의 형용사가 오는 것이 알맞다.

06 ㅣ해석ㅣ Amy와 지호는 밴드 Blue Sky의 팬이다. 밴드 멤버 중에서 Amy는 Lucy를 가장 좋아하고 지호는 Mike를 가장 좋아한다. 그들은 이번 주 토요일에 Blue Sky의 팬 모임에 갈 것이다.

07 대화의 흐름상 '너는 어디서 그것들을 구했니?'라는 말이 오는 것이 자연스럽다.

08 진행형이므로 I'm taking을 쓰고 a paper folding class these days를 이어서 쓴다.

09 gift가 '선물'이라는 의미로 쓰였으므로 같은 뜻의 present로 바꿔 쓸 수 있다. ① 음, 음표 ② 숨 ③ 우상, 아이돌 ④ 창조, 창조물

10 (1) 선호를 묻는 표현 Which ~ do you like best?를 이용하여 어느 나라를 가 보고 싶은지 묻는 말을 완성한다. (2) 이유를 묻는 표현

「Why do you+동사원형 ~?」을 이용하여 상대방의 선택에 대한 이유를 묻는 말을 완성한다.

11 them은 앞에 나온 The Beatles를 가리킨다.

12 ④ Smith 선생님이 비틀즈 노래 중에서 "Hey Jude"를 가장 좋아한다는 것은 나와 있지만, 미나가 비틀즈 노래 중에서 어떤 것을 가장 좋아하는지는 나와 있지 않다.
ㅣ해석ㅣ ① 미나와 Smith 선생님은 무엇에 관해 이야기하고 있는가?
② Smith 선생님이 가장 좋아하는 밴드는 무엇인가?
③ Smith 선생님은 왜 노래 "Hey Jude"를 가장 좋아하는가?
④ 미나는 The Beatles 노래 중에 어떤 노래를 가장 좋아하는가?
⑤ 미나와 Smith 선생님은 대화 직후 무엇을 할 것인가?

13 창문을 깼는지 묻는 질문에 아니라고 답한 후 '~가 창문을 깼다.(능동태)' 또는 '그것이 ~에 의해 깨졌다.(수동태)'는 말이 오는 것이 자연스럽다.
ㅣ해석ㅣ A: 네가 창문을 깨뜨렸니?
B: 아니, 내가 그러지 않았어. Tony가 깨뜨렸어. / Tony에 의해 깨졌어.

14 「주어+be동사+과거분사+by+행위자」 형태의 수동태 문장을 쓴다. 각 선물이 준비된 과정이 끝난 상황이므로 과거시제로 쓴다.

15 '~하지 않으면'이라는 의미의 접속사는 unless이다.

16 if가 이끄는 조건절에서는 미래의 의미를 나타낼 때 현재시제를 쓴다.

17 ㅣ해석ㅣ 만약 네가 아침을 먹는다면 (→ 먹지 않는다면) 수업 시간에 배가 고플 것이다.

18 Unless he practices hard, our coach will be upset.으로 쓸 수 있으므로 세 번째로 오는 단어는 practices이다.

19 '이 가족사진은 3년 전에 찍혔다.'라는 뜻의 수동태 문장이 되어야 하므로 동사는 「be동사+과거분사」로 써야 하며, 과거를 나타내는 부사구 (three years ago)가 있는 것으로 보아 과거시제로 써야 하는 것에 유의한다.
ㅣ해석ㅣ 이 가족사진은 3년 전에 찍혔다.

20 ② 수동태 문장에서는 일반적으로 행위자 앞에 by를 써야 한다. (were loved to → were loved by)

21 (A) All the seats를 주어로 하는 수동태 문장이 되는 것이 알맞다.
(B) 전치사 by 뒤에 동사가 올 때는 동명사 형태가 되어야 한다.
(C) make의 목적격 보어로 형용사가 쓰이는 것이 알맞다.

22 피아니스트는 건반을 부드럽게 누르면서 연주를 천천히 시작한다고 했다.

23 ② like는 '~처럼, ~같이'를 뜻하는 전치사로 쓰였다.

24 제안하는 표현 Why don't you ~?와 '~을 들어 보다'라는 의미의 give ~ a listen을 이용하여 문장을 완성한다.

25 if가 이끄는 조건절에서는 미래를 나타내더라도 현재시제를 쓴다.

01 ⑤ **02** ① **03** ① **04** ③ **05** ②, ③ **06** ⑤ **07** ③
08 ④ **09** Because the song makes me feel better when I'm down. **10** (1) Which singer do you like best? (2) Why do you like him? (3) Which song do you like best? **11** (1) If you mix red and yellow, you will get orange. (2) If he is not busy this weekend, he will go to the movies. / Unless he is busy this weekend, he will go to the movies. **12** ②
13 (1) 모범답 If you go to India, you will see the Taj Mahal. (2) 모범답 If she listens to the music, she will feel better. (3) 모범답 Unless you hurry up, you will miss the beginning of the movie. **14** (1) The classroom was not cleaned by them. (2) Was this picture painted by Picasso? **15** (1) interested in (2) filled with **16** ⑤ **17** They scream madly at concerts. They wait hours to take pictures of their stars. They travel to another city to see their favorite stars. **18** ③ **19** The concert hall goes wild! **20** ③ **21** original(first) **22** (1) ⓐ He was a great pianist, composer and teacher. (2) ⓑ He was born in 1811. **23** face **24** ⑤ **25** ④

01 madly는 in a very strong way라는 의미이고, having great strength or force는 powerful의 영어 뜻풀이이다.
02 think of A as B: A를 B로 생각하다 / pay attention to: ~에 주의를 집중하다
|해석| · Melisa는 자신을 훌륭한 작가로 생각한다.
· 저쪽에 있는 경고에 주의하시오.
03 첫 번째 빈칸에는 '창작물'을 뜻하는 creation이 알맞다. 두 번째 빈칸에는 '놓치다'를 뜻하는 miss가 알맞다. 세 번째 빈칸에는 '숨'을 뜻하는 breath가 알맞다. hold one's breath는 '숨을 참다, 숨죽이다'라는 뜻이다.
|해석| · 이 이야기책은 내 창조물이다.
· 너는 이야기의 중요한 부분을 놓치지 않았다.
· Emily는 숨을 참고 수면 아래로 다이빙했다.
04 이유를 묻는 말이므로 그 의도로 ③이 알맞다.
|해석| A: 너는 왜 미국에 가 보고 싶니?
B: 나는 그랜드 캐니언을 보고 싶기 때문이야.
① 도움을 요청하려고
② 조언을 구하려고
③ 이유를 물으려고
④ 길을 물으려고
⑤ 경험에 관해 물으려고
05 빈칸 뒤에 I can't wait!(기대된다!)라는 말이 왔으므로 빈칸에는 긍정의 대답이 와야 한다. 부정의 대답에 해당하는 ②, ③은 들어갈 수 없다.
06 지호가 Amy에게 Blue Sky 팬 모임에 함께 가자고 제안하였다.
07 미나는 학교 라디오 프로그램의 진행자(host)이고, Smith 선생님은

초대 손님(guest)이다.
① 가수 – 팬 ② 점원 – 고객 ③ 의사 – 환자 ④ 작가 – 독자
08 빈칸 뒤에 이어지는 대답에서 가장 좋아하는 노래가 무엇인지 말하고 있으므로 어떤 노래를 가장 좋아하는지 묻는 말이 오는 것이 자연스럽다.
|해석| ① "Hey Jude"를 가장 좋아하시나요?
② 언제 노래를 들으시나요?
③ 어떤 멤버를 가장 좋아하시나요?
④ 어떤 노래를 가장 좋아하시나요?
⑤ 어떤 노래를 우울할 때 들으시나요?
09 Because로 시작하여 「주어+make+목적어+목적격 보어(동사원형) ~.」 형태의 문장을 완성한다.
10 상황에 맞게 질문을 만든다. Which ~ do you like best?는 상대방이 가장 선호하는 것을 묻는 표현이고, 「Why do you+동사원형 ~?」은 상대방의 선택이나 결정에 대한 이유를 묻는 표현이다.
|해석| 수민이는 설문 조사를 위해 Brian을 인터뷰하고 있다. 그녀는 Brian에게 어떤 가수를 가장 좋아하는지 묻는 질문으로 인터뷰를 시작한다. Brian은 Jason Mraz의 열혈 팬이다. 그는 Jason Mraz가 노래를 정말 잘한다고 생각한다. Brian은 그 선율이 아름다워서 그의 노래 중 "Lucky"를 가장 좋아한다.
11 (1) if가 이끄는 조건절에서는 미래의 의미일 때도 현재시제를 사용한다.
(2) unless는 if ~ not의 의미이므로 부정어와 함께 쓰지 않는다. unless를 if로 바꾸거나 조건절에서 not을 삭제한다.
12 ⓑ '그가 초대받지 못했다'는 뜻의 수동태 문장이 되어야 하므로 동사를 「be동사+과거분사」 형태로 써야 한다. (didn't → wasn't)
ⓓ 수동태 문장에서는 행위자 앞에 보통 전치사 by를 쓴다. (Tom and Mary → by Tom and Mary)
|해석| ⓐ 그 나무는 번개에 맞았다.
ⓑ 그는 록 축제에 초대받지 못했다.
ⓒ 프랑스어는 몇몇 나라에서 말해진다.
ⓓ 이 보고서는 Tom과 Mary에 의해 쓰였다.
ⓔ 그 방은 연기로 가득 차 있었다.
13 if절에 현재시제를 쓰는 것에 유의한다.
14 수동태의 부정문은 「be동사+not+과거분사」의 형태로 쓰고, 의문문은 「Be동사+주어+과거분사 ~?」의 형태로 쓴다.
|해석| (1) 그들은 교실을 청소하지 않았다.
(2) Picasso가 이 그림을 그렸니?
15 모두 행위자 앞에 by 이외의 전치사를 쓰는 수동태 구문이다.
(1) be interested in: ~에 흥미가 있다
(2) be filled with: ~로 가득 차 있다
|해석| (1) 나는 동전을 모으는 데 흥미가 있다.
(2) 그 채널의 편성표는 옛날 영화와 드라마로 가득 차 있다.
16 (A) '~을 향한'의 뜻으로 for가 알맞다.
(B) '사진을 찍다'라는 뜻의 take pictures of가 되는 것이 알맞다.
(C) '~로'의 뜻으로 방향을 나타내는 to가 알맞다.
17 본문의 마지막 세 문장에 팬들이 자신들의 스타를 향한 사랑을 표현

하는 방법이 나와 있다.

|해석| 팬들은 그들의 스타를 향한 큰 애정을 어떻게 보이는가? 세 가지의 예시를 들으시오.

18 (A)와 ⓐ, ⓒ, ⓔ는 '~처럼, ~같은'이라는 의미의 전치사이고, ⓑ, ⓓ는 '좋아하다'라는 의미의 동사이다.

|해석| ⓐ 그는 <u>바람처럼</u> 달리기 시작했다.

ⓑ 나는 보드게임을 하는 것을 <u>좋아한</u>다.

ⓒ Jane은 공주<u>처럼</u> 보였다.

ⓓ 너는 네가 <u>좋아하는</u> 만큼 가질 수 있다.

ⓔ 너 그<u>와 같은</u> 소리를 들었니?

19 '~하게 되다'라는 뜻의 「go+형용사」가 되는 것이 알맞다.

20 Liszt의 연주 모습이 마치 피아노와 발레 공연을 동시에 보는 것과 같다고 했지, Liszt가 발레 공연도 했다는 언급은 없다.

21 글쓴이는 Franz Liszt가 본래의(최초의) 아이돌이라고 설명하고 있다.

22 ⓒ, ⓓ에 대한 답은 윗글에 언급되어 있지 않다.

|해석| ⓐ Liszt의 직업은 무엇이었는가?

ⓑ Liszt는 언제 태어났는가?

ⓒ Liszt는 어떻게 첫 번째 아이돌이 되었나?

ⓓ Liszt는 언제 피아노 치는 것을 포기했는가?

23 '~을 마주 보다(향하다)'를 뜻하는 단어는 face이다.

24 ⑤ 연주회가 끝난 후 콘서트홀은 열광의 도가니였다.

25 ④ if절에서는 미래를 나타내더라도 현재시제로 쓴다. (will meet → meet)

Lesson 4

Go for It!

STEP A

C 1 hang 2 head 3 limit 4 reach 5 location
D 1 are out of 2 take part in 3 in the middle of
   4 in fact 5 in every direction

W Words 실전 TEST   p. 86

01 ① **02** ② **03** ④ **04** ① **05** ③ **06** ④ **07** be held

01 'freeze(얼다)–melt(녹다)'와 'dry(건조한)–wet(젖은)'은 반의어 관계이다. ②, ⑤는 유의어 관계이고, ③은 형용사–명사, ④는 형용사–부사 관계이다.

02 '거의 비가 오지 않고 식물이 거의 없는 넓고 건조한 지역'을 뜻하는 것은 desert (사막)이다.

03 문맥상 but 이하는 but 앞 문장과 반대로 부정적인 내용이 오는 것이 자연스럽다. 따라서 빈칸에는 '평범한'을 뜻하는 ordinary가 알맞다.

04 주어진 문장과 ①의 head는 '(특정 방향으로) 향하다(가다)'를 뜻하는 동사이다.
|해석| 그녀는 도서관 쪽으로 향할 것이다.
① 집으로 다시 향할 시간이다.
② 한 가지 생각이 머릿속에 떠올랐다.
③ 네 머리를 따뜻하게 하려면 이 모자를 써라.
④ 너는 못의 머리를 쳐야 한다.
⑤ 너는 네 부서장과 함께 그 문제를 논의해야 한다.

05 take part in은 '~에 참가하다'를 뜻한다.
|해석| ① 우리는 우유가 떨어졌다.
② 사람들은 사방팔방으로 소리치며 달렸다.
③ 모든 아이들이 추수감사절 연극에 참가했다.
④ 시상식은 한 시간 더 계속되었다.
⑤ 나는 그를 아주 잘 안다. 사실 우리는 작년에 같은 반이었다.

06 ④ '한계, 제한'을 뜻하는 limit 대신 throat(목구멍)이 빈칸에 알맞다.
|해석| • 저것은 진짜 다이아몬드니?
• 우리는 바람 부는 날에 연을 날려야 한다.
• 그 호수는 밤새 얼었다.
• 생선 가시가 내 목구멍에 걸렸다.
• 우리 엄마는 대학교 도서관의 사서이다.

07 '개최되다, 일어나다'를 뜻하는 take place는 be held(열리다, 개최되다)와 바꿔 쓸 수 있다.

W Words 연습 문제   p. 83

A 01 보통, 대개
02 여가 시간
03 행성
04 종종, 자주
05 한계, 제한
06 끓는, 끓어오르는
07 무게, 중량
08 ~을 계속하다, 유지하다
09 활동
10 정확히, 꼭
11 목구멍
12 ~에 도달하다, ~에 이르다
13 무서운, 겁나는
14 요청하다, 신청하다
15 추측하다, ~인 것 같다
16 실제의, 진짜의
17 (음식을) 굽다
18 유명한
19 종합적인, 전체의
20 거의 없는(아닌)

B 21 Antarctica
22 head
23 ordinary
24 freeze
25 temperature
26 finish line
27 librarian
28 rock climbing
29 jump rope
30 score
31 participant
32 join
33 someday
34 hang
35 table tennis
36 near
37 burn
38 mean
39 popular
40 height

C 01 떨어지다, 바닥나다
02 개최되다, 일어나다
03 ~의 한가운데에
04 ~에 참가하다
05 일련의, 연속의
06 계속되다
07 사방팔방으로
08 열리다, 개최되다

W Words Plus 연습 문제   p. 85

A 1 ordinary, 보통의, 평범한 2 freeze, 얼다, 얼어붙다
3 dry, 건조한 4 athlete, (운동)선수 5 burn, 태우다
6 temperature, 온도 7 planet, 행성
8 relay, 릴레이 경주, 계주

B 1 freeze 2 take place 3 participant 4 usually

 Listen & Speak 만점 노트   pp. 88~89

Q1 보통 영화를 본다.
Q2 배드민턴 치기
Q3 He often goes to the Han River and rides his bike.

Q4 doctor

Q5 나는 그곳에 가 본 적이 없다

Q6 플라잉 요가

Q7 ⓑ

Q8 말 타기

Q9 She usually does it(rock climbing) at a gym near her house.

Q10 He is going to the gym this Saturday.

L&S Listen & Speak 빈칸 채우기   pp. 90~91

1 what do you do, I often, I usually

2 are you going to do, free time activity, in your free time, go to, ride

3 for a living, often play table tennis

4 have you ever been to, What about you, never been there

5 have you ever heard of, in the air, looked so scary, should exercise more

6 ever ridden a horse, No, I haven't, Last summer

7 often go rock climbing, Have you ever done, Not yet, join you, sounds great

---

L&S Listen & Speak 대화 순서 배열하기   pp. 92~93

1 ⓑ – ⓐ – ⓒ

2 ⓓ – ⓕ – ⓐ – ⓑ – ⓖ – ⓒ – ⓗ – ⓔ

3 ⓑ – ⓐ – ⓓ – ⓒ

4 ⓓ – ⓐ – ⓒ – ⓑ

5 ⓔ – ⓖ – ⓐ – ⓗ – ⓓ – ⓑ – ⓒ – ⓕ

6 ⓒ – ⓑ – ⓓ – ⓐ

7 ⓐ – ⓔ – ⓘ – ⓑ – ⓖ – ⓓ – ⓙ – ⓒ – ⓗ – ⓕ

L&S Listen & Speak 실전 TEST   pp. 94~95

01 ⑤   02 ③   03 ②   04 ⑤   05 ④   06 ④   07 ①   08 ④

09 ③

[서술형]

10 I usually play soccer with my friends.

11 (1) Have you ever played (2) play table tennis

12 (1) What are you going to do on the weekend?

(2) Do you play badminton often?

(3) Who do you usually play with?

(4) What do you do in your free time?

---

01 경험 여부를 묻는 표현 「Have you ever+과거분사 ~?」와 이에 대한 긍정의 응답 Yes, I have.가 되는 것이 알맞다.

02 '나는 대개 음악을 들어.'라고 답하는 것으로 보아 일상적인 여가 활동을 묻는 말이 들어가는 것이 자연스럽다.

03 How about you, Tony?는 Tony에게 앞의 질문인 여가 시간을 어떻게 보내는지를 되묻는 말이므로, I often/usually ~.로 답할 수 있다. 일상적인 행동을 말하므로 현재시제로 표현한다.

04 「Have you ever+과거분사 ~?」는 경험 여부를 묻는 표현이다.

05 경험을 물을 때 「Have you ever+과거분사 ~?」로 표현하므로, Have you ever played baduk?이 되어야 한다.

06 제주도에 가 본 적이 있는지 묻는 말(D)에 그렇다고 답한 후 상대방에게 되묻고(A), 가 본 적은 없는데 이번에 가게 되었다는 답(C)을 하고, 좋아할 것이라고 대답(B)하는 흐름이 되는 것이 자연스럽다.

07 플라잉 요가에 대해 들어 본 적이 있는지 묻는 말에 TV에서 본 적이 있다고 답하는 것으로 보아, '들어 본 적이 없다.'는 뜻의 No, I haven't.로 응답하는 것은 어색하다.

08 밑줄 친 우리말은 I often go rock climbing with my dad.로 쓸 수 있다. 이때 동사 have는 필요하지 않다.

09 Not yet.은 '아직 안 해 봤어.'라는 뜻으로, 경험 여부를 묻는 표현인 「Have you ever+과거분사 ~?」의 응답이 되는 것이 알맞다.

10 여가 활동을 묻는 질문에 '나는 보통 ~해.'라고 답할 때 I usually ~.로 표현하며, 일상적인 행동이므로 현재시제를 쓴다.

11 (1) Yes, I have.로 답하고 있으므로 「Have you ever+과거분사 ~?」를 써서 경험 여부를 묻는 말을 완성하는 것이 알맞다.

(2) Last summer.라고 답하고 있으므로 과거에 한 일의 때를 묻는 말 「When did you+동사원형 ~?」이 되는 것이 알맞다.

12 (1) A가 I'm going to ~.로 가까운 미래의 일을 말하는 것으로 보아, 주말에 할 일을 묻는 말이 들어가는 것이 알맞다.

(2) 배드민턴이 가장 좋아하는 여가 활동이라고 답한 것으로 보아, '너는 배드민턴을 자주 하니?'로 묻는 말이 들어가는 것이 알맞다.

(3) 아빠라고 답하는 것으로 보아, 누구와 배드민턴을 치는지 묻는 말이 들어가는 것이 알맞다.

(4) 종종 한강에 가서 자전거를 탄다고 답하는 것으로 보아, 여가 활동을 묻는 말이 들어가는 것이 알맞다.

G Grammar 핵심 노트 1   p. 96

QUICK CHECK

1 (1) who   (2) which

2 (1) Look at the dog which(that) saved his owner.

(2) Do you know the boy who(that) is standing over there?

1 |해석| (1) 치과의사는 사람들의 치아를 치료하는 사람이다.

(2) 그림 붓은 화가들에 의해 사용되는 도구이다.

2 |해석| (1) 그의 주인을 구한 그 개를 봐라.

(2) 저기 서 있는 그 소년을 아는가?

QUICK CHECK

1 (1) oldest   (2) easiest   (3) most expensive

2 (1) largest   (2) most important   (3) highest

1 |해석| (1) Susan은 셋 중에서 가장 나이가 많다.

    (2) 재활용은 에너지를 절약하기 위한 가장 쉬운 방법 중의 하나이다.

    (3) 이 셔츠는 이 가게에서 가장 비싸다.

2 |해석| (1) 서울은 한국에서 가장 큰 도시이다.

    (2) 사랑은 삶에서 가장 중요한 것이다.

    (3) 에베레스트산은 세계에서 가장 높은 산이다.

A 1 which(that)   2 who(that)   3 who(that)   4 which(that)

B 1 is   2 are   3 is   4 was   5 want

C 1 which(that) can clean my room

    2 who(that) can speak French

    3 who(that) looked like you

    4 which(that) has two pockets

D 1 The writer who wrote this book is Mexican.

    2 Look at those birds which are sitting in the tree.

    3 Do you know the boy who won the singing contest?

A |해석| 1 나는 면으로 만들어진 셔츠를 샀다.

    2 벤치에 앉아 있는 그 남자는 슬퍼 보인다.

    3 그 경주에 참석하고 싶어 하는 많은 사람들이 있다.

    4 이것들이 그 문들을 열기 위해 사용되는 열쇠들인가?

B |해석| 1 자동차 안에 있는 그 남자는 내 삼촌이다.

    2 하늘에서 반짝이는 그 별들을 봐라.

    3 나는 입원 중인 편찮으신 엄마를 보러 갈 것이다.

    4 그는 그 문에 서 있는 남자에게 말했다.

    5 수영하고 싶은 사람들은 구명조끼를 입을 필요가 있다.

A 1 longest   2 brightest   3 heaviest

    4 most expensive   5 highest

B 1 shortest   2 hottest   3 busiest   4 most famous

    5 largest

C 1 worst   2 easiest   3 countries   4 most

    5 most dangerous

D 1 This room is the cheapest in this hotel.

    2 John is the fastest runner in our team.

    3 She is the most intelligent of all students.

    4 My grandmother bought the most colorful shoes.

A |해석| 1 세계에서 가장 긴 강은 무엇인가?

    2 시리우스는 밤하늘에서 가장 밝은 별이다.

    3 저 초록색 상자가 셋 중에서 가장 무겁다.

    4 이것은 이 상점에서 가장 비싼 물건이다.

    5 한라산은 남한에서 가장 높은 산이다.

B |해석| 1 나는 우리 가족 중에 가장 키가 작다.

    2 어제는 올해 중 가장 더운 날이었다.

    3 Williams 씨는 우리 회사에서 가장 바쁜 사람이다.

    4 그녀는 세계에서 가장 유명한 영화 감독 중 한 사람이다.

    5 내 집은 우리 마을에서 가장 크다.

C |해석| 1 오늘은 내 인생 최악의 날이다!

    2 배우기 가장 쉬운 언어는 어느 언어라고 생각하는가?

    3 중국은 세계에서 가장 큰 나라들 중의 하나이다.

    4 이것은 다섯 권 중 가장 재미있는 책이다.

    5 세계에서 가장 위험한 동물은 어느 것인가?

01 ④   **02** ③   **03** ②   **04** ②   **05** ⑤   **06** ④   **07** ⑤   **08** ①

09 ⑤   **10** ⑤   **11** ⑤   **12** that   **13** ④   **14** ①   **15** ①, ③

16 ②   **17** the tallest   **18** the oldest   **19** ③   **20** the most

difficult   **21** ②

[서술형]

22 (1) The party which(that) was held last night was very exciting.

    (2) Do you know the girl who(that) is crossing the street?

23 (1) the highest   (2) the lowest

24 (1) player → players   (2) who → which(that)

25 arrived at school the earliest

26 (1) The most students want to visit France.

    (2) The least students want to visit Australia.

01 among us(우리들 중에서)라는 범위를 나타내는 말이 뒤에 이어지고 있으므로, 빈칸에는 최상급 the strongest가 들어가는 것이 알맞다.

02 동물(an animal)을 선행사로 하는 주격 관계대명사 which나 that이 알맞다.

03 사람(a person)을 선행사로 하는 주격 관계대명사로 who나 that이 쓰이고, 동물(the dog)을 선행사로 하는 주격 관계대명사로 which나 that이 쓰이므로, 공통으로 알맞은 것은 주격 관계대명사 that이다.

    |해석| • 우리는 기타를 아주 잘 연주하는 사람이 필요하다.

    • 마당에서 달리고 있는 개를 봐라.

04 우리말을 영어로 옮기면 The girl who(that) is watering the plant is Sally.이므로, 관계대명사 which는 쓰이지 않는다.

05 주어진 문장과 ⑤의 that은 주격 관계대명사이다. ①은 지시대명사, ②는 접속사, ③, ④는 지시형용사이다.

    |해석| 나는 탁자 위에 있던 음식을 치웠다.

① 저 사람은 내 남동생이다.

② 나는 그녀가 휴식이 필요하다고 생각한다.

③ 저 작은 아기는 위험에 처해 있다.

④ 우리 엄마는 내게 저 드레스를 만들어 주셨다.

⑤ 그는 파리에 있는 박물관을 방문할 계획이다.

06 사물(a house)을 선행사로 하는 주격 관계대명사 which가 쓰여야 하고, '커다란 정원이 있는'에 해당하는 has a big garden을 그 뒤에 써서 관계대명사절을 완성한다.

07 '유용한'은 형용사 useful로 나타낼 수 있는데, -ful로 끝나는 형용사의 최상급은 형용사 앞에 the most를 붙여서 나타낸다.

08 ① 형용사의 최상급 the coldest와 비교급에 쓰이는 than(~보다)이 함께 쓰이는 것은 어색하다. (the coldest → colder)

┃해석┃ ① 오늘은 어제보다 더 춥다.

② 나는 내 가장 편안한 청바지를 찾을 수 없다.

③ 나는 우리 가족 중에서 가장 어린 구성원이다.

④ 가장 짧은 막대기를 가진 사람이 먼저 가야 한다.

⑤ 이것은 내가 봤던 가장 흥미진진한 영화이다.

09 ⑤ 사람(The boy)을 선행사로 하는 주격 관계대명사로는 which가 아닌 who나 that이 쓰여야 한다.

┃해석┃ ① 오길 원하는 사람은 누구나 환영이다.

② 이것은 일등 상을 받은 그림이다.

③ 내가 어제 읽은 소설은 감동적이었다.

④ 언덕 위에 서 있는 저 집들을 봐.

⑤ Robert는 피아노를 치고 있는 소년이다.

10 ⑤ 선행사가 사람인 the girl이므로 주격 관계대명사로 who 또는 that이 와야 한다.

11 ⑤ 선행사가 The car and the driver로 「사물+사람」이므로, 주격 관계대명사 that이 쓰여야 한다.

┃해석┃ ① 파일럿은 비행기를 조종하는 사람이다.

② 이 사람이 그 아이디어를 제안한 여자이다.

③ 이들이 그 시간에 축구를 하고 있던 그 두 소년이다.

④ 내 부모님 옆에 서 있는 그 소녀는 내 여동생이다.

⑤ 강 속에 빠졌던 그 자동차와 운전자가 발견되었다.

12 앞 절과 뒤에 오는 절을 연결하는 자리이고, 뒤에 동사가 이어지고 있으므로 주격 관계대명사를 써야 한다. 동물(a rabbit)과 사람(the woman) 모두를 선행사로 취할 수 있는 주격 관계대명사는 that이다.

┃해석┃ • 그들은 나무 밑에서 자고 있던 토끼를 봤다.

• 우리는 옆집에 사는 그 여자를 모른다.

13 주격 관계대명사가 쓰인 관계대명사절에서 동사의 수는 선행사의 단·복수형에 따라 결정된다. 선행사 the shopping mall이 단수이므로, ④ were는 was가 되어야 한다.

┃해석┃ 나는 우리 집에서 아주 먼 그 쇼핑몰에 갔다.

14 뒤에 '읽어 본'이라는 표현이 이어지고 있으므로 the boring을 최상급 the most boring으로 고쳐야 한다.

┃해석┃ 이것은 내가 읽어 본 그 작가의 가장 지루한 이야기다.

15 최상급 표현 뒤에 「in+집단/장소」나 「of+복수 명사」를 써서 비교 범위나 대상을 나타낼 수 있다.

16 첫 번째 빈칸에는 사람(a friend)을 선행사로 하는 주격 관계대명사 who나 that이, 두 번째 빈칸에는 「사람+동물(the boy and his cat)」을 선행사로 하는 주격 관계대명사 that이 알맞다.

┃해석┃ • 나는 춤을 정말 잘 추는 친구가 있다.

• 그 자동차 안에서 자고 있는 소년과 그의 고양이를 봐.

17 민지가 Julie보다는 크지만 Leo보다 작으므로, Leo가 셋 중 가장 키가 크다. 따라서 '가장 키가 큰'을 뜻하는 최상급 표현 the tallest를 쓰는 것이 알맞다.

18 Dan이 Emma보다 어리고, Andy는 Dan보다 어리므로, Emma는 셋 중에서 가장 나이가 많다. '가장 나이가 많은'을 뜻하는 최상급 표현 the oldest를 쓰는 것이 알맞다.

19 ① where는 food를 선행사로 하는 주격 관계대명사 which나 that이 되어야 한다.

② 관계대명사절 안에 동사 was가 있어야 한다.

④ who는 the letter를 선행사로 하는 관계대명사 which나 that이 되어야 한다.

⑤ The man이 단수 명사이므로 문장의 동사 were는 was가 되어야 한다.

20 '가장 어려운'을 뜻하는 최상급 표현을 쓴다. difficult는 3음절의 단어이므로, 단어 앞에 the most를 써서 최상급을 만든다.

21 주격 관계대명사절의 동사의 수는 선행사의 수에 일치시킨다. 단수 명사 an animal이 선행사이므로 동사도 단수 동사 lives가 되어야 한다.

22 (1) The party와 It이 같은 대상을 나타내므로, The party를 선행사로 하는 주격 관계대명사 which나 that을 사용하여 두 문장을 연결한다.

(2) the girl과 She가 같은 대상을 나타내므로, 사람인 the girl을 선행사로 하는 주격 관계대명사 who나 that을 사용하여 두 문장을 연결한다.

23 세 명의 선수 중 James의 점수가 가장 높으므로 high의 최상급인 the highest를 쓰고, Chris의 점수가 가장 낮으므로 low의 최상급인 the lowest를 써서 빈칸을 완성한다.

┃해석┃ James의 점수는 셋 중에서 가장 높다.

Chris의 점수는 셋 중에서 가장 낮다.

그러나 그들은 모두 훌륭한 선수들이다.

24 (1) '가장 ~한 … 중의 하나'는 「one of the+최상급+복수 명사」로 표현한다.

(2) 사물(the table)을 선행사로 하는 주격 관계대명사 which나 that이 되어야 한다.

25 순서상 Jenny가 가장 일찍 학교에 도착했으므로, early의 최상급인 the earliest를 써서 문장을 완성한다.

┃해석┃ 오늘 Amy는 오전 8시 30분에 학교에 도착했다. Jenny는 Amy 이전에 학교에 왔다. Gary는 아침 8시 50분에 학교에 왔다.

26 (1) 표에 따르면, 가장 많은 학생들이 방문하고 싶은 나라는 프랑스이다.

(2) 가장 적은 학생들이 방문하고 싶은 나라는 호주이다.

<table><tr><td>

Ｒ Reading 빈칸 채우기   pp. 106~107

01 in the middle of   02 go on and on   03 feels like   04 burns your face   05 to drink some water   07 out of water   08 keep going   09 Sounds like   10 the people who take part in   11 a series of   12 takes seven days   13 takes place in   14 the driest desert   15 In fact   16 goes to   17 the windiest desert on earth   18 heads to   19 the hottest   20 can reach up to   21 travels to   22 throw boiling water   23 Only the greatest runners   24 Not exactly   25 Many of the participants   26 why do they do   27 to test your limits   28 crosses the finish line
</td></tr></table>

<table><tr><td>

Ｒ Reading 바른 어휘·어법 고르기   pp. 108~109

01 of   02 go   03 feels like   04 burns   05 to drink   06 no   07 out of   08 going   09 Sounds like   10 who   11 races   12 takes   13 in   14 driest   15 hasn't rained   16 to   17 on earth   18 to   19 hottest   20 up to   21 coldest   22 If   23 take part in   24 Not   25 are   26 why   27 to test   28 crosses
</td></tr></table>

<table><tr><td>

Ｒ Reading 틀린 문장 고치기   pp. 110~111

01 ○   02 ×, in every directions → in every direction   03 ×, feels → feels like   04 ×, protects → burns   05 ×, any → some   06 ○   07 ○   08 ×, dry → wet   09 ×, for → like   10 ×, who takes → who take   11 ○   12 ×, are → is   13 ×, takes part in → takes place in   14 ○   15 ×, hasn't rain → hasn't rained   16 ○   17 ×, the windy → the windiest   18 ×, three → third   19 ×, the coldest → the hottest   20 ×, can reaches → can reach   21 ×, the hottest → the coldest   22 ×, flows → freezes   23 ×, the worst → the greatest   24 ○   25 ×, special → ordinary   26 ○   27 ×, chance → a chance   28 ×, can't do → can do
</td></tr></table>

<table><tr><td>

Ｒ Reading 실전 TEST   pp. 114~117

01 ②   02 ⑤   03 a giant ball of fire   04 ④   05 ⑤   06 ⑤   07 ①   08 ②   09 ②, ③   10 ②   11 ④   12 ③   13 ③   14 ①   15 ②   16 ③   17 ③   18 ②   19 the 4 Deserts Race   20 ⑤   21 ②, ④
</td></tr></table>

[서술형]

22 (1) The sun feels like a giant ball of fire.
   (2) The hot wind burns your face and throat.

23 The 4 Deserts Race(It) is a series of four races across the world's toughest deserts.

24 (모범답) who knows and understands you

25 (1) which(that) is in China is the windiest desert on earth
   (2) which(that) is in Egypt is the hottest of the four deserts

26 (1) Many of the participants are ordinary people like you and me.
   (2) It's a chance to test your limits and make your own history.

01 ② in every direction은 '사방팔방으로'의 의미이다.

02 뜨거운 바람이 얼굴과 목구멍을 '태운다(burns)'라고 하는 것이 알맞다.

03 세 번째 문장에서 '태양은 거대한 불덩이 같다'고 했다.

04 ⓐ와 ④는 '~하기 위해서'라는 의미의 목적을 나타내는 부사적 용법의 to부정사이다. ① 명사적 용법(진주어) ② 명사적 용법(목적어) ③ 부사적 용법(감정의 원인) ⑤ 부사적 용법(결과)
|해석| ① 이 자전거를 타는 것은 쉽다.
② 나는 곧 너를 다시 보기를 희망한다.
③ 그들은 그 소식을 듣고 행복했다.
④ 나는 내 전화를 수리하기 위해 그 상점에 갔다.
⑤ 그 남자는 70살이 되기까지 살았다.

05 '계속 간다'라는 의미는 keep going으로 나타낸다. 「keep+동사원형-ing」는 '계속 ~하다'라는 뜻이다.

06 ⓐ와 ①~④의 like는 '~처럼, ~ 같은'이라는 뜻의 전치사이다. ⑤는 '좋아하다'라는 뜻의 동사이다.
|해석| ① 지구는 오렌지처럼 둥글다.
② 그는 그의 형처럼 생겼다.
③ 어린아이처럼 행동하는 것을 그만둬라.
④ 그 향수는 들장미 같은 향이 난다.
⑤ 모든 학생들이 새로 오신 선생님을 좋아한다.

07 the people을 선행사로 하는 주격 관계대명사 who나 that이 들어가는 것이 알맞다.

08 long: 길이가 ~인 / take: (시간이) 걸리다

09 ② 몇 명의 사람들이 참가하는지, ③ 세계에서 가장 험한 사막들이 무엇인지는 언급되지 않았다.
|해석| ① '4 Deserts Race'는 무엇인가?
② 몇 명의 사람들이 그 경주에 참여하는가?
③ 세상에서 가장 험한 사막들은 무엇인가?
④ 각 경주 거리는 몇 킬로미터인가?
⑤ 각 경주는 며칠이 걸리는가?

10 윗글에서 가장 험한 사막들(the toughest deserts)을 가로지르는 경주라고 했다.

11 첫 번째 경주(The first race ~)에 대한 설명(E)이 나오고, 다음 경주

(The next race ~)에 대한 설명(C)이 이어진 뒤, 세 번째 경주(The third race ~)에 대한 설명(A)과 그에 대한 부연 설명(D), 그리고 마지막 네 번째 경주(Finally, the race ~)에 대한 설명(B)이 이어지는 흐름이 되는 것이 자연스럽다.

12 ⓐ와 ③의 head는 '(특정 방향으로) 가다, 향하다'는 뜻으로 쓰였다. ①, ②, ④의 head는 '머리'라는 의미이고, ⑤의 head는 '(단체 · 조직의) 책임자'라는 뜻이다.

|해석| ① 그녀는 그를 마주보기 위해 그녀의 머리를 돌렸다.

② 천장이 낮아. 머리 조심해!

③ 점심 식사 후에 우리는 다시 사무실로 향했다.

④ 그녀는 우산으로 그의 머리를 쳤다.

⑤ 그는 역사학과의 책임자이다.

13 ③ 형용사 windy(바람이 부는)의 최상급은 the windiest이다.

14 '끓는 물을 공중에 던지면 얼어버린다'라는 의미가 되는 것이 자연스러우므로, 조건을 나타내는 접속사 If가 들어가는 것이 알맞다.

15 ⓒ take place와 be held는 '개최되다'라는 뜻이다.

16 ③ 세계에서 가장 바람이 많이 부는 사막은 중국에 있는 고비 사막이다.

17 ③ 앞에서 훌륭한 달리기 주자만 경주에 참가할 수 있는 것은 아니라고 했으므로, 참가자들 중 많은 사람들이 특별한 사람들이 아니라 '평범한 (ordinary)' 사람이라고 하는 것이 자연스럽다.

18 Adrianna의 말에서 경주에 참가하는 이유를 알 수 있으므로, 빈칸에는 이유를 묻는 의문사 Why가 알맞다.

19 ⓑ는 단락에서 언급하고 있는 경주인 'the 4 Deserts Race'를 가리킨다.

20 우리말을 영어로 옮기면 Anyone who crosses the finish line can do anything.이 되므로, 사용되지 않는 단어는 which이다. 선행사가 사람이므로 주격 관계대명사로 which는 올 수 없다.

21 ② '평범한 사람들도 경주에 참가할 수 있다.'와 ④ 'Adrianna에 따르면, 사람들은 경주 동안 자신의 한계를 시험하고 자신만의 역사를 만들 수 있다.'가 글의 내용과 일치한다.

|해석| ① 오직 가장 훌륭한 달리기 주자들만 '4 Deserts Race'에 참가할 수 있다.

② 평범한 사람들도 그 경주에 참가할 수 있다.

③ 우리는 Adrianna가 왜 그 경주에 참가하고 있는지 모른다.

④ Adrianna에 따르면, 사람들은 그 경주 동안 그들의 한계를 시험하고 자신만의 역사를 만들 수 있다.

⑤ Adrianna는 미국인 사서이자 그 경주의 참가자이다.

22 '태양이 거대한 불덩이 같다'는 세 번째 문장과 '더운 바람이 얼굴과 목구멍을 태운다'는 네 번째 문장에서 매우 더운 상황임을 알 수 있다.

23 '4 Deserts Race'는 세계에서 가장 험한 사막들을 가로지르는 연속된 4개의 경주이다.

24 who는 주격 관계대명사로 쓰였다.

25 사막을 선행사로 하는 주격 관계대명사 which(that)를 이용하여 문장을 완성한다.

(2) 비교 대상(of＋복수 명사)에 명사가 쓰인 경우 최상급의 수식을 받는 명사는 생략한다.

 기타 지문 **실전 TEST** p.119

01 (A) ⓓ (B) ⓒ (C) ⓑ (D) ⓐ **02** ② **03** ③ **04** They got the highest score **05** ③ **06** ③

01 (A) 4개의 사막을 뛰었다고 답하는 것으로 보아, 빈칸에는 몇 개의 사막을 뛰었는지 묻는 말이 알맞다.

(B) 사하라 사막을 언급하며 기온이 섭씨 50도까지 올라갔다고 답하는 것으로 보아, 빈칸에는 어떤 사막이 가장 힘들었는지 묻는 말이 알맞다.

(C) 대부분의 사람들이 평범한 사람들이었다는 답이 이어지는 것으로 보아, 빈칸에는 어떤 사람들이 경주에서 달렸는지 묻는 말이 알맞다.

(D) 자신의 한계를 시험하고 자신만의 역사를 만들고 싶었다는 답이 이어지는 것으로 보아, 빈칸에는 왜 경주에 참가했는지 묻는 말이 알맞다.

02 ②의 if는 '~인지 아닌지'를 뜻하는 명사절을 이끄는 접속사이고, 나머지는 모두 '만약 ~이라면'을 뜻하는 조건을 나타내는 부사절을 이끄는 접속사이다.

|해석| ① 만약 내가 그를 본다면, 나는 그에게 그것에 관해 말할 것이다.

② 나는 그가 나를 좋아하는지 좋아하지 않는지 관심 없다.

③ 만약 네가 코트를 입지 않는다면, 너는 추위를 느낄 것이다.

④ 만약 네가 돈이 필요하다면, 내가 네게 좀 빌려줄 수 있다.

⑤ 만약 오늘 눈이 온다면, 우리는 월요일에 출발해야 할 것이다.

03 학생들이 농구, 단체 줄넘기, 이어달리기 등을 했다는 것으로 보아, 학교 체육 대회에 관한 글이다. 따라서 '학교 체육 대회(The school sports day)가 열렸다'는 문장이 되는 것이 알맞다.

|해석| ① 영화제

② 노래 자랑

③ 학교 체육 대회

④ 학교 장기 자랑

⑤ 우리 졸업식

04 '가장 높은 점수를 받았다'는 형용사 high의 최상급을 써서 got the highest score라고 나타낸다.

06 ③ People을 선행사로 하는 관계대명사 자리로, 선행사가 사람이므로 주격 관계대명사 who나 that을 써야 한다.

W Words 고득점 맞기   pp. 120~121

01 participant   02 (a)thlete   03 ⑤   04 ②   05 ④
06 (1) record (2) Antarctica (3) height   07 in   08 head
09 ③   10 ⑤   11 ③   12 ①   13 ③   14 ⑤

01 run과 runner는 '달리다-달리는 주자'라는 의미로 '동사-행위자(명사)'의 관계이다. 따라서 participate의 행위자를 나타내는 participant가 빈칸에 알맞다.

02 '스포츠에서 경쟁하는 사람', 즉 '운동선수'에 해당하는 단어는 athlete이다.

03 ⑤ usually(보통, 대개)는 부사이고 나머지는 모두 형용사이다.

04 '냉기에 의해 얼음으로 변하다'를 뜻하는 것은 freeze(얼다, 얼어붙다)이다.
|해석| ① 그는 밤에 늦게 집에 도착할 것이다.
② 강과 호수는 둘 다 겨울에 언다.
③ 내가 이 손목시계에 얼마를 지불했는지 추측해 봐.
④ 그녀는 그 의자에 그녀의 가방을 걸지 않았다.
⑤ 나는 엄마의 생일을 위해 거대한 케이크를 구울 것이다.

05 participate in은 '~에 참가하다'의 뜻으로 take part in으로 바꿔 쓸 수 있다.

06 (1) record(기록) (2) Antarctica(남극 대륙) (3) height(높이)가 알맞다.
|해석| (1) 그는 마라톤에서 세계 기록을 보유하고 있다.
(2) 남극 대륙은 지구상에서 가장 추운 장소이다.
(3) 우리는 5,000미터 높이에서 날고 있다.

07 in fact: 사실은 / in the middle of: ~의 한가운데에 / in the middle of the night: 한밤중에
|해석| • 그는 내 친구가 아니다. 사실 그는 내 남동생이다.
• 전화벨이 한밤중에 울렸다.

08 첫 번째 문장은 '머리부터 발끝까지(from head to foot)'라는 의미가, 두 번째 문장은 '문으로 향하다(head for the door)'라는 의미가 되어야 하므로 빈칸에 공통으로 들어갈 말은 head이다.
|해석| • 우리는 머리부터 발끝까지 진흙으로 뒤덮였다.
• 그는 문을 향해 가기 시작했다.

09 순서대로 boiling(끓는), famous(유명한), throat(목구멍), vacation(휴가)이 들어간다.
|해석| • 끓는 물을 조심해라.
• 그는 영화감독으로 유명해졌다.
• 나는 열이 있고 목이 아프다.
• 그녀는 지금 제주도에서 휴가 중이다.

10 '거의 비가 오지 않고 식물이 거의 없는 넓고 건조한 지역'을 뜻하는 것은 '후식'을 뜻하는 dessert가 아니라 '사막'을 뜻하는 desert이다.

11 keep -ing: 계속 ~하다

12 ② in every direction: 사방팔방으로 ③ take place: 개최되다, 일어나다 ④ in the middle of: ~의 한가운데에 ⑤ be held: 열리다, 개최되다

13 '여기는 너무 시끄럽다.'라는 문장 뒤에 '소음이 거의 없다(little)'라는 문장이 이어지는 것은 어색하다.
|해석| ① 그 여행의 전체 비용은 500달러이다.
② 기온은 오늘 37도에 이를 수 있다.
③ 여기는 너무 시끄럽다. 소음이 거의 없다.
④ 많은 집 없는 사람들이 힘겨운 겨울을 맞고 있다.
⑤ Lisa는 반에서 가장 인기있는 소녀들 중의 한 사람이다.

14 첫 번째 문장은 거미를 '무서워하는(scared)'이 되어야 하고, 두 번째 문장은 '무서운(scary)' 꿈이 되어야 한다.

L·S Listen & Speak 고득점 맞기   pp. 124~125

01 ③   02 ③   03 ③   04 ③   05 ⑤
[서술형]
06 A: Have you ever played baduk
    B: I haven't
07 (1) has run (2) hasn't run (3) has played, hasn't eaten
08 (1) I often listen to music.
    (2) have you ever requested a song
09 What do you do
10 (1) What do you do in your free time?
    (2) I haven't hit a home run yet.
11 (1) usually goes to the movies
    (2) often plays baseball
    (3) hit a home run someday

01 「Have you ever+과거분사 ~?」로 경험 여부를 물을 수 있다. B가 No라고 대답하고 있으므로 그곳에 '가 본 적이 없다.'라는 대답이 이어지는 것이 자연스럽다. 따라서 never가 들어가는 것이 알맞다.

02 ③ 대화의 흐름상 처음에 플라잉 요가를 하는 것이 좀 무서웠지만 지금은 괜찮아졌다는 흐름이 되는 것이 자연스럽다.

03 일상적인 여가 활동에 대해 묻고 있는데 과거시제로 가족을 위해 쿠키를 만들었다고 대답하는 것은 자연스럽지 않다.

04 대화의 흐름상 실제 산에서 암벽 등반을 해 본 적이 있는지 묻는 말에 Not yet.(아직 못 해 봤다.)으로 답한 후 '하지만 언젠가 해 보고 싶다.'고 말하는 주어진 문장이 이어지는 것이 자연스럽다.

05 ⑤ Judy와 Hojin은 이번 주 토요일에 함께 암벽 등반을 하러 가기로 했다.

06 경험 여부를 물을 때 「Have you ever+과거분사 ~?」로 묻고, 부정의 응답을 할 때는 No, I haven't.로 답한다.

07 경험을 나타낼 때 「have+과거분사」 형태의 현재완료를 쓰며, 부정형은 「haven't(have not)+과거분사」 형태로 쓴다.

08 (1) 여가 활동을 물었으므로, I often ~.을 사용하여 '나는 종종 음악을

들어.'라고 답하는 것이 자연스럽다.

(2) 뒤에 Yes, I have.라고 답하는 것으로 보아 경험 여부를 묻는 「Have you ever+과거분사 ~?」의 문장이 되는 것이 알맞다. B가 엄마 생일에 노래를 신청했었다고 말하는 것으로 보아, '너는 라디오에 노래를 신청해 본 적이 있니?'라는 질문이 되는 것이 알맞다.

09 직업을 물을 때 What do you do for a living?으로, 여가 활동을 물을 때 What do you do in your free time?으로 말할 수 있다.

10 (1) How about you?는 '너는 어때?'라는 뜻으로 여기서는 상대방의 여가 활동을 되묻는 말로 쓰였다.

(2) Not yet.은 '아직 못 쳐 봤어.'라는 뜻이므로 「haven't(have not)+과거분사」를 포함하는 현재완료 문장을 완성한다.

11 (1) 하나는 여가 시간에 보통 영화를 본다고 했다.

(2) Dave는 여가 시간에 종종 야구를 한다고 했다.

(3) Dave는 언젠가 홈런을 치고 싶다고 했다.

ⓖ Grammar 고득점 맞기   pp. 126~128

01 ② **02** ④ **03** ③ **04** ①, ③ **05** ④ **06** ①, ③ **07** ②
08 ④ **09** ③, ⑤ **10** ⑤ **11** ④ **12** ② **13** ③ **14** ②

[서술형]

15 (1) the lightest
(2) the tallest
(3) the youngest
(4) the fastest

16 (1) who(that) teaches students
(2) which(that) lives in the desert
(3) who(that) care about each other

17 (1) The foreigner who(that) took me to the station was kind.
(2) Dogs which(that) are people's best friends are faithful.
(3) The train which(that) goes to Gangneung leaves at 3 p.m.

18 (1) The red bag is the biggest
(2) The blue bag is the most expensive
(3) The brown bag is the smallest

---

01 「사람(the man)+동물(his dog)」을 선행사로 하는 주격 관계대명사는 that이다.
|해석| 이쪽으로 오고 있는 그 남자와 그의 개를 봐라.

02 '가장 ~한 … 중의 하나'는 「one of the+최상급+복수 명사」이므로 문맥상 '장소'를 뜻하는 단어의 복수형 places가 들어가는 것이 알맞다.
|해석| 이 공원은 뉴욕에서 가장 멋진 장소들 중 하나이다.

03 주격 관계대명사절의 동사는 선행사에 수를 일치시킨다. 선행사가 복수 명사(The animals)이고, 관계대명사절 안에 현재를 나타내는 부사 now가 있으므로 현재시제의 복수형 동사 are가 알맞다.
|해석| 지금 자고 있는 그 동물들은 밤에 깬다.

04 Chris가 셋 중 가장 크다고 최상급을 써서 말할 수 있고, Chris가 David보다 키가 더 크다고 비교급을 써서 말할 수 있다.

05 첫 번째 빈칸은 The guests를 선행사로 하는 주격 관계대명사 자리이므로 who나 that이 알맞다. 두 번째 빈칸은 문장의 주어 The guests에 대한 동사 자리인데 주어가 복수이고 어제 있었던 일이므로 과거형 복수 동사 were가 알맞다.
|해석| Amy의 생일 파티는 어제였다. 파티에 온 손님들은 매우 즐거웠다.

06 ① 사람(a friend)을 선행사로 하는 주격 관계대명사 who나 that이 들어가야 한다.
③ 형용사 long의 최상급은 the longest이다.
④ 사람(a man)을 선행사로 하는 주격 관계대명사 who나 that이 들어가야 한다.
⑤ 사물(the shirt)을 선행사로 하는 주격 관계대명사 which나 that이 들어가야 한다.
|해석| • Tom은 케냐 출신의 친구가 있다.
• 나는 이것이 그 상점에서 가장 예쁜 드레스라고 생각한다.
• 아마존은 세상에서 가장 긴 강이다.
• 나는 두 마리의 개와 한 마리의 고양이를 키우는 남자를 안다.
• 너는 꽃무늬가 있는 그 셔츠를 어디서 샀니?

07 [보기]와 ②의 that은 주격 관계대명사로 쓰였다. ①, ④의 that은 지시 형용사로, ③, ⑤의 that은 명사절을 이끄는 접속사로 쓰였다.
|해석| 나는 공원에서 자라고 있는 그 나무들을 아주 좋아한다.
① 나는 무대 위의 그 키 큰 여자를 안다.
② 이것은 어제 구조된 개이다.
③ 그는 뭔가 나쁜 일이 일어났다는 것을 알았다.
④ 저기 그 초록색 그릇 좀 건네주겠니?
⑤ 나는 Mary가 그 사고에 관한 진실을 말했다고 생각한다.

08 각각 a great movie와 the boy를 선행사로 하는 주격 관계대명사 that이 들어갈 수 있다.
|해석| • 그것은 많은 사람들에게 희망을 준 훌륭한 영화였다.
• 이 사람은 오늘 아침 창문을 깨뜨렸던 소년이다.

09 첫 번째, 두 번째 문장은 각각 a bird와 the book을 선행사로 하는 주격 관계대명사 which나 that이, 세 번째 문장은 the teacher를 선행사로 하는 주격 관계대명사 who나 that이 들어갈 수 있다.
|해석| • 그는 말할 수 있는 새를 우리에게 보여 주었다.
• 탁자 위에 있는 그 책은 내 것이다.
• 그는 세 개의 외국어를 말하는 선생님이다.

10 who는 주격 관계대명사로 관계대명사절의 동사의 수는 선행사에 일치시킨다. 선행사가 the man으로 단수이므로 복수 동사 are는 올 수 없다.
|해석| 이 사람은 _____ 남자이다.
① 파리에 사는
② 노래 대회에서 우승한
③ 짙푸른 눈을 가지고 있는
④ 내 형과 일하고 있는
⑤ 만화를 잘 그리는

11 제시된 문장은 '가장 ~한 … 중의 하나'라는 뜻의 「one of the+최상급+복수 명사」가 되어야 하고, ④의 형용사 kind(친절한)의 최상급은 kindest가 되어야 한다.

|해석| Victor는 그의 학교에서 _____ 중의 한 사람이다.

① 최고의 가수

② 가장 재미있는 학생

③ 가장 똑똑한 학생

④ 가장 친절한 소년

⑤ 가장 인기있는 소년

12 ⓑ 선행사 the map이 단수 명사이므로, 주격 관계대명사절의 동사도 단수 동사 is가 되어야 한다.

|해석| ⓐ 내 여동생은 나와 가장 가까운 사람이다.

ⓑ 탁자 위에 놓여 있는 그 지도를 가져라.

ⓒ 서울은 세계에서 가장 오래된 도시 중의 하나이다.

ⓓ 나는 우리 학교 근처에 있는 그 가게에서 그것들을 샀다.

ⓔ 그의 개를 산책시키고 있는 그 남자는 내 이웃이다.

13 첫 번째 문장에서 happy의 최상급 the happiest로 고쳐야 한다. 두 번째 문장의 what은 two sons를 선행사로 하는 주격 관계대명사 who나 that이 되어야 한다. 네 번째 문장의 which는 a girl을 선행사로 하는 주격 관계대명사 who나 that이 되어야 한다.

|해석| • 네 인생에서 가장 행복했던 날은 어느 날이었니?

• 그는 과학자가 된 두 아들이 있다.

• 나는 독일에서 만들어진 자동차를 봤다.

• 소파에서 자고 있는 한 소녀가 있다.

• Tylor 씨는 사무실에서 가장 바쁜 사람이다.

14 ② '가장 짧은'을 뜻하는 short의 최상급은 the shortest로 쓴다.

15 (1) Bill은 가장 몸무게가 적게 나가므로 가장 가볍다(the lightest).

(2) James는 가장 키가 크다(the tallest).

(3) Mike는 가장 어리다(the youngest).

(4) Tom은 기록 시간이 가장 짧은 것으로 보아 가장 빠르다(the fastest).

16 (1), (3) 각각 a person과 people을 선행사로 하는 주격 관계대명사 who나 that을 사용하여 문장을 완성한다.

(2) a large animal을 선행사로 하는 주격 관계대명사 which나 that을 사용하여 문장을 완성한다.

|해석| (1) 교사는 학생들을 가르치는 사람이다.

(2) 낙타는 사막에 사는 큰 동물이다.

(3) 우정은 서로에게 마음을 쓰는 사람 사이의 관계이다.

17 (1) The foreigner를 선행사로 하는 주격 관계대명사 who나 that을 사용해 문장을 쓴다.

(2), (3) 각각 Dogs와 The train을 선행사로 하는 주격 관계대명사 which나 that을 사용해 문장을 쓴다.

|해석| (1) 그 외국인은 친절했다. 그는 나를 역에 데려다주었다.

→ 나를 역에 데려다준 그 외국인은 친절했다.

(2) 개는 충직하다. 그들은 사람들의 최고의 친구이다.

→ 사람들의 최고의 친구인 개는 충직하다.

(3) 그 기차는 3시에 출발한다. 그것은 강릉으로 간다.

→ 강릉으로 가는 그 기차는 3시에 출발한다.

18 (1) 세 가방 중 '가장 큰' 것은 빨간 가방이고, the biggest로 쓴다.

(2) 세 가방 중 '가장 비싼' 것은 파란색 가방이고, the most expensive로 쓴다.

(3) 세 가방 중 '가장 작은' 것은 갈색 가방이고, the smallest로 쓴다.

Ⓡ Reading 고득점 맞기　　pp. 131~133

01 ④　02 (A) Imagine (B) go (C) a drop of　03 ②　04 ④
05 ①, ⑤　06 ②　07 ④　08 ③　09 ⑤　10 ④　11 ④
12 ⑤

[서술형]

13 (모범답) 사방이 온통 모래뿐이고 태양이 작열하는 사막에서 물도 거의 다 떨어진 상황에서 계속 걷는 것

14 this is not a dream for the people who(that) take part in

15 (1) Each race is 250 kilometers long.
　(2) It takes place in the Gobi desert in China. It is the windiest desert on earth.

16 If you throw boiling water into the air

17 (1) ordinary people like you and me
　(2) to test my limits and make my own history
　(3) I can do anything

01 주어진 문장은 '당신은 물이 거의 떨어져 간다.'라는 뜻으로, 가방을 열어 물을 마시려고 한다는 내용과 물 한 방울로 목을 적신다는 문장 사이에 들어가는 것이 알맞다.

02 글의 흐름상 (A)에는 이어지는 내용을 '상상해라'라는 의미가 되도록 imagine이, (B)에는 '계속되다'라는 의미의 go on이 되도록 go가, (C)에는 water와 함께 쓰일 수 있는 수량 표현 a drop of(한 방울의)가 들어가는 것이 알맞다.

03 ⓐ와 ①, ③, ④, ⑤는 모두 주격 관계대명사이다. ②의 that은 명사절을 이끄는 접속사이다.

|해석| ① 나는 옆집에 사는 사람들을 안다.

② 나의 아버지는 집에 더 일찍 올 거라고 약속하셨다.

③ 전화를 받은 소녀는 예의가 발랐다.

④ 그는 나의 자전거를 사고 싶어 하는 사람이다.

⑤ Julie에게 귀속된 그 집은 런던에 있다.

04 ④ 형용사 tough의 최상급은 (the) toughest이므로 앞의 most를 삭제해야 한다.

05 ① 참가 자격, ⑤ 우승 상품에 대해서는 언급되지 않았다.

06 글의 흐름상 (A)에는 '가장 건조한'을 뜻하는 driest가, (B)에는 '가장 더운'을 뜻하는 hottest가, (C)에는 '가장 추운'을 뜻하는 coldest가 들어가는 것이 알맞다.

07 ⓐ reach는 '(특정 수준·속도 등에) 이르다'라는 뜻으로 ④가 이에 대한 영어 뜻풀이이다.

|해석| ① 누군가와 특히 전화로 대화하다

② 특히 이동하는 데 많은 노력을 한 후 한 장소에 도착하다

③ (쓰러지지 않게) 떠받치기 위해서 뭔가를 붙이거나 놓다

④ 특히 높은 지점인 특정한 수준에 도달하다

⑤ 뭔가를 갖거나 만지기 위해서 팔을 뻗다

08 윗글에는 경주의 목적과 완주 시간에 대한 언급이 없으므로, 이를 묻는 질문에 답할 수 없다.

09 '아타카마 사막 – 고비 사막 – 사하라 사막 – 남극 대륙' 순으로 경주가 진행된다고 하였으므로, 칠레에 있는 사막에서 경주를 시작하고 마친다는 Molly가 본문을 잘못 이해한 사람이다.

10 4 Deserts Race에 누가 참가하는지와 참가 이유를 다루고 있는 글이므로, '참가자들은 자신들의 옷과 침낭 등을 가지고 다녀야 한다.'라는 문장 ④는 전체 글의 흐름과 관계가 없다.

11 4 Deserts Race가 한계를 시험하고 자신만의 역사를 만들 '기회(a chance)'라는 말이 되는 것이 자연스럽다.

12 '결승선을 넘는 사람은 어떤 것이든 할 수 있다.'는 마지막 문장은 '경주가 끝난 후에 어떤 일이든 할 수 있는 용기와 자신감을 갖게 될 것이다.'라는 의미로 볼 수 있다.

| 해석 | ① 경주 후에 당신은 너무 피곤해서 더 이상 걸을 수 없다.

② 결승선에서 당신은 어떤 것도 하도록 허락되지 않는다.

③ 당신이 경주를 끝내면 당신은 가능한 빨리 집으로 돌아가야 한다.

④ 당신이 비록 경주를 끝냈을 때라도 당신은 여전히 할 일이 많다.

13 앞에서 물이 거의 다 떨어진 상황에서 사막을 걷고 있는 상황을 묘사했다.

14 '사람들(the people)'을 선행사로 하는 주격 관계대명사 who나 that을 사용하여 문장을 완성한다.

15 (1)에 대한 답은 첫 번째 단락에서, (2)에 대한 답은 두 번째 단락에서 찾을 수 있다. The first race에 대한 설명 뒤에 The next race goes to ~.로 두 번째 경주에 대한 설명이 이어지고 있다.

16 '만약 ~한다면'이라는 의미의 조건 부사절을 이끄는 접속사 if 다음에 주어, 동사의 순서로 배열한다.

17 경주에 참가한 많은 사람들이 '당신과 나와 같은 평범한 사람들'이라고 하였고, 경주에 참가하는 이유로 '자신의 한계를 시험하고 자신만의 역사를 만들' 기회라고 하였다. 또한, 결승선을 넘는 사람은 '어떤 것이든 할 수 있다'라고 하였다.

서술형 100% TEST
pp. 134~137

01 (1) [모범답] what do you do in your free time?

(2) Have you ever played baseball?

(3) Have you ever played tennis?

02 (1) I often bake bread for my family.

(2) Have you ever tried Indian food?

03 (1) often goes rock climbing (with her dad)

(2) hasn't done it

04 (1) She hopes to go rock climbing on a real mountain someday.

---

(2) They are going to go rock climbing.

05 (1) for a living (2) listen to music

06 (1) Yes, I have. (2) I have never been to Jeju-do

07 (1) I've seen it on TV (2) I'm learning

(3) join my yoga class (4) too scary for me

08 (1) who(that) is riding a(her) bike

(2) who(that) is playing basketball

09 (1) The airplane is the fastest

(2) Gold is the most expensive

10 (1) That's the baby who(that) was born three hours ago.

(2) Can you pass me the newspaper which(that) is on the table?

(3) The girl who(that) won the race looks happy.

11 (1) the most popular (2) the coldest

12 (1) ① → who(that) (2) ④ → is (3) ⑤ → best

13 (1) [모범답] Minji , who(that) can draw pictures very well

(2) [모범답] Taeho, who(that) enjoys cooking

(3) [모범답] Bora, who(that) is warm-hearted

14 who take part in the 4 Deserts Race

15 (1) It shows how you feel in the desert.

(2) It explains the 4 Deserts Race.

16 ⓐ driest ⓑ hottest ⓒ coldest

17 (1) the most greatest → the greatest

(2) which → who(that)

18 who(that) is a librarian from France

19 (1) four deserts (2) Antarctica (3) The Sahara Desert

(4) reached up (5) ordinary people (6) test my limits

(7) do anything

---

01 (1) 여가 활동에 대해 묻는 것이 알맞다.

(2) 긍정의 응답(Yes, I have.)을 했고, 제시된 글에서 민수가 야구를 해 봤다고 했으므로 이에 대한 경험을 묻는 것이 알맞다.

(3) 부정의 응답(No, I haven't.)을 했고, 제시된 글에서 테니스를 쳐 본 적이 없다고 했으므로 이에 대해 묻는 것이 알맞다.

02 (1) 여가 활동을 말할 때는 I often/usually ~.로 표현하고, 일상적인 행동을 말하므로 현재시제를 쓴다.

(2) 경험 여부를 물을 때 「Have you ever+과거분사 ~?」로 표현한다.

03 (1) Judy는 여가 시간에 암벽 등반을 한다고 했다.

(2) 실제 산에서 암벽 등반을 해 봤냐는 물음에 Not yet.이라고 답했으므로, '그녀는 아직 실제 산에서 암벽 등반을 해 보지는 못했다.'라는 문장을 완성한다.

04 (1) Judy는 언젠가 실제 산에 암벽 등반을 하러 가기를 바라고 있다.

(2) Judy와 호진이는 이번 주 토요일에 암벽 등반을 하러 갈 것이다.

05 (1) 직업을 물을 때 What do you do for a living?이라고 한다.

(2) 사진 속 요리사가 헤드폰을 끼고 음악을 듣고 있는 것으로 보아, 여

가 시간 활동을 묻는 말에 '음악을 듣는다(listen to music)'고 말하는 것이 알맞다. 자주 하는 일을 말할 때 I often ~.으로 표현하고 현재시제로 쓴다.

06 (1) 표의 내용으로 보아 Tom은 제주도에 가 본 경험이 있으므로 긍정의 응답(Yes, I have.)이 알맞다.
(2) 표의 내용에 의하면 Annie는 제주도에 가 본 적이 없으므로 I have never been to ~. 표현을 써서 문장을 완성한다.

07 (1) Mike는 플라잉 요가를 TV에서 본 적이 있다고 했다.
(2) 수지는 요즘 플라잉 요가를 배우고 있다고 했다.
(3) 수지가 Mike에게 요가 수업을 함께하자고 제안했으므로, 제안 내용인 join my yoga class가 들어가는 것이 알맞다.
(4) 플라잉 요가 수업을 함께하자는 수지의 제안에 Mike는 자신에게는 너무 무섭다며 거절했다.

08 사람(the girl)을 선행사로 하는 주격 관계대명사 who나 that을 사용하여 문장을 완성한다. (1) Ann은 자전거를 타고 있고, (2) Kate는 농구를 하고 있다. 현재진행형은 「is/are+동사원형-ing」 형태로 쓴다.

09 (1) 비행기, 자동차, 자전거 중 '가장 빠른(the fastest)' 것은 비행기(airplane)이다.
(2) 금, 은, 플라스틱 중에서 '가장 비싼(the most expensive)' 것은 금(gold)이다.

10 (1) the baby와 He가 같은 대상을 가리키므로 사람을 선행사로 하는 관계대명사 who나 that을 사용하여 문장을 연결한다.
(2) the newspaper와 It이 같은 대상을 가리키므로 사물을 선행사로 하는 관계대명사 which나 that을 사용하여 문장을 연결한다.
(3) The girl과 She가 같은 대상을 가리키므로 사람을 선행사로 하는 관계대명사 who나 that을 사용하여 문장을 연결한다.

11 각각 of all time(역대)과 on earth(지구상에서)라는 범위를 나타내는 말이 이어지고 있으므로 빈칸에는 형용사의 최상급이 들어가야 한다.

12 ① 사람(a teacher)을 선행사로 하는 주격 관계대명사 who나 that으로 고쳐야 한다.
④ 문장의 주어(The boy)가 단수이므로 단수 동사 is가 되어야 한다.
⑤ '세계에서'라는 범위를 나타내는 말이 이어지므로 최상급 best로 고쳐야 한다.

13 문장의 주어로 친구 이름을 쓰고, someone을 선행사로 하는 주격 관계대명사 who나 that을 쓴 후, 친구를 설명하는 내용을 관계절로 써넣어 문장을 완성한다.

14 빈칸에는 the people을 선행사로 하는 주격 관계대명사 who를 사용한 관계대명사절이 되는 것이 알맞다. 글의 흐름상 '4 Deserts Race에 참가한 사람들'이라는 말이 되는 것이 자연스럽다.

15 '사막에서 당신이 어떤 기분인지를 보여 준다'는 문장은 사막에서 물이 다 떨어진 상황을 상상해 보라는 첫 번째 단락과 관련이 있고, '4 Deserts Race를 설명한다.'는 문장은 4 Deserts Race에 대해 설명한 두 번째 단락과 관련이 있다.

16 ⓐ '일부 지역에서는 400년 동안 비가 오지 않았다'는 말이 이어지는 것으로 보아, 아타카마 사막은 가장 건조한(driest) 사막이라고 하는 것이 알맞다.
ⓑ '온도가 50도까지 올라갈 수 있다'는 말이 이어지는 것으로 보아,

사하라 사막은 가장 뜨거운(hottest) 사막이라고 하는 것이 알맞다.
ⓒ 끓는 물을 공중에 던지면 얼어 붙는다고 했으므로 남극 대륙은 가장 추운(coldest) 사막이라고 하는 것이 알맞다.

17 (1) 형용사 great의 최상급은 the greatest로 쓴다.
(2) Anyone을 선행사로 하는 주격 관계대명사로 which가 아니라 who 또는 that을 써야 한다.

18 사람(Adrianna)을 선행사로 하는 주격 관계대명사절을 완성한다. 선행사가 3인칭 단수이고 현재시제를 사용해야 하므로 관계대명사절의 동사는 is를 쓴다.

모의고사

제 1 회 대표 기출로 내신 적중 모의고사 pp. 138~141

01 ② **02** ③ **03** ④ **04** ⑤ **05** have you ever heard of flying yoga? **06** ⑤ **07** ④ **08** (1) I usually run a marathon. (2) I often ride a horse. **09** (1) ever (2) have (3) last winter (4) never **10** ①, ③ **11** ④ **12** (1) famousest → most famous (2) dish → dishes **13** The student who sat in the back of the classroom asked a lot of questions. **14** ③ **15** ④ **16** ② **17** the people who take part in the 4 Deserts Race **18** ⑤ **19** ② **20** ⑤ **21** It is the hottest of the four deserts. **22** ① **23** participants **24** ④ **25** (1) Ordinary people like you and me (2) to test your limits and make your own history

01 '뇌, 눈, 입 등이 있는 신체의 맨 윗부분'과 '특정 방향으로 가다'를 뜻하는 것은 head이다.

02 take place: 개최되다, 일어나다 / take part in: ~에 참가하다

03 tough는 '힘든, 어려운'이라는 뜻으로, '어려운'이라는 의미의 difficult와 바꿔 쓸 수 있다. ① 작은; 거의 없는 ② 무서운, 겁나는 ③ 종합적인, 전체의 ⑤ 보통의, 평범한

04 What do you do in your free time?과 ⑤는 여가 활동을 묻는 표현이다.

05 경험 여부를 물을 때 「Have you ever+과거분사 ~?」로 표현한다. hear의 과거분사형은 heard이다.

06 ⓔ는 수지가 수강하고 있는 특정 요가 수업을 말하고, 나머지는 모두 일반적인 플라잉 요가를 가리킨다.

07 ④ 스페인 음식을 먹어 본 적이 있는지 묻는 말에 '아직 안 먹어 봤다.'라고 답한 후 작년에 스페인에 가서 스페인 음식을 먹었다고 말하는 것은 어색하다.

08 (1) Jake의 여가 활동은 마라톤을 뛰는 것이고, 빈도부사 usually를 사용해야 하므로 I usually run ~.으로 문장을 쓴다.

(2) 미나의 여가 활동은 말을 타는 것이고, 빈도부사 often을 사용해야 하므로 I often ride ~.로 문장을 쓴다.

09 (1) 경험 여부를 물을 때 「Have you ever+과거분사 ~?」 표현을 사용한다.

(2) 경험을 묻는 질문에 긍정의 대답은 Yes, I have.가 알맞다.

(3) 과거에 제주도에 갔던 것을 이야기하고 있으므로 과거의 부사구가 되도록 last winter가 알맞다.

(4) 흐름상 '가 본 적이 없다'가 되어야 하므로 I've never been이 알맞다.

10 사람(a brother)을 선행사로 하는 주격 관계대명사 who나 that이 알맞다.

11 특정 비교 대상 than me가 이어지므로 첫 번째 빈칸에는 비교급 stronger가, in my family라는 전체 비교 범위가 나오므로 두 번째 빈칸에는 최상급 the strongest가 들어가는 것이 알맞다.

|해석| 나는 힘이 센데, 형이 나보다 더 힘이 세고, 아빠가 가족 중에서 가장 힘이 세다.

12 '가장 ~한 … 중의 하나'는 「one of the+최상급+복수 명사」로 표현한다. famous의 최상급은 most famous로 나타내고, dish는 복수 명사 dishes로 고쳐야 한다.

13 The student를 선행사로 하는 주격 관계대명사절을 포함한 문장을 완성한다.

14 ⓒ out of는 '~이 떨어진, 바닥난'을 뜻한다.

15 feel like: ~처럼 느끼다, ~인 것 같다 / sound like: ~처럼 들리다

16 (B)와 ③는 '~하기 위해서'라는 의미의 '목적'을 나타내는 부사적 용법의 to부정사이다. ① 부사적 용법(결과) ③ 형용사적 용법(water 수식) ④ 명사적 용법(목적어) ⑤ 명사적 용법(진주어)

|해석| ① 그녀는 자라서 소설 작가가 되었다.

② 그들은 그 무대를 더 잘 보기 위해 일어섰다.

③ 그 병에는 마실 물이 없다.

④ 나는 언젠가 세계 곳곳을 여행하기를 희망한다.

⑤ 외국어를 배우는 것은 쉽지 않다.

17 the people을 선행사로 하는 주격 관계대명사 who를 사용하여 문장을 완성한다.

18 경주 참여 방법에 대해서는 언급되지 않았다.

19 The next race는 두 번째 경주를 뜻하므로, 첫 경주 장소인 가장 건조한 아타카마 사막에 대한 설명 뒤, 가장 바람이 많이 부는 사막을 설명하는 말 앞인 ②에 주어진 문장이 들어가는 것이 알맞다.

20 ③와 ⑤는 '계속'을 나타내는 현재완료로 쓰였다. ① 결과 ② 완료 ③, ④ 경험

|해석| ① 그는 일본으로 가버렸다.

② 나는 그 일을 방금 끝냈다.

③ 나는 전에 멕시코 음식을 먹어본 적이 있다.

④ 내 어머니는 부산에 가본 적이 없다.

⑤ 너는 그 집에서 얼마나 살았니?

21 '가장 뜨거운'을 뜻하는 hot의 최상급은 the hottest로 쓴다. 의미상 '네 개의 사막 중에서'를 뜻하므로, deserts로 복수형으로 고쳐야 한다.

22 마지막 문장에서 끓는 물을 공중에 던지면 얼어 버린다고 하였으므로,

남극 대륙은 '가장 추운(the coldest)' 사막이라고 하는 것이 알맞다.

23 빈칸 ⓐ에는 '참가자들'이라는 단어가 들어가는 것이 알맞으므로, '참가하다'를 뜻하는 participate의 명사형 participants를 쓰는 것이 알맞다.

24 사람을 나타내는 Anyone을 선행사로 하는 주격 관계대명사 who가 들어가는 것이 알맞다.

25 (1) 경기 참가자 중 많은 사람들이 당신과 나와 같은 평범한 사람들이라고 했다.

(2) 4 Deserts Race에 참가하는 것이 '자신의 한계를 시험하고 자신만의 역사를 만들 기회'라고 했다.

제 2 회 대표 기출로 내신 **적중** 모의고사 pp. 142~145

01 ④ **02** went on **03** ④ **04** Have you ever ridden a horse? **05** I often walk my dog in the park. **06** ⑤ **07** ⑤ **08** ③ **09** plays badminton (with her dad) **10** ② **11** ③ **12** ⑤ **13** She is one of the most famous singers in the world. **14** (1) a machine which(that) is used for cooking food (2) a team sport which(that) is popular all over the world (3) a person who(that) competes in sports **15** ⑤ **16** across the world's toughest deserts **17** ⓓ → It consists of four races. **18** ③ **19** ③ **20** ① **21** (1) It hasn't rained (in some parts of the Atacama Desert) for 400 years. (2) It(The final race) takes place in Antarctica. **22** ⑤ **23** librarian **24** the 4 Deserts Race **25** ①, ⑤

01 take care of: ~을 돌보다 / be out of: 떨어지다, 바닥나다

|해석| • 그는 내게 그의 아이들을 돌봐달라고 부탁했다.

• 아직 못 끝냈니? 너는 시간이 거의 없어!

02 go on(계속되다)의 과거형인 went on을 쓴다.

03 ④ 설명이 명확한데 이해하기 어렵다고 하는 것은 어색하다. tough (힘든, 어려운) 대신 easy(쉬운)가 들어가는 것이 알맞다.

|해석| ① 그 벽은 높이가 2.5미터이다.

② 그녀는 내 능력의 한계까지 나를 몰아붙였다.

③ 그녀의 얼굴과 목은 아주 심하게 (햇볕에) 탔다.

④ 그의 설명은 명백하고 이해하기 어려웠다.

⑤ 그 아이들은 산타클로스가 진짜라고 생각한다.

04 경험을 해 보았다는 긍정의 응답을 한 뒤 작년 여름에 제주도에서 말을 탔다고 답하는 것으로 보아, 빈칸에는 말을 타 본 적이 있는지 경험을 묻는 말이 들어가는 것이 알맞다.

05 자신이 어떤 활동을 자주 하는지 말할 때 I often ~.으로 표현한다. 일상적인 행동을 말할 때 현재시제를 쓴다.

06 (1) 여가 활동을 묻는 말에는 I often/usually ~.로 답을 하되, 일상적인 행동이므로 현재시제로 표현하는 것이 알맞다.

(2) 경험 여부를 묻는 말 「Have you ever+과거분사 ~?」에 Yes, I have.나 No, I haven't.로 응답하는 것이 알맞다.

07 여가 활동을 묻고(C) 답한(A) 후, 라디오에 노래 신청을 한 적이 있는지 경험을 묻고(B) 답하는(D) 흐름이 되는 것이 자연스럽다.

08 주말에 무엇을 할지 물을 때와 여가 시간에 무엇을 하는지 물을 때 의문사 What을 쓴다.

09 Jean은 여가 활동으로 종종 배드민턴을 친다고 답하였고, 주로 아버지와 친다고 하였다.

10 사물(a backpack)과 동물(those monkeys)을 선행사로 취하는 주격 관계대명사는 that이나 which이다.

　|해석| · 나는 큰 주머니가 있는 가방을 샀다.
　· 거리에서 춤추고 있는 저 원숭이를 봐라.

11 ⓐ big의 최상급 형태는 biggest이다. ⓒ 선행사 the person이 단수이므로, 주격 관계대명사절의 동사는 단수형 is가 되어야 한다.

　|해석| ⓐ 이 그릇은 가장 큰 그릇이다.
　ⓑ 이것은 침대도 될 수 있는 소파이다.
　ⓒ 그는 모든 사람에게 친절한 사람이다.
　ⓓ 그것은 그 나라에 있는 모든 호수 중에서 가장 깊다.

12 ⑤의 who는 주격 관계대명사이고, 나머지는 의문사로 쓰였다.

　|해석| ① 누가 그 책을 너에게 주었니?
　② 그녀는 그가 누구인지 그 남자에게 물었다.
　③ 너는 누가 그 사고를 냈다고 생각하니?
　④ 나는 누가 그것에 관해 내게 말했는지 기억할 수 없다.
　⑤ 내 차를 세운 경찰관은 내 친구였다.

13 '가장 ~한 … 중의 하나'는 「one of the+최상급+복수 명사」로 표현한다. '유명한'을 뜻하는 famous의 최상급은 the most famous로 표현한다.

14 (1) a machine을 선행사로 하는 주격 관계대명사 which나 that을 사용한다.
　(2) a team sport를 선행사로 하는 주격 관계대명사 which나 that을 사용한다.
　(3) a person을 선행사로 하는 주격 관계대명사 who나 that을 사용한다.

　|해석| (1) 오븐은 음식을 요리하는 데 쓰이는 기계이다.
　(2) 축구는 전 세계에서 인기 있는 팀 경기이다.
　(3) 운동선수는 스포츠에서 경쟁하는 사람이다.

15 feel like: ~처럼 느껴지다 / wet: 적시다

16 '힘든'을 뜻하는 형용사 tough의 최상급은 (the) toughest로 쓴다.

17 4 Deserts Race는 몇 개의 경주로 이루어져 있는지 묻는 질문 ⓓ에 '4개의 경주로 이루어져 있다.'고 답할 수 있다. 나머지 질문에 대한 답은 본문에서 찾을 수 없다.

　|해석| ⓐ 사람들은 그 경주 중에 무엇에 관한 꿈을 꾸는가?
　ⓑ 네 경주 중에서 가장 긴 것은 어느 것인가?
　ⓒ 너는 거대한 불덩어리로 무엇을 할 수 있는가?
　ⓓ 4 Desert Race는 몇 개의 경주로 이루어져 있는가?

18 ③ 고비 사막은 중국에 있고, 사하라 사막은 이집트에 있다고 했다.

　|해석| ① 아타카마 사막은 칠레에 있다.
　② 아타카마 사막은 세계에서 가장 건조한 사막이다.
　③ 고비 사막은 사하라 사막과 같은 나라에 있다.

④ 두 번째 경주는 고비 사막에서 개최된다.
⑤ 남극 대륙은 세계에서 가장 추운 사막이다.

19 ③의 It은 앞 문장의 the Sahara Desert를 가리킨다.

20 (A) 뒤의 문장이 앞의 문장에 대해 자세한 내용을 덧붙이고 있으므로, In fact(사실은)가 들어가는 것이 알맞다.

21 (1) 아타카마 사막의 일부 지역에는 400년 동안 비가 내리지 않았다고 했다.
　(2) 마지막 경주는 가장 추운 사막인 남극 대륙에서 열린다.

22 (A) 가장 훌륭한 '달리기 주자(runners)'만 경주에 참여할 수 있는지 묻는 말이 되는 것이 알맞다.
　(B) 꼭 그렇지는 않다고 하면서 참가자들 중 많은 사람들이 당신과 나와 같은 '평범한(ordinary)' 사람들이라고 하는 것이 흐름상 알맞다.
　(C) 4 Deserts Race에 참가하는 것이 한계를 시험하는 기회라고 했으므로, 경주를 완주한 사람들은 '어떤 것도(anything)' 할 수 있다고 하는 것이 자연스럽다.

23 '도서관에서 일하고 책을 관리하는 사람'은 사서(librarian)이다.

24 자신의 한계를 시험하고 자신만의 역사를 만들 기회가 되는 것은 4 Deserts Race를 말한다.

25 Adrianna는 프랑스 출신이며, 자신의 한계를 시험하고 자신만의 역사를 만들기 위해 4 Deserts Race에 참가한다고 말했다.

제 3 회　대표 기출로 내신 적중 모의고사　　pp. 146~149

01 desert　**02** participate　**03** ②　**04** ⑤　**05** ③　**06** (1) I often bake bread and cookies. (2) I usually watch movies in the theater.　**07** ④　**08** ②　**09** ③　**10** do rock climbing with Judy　**11** ④　**12** ⑤　**13** I want to have a robot which(that) can clean my house.　**14** (1) [모범답] Minsu is the tallest (student) (2) [모범답] Sumin is the fastest (student) (3) [모범답] Jungi is the most popular (student)　**15** ②　**16** ④　**17** You're almost out of water.　**18** ②　**19** ⓐ toughest ⓑ driest ⓒ windiest ⓓ hottest ⓔ coldest　**20** the Gobi Desert　**21** Antarctica which (that)　**22** ④　**23** ⑤　**24** Anyone who(that) crosses the finish line can do anything.　**25** ④

---

01 '거의 비가 오지 않고 식물이 거의 없는 넓고 건조한 지역'이라는 뜻을 가진 단어는 desert(사막)이다.

02 drive(운전하다)와 driver(운전자)는 「동사-행위자를 나타내는 명사」의 관계이므로, 빈칸에는 participate(참가하다)가 알맞다.

03 ② be out of는 '~이 떨어지다, 바닥나다'라는 뜻이다.

04 famous people과 대조가 되는 표현이 자연스러우므로, 빈칸에는 ordinary(평범한)가 들어가는 것이 알맞다.

05 ③ 마라톤을 몇 번 달려 봤냐고 묻는 말에 '응, 그건 내가 가장 좋아하는 여가 활동이야.'라고 답하는 것은 어색하다.

06 여가 활동이 무엇인지 묻는 질문에 I often/usually ~. 형태로 자신의 여가 활동을 말한다. 일상적인 행동을 나타낼 때는 현재시제로 표현한다.

07 처음에는 무서웠지만 지금은 플라잉 요가를 즐기고 있다는 수지에게 '좋구나!'라고 말한 뒤 '나는 너도 운동을 더 해야 한다고 생각해.'라고 말하는 ④는 어색하다.

08 ⓐ It이 가리키는 flying yoga가 무서워 보이는 것이므로 형용사 scary가 알맞다.
ⓑ 수지가 무서워하는 것이므로 형용사 scared가 알맞다.

09 경험 여부를 물을 때 「Have you ever+과거분사 ∼?」라고 하므로, ③ do는 done이 되어야 한다.

10 이번 주 토요일에 호진이 Judy와 함께 체육관에서 암벽 등반을 하기로 했음을 대화 마지막 부분에서 알 수 있다.

11 첫 번째 빈칸에는 형용사 hot의 최상급 the hottest가, 두 번째 빈칸에는 The river를 선행사로 하는 주격 관계대명사 which나 that이 알맞다.
|해석| • 그리스는 유럽에서 가장 더운 나라들 중 하나이다.
• 런던을 흐르는 그 강은 템즈 강이다.

12 ⑤ 문장의 주어가 The people로 복수 명사이므로, 복수 동사 are가 알맞다.
|해석| ① 나는 저기에 있는 그 꽃병이 마음에 든다.
② 나는 울고 있는 그 여자에게 말할 것이다.
③ 우리는 200년 된 집을 샀다.
④ 지붕 위에 누워 있는 그 고양이가 보이니?
⑤ 그 섬에 사는 사람들은 아주 친절하다.

13 a robot을 선행사로 하는 주격 관계대명사 which나 that을 사용하여 문장을 쓴다.

14 반 친구들 중 가장 키가 크고(the tallest), 가장 빠르고(the fastest), 가장 인기가 있는(the most popular) 친구들을 찾아 문장을 완성한다.

15 모래가 사방팔방으로 계속 이어지고, 태양이 거대한 불덩이 같고, 뜨거운 바람이 얼굴과 목구멍을 태우는 곳이 사막(desert)이다.

16 ⓒ '계속 ∼하다'의 의미로 「keep+동사원형-ing」의 형태를 써야 한다. ⓔ the people을 선행사로 하는 주격 관계대명사 who나 that이 되어야 한다.

17 '떨어지다, 바닥나다'를 뜻하는 be out of를 이용해 문장을 완성한다.

18 ②는 날씨를 나타내는 비인칭 주어이고 나머지는 '그것'이라는 의미의 지시대명사로 쓰였다.

19 ⓐ, ⓔ tough와 cold는 단어 뒤에 -est를 붙여 최상급을 만든다.
ⓑ, ⓒ dry와 windy는 y로 끝나는 단어이므로 y를 i로 바꾸고 -est를 붙여 최상급을 만든다.
ⓓ hot은 「단모음+단자음」으로 끝나는 단어이므로 자음 t를 한 번 더 쓰고 -est를 붙여 최상급을 만든다.

20 강한 바람에 맞서 싸워야 했다고 했으므로, 본문 속 4개의 사막 중 가장 바람이 많이 부는 사막인 고비 사막에 갔다고 하는 것이 알맞다.
|해석| 나는 작년에 고비 사막에 갔다. 나는 그곳에서 강한 바람에 맞서 싸워야 했다. 나는 모래로부터 내 코와 입을 보호하기 위해 스카프로 코와 입을 가렸다.

21 마지막 경주는 남극 대륙(Antarctica)에서 열리는데, 뒤에 이어지는 내용이 Antarctica를 꾸며 주는 내용이므로, Antarctica를 선행사로 하는 관계대명사 which나 that을 사용하여 관계대명사절을 연결한다.

22 (A) '∼에 참가하다'를 뜻하는 (take part) in이 되는 것이 알맞다.
(B) '당신과 나와 같은'을 뜻하도록 전치사 like가 들어가는 것이 알맞다.
(C) '프랑스 출신'이라는 말이 되도록 출신을 나타내는 전치사 from이 들어가는 것이 알맞다.

23 '가장 훌륭한 달리기 주자들만 경주에 참가할 수 있다는 것이 맞는가?'라는 질문 뒤에 Not exactly.(꼭 그렇진 않다.)가 이어졌다. 이는 '가장 훌륭한 달리기 주자들만 경주에 참가할 수 있는 것은 아니다.'를 뜻한다.

24 사람을 나타내는 Anyone이 선행사이므로, which를 사람을 선행사로 하는 주격 관계대명사인 who 또는 that으로 고쳐야 한다.

25 각 종목별 우승 학급은 언급하고 있지만, 전체 학급 수나 각 종목에 몇 학급이 참가했는지는 언급하지 않았다.

제 4 회 고난도로 내신 적중 모의고사 pp. 150~153

01 ⑤ **02** ⑤ **03** ② **04** I often go rock climbing with my dad. **05** ④ **06** (1) ever been (2) went (3) never been (4) going **07** ④ **08** (1) have you ever visited (2) the U.S. two years ago (3) No, I haven't. / Not yet. (4) visit Spain this summer **09** ① **10** ① **11** ① **12** (1) [모범답] Daisy is the youngest of the three. (2) [모범답] Jessie is the tallest of the three. **13** ⓒ → Everyone who has worked with her will miss her very much. **14** ② **15** You wet your throat with a drop of water **16** [모범답] He burned all the letters. **17** ③ **18** ② **19** It is the hottest of the four deserts. **20** ④ **21** ② **22** ② **23** (1) test my limits and make my own history (2) do anything **24** (1) the greatest runners (2) ordinary people **25** (1) We can train our body and mind. (2) It includes jumping, punching, kicking and shouting.

01 ⑤의 tough는 '힘든, 어려운'이라는 뜻으로 쓰였다.
① little(작은) – little(거의 없는)
② head(머리) – head(특정 방향으로 향하다(가다))
③ burn(태우다, 데다, 화상을 입히다) – burn(불에 타다)
④ mean(의미하다) – mean(못된, 심술궂은)
|해석| ① 나는 작은 검은색 강아지를 봤다.
병에는 물이 거의 없다.
② 그녀는 아니라고 말하기 위해 그녀의 머리를 흔들었다.
그는 일어서서 그 출입구 쪽으로 향했다.
③ 그의 얼굴은 해변에서 심하게 탔다.
이 천은 아주 쉽게 불에 타니, 난로에서 떨어뜨려 두어라.
④ 'desert'는 무슨 의미인가?
네 동생에게 그렇게 못되게 굴지 마라.
⑤ 런던으로 이사하기로 한 것은 힘든 결정이었다.
그 교사는 그의 학생들에게 몇 개의 어려운 질문을 했다.

02 ⑤ '정확한 답을 알지 못한 채 무언가에 대해 답을 주다'를 뜻하는 것은

guess(추측하다)이다.

03 문맥상 'Brighton 축제는 매년 5월에 열린다.'는 뜻이 되는 것이 자연스러우므로, 빈칸에는 '열리다, 개최되다'를 뜻하는 be held가 들어가는 것이 알맞다.

04 자신의 여가 활동을 말할 때 일상적인 활동을 나타내므로 현재시제로 표현한다.

05 ④ 위 대화에는 호진이의 여가 활동에 대해서는 나와 있지 않다.

06 (1) 경험을 물을 때는 「Have you ever+과거분사 ~?」라고 한다.
(2) 과거의 사실을 말하고 있으므로 과거시제로 쓴다.
(3) 대화의 흐름상 '나는 그곳에 가 본 적이 없어'라는 의미가 되어야 하므로 I've never been there가 알맞다.
(4) 가까운 미래에 할 일을 말하고 있으므로, 현재진행(be동사 현재형+동사원형-ing) 시제로 표현한다.

07 여가 활동으로 운동을 한다고 하였고 마지막 말에서 차기를 잘한다고 한 것으로 보아, 태권도를 해 본 적이 있는지 묻는 말이 알맞다.

08 (1) 「have you ever+과거분사 ~?」로 경험을 묻는 것이 알맞다.
(2) 문맥상 2년 전에 미국을 방문했었다고 답하는 것이 알맞다.
(3) 미국 여행이 첫 외국 방문이라고 하였으므로, 유럽을 방문해 본 적이 없다고 답한다.
(4) 올 여름에 스페인을 방문할 것이라는 말을 완성한다.
|해석| 나는 2년 전에 미국으로 여행을 갔다. 그것이 내가 외국을 방문한 처음이었고 나는 그곳에서 즐거운 시간을 보냈다. 이번 여름에 나는 스페인을 방문할 계획이다. 나는 몹시 기대된다.

09 ① 노란색(yellow)은 가장 어두운(the darkest) 색이 아니다.

10 두 문장을 한 문장으로 바꾸면 Vincent van Gogh was the painter who(that) painted *the Starry Night*.이다. 선행사가 the painter인 주격 관계대명사 who(that)가 관계대명사절의 주어 역할을 하므로, 관계대명사절 안에는 따로 주어(he)가 필요하지 않다.

11 ② 형용사 big의 최상급은 the biggest이다.
③ 부사 loud의 최상급은 the loudest이다.
④ 형용사 excited의 최상급은 the most excited이다.
⑤ '가장 ~한 … 중의 하나'를 뜻할 때 「one of the+최상급+복수 명사」로 표현하므로, restaurant를 복수형 restaurants로 고쳐야 한다.

12 표에 따르면, Daisy가 가장 어리고(the youngest), Emma가 가장 나이가 많으며(the oldest), Jessie가 가장 키가 크고(the tallest), Emma가 가장 키가 작다(the shortest).

13 주격 관계대명사절 안의 동사는 선행사에 수를 일치시키므로, 선행사 Everyone에 맞춰 단수 동사 has로 고쳐야 한다.
|해석| ⓐ 내 형을 문 그 개가 있다.
ⓑ 바티칸 시국은 세계에서 가장 작은 나라이다.
ⓒ 그녀와 함께 일했던 모든 사람이 그녀를 아주 많이 그리워할 것이다.

14 첫 번째 빈칸에는 imagine의 목적어 역할을 하는 명사절을 이끄는 접속사 that이, 두 번째 빈칸에는 the people을 선행사로 하는 주격 관계대명사 who나 that이 알맞다. 따라서 공통으로 들어갈 말은 that이다.

16 '불이나 열로 무언가를 파괴하다'를 뜻하는 것은 burn(태우다)이다.

17 'a series of four races ~' 표현에서 4개의 사막에서 순차적으로 열

리는 경기임을 추론할 수 있다.
|해석| ① 너는 경주 중에 가방을 지닐 수 없다.
② 너는 경주 중에 물을 지닐 수 없다.
③ 경주는 네 개의 사막에서 차례대로 개최된다.
④ 각 경주는 200킬로미터 거리 미만이다.
⑤ 네 개의 경주를 마치는 데 7일이 걸려야 한다.

18 주어진 문장은 아타카마 사막이 가장 건조한 사막이라는 것의 근거가 되므로 아타카마 사막이 가장 건조한 사막이라고 말하는 문장 뒤에 들어가는 것이 알맞다.

19 hot의 최상급 the hottest를 이용하여 문장을 완성한다. '네 개의 사막 중'은 of the four deserts로 표현한다.

20 바로 앞 문장에서 남극 대륙이 가장 추운 사막이라고 하였으므로, 끓는 물을 공중에 던지면 얼어 버린다(freezes)고 하는 것이 알맞다.

21 they는 앞에 나온 the participants(참가자들)를 가리킨다.

22 ⓑ와 ②는 각각 앞의 a chance와 someone을 수식하는 형용사적 용법의 to부정사이다.
① 명사적 용법(진주어) ③ 부사적 용법(목적)
④ 명사적 용법(목적어) ⑤ 명사적 용법(목적격 보어)
|해석| ① 물 없이 <u>사는 것</u>은 불가능하다.
② 나는 이 문제를 함께 <u>논의할</u> 누군가가 필요하다.
③ 그녀는 의사의 <u>진찰을 받으러</u> 병원에 갔다.
④ 그는 우스운 농담으로 서먹서먹한 분위기를 <u>깨려고</u> 했다.
⑤ 내 선생님은 나에게 숙제를 <u>끝마치라고</u> 말씀하셨다.

23 경주에 참가하는 이유를 묻는 말 뒤에 Adrianna의 말이 이어졌으므로, Adrianna의 말에서 그 이유를 찾을 수 있다. Adrianna가 한 말을 이용해 문장을 완성한다.

24 (1) 본문에 따르면 경주에는 훌륭한 달리기 주자만 참가하는 것이 아니라고 하였으므로, '가장 훌륭한 달리기 선수 중 한 명이 될 필요는 없다.'는 말이 되는 것이 알맞다.
(2) 참가자들 중 많은 사람들이 '평범한 사람들'이라고 하였다.

25 (1) 태권도는 몸과 마음을 훈련하는 스포츠라고 하였다.
(2) 태권도 훈련에는 뛰어오르기, 주먹으로 치기, 발로 차기, 소리 지르기가 포함된다고 하였다.

Special Lesson 1
Summer on a Stick

STEP A

A	01 믹서, 분쇄기	B	10 mix
	02 훌륭한		11 share
	03 냉동고		12 smooth
	04 붓다		13 slice
	05 추가하다, 더하다		14 blend
	06 끓이다, 삶다		15 peel
	07 (기름에) 볶다, 튀기다		16 until
	08 막대		17 spread
	09 원천		18 try

C 01 A를 B에 붓다　　02 감기에 걸리다
03 A를 B에 넣다　　04 A를 B(상태)로 자르다

D 01 add, 추가하다, 더하다　　02 blend, 섞다, 혼합하다
03 freezer, 냉동고　　04 share, (생각 등을) 나누다
05 pour, 붓다

E 01 have a cold　02 Pour, into　03 Cut, into
04 Put, into

Words 실전 TEST　　p. 158

01 ②　02 ③　03 ④　04 freezer　05 ③　06 until　07 ②

01 사과, 키위, 파인애플, 딸기는 모두 '과일'이다.
02 '냄비에 두 컵의 물을 부어라.'가 자연스러우므로 '붓다'라는 의미의 pour가 적절하다.
03 ④는 peel(껍질을 벗기다)에 해당하는 사진이다.
04 '혼합하다 – 믹서, 분쇄기'는 '동사 – 행위자(~하는 것)'의 관계이므로 freeze(얼다)의 행위자 형태인 freezer(냉동고)가 빈칸에 알맞다.
05 '과일, 야채 등의 껍질을 벗기다'라는 의미이므로 peel에 대한 설명이다.
06 '~까지'는 접속사 until을 쓴다.
07 cut A into B: A를 B(상태)로 자르다 / pour A into B: A를 B에 붓다
|해석| ・그녀는 감자를 작은 조각으로 잘랐다.
・나는 밀가루를 그릇에 부었다.

Reading 핵심 구문 노트　　p. 159

QUICK CHECK
1 (1) Do you want some ice cream?
(2) Where were you two hours ago?
(3) Can you ride a skateboard?
2 (1) very → much(even, far, a lot)
(2) then → than

1 |해석| (1) 너는 아이스크림을 먹고 싶니?
(2) 두 시간 전에 너는 어디에 있었니?
(3) 너는 스케이트보드를 탈 수 있니?
2 |해석| (1) Mike는 그의 남동생보다 훨씬 더 빨리 달린다.
(2) 이 검은색 가방은 저 파란색 가방보다 더 저렴하다.

Reading 빈칸 채우기　　pp. 162~163

01 Ice Pops　02 are here　03 stay cool　04 Let's make　05 You need, cup of　06 into small pieces　07 Peel, slice　08 Put, into　09 Add　10 the mix is smooth　11 Pour the mix　12 slices　13 Close　14 in the freezer　15 Finished　16 on a stick　17 Tips　18 an excellent source　19 more vitamin, than　20 have a cold　21 Share　22 How will you make　23 ideas　24 use　25 cut them into　26 with apple juice　27 I think

Reading 바른 어휘・어법 고르기　　pp. 164~165

01 Ice　02 are　03 can we　04 make　05 kiwis, cup　06 into　07 them　08 Put　09 Add　10 until　11 into　12 Add　13 Close　14 hours　15 Finished　16 your　17 Health　18 an　19 than　20 when　21 Share　22 make　23 Share　24 will use　25 them　26 with　27 will be pretty

Reading 틀린 문장 고치기　　pp. 166~167

01 ○　02 ×, The cold days → The hot days
03 ×, stay hot → stay cool　04 ○
05 ×, You want → You need
06 ×, into small piece → into small pieces　07 ○　08 ○
09 ×, Drink → Add　10 ×, are → is
11 ×, Pouring → Pour　12 ○　13 ×, Open → Close
14 ×, it → them　15 ×, Started → Finished
16 ×, Enjoy summer your → Enjoy your summer　17 ○
18 ×, a bad source → an excellent source

R Reading 실전 TEST　　　pp. 170~171

01 ③　**02** ①　**03** ②　**04** ②　**05** ④　**06** ③　**07** ⑤　**08** ②

09 ③　**10** ③　**11** blender　**12** the ice pop makers　**13** Blend
until the mix is smooth.

01 글의 흐름상 '우리가 어떻게 시원하게 지낼 수 있을까?'라는 뜻이 되어
야 하므로 빈칸에는 How가 알맞다.

02 Let's 다음에는 동사원형이 온다.

03 재료와 요리 단계를 설명하고 있는 것으로 보아 ② recipe(요리법)임
을 알 수 있다.

　|해석| ① 일기　③ 편지　④ 음식평　⑤ 신문 기사

04 peel은 '껍질을 벗기다'라는 의미이다.

05 cut A into B: A를 B(상태)로 자르다 / put A into B: A를 B에 넣다

06 (A) ice pop maker는 용기의 일종이므로 '붓다'라는 뜻의 Pour가 알
맞다.

　(B) kiwi를 얇게 자르는 내용은 이미 앞서 언급되었으므로 '추가하다'
라는 뜻의 Add가 알맞다.

　(C) 뒤에 구체적인 숫자가 오면서 '~ 동안'의 의미를 나타내는 말은 for
이다.

07 각 단계별 소요 시간이 언급되어 있지 않기 때문에 총 소요 시간은 알
수 없다. 9번 단계에서 '약 3시간 동안 그것들을 냉동고에 넣어 두어
라.'라는 설명을 통해 9번 단계의 소요 시간만 알 수 있다.

08 「비교급+than+비교 대상」: ~보다 더 …한

09 ③은 '~할 때'라는 뜻의 접속사이고, 나머지는 모두 '언제'라는 뜻의 의
문사이다.

　|해석| ① 어머님의 생신이 언제인가요?

　② 너는 언제 로스앤젤레스로 이사했니?

　③ 나는 여유 시간이 있을 때 책을 읽는다.

　④ 너는 언제 스페인을 방문할 계획이니?

　⑤ 너는 언제가 가장 편하니?

10 주어진 문장의 them이 가리키는 것은 앞에 나온 kiwis and
strawberries이고 막대 아이스크림 틀에 넣기 전에 해야 할 일에 해
당되므로 ③에 들어가는 것이 자연스럽다.

11 '부드러운 음식이나 액체를 섞는 전자 제품'은 blender(믹서, 분쇄기)
이다.

12 앞 문장에 나온 the ice pop makers를 가리킨다.

13 until이 접속사로 쓰일 때는 뒤에 주어와 동사가 있는 완전한 문장이
온다는 것에 주의한다.

STEP B

W Words 고득점 맞기　　　p. 172

01 ⑤　**02** ③　**03** ④　**04** (e)xcellent　**05** ⑤　**06** (A) Slice
(B) Spread　(C) Cover

01 ⑤는 '작곡가'라는 뜻으로 사람을 나타내고, 나머지는 모두 조리나 음식
관련 도구를 나타낸다.

　|해석| ① (가스·전기) 레인지　② 믹서, 분쇄기　③ 냉동고　④ 토스터

02 have(has) a cold는 '감기에 걸리다'라는 뜻이다.

　|해석| ① 김치를 좀 먹어 볼래?

　② 더운 여름을 어떻게 시원하게 지낼 수 있을까?

　③ 그녀는 감기에 걸렸을 때 닭고기 수프를 먹는다.

　④ 우리는 약 한 시간 동안 통화했다.

　⑤ 나는 키위 두 개와 사과 주스 한 컵이 필요하다.

03 ⓐ, ⓒ: 노력하다　ⓑ, ⓓ, ⓔ: (시험삼아) 해 보다

　|해석| ⓐ 나는 방송반에 들려고 노력했다.

　ⓑ 치즈 샌드위치를 먹어 보는 게 어때?

　ⓒ 늘 영어로 생각하려고 노력해라.

　ⓓ 그 새 요리법을 해 봤니?

　ⓔ 정문이 잠겼어. 후문을 열어 봐.

04 very good(아주 좋은)은 한 단어로 표현하면 excellent(훌륭한)로 쓸
수 있다.

　|해석| 그 뮤지컬 배우는 연기와 노래 모두를 아주 잘한다.

05 source(원천)의 영어 뜻풀이는 a place, person, or thing that
you get something from(무엇인가를 얻는 장소나 사람이나 물건)
이고, mixed well so that it has no lumps(덩어리 없이 잘 섞인)
는 smooth(고루 잘 섞인)의 영어 뜻풀이다.

　|해석| ① 추가하다: 다른 것에 무언가를 더하다

　② 붓다: 액체나 다른 물질을 용기에서 특히 다른 용기 안으로 흐르게
하다

　③ (생각 등을) 나누다: 다른 사람들에게 네 생각, 감정, 아이디어 등을
말하다

　④ 껍질을 벗기다: 과일이나 야채 등의 껍질을 벗기다

06 베이컨 샌드위치의 요리 단계를 정리한 글이다.

　|해석| 베이컨 샌드위치 만드는 방법

　1. 토마토를 얇은 조각으로 자르세요. → slice(얇게 자르다)

　2. 달걀과 베이컨 조각을 기름에 부치세요.

　3. 각 빵 조각에 버터를 바르세요. → spread((얇게 펴서) 바르다)

　4. 베이컨, 치즈, 달걀 프라이, 토마토 조각을 빵 위에 올리세요.

　5. 다른 빵 조각으로 그것을 덮으세요.

　　→ cover A with B: A를 B로 덮다

01 ⑤   02 ④   03 ③   04 ③   05 ④   06 ⑤   07 share

08 ②   09 ③   10 fried

[서술형]

11 They have more vitamin C than oranges.

12 kiwis and strawberries

13 (1) kiwis, strawberries, apple juice

    (2) my ice pops will be pretty

01 Let's make ice pops together!에서 ice pops를 만들기 위한 요리법임을 알 수 있다. 주재료는 pineapple이므로 ⑤ Pineapple Ice Pops가 제목으로 알맞다.

02 접속사 until(~할 때까지) 뒤에는 주어와 동사가 와야 하므로 ④는 until the mix is smooth가 되어야 한다.

03 ⓐthem은 바로 앞에 언급된 the kiwis를 가리킨다.

04 6번 단계에서 막대 아이스크림 틀 안에 혼합물을 붓고 7번 단계에서 키위 조각을 첨가하라고 했다. 얼음을 넣으라는 내용은 언급되지 않았다.

05 우리말과 같이 문장을 쓰면 How will you make your own ice pops?이므로 네 번째로 오는 단어는 make이다.

06 ⓐ는 문장에서 목적어 역할을 하는 명사절을 이끄는 접속사 that으로, 쓰임이 같은 것은 ⑤이다. ①은 지시대명사, ②는 지시형용사, ③, ④는 관계대명사이다.

　|해석| ① 이것은 내 것이고, 저것은 내 남동생의 것이다.

　② 저 창문은 누군가에 의해 깨졌다.

　③ 공원에서 꽃이 피고 있는 튤립을 봤니?

　④ 나는 너를 놀래킬 만한 생각이 있어.

　⑤ 나는 그녀가 그 경기에서 우승하기를 바란다.

07 '다른 사람들에게 네 생각, 감정, 아이디어 등을 말하다'라는 의미의 단어는 share((생각 등을) 나누다)이다.

08 윗글은 베이컨 샌드위치 요리법이므로 ② '정보를 주기 위해서' 쓴 글이다.

　|해석| ① 광고하기 위해서

　③ 감사를 표하기 위해서

　④ 의견을 공유하기 위해서

　⑤ 행사를 소개하기 위해서

09 slice A into B: A를 B(상태)로 자르다

　spread A on B: A를 B에 바르다

　cover A with B: A를 B로 덮다

10 달걀 프라이는 '튀겨진' 달걀이므로 과거분사 fried를 쓴다.

11 뒤에 「than+비교 대상」이 있으므로 비교급 문장임을 알 수 있다. 따라서 원급인 much가 아니라 more가 되어야 한다.

12 them은 앞 문장에 나온 kiwis and strawberries를 가리킨다.

13 (1) 진수가 사용할 것은 kiwis, strawberries, apple juice, ice pop makers이다.

　(2) 진수의 마지막 말에서 자신의 막대 아이스크림에 대해 어떻게 생각하는지 알 수 있다.

　|해석| 기자: 당신만의 막대 아이스크림을 만들기 위해 무엇을 사용할

건가요?

진수: 저는 키위, 딸기, 사과 주스, 그리고 막대 아이스크림 틀을 사용할 거예요.

기자: 당신의 막대 아이스크림은 어떨 거라고 생각하세요?

진수: 제 막대 아이스크림은 예쁠 거라고 생각해요.

모의고사

01 ①   02 ③   03 ④   04 ②   05 ③   06 ⑤   07 ④   08 ③

09 ①   10 ⑤   11 a half 또는 one half   12 (A) a(1) cup of apple juice   (B) Blend until the mix is smooth.   13 (1) I should peel and slice them.   (2) I should put them in the freezer for about three hours.   14 They have more vitamin C than oranges.   15 (1) better than   (2) more important than   (3) more, than

01 피자를 항상 저장해 둘 수 있는 곳은 freezer(냉동고)이다.

　|해석| ② 믹서, 분쇄기 ③ 오븐 ④ 서랍 ⑤ 옷장

02 '어떤 것을 얻는 장소, 사람 또는 물건'은 source(원천)이다.

03 「stay+형용사」는 '~한 상태를 유지하다'라는 뜻이다. healthily는 부사이므로 ④는 stay healthy로 써야 한다.

　|해석| ① 자전거 타러 공원에 가자.

　② 나는 두 시간 동안 공부를 하고 있다.

　③ 우리는 자정까지 너를 기다릴 것이다.

　④ 건강하기 위해서 나는 매일 운동을 한다.

　⑤ 그녀는 나보다 훨씬 더 많은 책을 읽었다.

04 cut A into B: A를 B(상태)로 자르다

　「for+숫자를 포함하는 기간」: ~ 동안

　|해석| • 감자를 작은 조각으로 썰어라.

　• 물을 5분 동안 끓여라.

05 파인애플에 비타민 C가 많으므로 감기에 걸리면 파인애플을 먹어 보라고 조언하고 있다.

06 오렌지보다 파인애플에 비타민 C가 더 많이 들어 있다고 했다.

　|해석| ① 비타민이 무엇인가?

　② 사람들은 왜 감기에 걸리는가?

　③ 감기에 걸렸을 때 사람들은 어디에 가는가?

　④ 사람들은 어떤 과일을 가장 좋아하는가?

　⑤ 파인애플과 오렌지 중 어떤 과일에 비타민 C가 더 많이 들어 있는가?

07 (C) 저는 키위와 딸기를 사용할 거예요. – (D) 저는 그것들을 큰 조각으로 자를 거예요. – (B) 저는 그것들을 사과 주스와 함께 막대 아이스크림 틀에 넣을 거예요. – (A) 제 막대 아이스크림은 예쁠 것 같아요.

08 막대 아이스크림을 만드는 데 소요되는 시간은 언급되지 않았다.

09 ①은 '얇게 자르다'라는 의미의 동사이고, 나머지는 모두 '조각'이라는 의미의 명사이다.

10 준비한 두 조각의 빵 중 다른 한 쪽의 빵을 가리키므로 the other가 알맞다.

11 분수를 읽을 때 분자는 기수로, 분모는 서수로 읽는다. 단, 분모가 2일 때는 half로 읽어야 하므로 1/2은 a half 또는 one half로 읽는다.

12 (A) 사과 주스는 셀 수 없는 물질명사이다. 물질명사는 양이나 수를 나타낼 때 단위명사를 써서 「a/숫자+단위명사+of+물질명사」의 형태로 쓴다.

(B) until이 접속사로 쓰일 때는 뒤에 주어와 동사가 온다.

13 (1) 2번 단계에서 키위 껍질을 벗기고 얇게 썰라고 했다.

(2) 9번 단계에서 막대 아이스크림 틀을 약 3시간 동안 냉동고에 넣어 두라고 했다.

|해석| (1) Q: 키위를 어떻게 해야 하는가?

A: 키위의 껍질을 벗기고 얇게 잘라야 한다.

(2) Q: 얼마 동안 막대 아이스크림 틀을 냉동고에 넣어 두어야 하는가?

A: 약 3시간 동안 그것들을 냉동고에 넣어 두어야 한다.

14 '~보다 많은 …'이라는 뜻의 비교급 구문은 'more … than ~'으로 표현한다.

15 (1) good의 비교급을 사용하여 better than을 쓴다.

(2) important의 비교급을 사용하여 more important than을 쓴다.

(3) many의 비교급을 사용하여 more ~ than을 쓴다.

제 2 회 대표 기출로 내신 **적중** 모의고사   pp. 180~182

01 ③ **02** ③, ④ **03** ③ **04** ② **05** ② **06** (1) pour (2) freezer (3) blend **07** ① **08** ④ **09** ① **10** vitamin C, oranges, a cold **11** I need 1/2 pineapple, 2 kiwis, 1 cup of apple juice, and ice pop makers. **12** ⑤ **13** ④ **14** ⓐ → Were you in the magic club last year? ⓓ → Does the final match start at 9 o'clock? **15** (1) Pour the mix into the ice pop makers. (2) Put them in the freezer for about three hours. (3) Pineapples are an excellent source of vitamin C. (4) I think my ice pops will be pretty.

01 source는 '원천'이라는 뜻이다.

|해석| ① 장마철 건강 조언을 따르세요.

② 이 자동차는 훌륭한 상태이다.

③ 오렌지는 비타민 C의 훌륭한 원천이다.

④ 나는 너와 내 생각을 공유하고 싶다.

⑤ 네가 피곤할 때는 잠을 자려고 노력해 봐.

02 분수를 읽을 때 분자는 기수로, 분모는 서수로 읽는다. 단, 분모가 2일 때는 half로 읽어야 하므로 1/2은 a half 또는 one half로 읽는다.

03 until은 '~까지, ~할 때까지'라는 뜻으로 전치사와 접속사로 모두 쓰일 수 있다.

|해석| • 그는 나에게 3시까지 기다려 달라고 요청했다.

• 그 꽃집을 발견할 때까지 그 거리를 따라 걸으세요.

04 ②는 '소유하다'라는 뜻의 동사이고, 나머지는 모두 '자신의'라는 뜻의 형용사이다.

|해석| ① 그녀는 그녀만의 방식으로 행동했다.

② 너는 스마트폰을 가지고 있니?

③ 나는 고국으로 돌아가게 되어 기쁘다.

④ 너만의 기준으로 다른 사람들을 판단하지 마라.

⑤ 그들은 그들만의 작은 세상 속에 있다.

05 「stay+형용사」는 '~한 상태를 유지하다'라는 뜻이다.

06 (1) pour: 붓다 (2) freezer: 냉동고 (3) blend: 섞다, 혼합하다

|해석| (1) 붓다: 액체나 다른 물질을 용기에서 특히 다른 용기 안으로 흐르게 하다

(2) 냉동고: 음식을 얼리거나 언 음식을 보관하는 기구

(3) 섞다, 혼합하다: 두 개나 그 이상의 물질을 함께 섞다

07 ① 앞에 나온 kiwis and strawberries를 가리키므로 it이 아니라 them을 써야 한다.

08 ④ by와 until 모두 '~까지'라는 의미의 전치사로 쓰이지만 뒤에 절이 왔으므로 전치사는 쓸 수 없다. 따라서 접속사로도 쓰이는 until을 써야 한다.

09 '다른 것에 무언가를 더하다'라는 의미의 Add가 알맞다.

10 |해석| 사실 • 비타민 C는 감기 치료에 도움이 된다.

• 파인애플은 비타민 C가 풍부하다.

• 파인애플은 오렌지보다 더 많은 비타민 C를 가지고 있다.

파인애플은 비타민 C의 훌륭한 원천이다. 파인애플에는 오렌지보다 더 많은 비타민 C가 들어 있다. 그러니 네가 감기에 걸리면, 파인애플을 먹어 보아라.

11 파인애플 막대 아이스크림을 만드는 데 필요한 것은 You need: 다음에 나온다. 여러 가지를 나열할 때 마지막 단어 앞에만 and를 쓴다.

12 cut A into B: A를 B(상태)로 자르다 / put A into B: A를 B에 넣다

13 조동사 will 뒤에는 동사원형을 쓴다.

14 ⓐ 과거를 나타내는 부사구 last year가 있으므로 be동사는 Are가 아니라 과거시제인 Were가 되어야 한다.

ⓓ 주어가 3인칭 단수일 때 의문문의 형태는 「Does+주어+동사원형 ~?」이 되어야 하므로 starts가 아니라 start가 되어야 한다.

|해석| ⓐ 작년에 마술 동아리에 소속되어 있었니?

ⓑ 금요일까지 내 자전거를 고칠 수 있겠니?

ⓒ 어젯밤 시험 준비로 공부를 열심히 했니?

ⓓ 결승전은 9시에 시작하니?

ⓔ 내일 박물관에 어떻게 갈 거니?

15 (1) 명령문이므로 동사원형으로 시작하는 문장을 쓴다. Pour ~ into…를 사용한다.

(2) '약 ~ 동안'의 의미로 「for about+숫자를 포함하는 기간」을 쓴다.

(3) source of ~는 '~의 원천'이라는 의미이다.

(4) '~이라고 생각한다'는 I think ~로 쓰고 think 뒤에 접속사 that은 생략할 수 있음에 유의한다.

Lesson 5
Come One, Come All

STEP A

Words 연습 문제   p. 185

A 01 따라가다, 뒤를 잇다   B 21 decorate
   02 개최하다   22 near
   03 올리다, 게시하다   23 fireworks
   04 모든 곳에서(으로)   24 musician
   05 고향   25 last
   06 뒤쫓다   26 adult
   07 근처, 이웃, 인근   27 take
   08 나타나다   28 sail
   09 해변   29 advertise
   10 형형색색의   30 shape
   11 ~ 동안   31 cross
   12 가루, 분말   32 regularly
   13 블록, 구획   33 soft
   14 완전히   34 artwork
   15 야외의   35 celebration
   16 거의   36 festival
   17 모이다, 모으다   37 competition
   18 거대한   38 pile
   19 (문제를) 풀다, 해결하다   39 throw
   20 축하하다, 기념하다   40 live

C 01 A와 B 사이에   02 왼쪽으로 돌다
   03 ~ 때문에   04 ~ 옆에
   05 서로   06 내리다, 하차하다
   07 처음부터 끝까지   08 앞으로 곧장 가다

Words Plus 연습 문제   p. 187

A 1 adult, 성인, 어른   2 chase, 뒤쫓다
   3 gather, 모으다, 모이다   4 sled, 썰매   5 hold, 개최하다
   6 parade, 퍼레이드, 행진   7 advertise, 광고하다
   8 sail, 돛

B 1 get off   2 adult   3 competition   4 regularly

C 1 neighborhood   2 everywhere   3 celebrate   4 hold
   5 gathered
D 1 in person   2 get off   3 each other   4 went on
   5 Make a right

Words 실전 TEST   p. 188

01 ②   02 (a)dult   03 completely, complete   04 ③   05 ⑤
06 ①   07 ④

01 completely와 totally는 '완전히'라는 뜻의 유의어 관계이고, almost
   와 nearly는 '거의'라는 뜻의 유의어 관계이다. ①과 ⑤는 「동사 – 명사」
   관계이고, ③과 ④는 반의어 관계이다.
   |해석| ① 해결하다 – 해결책   ③ 나타나다 – 사라지다
   ④ 타다 – 내리다   ⑤ 기념하다 – 기념행사
02 '다 자란 사람'을 뜻하는 단어는 adult(성인, 어른)이다.
03 첫 번째 빈칸에는 형용사 relaxed를 꾸며 주는 부사 completely가
   알맞고, 두 번째 빈칸에는 명사 waste를 꾸며 주는 형용사 complete
   가 알맞다.
   |해석| • 그녀는 완전히 편안해졌다.
   • 그 회의는 완전 시간 낭비였다.
04 주어진 문장과 ③의 last는 '지속하다, 계속되다'라는 뜻의 동사이다. ①
   은 '지난'을 뜻하는 형용사로, ②는 '마지막 것'을 뜻하는 명사로, ④는 '마
   지막으로'를 뜻하는 부사로, ⑤는 '마지막의'를 뜻하는 형용사로 쓰였다.
   |해석| 내 생각에 너의 결혼은 오랫동안 지속될 거야.
   ① 나는 지난밤에 그를 봤다.
   ② 내 생각에 이 상자가 마지막인 것 같아.
   ③ 경기는 80분간 계속된다.
   ④ 너는 언제 마지막으로 Tara의 소식을 들었니?
   ⑤ 마지막 기차가 몇 시에 떠납니까?
05 빈칸에는 '기념하다'라는 뜻을 나타내는 celebrate가 들어가는 것이
   알맞다.
   |해석| 너는 보통 새해를 어떻게 기념하니?
06 go on은 '(어떤 상황이) 계속되다'라는 뜻으로 쓰였다.
   |해석| ① 비행은 계속될 것만 같았다.
   ② 달이 구름 뒤에서 나왔다.
   ③ 그들은 매일 밤 전화로 서로에게 이야기를 한다.
   ④ 영어 알파벳에서 Q는 P와 R 사이에 온다.
   ⑤ 이 길을 따라 곧장 가다가 신호등에서 좌회전해라.
07 ④ '이 회사들은 잡지에 자신들의 제품을 쫓는다.'는 말은 어색하다. '광
   고하다'라는 뜻의 advertise가 들어가는 것이 자연스럽다.
   |해석| • 10개의 학교가 대회에 참가했다.
   • 그 싸움을 보려고 군중이 모였다.
   • 눈이 가루 같았다.
   • 나는 아직 시험을 볼 준비가 안 된 것 같다.

Listen & Speak 만점 노트 pp.190~191

Q1 도서관
Q2 함께 점심을 먹기로 했다.
Q3 near the school
Q4 1st Street까지 곧장 가서 오른쪽으로 돌면 오른편에 우체국이 있다.
Q5 버스로 15분 정도 걸릴 거야.
Q6 ⓐ
Q7 샌드위치를 만들 것이다.
Q8 버스
Q9 the festival

Listen & Speak 빈칸 채우기 pp.192~193

1 How can I get to, Cross the street, make a left
2 Are you free, having lunch together, near, How can I get there, go straight to Green Street, be on your left
3 Excuse me, get to the post office, make a right, on your right, Is it far from here
4 be late for the movie, How long will it take, about 15 minutes by bus
5 I'm so excited, to advertise it, post them in our neighborhood, How long, take, about three hours
6 what will you do, How long will it take, it'll take
7 How can I get to, Do you see, Take, get off at the sixth stop, How long will it take to get there, for the festival, have a great time

Listen & Speak 대화 순서 배열하기 pp.194~195

1 ⓒ – ⓐ – ⓑ
2 ⓓ – ⓑ – ⓖ – ⓐ – ⓔ – ⓘ – ⓒ – ⓕ – ⓗ – ⓙ
3 ⓒ – ⓓ – ⓐ – ⓔ – ⓑ
4 ⓑ – ⓓ – ⓐ – ⓒ
5 ⓐ – ⓕ – ⓑ – ⓓ – ⓖ – ⓒ – ⓔ
6 ⓐ – ⓓ – ⓒ – ⓑ
7 ⓘ – ⓒ – ⓙ – ⓐ – ⓕ – ⓔ – ⓑ – ⓗ – ⓓ – ⓖ

Listen & Speak 실전 TEST pp.196~197

01 ① 02 ④ 03 ⓓ, ⓐ, ⓑ 04 theater 05 ③ 06 ④
07 ④ 08 ④ 09 ③

[서술형]
10 How can I get to the police station?
11 Go straight to Green Street, make a right, between, and
12 How often → How long

01 길을 물을 때는 「How can I get to+장소?」로 묻고, 소요 시간을 물을 때는 「How long will it take to+동사원형 ~?」으로 묻는다.
02 소요 시간을 물을 때 How long이나 How much time을 사용하여 묻는다.
　|해석| A: 내 컴퓨터를 고치는 데 시간이 얼마나 걸릴까요?
　B: 아마 이틀 정도 걸릴 거예요.
03 표지판은 순서대로 '길을 건너시오.', '직진하시오.' '좌회전하시오.'를 의미한다.
04 1st Street까지 직진해서 우회전을 하면 왼편에서 찾을 수 있는 것은 극장이다.
05 은행에 가는 길을 물었으므로, 가는 방법을 구체적으로 답하는 것이 알맞다. ③은 가는 방법이 아니라 여기서 멀지 않다고 말하는 표현이다.
　|해석| A: 실례합니다. 은행에 어떻게 갈 수 있나요?
　B: ＿＿＿＿＿＿＿＿ 그리고 오른쪽으로 도세요.
　① 길을 건너세요
　② 곧장 앞으로 걸으세요
　③ 그곳은 여기서 멀지 않아요
　④ 세 블록을 곧장 가세요
　⑤ Yellow Street까지 곧장 가세요
06 영화 시간에 늦을 것 같으니 서두르라는 말(D) 다음에 영화관까지 가는 데 시간이 얼마나 걸리는지 묻는 말(B)과 그 소요 시간을 말하는 답(A)이 나오고, '알겠어. 나 거의 준비 되었어.'라는 말(C)이 이어지는 흐름이 되는 것이 자연스럽다.
07 첫 번째 빈칸에는 안부를 묻는 말이 되도록 What이, 두 번째 빈칸에는 이유를 묻는 말이 되도록 Why가, 세 번째 빈칸에는 제안하는 표현 「How about+동명사 ~?」가 되도록 How about이, 네 번째 빈칸에는 길을 묻는 말이 되도록 How가 들어가는 것이 알맞다.
08 ④ A가 음식점으로 가는 길을 묻고 B가 이를 설명해 준 것으로 보아, 두 사람이 만날 장소로 음식점이 알맞다.
09 ③ 포스터를 만들자는 A의 제안에 B가 수락(Great idea.)했으므로, 두 사람은 함께 포스터를 만들 것이다.
10 길을 물을 때 「How can I get to+장소?」로 말할 수 있다.
11 Start 위치에서 Green Street까지 곧장 가서 길을 건넌 다음 오른쪽으로 돌면, 경찰서는 꽃 가게와 제과점 사이에 있다.
12 소요 시간을 물을 때 How long을 사용한다.

G Grammar 핵심 노트 1 p.198

QUICK CHECK
1 (1) to talk　(2) It　(3) to build
2 (1) difficult to keep the secret
　(2) was not easy to fix the machine
　(3) is necessary to make good friends

1 |해석| (1) 당신과 다시 이야기해서 좋았어요.
　(2) 각양각색의 장소들을 방문하는 것은 즐겁다.
　(3) 하루만에 집을 짓는 것은 불가능하다.

2 |해석| (1) 비밀을 지키는 것은 어렵다.

(2) 그 기계를 고치는 것은 쉽지 않았다.

(3) 좋은 친구를 사귀는 것은 필요하다.

Ⓖ Grammar 핵심 노트 2　　p. 199

QUICK CHECK

1 (1) go　(2) knocking　(3) move

2 (1) to move　(2) rise/rising　(3) 옳음

---

1 |해석| (1) 너는 누군가가 나가는 것을 보았니?

(2) 그녀는 누군가가 문을 두드리는 것을 들었다.

(3) 나는 내 뒤에서 무언가가 움직이는 것을 느꼈다.

2 |해석| (1) 그는 내게 의자들을 옮겨 달라고 부탁했다.

(2) 나는 오늘 아침 태양이 떠오르는 것을 보았다.

(3) 그녀는 오븐에서 쿠키가 구워지는 냄새를 맡았다.

Ⓖ Grammar 연습 문제 1　　p. 200

A **1** It, to meet　**2** it, to drink　**3** It, to write

4 It, to keep

B **1** It is dangerous to swim in the river.

2 It is natural to feel sleepy after lunch.

3 It is difficult to learn a foreign language.

4 It is certain that he is alive.

C **1** for　**2** of　**3** for　**4** of　**5** of

D **1** It is important to exercise regularly.

2 It is not safe to drive at night.

3 It was difficult to find a cheap hotel.

4 It is kind of you to help me.

A |해석| **1** 만나서 반가워요.

2 이 물을 마시는 것은 안전합니까?

3 시를 쓰는 것은 쉽지 않다.

4 너의 약속을 지키는 것은 매우 중요하다.

B |해석| **1** 강에서 헤엄치는 것은 위험하다.

2 점심 식사 후에 졸린 것은 자연스럽다.

3 외국어를 배우는 것은 어렵다.

4 그가 살아 있는 것이 확실하다.

C |해석| **1** 그녀가 직업을 구하는 것은 어렵다.

2 너의 생일을 잊다니 내가 어리석었다.

3 학생들이 동아리에 가입하는 것은 필요하다.

4 그가 내 조언을 따른 것은 현명했다.

5 이 문제를 풀다니 너는 똑똑했다.

Ⓖ Grammar 연습 문제 2　　p. 201

A **1** going　**2** blow　**3** to clean　**4** singing　**5** to eat

B **1** his → him　**2** to chase → chase/chasing

3 studied → study/studying　**4** they → them

5 to not watch → not to watch

C **1** He felt someone touching his shoulder.

2 I could see John getting on the bus.

3 She watched her child drawing a picture.

4 Did you hear someone play the piano last night?

D **1** I watched her dance/dancing

2 The doctor advised Chris to eat lots of vegetables.

3 She felt the earth shake/shaking.

4 The man heard a baby cry/crying in the house.

A |해석| **1** 나는 그들이 쇼핑몰 안으로 들어가는 것을 보았다.

2 나는 머리카락이 바람에 흩날리는 것을 느꼈다.

3 White 선생님은 Tony에게 칠판을 닦아 달라고 부탁했다.

4 그녀는 그녀의 어머니가 노래하는 것을 들었다.

5 그 의사는 Rachel에게 패스트푸드를 먹지 말라고 말했다.

B |해석| **1** 나는 그가 내 이름을 부르는 것을 들었다.

2 나는 고양이가 쥐를 쫓는 것을 보았다.

3 나는 여동생이 내 책상에서 공부하는 것을 보았다.

4 너는 그들이 길을 건너는 것을 보았니?

5 엄마는 내가 밤에 TV를 보지 않기를 원하셨다.

Ⓖ Grammar 실전 TEST　　pp. 202~205

01 ②　**02** ①　**03** ①　**04** ①, ③　**05** ②, ④　**06** ②　**07** ①

08 ⑤　**09** ④　**10** ④　**11** ②　**12** ④　**13** ①　**14** ②　**15** ③

16 ②　**17** ③　**18** ⑤　**19** ⑤

[서술형]

20 (1) It is impossible to live without water.

(2) It is difficult to set up a tent alone.

(3) It is always interesting to find out about your family history.

21 (1) a stranger passing by

(2) the dog barking outside

(3) something following her in the darkness

22 (1) It is difficult to work with many people.

(2) It was stupid to go out in the rain without an umbrella.

23 (1) felt her look/looking　(2) heard him sing/singing

(3) see my sister dance/dancing

24 (1) learn → to learn　(2) to → that　(3) of you → for you

25 (1) I watched the woman come/coming out of the house.

(2) She heard the birds sing/singing this morning.

01 목적격보어로 현재분사가 올 수 있는 동사는 지각동사 saw이다. 나머지는 모두 목적격보어로 to부정사를 취하는 동사이다.

|해석| 우리는 그들이 공원에서 배드민턴 치는 것을 보았다.

02 지각동사 heard의 목적격보어로 동사원형이나 현재분사가 와야 한다.

|해석| Sarah는 한밤중에 개가 짖는 소리를 들었다.

03 첫 번째 문장에는 that절을 진주어로 하는 가주어 It이, 두 번째 문장에는 to부정사구를 진주어로 하는 가주어 It이 들어가는 것이 알맞다.

|해석| ・그가 4개 국어를 말할 수 있다는 것은 사실이다.

・영어로 소설을 쓰는 것은 어렵다.

04 kind, nice와 같이 사람의 성격이나 태도를 나타내는 형용사가 올 때 to부정사의 의미상의 주어를 「of+목적격」의 형태로 쓰고, 일반적인 경우는 「for+목적격」의 형태로 쓴다.

05 목적격보어로 동사원형이 올 수 있는 동사는 지각동사 saw, felt이다. 나머지는 모두 목적격보어로 to부정사를 취하는 동사이다.

|해석| 나는 누군가가 나를 따라오는 것을 보았다/느꼈다.

06 가주어 it이 문장 맨 앞에, 진주어 to부정사구가 문장 뒤에 쓰인 것을 고른다. that이 이끄는 절이 진주어인 경우, that 뒤에 「주어+동사」 관계가 성립되어야 한다.

07 「지각동사+목적어+동사원형/현재분사」의 형태로 쓰인 문장을 고른다.

08 주어진 문장과 ⑤의 it은 가주어로 쓰였다. ①, ③, ④의 it은 비인칭 주어로 각각 날씨, 명암, 날씨를 나타낸다. ②는 지시대명사로 쓰였다.

|해석| 마라톤을 완주하는 것은 어려울 것이다.

① 3일 동안 눈이 내리고 있었다.

② 그것은 박물관 건너편에 있어요.

③ 이 계절에는 밖이 너무 어둡다.

④ 이번 주말은 비가 오고 춥겠습니다.

⑤ 다른 나라들을 여행하는 것이 즐거웠나요?

09 첫 번째 빈칸에는 for가 들어가 의미상의 주어를 만드는 것이 알맞고, 사람의 성격이나 태도를 나타내는 형용사 smart가 있는 두 번째 빈칸에는 전치사 of가 알맞다.

|해석| ・그녀가 그 게임을 이기는 것은 가능하다.

・이 퍼즐을 풀다니 너는 매우 똑똑했다.

10 smell과 see는 지각동사이므로, 목적격보어로 동사원형이나 현재분사가 올 수 있다.

|해석| ・나는 음식이 타는 냄새를 맡았다.

・나는 창밖으로 고양이 한 마리가 뛰어나오는 것을 보았다.

11 ② 빈칸 뒤에 주어와 동사가 이어지는 것으로 보아 진주어 역할을 하는 that절이 되어야 하므로, 빈칸에는 that이 알맞다. 나머지 빈칸에는 진주어 to부정사구를 이루는 to가 들어가는 것이 알맞다.

|해석| ① 일찍 일어나는 것은 쉽지 않다.

② 애완동물이 좋은 친구가 될 수 있는 것은 사실이다.

③ 당신의 여권을 챙기는 것은 중요하다.

④ 유명한 가수를 만나서 정말 좋았다.

⑤ 나에게 돈을 빌려주다니 너는 친절하다.

12 지각동사 hear의 목적격보어로 동사원형이나 현재분사가 오므로, to부정사 to scream을 scream이나 screaming으로 고쳐 써야 한다.

|해석| 나는 지난밤 누군가가 밖에서 소리치는 것을 들었다.

13 to부정사구가 진주어이므로 There를 가주어 It으로 고쳐야 한다.

|해석| 내가 항상 최선을 다하는 것은 중요하다.

14 ② ask는 목적격보어로 to부정사를 취한다. (open → to open)

|해석| ① 모두가 그 소녀가 소리치는 것을 들었다.

② 그는 내게 문을 열어 달라고 부탁했다.

③ 너는 그가 방을 나가는 것을 보았니?

④ 선생님은 우리에게 교실에 머무르라고 말씀하셨다.

⑤ 그들은 사자가 자신의 새끼를 돌보는 것을 보았다.

15 주어진 문장의 to부정사는 진주어 역할을 하여 명사적 용법으로 쓰였고, ③은 보어 역할을 하여 명사적 용법으로 쓰였다.

①, ④ 형용사적 용법 ② 부사적 용법(감정의 원인)

⑤ 부사적 용법(목적)

|해석| 밤에 길을 건너는 것은 위험하다.

① 잠자리에 들 시간이야.

② 나는 그 말을 들으니 행복하다.

③ 내 꿈은 예술가가 되는 것이다.

④ 나는 쓸 연필이 필요하다.

⑤ 나는 뉴스를 듣기 위해 라디오를 켰다.

16 ⓐ 지각동사 see의 목적격보어로 동사원형이나 현재분사가 와야 한다. (to read → read/reading)

ⓑ 진주어는 to부정사 to play가 되어야 한다. ⓓ ask는 목적격보어로 to부정사를 써야 하므로 open은 to open이 되어야 한다.

|해석| ⓐ 너는 그곳에서 그녀가 책을 읽는 것을 보았니?

ⓑ 내 남동생과 테니스를 치는 것은 재미있다.

ⓒ 나는 내 룸메이트가 샤워하면서 노래하는 것을 들었다.

ⓓ 그는 내게 창문을 열어 달라고 부탁했다.

ⓔ 너의 영어 실력을 향상시키는 것은 가능하다.

17 ③ 사람의 성격을 나타내는 형용사 wise가 있으므로 to부정사의 의미상의 주어가 「of+목적격」의 형태로 쓰여야 한다.

|해석| ① 내가 그곳에 가는 것은 불가능하다.

② 나 자신을 아는 것은 어렵다.

③ 그가 그 돈을 쓰지 않은 것은 현명했다.

④ 네가 좋은 친구를 선택하는 것은 중요하다.

⑤ 그들이 그 산을 오르는 것은 위험하다.

18 ⑤ 지각동사 feel의 목적격보어로 동사원형이나 현재분사가 와야 한다. (kicks → kick/kicking)

|해석| ・나는 그에게 그녀를 기다리라고 말했다.

・Alex는 누군가가 우는 것을 들었다.

・그녀는 어머니에게 책을 읽어 달라고 부탁했다.

・그는 한 남자가 맛있는 케이크를 굽는 것을 보았다.

・너는 누군가가 네 의자를 발로 차는 것을 느꼈니?

19 ⑤ 「It(가주어)+is(+not)+형용사+to부정사(진주어)」 형태의 문장이 되어야 하므로, not과 진주어 to eat 사이에 형용사 good을 써야 한다.

20 가주어 It을 문장 맨 앞에 쓰고, 주어인 동명사구를 진주어 to부정사구로 고쳐 문장 뒤로 보낸다.

|해석| (1) 물 없이 사는 것은 불가능하다.

(2) 혼자 텐트를 치는 것은 어렵다.

(3) 너의 가족사에 관해 발견하는 것은 항상 흥미롭다.

21 「지각동사＋목적어＋현재분사」 형태의 문장을 완성한다.

|해석| (1) 그녀는 한 낯선 사람을 보았다. 그는 지나가는 중이었다.

(2) 나는 강아지 소리를 들었다. 그것은 밖에서 짖고 있었다.

(3) Mia는 무엇인가를 느낄 수 있었다. 그것은 어둠속에서 그녀를 따라오고 있었다.

22 「It(가주어)＋is(was)＋형용사＋to부정사(진주어)」 형태의 문장을 완성한다.

23 「지각동사＋목적어＋동사원형/현재분사」 형태의 문장을 완성한다.

24 (1) It은 가주어이고, learn을 진주어인 to부정사 to learn으로 고쳐 써야 한다.

(2) It은 가주어이고 to 뒤에 주어와 동사가 이어지는 것으로 보아, to를 진주어 that절을 이루는 접속사 that으로 고쳐 써야 한다.

(3) important는 사람의 성격이나 태도를 나타내는 형용사가 아니므로 to부정사의 의미상의 주어는 「for＋목적격」의 형태로 써야 한다.

|해석| (1) 중국어를 배우는 것은 쉽지 않다.

(2) 지난밤 그가 그곳에 있었다는 것은 사실이 아니다.

(3) 네가 꿈을 갖는 것은 중요하다.

25 「지각동사＋목적어＋동사원형/현재분사」 형태의 문장을 완성한다.

Reading 빈칸 채우기   pp.208~209

01 Colors   02 from   03 the most popular festival   04 in March   05 say goodbye to cold winter   06 celebrate, everywhere   07 gather around a big fire   08 begins   09 chase each other   10 What is   11 pink powder   12 to run around, throw   13 street parades   14 Festival   15 from   16 Have you heard of   17 happens in my hometown   18 get completely dark   19 hold   20 starts in May, lasts   21 During the festival   22 The most popular event   23 red sails, appears   24 fireworks, follows   25 hear musicians playing   26 Snow   27 Sweden   28 because of   29 in the last week, goes on   30 The largest event   31 piles of snow, other beautiful artworks   32 from beginning to end   33 the dog sled ride   34 It, to fly

---

Reading 바른 어휘·어법 고르기   pp.210~211

01 Colors   02 from   03 most popular   04 usually   05 During, goodbye   06 everywhere   07 around   08 begins   09 chase   10 What   11 It is   12 to run   13 join   14 White Nights   15 Russia   16 heard

---

17 happens   18 completely   19 hold   20 in, for   21 During   22 is   23 appears   24 follows   25 playing   26 Snow   27 Sweden   28 Winter, because of   29 goes on   30 event   31 piles of, artworks   32 watch, from   33 favorite   34 It

---

Reading 틀린 문장 고치기   pp.212~213

01 ○   02 ×, Indian → India   03 ×, the popularest → the most popular   04 ○   05 ×, hot winter → cold winter   06 ×, during two days → for two days   07 ×, sing and dancing → sing and dance   08 ×, the day before → the next day   09 ×, to *gulal* → with *gulal*   10 ○   11 ○   12 ×, run around and throw → to run around and throw   13 ○   14 ○   15 ×, through → from   16 ×, Have you hear of → Have you heard of   17 ×, this amazed thing → this amazing thing   18 ×, bright → dark   19 ○   20 ○   21 ×, While the festival → During the festival   22 ○   23 ×, slow appears → slowly appears   24 ○   25 ×, hear musicians to play → hear musicians playing   26 ○   27 ×, Swedish → Sweden   28 ×, favorite my season → my favorite season   29 ○   30 ×, compete → competition   31 ×, huge snow piles of → huge piles of snow   32 ×, to shape → shaping   33 ○   34 ×, fly → to fly

---

Reading 실전 TEST   pp.216~219

01 ②   02 ③   03 each other   04 ④   05 ⑤   06 밤에 큰 모닥불 주변에 모여 노래하고 춤을 춘다.   07 ④   08 ②   09 The night sky does not get completely dark.   10 ①   11 ④   12 ④   13 ⑤   14 ③   15 ④   16 ②   17 ④   18 ③   19 ①   20 ①   21 ④

[서술형]

22 It's a lot of fun to run around

23 We can gather around a big fire at night and sing and dance.

24 does not get completely dark, in May, for about a month

25 You can also hear musicians playing beautiful live music.

26 Kiruna Snow Festival, the dog sled ride, the artists shaping

01 ⓐ, ⓑ, ⓒ는 '홀리 축제'를, ⓓ는 홀리 축제의 '주요 행사'를, ⓔ는 형형 색색의 가루인 gulal을 가리킨다.

02 홀리 축제가 3월에 열린다고 한 것으로 보아, 축제 기간 동안 '추운 겨울에는 작별 인사를 하고(say goodbye) 따뜻한 봄을 맞는 인사를 하다(say hello)'라는 뜻이 되는 것이 알맞다.

03 each other: 서로

04 gulal은 파랑, 노랑, 초록, 분홍의 '형형색색의 가루'를 말한다.

05 문장의 맨 앞에 쓰인 It은 가주어이고, 빈칸에는 진주어 역할을 하는 to부정사 to run이 들어가는 것이 알맞다.

06 홀리 축제의 첫 번째 날에는 밤에 큰 모닥불 주변에 모여서 노래하고 춤을 춘다고 하였다.

07 어린이들과 어른들 모두 gulal이라는 형형색색의 가루를 모든 사람들에게 던지며 즐거워한다고 하였다.

08 ② '놀라게 하는, 놀라운'을 뜻하는 형용사 amazing이 되어야 한다.

09 백야는 밤하늘이 완전히 어두워지지 않는 현상을 말한다.

10 문맥상 '개최하다'를 뜻하는 hold가 들어가는 것이 알맞다.

11 특정 기간을 나타내는 말 앞에 '~ 동안'의 의미로 during을 쓴다. 숫자로 된 구체적인 기간 앞에는 for를 쓴다.

12 ⓑ 백야에는 밤하늘이 완전히 어두워지지 않는다고 하였다.
　　ⓓ 백야 축제 때 거의 매일 밤 발레와 오페라 공연이 있다고는 하였지만, 무료(for free)라고 하지는 않았다.
　　|해석| ⓐ 상트페테르부르크는 여름에 '백야'가 있다.
　　ⓑ '백야' 동안에 당신은 완전히 어두워진 밤하늘을 볼 수 있다.
　　ⓒ 백야 축제는 약 한 달 동안 열린다.
　　ⓓ 사람들은 발레나 오페라를 거의 매일 밤 무료로 즐길 수 있다.

13 본문에서 sail은 '돛'을 뜻하는 명사로 쓰였다.
　　|해석| ① 다 자란 성인
　　② 사람들이 무언가를 기념하는 특별한 날이나 기간
　　③ 눈이나 얼음 위로 미끄러지기 위해 사용되는 작은 탈 것
　　④ 무언가를 기념하기 위해 공개적으로 하는 공식적인 보행이나 행군
　　⑤ 배나 보트 위에 바람을 가두기 위한 커다란 천 조각

14 밑줄 친 ⓑ에서 주어는 A boat이고 with red sails는 주어를 꾸며주는 어구이므로 동사는 단수형인 appears로 써야 한다.

15 can이 쓰인 문장이므로 지각동사 hear의 목적격보어로 현재분사가 와야 한다.

16 fireworks는 '불꽃놀이'를 뜻한다. 본문에서 '모닥불'에 대한 언급은 없었다.

17 (A) 뒤에 명사구가 이어지는 것으로 보아 because of가 알맞다.
　　(B) 의미상 '5일이나 6일 동안 계속된다'는 말이 되는 것이 자연스러우므로 goes on(계속되다)이 알맞다.
　　(C) snow의 단위 명사로 pile이 쓰여 piles of snow가 되는 것이 알맞다.

18 밑줄 친 우리말을 영어로 옮기면 People watch the artists shaping their works가 된다. 여기에서 쓰이지 않는 것은 for이다.

19 ① 여기서 last는 '마지막의'라는 의미의 형용사로 쓰였다.

20 to fly 이하의 to부정사구를 진주어로 하는 가주어 It이 들어가는 것이 알맞다.

21 눈 디자인 대회가 열린다고 했으나, 우승자에 대한 언급은 없었다.

22 진주어가 to부정사가 되도록 run around 앞에 to를 쓴다.

23 Holi의 첫째 날에는 밤에 큰 모닥불 주변에 모여 노래하고 춤을 춘다고 하였다.

24 백야에는 밤하늘이 완전히 어두워지지 않는다. 축제는 보통 5월에 시작하여 한 달 동안 지속된다고 했다.

25 「지각동사 hear+목적어+목적격보어(현재분사)」의 5형식 문장을 완성한다.

26 Ebba는 키루나 눈 축제를 소개하고 있으므로, 축제에 오라고 제안을 하는 것이 알맞다. Ebba는 키루나 눈 축제에서 할 수 있는 활동 중 개 썰매 타기와 예술가들의 눈 조각 감상을 추천하고 있다.
　　|해석| Ebba: 키루나 눈 축제에 와서 개 썰매를 타는 게 어때요? 만약 당신이 속도감을 즐기지 않는다면, 눈 디자인 대회를 즐길 수 있어요. 당신은 예술가들이 거대한 눈 덩어리를 아름다운 작품으로 만드는 것을 볼 수 있답니다.

Ⓜ 기타 지문 실전 TEST　　　　　　　p.221

01 ①　**02** ④　**03** ②　**04** ①　**05** It is fun to paint your body with colorful mud.　**06** ③, ⑤

01 (A) 문맥상 '~에 싫증이 나다'라는 뜻의 be tired of가 되는 것이 알맞다.
　　(B) 소제목이 'Holi, the Festival of Colors'이므로 colorful powder가 되는 것이 알맞다.
　　(C) 개 썰매(dog sled)'를 타라고 하는 것이 알맞다.

02 백야 축제에서는 매일 밤 오페라를 즐길 수 있다.

03 ② 문장의 It은 가주어이고, swim을 진주어 역할을 하는 to부정사 to swim으로 고쳐 써야 한다.
　　④ 문장의 주어 It은 앞 문장의 a famous hanok을 가리키므로, '불린다'는 뜻이 되도록 수동태 is called가 되는 것이 알맞다.

04 ① 글쓴이는 강릉에 살고 있다고 했다.
　　|해석| ① 글쓴이는 어디에 사는가?
　　② 강릉에서 가장 유명한 해변은 무엇인가?
　　③ 율곡은 무엇을 하였나?
　　④ 글쓴이는 어디에서 태어났는가?
　　⑤ 글쓴이가 가장 좋아하는 음식은 무엇인가?

05 가주어 It을 문장 맨 앞에 쓰고, 진주어 역할을 하는 to부정사구를 문장 뒤에 쓴다.

06 ③ 진흙 축제가 7월에 열린다고는 했으나 구체적인 개최 시간은 나와 있지 않다.
　　⑤ 축제 참여 시 주의할 점에 대해서는 언급되지 않았다.

STEP B

W Words 고득점 맞기
pp. 222~223

01 ① 02 ⑤ 03 ③ 04 ② 05 ① 06 ③ 07 ⑤ 08 a left
09 ① 10 ⑤ 11 ② 12 ④ 13 ⑤ 14 (A) following (B)
appeared (C) posted

01 ready는 형용사이고 나머지는 모두 부사이다.
|해석| ① 준비가 된 ② 거의 ③ 규칙적으로 ④ 형형색색으로
⑤ 완전히

02 나머지는 모두 「동사 – 명사」의 관계인데, ⑤는 각각 '이웃 사람'과 '근처, 이웃, 인근'의 뜻으로 「동사 – 명사」의 관계가 아니다.
|해석| ① 해결하다 – 해결책 ② 기념하다 – 기념행사
③ 경쟁하다 – 경쟁, 대회 ④ 광고하다 – 광고

03 nearly와 almost는 '거의'라는 뜻으로 바꿔 쓸 수 있다.

04 in person: 직접 / go on: (어떤 상황이) 계속되다
from beginning to end: 처음부터 끝까지
|해석| • 네가 직접 그곳에 갈 수 없다면, 그 다음으로 가장 좋은 것은 TV로 그것을 시청하는 것이다.
• 소음이 하루 24시간 계속된다.
• 나는 그 경기를 처음부터 끝까지 봤다.

05 advertise(광고하다)의 뜻풀이로 '뭔가를 대중적으로 알리다'가 되는 것이 자연스러우므로, 빈칸에는 known이 알맞다.

06 '태어나거나 자란 도시나 마을'을 뜻하는 것은 hometown(고향)이다. neighborhood는 '근처, 이웃, 인근'을 뜻하는 단어이다.
|해석| ① chase(뒤쫓다): 따라가서 누군가나 무언가를 잡으려고 하다
② gather(모이다): 무리로 함께 모이다
④ celebrate(기념하다): 중요한 행사나 휴일 등을 위해 특별한 것을 하다
⑤ decorate(장식하다): 어떤 것을 더함으로써 무언가를 더 아름답게 보이게 하다

07 ⑤의 hold는 모두 '열다, 개최하다'라는 뜻으로 쓰였다.
① 막다 / 블록 ② 향하다 / 돛 ③ 지속하다 / 지난
④ 가로지르다, 가로질러 건너다 / 교차하다
|해석| ① 차 한 대가 길을 막고 있었다.
박물관은 딱 여섯 블록 떨어져 있다.
② 그 배는 대서양을 항해할 것이다.
흰 돛을 단 요트가 천천히 움직였다.
③ 눈이 다음 주까지 계속될 것이라고 한다.
지난 여름에 우리는 한 달 동안 그리스를 여행했다.
④ 길을 건너서 곧장 가라.
그 남자는 가슴 위에 팔짱을 꼈다.
⑤ 그들은 그의 생일을 축하하기 위해 파티를 열 것이다.
우리는 올해 더 큰 회의장에서 회의를 열 계획이다.

08 make a left: 왼쪽으로 돌다

09 문맥상 '엉뚱한 정류장에서 내렸다'라는 의미가 되는 것이 자연스러우므로, 빈칸에는 got off(내렸다)가 알맞다.
|해석| 나는 엉뚱한 정류장에서 내려서 다른 버스를 기다려야 했다.

10 ⑤ 의미상 '아버지 생신을 위한 축하 행사(celebration)'를 여는 것이 알맞다. competition은 '대회, 시합'이라는 의미이다.
|해석| ① 그는 진흙을 벽돌 모양으로 만들었다.
② 그의 책상 위에 종이 더미가 있었다.
③ 이 페인트가 마르는 데 얼마나 오래 걸릴까?
④ 여름철 동안에는 모든 호텔이 꽉 찬다.

11 run after them or follow them quickly in order to catch or reach them(그들을 붙잡거나 그들에게 닿기 위해 그들을 빨리 쫓아가거나 따라가다)은 chase(뒤쫓다)에 대한 설명이다. 따라서 빈칸에는 chase가 들어가는 것이 알맞다.

12 '교차하다', '가로지르다' 모두를 뜻하는 단어는 cross이다.
|해석| • 다른 것의 위에 무언가를 얹거나 두다
• 한쪽에서 다른 쪽으로 건너가다

13 ⑤의 hold는 '열다, 개최하다'라는 뜻으로 쓰였고, 나머지 모두는 '잡다'라는 뜻으로 쓰였다.
|해석| ① 양손으로 핸들을 잡아라.
② Jackson은 커다란 갈색 가방을 들고 있었다.
③ 그것은 가위를 잡는 바른 방법이 아니다.
④ 우리가 길을 건널 때 너는 내 손을 잡아야 한다.
⑤ 그 나라는 20년 만에 첫 자유선거를 개최할 예정이다.

14 (A) 문맥상 '누군가가 어둠 속에서 나를 따라오고 있었다'라는 뜻이 되도록 following이 알맞다.
(B) '낯선 사람이 나타났다'라는 뜻이 되도록 appeared가 알맞다.
(C) '웹 사이트에 게시될 것이다'라는 뜻이 되도록 posted가 알맞다.
|해석| • 나는 누군가가 어둠 속에서 나를 따라오고 있는 것을 느꼈다.
• 어느 날 낯선 사람이 우리 마을에 나타났다.
• 더 자세한 사항은 내일 웹 사이트에 게시될 것이다.

L&S Listen & Speak 고득점 맞기
pp. 226~227

01 ⑤ 02 ③ 03 ⑤ 04 ④ 05 ④ 06 ⑤
[서술형]
07 make sandwiches, How long will it take to make them (sandwiches)?
08 (1) Take the No. 11 bus
(2) It will take about 20 minutes.
09 Come out from the school and go straight to Green Street., a left
10 They are going to have lunch together at the new Chinese restaurant, Ming's.

01 밑줄 친 말은 체육관까지 가는 방법을 묻는 표현이므로, 체육관까지 몇 정거장을 가야 하는지 묻는 말인 ⑤와 바꿔 쓸 수 없다.

02 소요 시간을 묻고 답하는 대화이므로, '(시간이) 걸리다'를 뜻하는 take 가 공통으로 들어가는 것이 알맞다.

03 박물관까지 가는 길을 물었으므로, 길을 안내하는 말이 나오는 것이 알 맞다.
┃해석┃ ① 나는 어제 거기 갔었어.
② 너는 박물관에 갈 수 있어.
③ 버스로 10분 걸렸어.
④ 이 기계를 사용해 티켓을 살 수 있어.
⑤ 길을 건너서 곧장 두 블록을 가. 그런 다음 왼쪽으로 돌아.

04 2nd Street까지 곧장 간 후 왼쪽으로 돌면 오른쪽에 있다고 했으므로, 목적지인 경찰서의 위치는 ④이다.

05 '학교 축제를 홍보하기 위해 무엇을 할 수 있을까?'라는 말이 되는 것이 자연스러우므로, 첫 번째 빈칸에는 What이 알맞고, 포스터를 만들자고 제안하는 말이 되도록 두 번째 빈칸은 How about이 알맞다. 세 번째 빈칸에는 소요 시간을 물을 때 사용하는 How long이 들어가는 것이 알맞다.

06 두 사람이 학교 축제에서 무엇을 할지는 언급되지 않았다.
┃해석┃ ① Andy가 바라는 것은 무엇인가?
② 이번 주 금요일에 무엇이 개최될 것인가?
③ 그들은 포스터를 어디에 게시할 수 있는가?
④ 그들은 왜 포스터를 만들 것인가?
⑤ 그들은 학교 축제에서 무엇을 할 것인가?

07 소요 시간을 물을 때 「How long will it take to+동사원형 ~?」으로 표현한다.
┃해석┃ Chris와 Rachel은 학급 파티를 위해 무엇인가를 하고 싶다. Chris는 샌드위치를 만들고 싶고 Rachel은 그 생각이 맘에 든다. Rachel은 샌드위치를 만드는 데 시간이 얼마나 걸릴지 궁금하다.

08 (1) '버스를 타다'는 동사 take를 써서 표현한다.
(2) 소요 시간을 말할 때 It will take ~.로 표현한다.
┃해석┃ A: 실례합니다. 여기서 남대문 시장에 어떻게 가나요?
B: 그건 쉽습니다. 저기 버스 정류장이 보이세요?
A: 네, 보여요.
B: 11번 버스를 타고 다섯 번째 정류장에서 내리세요.
A: 거기 도착하는 데 얼마나 걸릴까요?
B: 약 20분 정도 걸릴 거예요.
A: 정말 감사합니다.

09 그림에 따르면, 학교에서 나와서 Green Street까지 곧장 간 다음 왼쪽으로 돌면 왼쪽에서 식당을 찾을 수 있다.

10 두 사람은 이번 주 토요일에 새로 생긴 중국 음식점인 Ming's에서 점심을 함께 먹기로 하였다.

G **Grammar 고득점 맞기** pp. 228~230

01 ② **02** ① **03** ⑤ **04** ⑤ **05** ①, ② **06** ④ **07** ④
08 ② **09** ④ **10** ③ **11** ④ **12** ② **13** ④

[서술형]
14 (1) is not easy to write
(2) is kind of you to say
(3) is impossible for me to walk
15 (1) I hear a car coming.
(2) I smell something burning.
16 (1) It is not easy to climb the mountain.
(2) It is difficult to finish the project.
(3) It is exciting to ride a horse.
17 (1) [모범답] I can see Tom and Ann playing badminton.
(2) [모범답] I can see Mr. Johns walking his dog.
(3) [모범답] I can see Becky taking a picture.
(4) [모범답] I can see Brian riding a bicycle.
18 saw two boys run/running down the street
heard someone sing/singing a song loudly
smelled Ms. Jackson bake/baking cookies

01 가주어 It과 진주어인 to부정사구가 쓰인 문장이므로, 「It is+형용사+to부정사 ~.」의 형태가 되도록 빈칸에는 형용사가 들어가야 한다. hardly는 부사로 '거의 ~하지 않다'라는 의미이다.

02 지각동사 see의 목적격보어로 동사원형이 올 수 있다.
┃해석┃ 그녀는 사람들이 길에서 음악을 연주하는 것을 보았다.

03 우리말을 영어로 옮기면 Yuna saw the birds flying in the sky.의 문장이 된다. 이 문장에서 5번째로 오는 단어는 flying이다.

04 ⑤ 사람의 성격이나 태도를 나타내는 형용사 kind가 쓰였으므로 to부정사의 의미상의 주어는 「of+목적격」 형태가 되어야 한다. 나머지는 모두 「for+목적격」 형태로 쓴다.
┃해석┃ ① 내가 그 집을 찾는 것은 쉬웠다.
② 그가 그 문제를 푸는 것은 힘이 든다.
③ 그녀가 이 책을 읽는 것은 어렵다.
④ 우리가 제시간에 그곳에 도착하는 것은 불가능하다.
⑤ 네가 우리를 그 파티에 초대해 주다니 정말 친절하다.

05 지각동사 see의 목적격보어로 현재분사가 알맞다.
┃해석┃ 너는 내 친구들이 거리에서 춤추는 것을 / 쓰레기를 줍는 것을 볼 수 있니?

06 ④의 It은 지시대명사이고, 나머지는 모두 가주어 It이다.
┃해석┃ ① 너를 만나서 기뻐.
② 내가 거짓말을 한 것은 사실이었다.
③ 공기 없이 사는 것은 불가능하다.
④ 그것은 바로 모퉁이 주변에 있다.
⑤ 우리가 누군가의 나이를 묻는 것은 자연스럽다.

07 ④ 주어와 동사가 이어지는 것으로 보아 진주어 역할을 하는 that절이 되어야 하므로, to를 that으로 고쳐야 한다.

08 ① to 다음에 주어와 동사가 이어지는 것으로 보아 진주어 역할을 하는 that절이 되어야 한다. (to → that)
③ It이 가주어, to부정사구가 진주어인 문장이 되어야 한다. (that hear → to hear)
④ 형용사 hard는 의미상의 주어를 「for+목적격」의 형태로 써야 한다. (of me → for me)
⑤ to wearing은 진주어 역할을 하는 to부정사가 되어야 한다. (to wearing → to wear)

09 동사 tell, want는 목적격보어로 to부정사를, 지각동사(see, smell, hear)는 목적격보어로 동사원형 또는 현재분사를 취한다.
① not be → not to be   ② climbed → climb/climbing
③ come → to come   ⑤ to yell → yell/yelling

10 to부정사의 의미상의 주어는 사람의 성격이나 태도를 나타내는 형용사가 쓰였을 때 「of+목적격」으로, 그렇지 않을 때 「for+목적격」으로 쓴다. 주어진 문장 중 사람의 성격이나 태도를 나타내는 형용사(kind, careless)가 쓰이지 않은 문장은 3개이다.
|해석| • 새로운 언어를 배우는 것은 내게 흥미롭다.
• 당신이 넥타이를 착용하는 것은 불필요하다.
• 내가 아팠을 때 당신이 나를 방문했던 것은 매우 친절했다.
• 어린이들이 역사를 배우는 것은 중요하다.
• 네가 우산을 버스에 두고 내린 것은 부주의했다.

11 ask는 목적격보어로 to부정사를 쓰고, 지각동사인 feel과 hear는 목적격보어로 동사원형이나 현재분사를 쓴다.
|해석| • Jessica는 그녀의 친구에게 강아지를 산책시켜 달라고 부탁했다.
• John은 누군가가 그의 등을 미는 것을 느꼈다.
• 나는 네가 도서관에서 소음을 내는 것을 들었다.

12 ⓑ 지각동사 see의 목적격보어로 현재분사를 쓴다. (to move → moving)
ⓔ It은 가주어이고, 진주어는 to부정사구가 되어야 한다. (meet → to meet)
|해석| ⓐ 너는 그녀가 고함치는 것을 들었니?
ⓑ 나는 너의 입술이 움직이는 것을 볼 수 있었어.
ⓒ 혼자 여행하는 것은 위험하다.
ⓓ 그가 곧 돌아올 것임은 확실하다.
ⓔ 많은 오랜 친구들을 만나는 것은 멋진 일이었다.

13 ④ 지각동사 watch의 목적격보어로 동사원형이나 현재분사를 써야 한다. (chased → chase/chasing)
|해석| ① 그 소년이 젓가락을 사용하는 것은 쉽지 않다.
② 우리 엄마는 내게 거짓말하지 말라고 말씀하셨다.
③ 나는 지난밤 앞문이 열리는 것을 들었다.
④ Dean은 그 소년들이 서로를 뒤쫓는 것을 보았다.
⑤ 내가 정직해야 함은 중요하다.

14 가주어 It, 진주어 to부정사구가 쓰인 문장을 완성한다. 의미상의 주어는 형용사에 따라 「for/of+목적격」의 형태로 to부정사구 앞에 쓴다.

15 「주어+지각동사+목적어+현재분사」 형태의 문장을 완성한다.
|해석| (1) A: 들어봐요. 자동차가 오는 소리가 들리네요.
B: Martin이 틀림없어요.
(2) A: 무슨 일이죠? 무언가가 타는 냄새가 나는군요.
B: 이런! 토스트를 잊고 있었어요.

16 「It is(+not)+형용사+to부정사 ~.」의 형태로 각 문장을 완성한다.

17 제시된 질문에서 주어는 you, 동사는 can see로 묻고 있으므로, I can see로 시작하는 문장을 쓴다. 문장의 목적어로 그림에 묘사된 인물들의 이름을 쓰고, 목적격보어로 현재분사를 써서 5형식 문장을 쓴다.

18 세 명의 응답자들이 두 문장으로 답한 것을 「지각동사+목적어+동사원형/현재분사」 형태의 하나의 문장으로 완성한다.
|해석| 경찰관: 오늘 아침 누군가가 제과점의 유리창을 깼어요. 오늘 아침에 무엇인가 보거나 소리를 들었나요?
Cindy: 소년 두 명을 보았어요. 그들은 거리로 달려갔어요.
Dave: 나는 노래를 들었어요. 누군가가 큰 소리로 노래를 불렀어요.
Jina: 나는 쿠키 냄새를 맡았어요. Jackson 씨가 쿠키를 구웠어요.

Ⓡ Reading 고득점 맞기   pp. 233~235

01 ④   **02** ②   **03** ④   **04** ③   **05** ③, ⑤   **06** ③   **07** ③
08 ⑤   **09** ⓐ shape ⓑ shaping   **10** ②   **11** ③
[서술형]
12 It lasts for two days.
13 Holi, India, March, a big fire, Throw
14 ⓑ → The two festivals are held in different seasons. / The White Nights Festival is held in summer, but the Kiruna Snow Festival is held in winter.
15 [모범답] Why don't you go to the Kiruna Snow Festival and enjoy a dog sled ride?

---

01 gulal이 처음 등장하는 문장 뒤에 그 정체를 묻는 주어진 문장이 들어가고, gulal을 설명하는 말이 이어지는 흐름이 되는 것이 자연스럽다.

02 홀리 축제의 주요 행사가 gulal이라는 색색의 가루를 던지는 것이라고 하였으므로, 제목으로 '홀리, 색의 축제'가 되는 것이 알맞다.

03 It이 가주어이고, 진주어가 to부정사인 형태가 되어야 한다.

04 '~ 동안'을 뜻할 때 특정 기간 앞에는 during을 쓰고, 숫자가 쓰인 구체적인 기간 앞에는 for를 쓴다.

05 ③ 문장의 주어가 a ballet or an opera이므로 동사를 단수 동사 is로 고쳐 써야 한다.
⑤ can이 쓰인 문장이므로 지각동사 hear의 목적격보어로 현재분사가 온다.

06 ⓐ와 ③의 last는 '지속하다, 계속하다'라는 뜻의 동사로 쓰였다.
① '마지막의'라는 뜻의 형용사로 쓰였다.
② '마지막으로'라는 뜻의 부사로 쓰였다.
④, ⑤ '지난'이라는 뜻의 형용사로 쓰였다.
|해석| ① 그녀의 집은 신호등 전 왼쪽에 있는 마지막 집이다.

② 마지막에 웃는 자가 최후의 승자다.

③ 나는 비가 오래 계속 올 거라고 생각하지 않는다.

④ 지난밤 그들은 집에 머물렀고 TV를 보았다.

⑤ 그들은 이 건물에 지난 3년간 살고 있다.

07 백야 축제에서 열리는 행사로 a boat cruise(보트 여행)는 언급되지 않았다.

08 ⑤ 사람들이 백야 축제 기간에 어떤 의상을 입는지는 언급되지 않았다.

┃해석┃ ① 백야 축제는 어디서 열리는가?

② 백야는 언제 일어나는가?

③ 백야 동안에는 밤하늘에 무슨 일이 일어나는가?

④ 백야 축제는 얼마나 오래 지속되는가?

⑤ 백야 축제 기간에 사람들은 어떤 의상을 입는가?

09 ⓐ 현재시제의 글이고 주어가 The artists로 복수이므로, shape라고 쓴다.

ⓑ 지각동사 watch의 목적격보어로 동사원형 또는 현재분사가 쓰이는데, ⓐ에 이미 동사원형 shape가 쓰였으므로 현재분사 shaping을 쓰는 것이 알맞다. 또한, 문장에 from beginning to end(처음부터 끝까지) 표현이 쓰여 동작이 진행 중임을 강조하는 현재분사 shaping이 자연스럽다.

10 본문 속 It과 ②의 It은 to부정사를 진주어로 하는 가주어이다.

①, ⑤ 시간을 나타내는 비인칭 주어 It이다.

③ 지시대명사 it이다. ④ 날씨를 나타내는 비인칭 주어 it이다.

┃해석┃ ① 지금 몇 시니, Nick?

② 말을 타는 것은 흥미롭다.

③ 내 전화를 찾을 수가 없네. 그거 어디 있는지 아니?

④ 10월이었다. 그래서 꽤 추웠다.

⑤ 4시였지만, 우편물은 아직도 오지 않았다.

11 키루나 눈 축제에서 열리는 행사로 '눈 디자인 대회'와 '개 썰매 타기'의 두 개의 행사가 언급되었다.

┃해석┃ ① 키루나 눈 축제는 스웨덴의 키루나에서 열린다.

② 그 축제는 일주일 안에 끝난다.

③ 축제에는 오직 한 가지 행사만이 있다.

④ 예술가들은 눈으로 아름다운 작품을 만든다.

⑤ 사람들은 개 썰매를 탈 수 있다.

12 홀리 축제는 이틀 동안 열린다고 하였다.

13 축제의 이름은 홀리(Holi)이고, 3월에 인도 전역에서 열리는 행사라고 했다. 첫날 밤 큰 모닥불 주변에 모여 노래하고 춤을 춘다고 했다. 둘째 날에는 형형색색의 가루를 사람들에게 던지고, 거리 행진에 참가한다고 했다.

14 ⓑ 백야 축제는 여름에, 키루나 눈 축제는 겨울에 열린다고 하였으므로, 두 축제는 서로 다른 계절에 열린다고 말할 수 있다.

┃해석┃ ⓐ 글쓴이는 각자 축제를 소개하고 있다.

ⓑ 두 축제는 같은 계절에 열린다.

ⓒ 백야 축제는 붉은 돛 축하 행사를 포함한다.

ⓓ 키루나 눈 축제 동안 개 썰매를 탈 수 있다.

15 Ann은 야외 활동을 좋아하는 활발한 소녀이고 겨울 방학 때 축제에 참석하고 싶어 하므로, 개 썰매 타기와 같은 활동을 할 수 있고 겨울 축제인 키루나 눈 축제에 갈 것을 추천하는 것이 알맞다.

서술형 100% TEST

pp. 236~239

01 last

02 [모범답] We will hold a birthday party tomorrow.

03 (1) Are you free this Saturday?

(2) How about having lunch together?

(3) How can I get there from the school?

04 come out from the school, go straight to Green Street, make a left, on my left

05 (1) Suwon Hwaseong

(2) took the No. 11 bus

(3) sixth stop

(4) about 20 minutes

06 [모범답] He asked Mina for directions to Suwon Hwaseong and she told him the way.

07 How can I get to the theater?

08 hospital

09 How long will it take to decorate the classroom?

10 (1) important, to do homework

(2) It is impossible, to stay under water for 4 minutes

11 (1) Ann saw her father water/watering the flowers.

(2) Max heard Hana play/playing the piano.

(3) Andy felt someone touch/touching his shoulder.

12 (1) It, interesting to make kimchi

(2) It was not easy to use chopsticks.

(3) It was wonderful to visit Gyeongju.

13 (1) [모범답] my dad fix the computer

(2) [모범답] birds singing outside the windows

(3) [모범답] I felt the ground shaking.

14 (1) It is called Ojukheon.

(2) It is potato tteok. It is soft and sweet.

15 (1) For the festival → During the festival

(2) that run → to run

16 spring, two days, colorful powder

17 People watch the artists shaping their works from beginning to end.

18 (1) They shape huge piles of snow into animals, buildings, and other beautiful artworks.

(2) It's the dog sled ride.

19 It usually starts in May and lasts for about a month.

20 (1) The White Nights Festival

(2) a ballet or an opera

(3) the most popular event

(4) a boat

(5) fireworks

01 빈칸에는 '시간상 계속되다'를 뜻하는 last가 들어가는 것이 알맞다.

|해석| 그들은 눈이 다음 주말까지 계속될 거라고 말한다.

02 밑줄 친 hold는 '열다, 개최하다'의 뜻으로 쓰였다.

|해석| 우리는 매년 반장 선거를 개최한다.

03 (1) 질문에 대해 Yes로 응답하였으므로 Are you free ~?로 묻는 것이 알맞다.

(2) 뒤이어 식당에 대한 내용이 언급되었으므로 '함께 점심 먹으면 어때?'라고 제안하는 표현이 자연스럽다.

(3) 길을 안내하는 대답이 이어지는 것으로 보아 '학교에서 그곳까지 어떻게 가니?'라는 길을 묻는 표현이 알맞다.

04 Emma가 길을 안내한 내용을 바탕으로 민수의 입장에서 완성한다.

05 대화에서 남자는 축제에 참가하기 위해 수원 화성에 가는 길을 물었으므로 수원 화성을 방문했다는 것을 추측할 수 있다. 미나의 안내대로 남자는 11번 버스를 타고 여섯 번째 정류장에 내려 수원 화성에 갔고, 버스로 약 20분이 걸렸다고 추측할 수 있다.

|해석| 5월 12일

나는 오늘 수원 화성을 방문했다.

나는 11번 버스를 타고 여섯 번째 정류장에서 내렸다. 버스로 그곳에 가는 것은 약 20분이 걸렸다. 나는 그곳에서 축제에 참여했고 정말 즐거웠다.

06 남자는 미나에게 수원 화성으로 가는 길을 물었고, 미나가 남자에게 길을 알려 주었다.

07 B가 길을 알려 주고 있으므로, A는 길을 묻는 말을 하는 것이 알맞다. 1st Street까지 곧장 가서 오른쪽으로 돌면 왼편에서 찾을 수 있는 것은 극장이므로, 극장으로 가는 길을 묻는 말을 쓴다.

08 두 블록을 곧장 가서 왼쪽으로 돌면 오른편에서 찾을 수 있는 것은 병원(hospital)이다.

09 소요 시간을 물을 때 「How long will it take to+동사원형 ~?」으로 표현한다.

|해석| Rachel과 James는 학급 파티를 위해 무언가를 하고 싶다. Rachel은 교실을 장식하고 싶고 James는 그 생각이 맘에 든다. James는 교실을 장식하는 데 시간이 얼마나 걸릴지 궁금하다. 이 상황에서 James는 Rachel에게 뭐라고 묻겠는가?

10 「It(가주어)+is+형용사+for+목적격+to부정사구(진주어)」 형태의 문장을 완성한다. 대화 내용과 일치되도록 (1)에는 형용사 important를, (2)에는 형용사 impossible을 사용한다.

|해석| (1) A: 호진아, 숙제하는 것에 대해 어떻게 생각하니?
B: 나는 그것이 중요하다고 생각해.
(2) A: Olivia, 4분 동안 잠수할 수 있어?
B: 아니, 나는 못해. 그건 불가능해.

11 「지각동사+목적어+동사원형/현재분사」 형태의 5형식 문장을 완성한다.

12 「It(가주어)+was+형용사+to부정사구(진주어)」 형태의 문장을 완성한다.

13 「지각동사+목적어+동사원형/현재분사」 형태의 5형식 문장을 완성한다.

14 be called: ~라고 불리다 / taste: ~한 맛이 나다

15 (1) 특정 기간을 나타내는 말 the festival이 이어지는 것으로 보아 for 대신 during을 쓰는 것이 알맞다.

(2) 문장의 주어 It은 가주어이고, 동사 run이 이어지는 것으로 보아

진주어 역할을 하는 to부정사구가 되도록 to run으로 고쳐야 한다.

16 Holi는 인도에서 '봄'을 축하하는 축제이고, 3월에 '이틀'간 열린다. gulal이라는 '형형색색의 가루'를 사람들에게 던지는 것이 주요 행사이다.

17 「지각동사+목적어+현재분사」 형태의 5형식 문장을 완성한다.

18 (1) 예술가들은 눈 디자인 대회에서 거대한 눈 덩어리를 동물, 건물, 다른 아름다운 작품으로 만든다고 하였다.

(2) 축제에서 글쓴이인 Ebba가 가장 좋아하는 활동은 개 썰매 타기라고 하였다.

19 빈도부사 usually를 일반동사 앞에 쓰고, '월'을 나타내는 말 앞에는 전치사 in을 쓴다. '약 한 달 동안'은 for about a month로 표현한다. 문장의 주어가 It으로 3인칭 단수이므로 동사를 starts, lasts로 쓴다.

20 (1) 여름에 상트페테르부르크에는 백야 축제가 열린다.

(2) 백야 축제에서는 거의 매일 밤 발레나 오페라 공연을 즐길 수 있다.

(3) '붉은 돛 축하 행사'는 백야 축제에서 가장 인기 있는 행사이다.

(4) '붉은 돛 축하 행사'에서는 강 위에 빨간 돛을 단 배가 나타나고 난 후, (5) 불꽃놀이와 물 쇼를 감상할 수 있다.

|해석| Yumi: 나는 이번 여름에 러시아의 상트페테르부르크를 방문할 계획이야. 거기서 무엇을 즐길지를 추천해 주겠니?

Victor: 물론이지. 백야 축제가 여름에 그곳에서 열려. 너는 거의 매일 밤 발레나 오페라를 즐길 수 있어. 또한 너는 붉은 돛 축하 행사도 즐길 수 있어.

Yumi: 붉은 돛 축하 행사가 뭐니?

Victor: 그건 축제에서 가장 인기 있는 행사야. 빨간 돛을 단 배가 강 위에 나타나고 난 후, 너는 불꽃놀이와 물 쇼를 즐길 수 있지.

모의고사

01 ⑤ **02** ④ **03** ② **04** ④ **05** ④ **06** ② **07** ③ **08** ②, ⑤ **09** (1) Cross (2) right (3) one block (4) left (5) left **10** clean the classroom, take about half an hour **11** (1) How long(How much time) will it take to (2) How can I get to **12** ②, ④ **13** ③ **14** (1) important to make good friends (2) was wonderful to see you **15** talking to **16** ⑤ **17** ② **18** (1) cold winter, warm spring (2) Throwing *gulal* **19** ③ **20** ③ **21** ④ **22** 〔모범답〕 We can see a boat with red sails, fireworks, and a water show. We can also hear musicians playing beautiful live music. **23** ③ **24** ④ **25** It is a lot of fun to swim at the beach.

01 ⑤ soft(부드러운)와 hard(딱딱한)는 반의어 관계이고, 나머지는 모두 유의어 관계이다.

|해석| ① 뒤쫓다 ② 거의 ③ 성인, 어른 ④ 완전히

02 '잡다, 들다'와 '열다, 개최하다'를 뜻하는 hold가 알맞다.

|해석| ・내가 문을 여는 동안 가방 좀 들어 줄래?

・그 밴드는 뉴욕에서 콘서트를 열 것이다.

03 ② 문맥상 첫 번째 빈칸에는 Hurry up(서두르다)이, 두 번째 빈칸에는 get off(내리다)가 알맞다.

|해석| ・서둘러라. 낭비할 시간이 없다.

・기차가 움직이고 있을 때는 내려서는 안 된다.

04 parade(퍼레이드, 행진)의 뜻풀이로 ④ '무언가를 기념하기 위해 공개적으로 하는 공식적인 보행이나 행군'이 알맞다.

|해석| 그 도시는 7월 4일에 매번 퍼레이드를 한다.

05 「How long will it take to+동사원형 ~?」은 어떤 일을 하는 데 걸리는 소요 시간을 묻는 표현이다.

06 우체국에 가는 길을 묻는 말(B)에 길을 알려 주고(E), 그곳이 멀리 있는지를 묻고(D) 답하는 말(A)이 이어진 후, 마지막에 길을 알려 주어 고맙다(C)고 인사를 하는 흐름이 되는 것이 자연스럽다.

07 빈칸 뒤에 이어지는 대화에서 B가 학교에서 출발하여 목적지에 가는 방법을 알려 주고 있는 것으로 보아, 빈칸에는 학교에서 출발해서 어떻게 가는지 길을 묻는 말이 들어가는 것이 알맞다.

|해석| ① 방학은 어땠니?

② 그 책들을 얼마 주고 샀니?

③ 학교에서 그곳에 어떻게 가니?

④ 우리 집에서 그곳에 어떻게 가니?

⑤ 학교에 가는 길을 알려 주겠니?

08 두 사람의 현재 위치와 식당까지 가는 데 걸리는 시간은 언급되지 않았다.

09 서점에 가는 길을 알려 주는 말을 완성한다. 서점은 현재 위치에서 길을 건너 오른쪽으로 돈 후 한 블록을 곧장 가서 왼쪽으로 돈다. 조금 더 곧장 가면 왼편에서 찾을 수 있다.

10 대화에 따르면, James는 학급 파티를 위해 교실을 청소할 것인데, 청소하는 데 30분 정도 걸릴 것이라고 했다.

11 (1) how와 take가 제시되었으므로 숙제를 끝마치는 데 걸리는 소요 시간을 묻는 말이 되는 것이 알맞다. 응답을 참고하여 미래시제로 쓴다.

(2) 동사로 get to가 제시되었으므로 경복궁에 가는 길을 묻는 말이 되는 것이 알맞다.

|해석| (1) A: 숙제를 끝내려면 얼마나 걸리겠니?

B: 약 30분 정도 걸려.

(2) A: 경복궁에 어떻게 갈 수 있나요?

B: 지하철 3호선을 타고 경복궁역에서 내리세요.

12 주어진 문장과 ④의 It은 to부정사를 진주어로 하는 가주어이고, ②는 that절을 진주어로 하는 가주어 It이다. ①은 시간을 나타내는 비인칭 주어, ③은 거리를 나타내는 비인칭 주어이고, ⑤는 지시대명사로 쓰인 It이다.

|해석| 인터넷에서 뉴스를 읽는 것은 편리하다.

① 잠자리에 들 시간이다.

② 그녀가 부자임은 확실하다.

③ 해변까지는 2킬로미터이다.

④ 그런 말을 하다니 무례했다.

⑤ 그것은 나의 할머니로부터 온 편지이다.

13 목적격보어로 현재분사가 올 수 있는 것은 지각동사(hear)이다. ask, tell, want, expect는 목적격보어로 to부정사가 온다.

|해석| 미나는 점심시간에 Jessica가 웃는 것을 들었다.

14 It이 가주어, to부정사구가 진주어로 쓰인 문장을 완성한다.

15 '나는 네가 누군가와 이야기하는 것을 들었어.'라는 뜻이 되도록 「지각동사 hear+목적어+현재분사」 형태의 문장을 완성한다.

16 (A) 기간을 나타내는 말 the festival 앞에는 전치사 during이 쓰인다.

(B) 특정 날(the first day) 앞에는 전치사 on이 쓰인다.

(C) gulal을 가지고 서로 뒤쫓는다는 의미가 자연스러우므로 with가 알맞다.

17 '누군가 또는 무언가를 따라가서 잡으려고 하다'를 뜻하는 것은 chase (뒤쫓다)이다.

18 (1) 홀리를 기념하는 이유는 추운 겨울에게 작별 인사를 하고, 따뜻한 봄을 맞는 인사를 하기 위해서이다.

(2) 홀리 축제의 주요 행사는 '형형색색의 가루인 gulal을 사람들에게 던지는 것'이다.

19 ③ 이틀 동안 홀리 축제를 기념한다고 했다.

① 홀리 축제는 3월에 열린다고 하였으므로, 겨울이 시작할 때 열린다고 할 수 없다.

② 축제 동안 사람들이 서로에게 작별 인사를 하는 것이 아니라, 겨울에게 작별 인사를 한다고 했다.

④ 홀리를 '색의 축제'라고 하는 것으로 보아 색색의 가루를 말하는 gulal은 축제에 꼭 필요하다.

⑤ 축제의 두 번째 날에 사람들이 서로에게 색색의 가루를 던진다고 하였다.

20 ③ '태양이 달 뒤에 숨는다'는 내용은 일식과 관련된 것으로, 밤에 어두워지지 않는 백야 현상을 설명하는 글의 내용과 어울리지 않는다.

21 completely는 '완전히'라는 뜻으로 totally와 바꿔 쓸 수 있다.

|해석| ① 부분적으로 ② 느리게 ③ 거의 ~하지 않다 ⑤ 주의 깊게

22 '붉은 돛 축하 행사'에서는 빨간 돛이 달린 배, 불꽃놀이, 물 쇼를 볼 수 있고, 라이브 음악도 들을 수 있다고 하였다.

23 ⓒ go on은 '(어떤 상황이) 계속되다'는 뜻으로 쓰였다.

24 (A) 본문의 문장은 지각동사 watch의 목적격보어로 현재분사가 자연스럽다.

(B) It을 가주어로 하는 진주어 to부정사가 되는 것이 알맞다.

25 to swim at the beach를 진주어로 하는 가주어 It이 쓰여야 하므로, 문장 맨 앞에 쓰인 There를 It으로 고쳐 써야 한다.

01 ①　**02** ④　**03** ④　**04** ④　**05** ②　**06** ⑤　**07** 10 minutes, theater, bus　**08** ②　**09** (1) They are so excited about the school festival. (2) They are going to post them in their neighborhood.　**10** ①, ⑤　**11** ③　**12** (1) the colorful balloons rise/rising up in the air　(2) someone cry/crying out　**13** (1) 모범답 to have breakfast　(2) 모범답 difficult to swim in the sea　(3) 모범답 It was nice to meet my friend.　**14** ⓒ → It's strange that she didn't call me last night.　ⓓ → I saw Joe get into the car and drive away.　**15** ③　**16** ③　**17** ③　**18** It is(It's) a lot of fun to run around　**19** ③　**20** ④　**21** ④　**22** It(The night sky) does not get completely dark.　**23** ③　**24** People watch the artists shaping their works from beginning to end.　**25** ④

01 '시간상 계속되다'를 뜻하는 것은 last(지속하다)이다.

02 ① each other: 서로　② make a right: 오른쪽으로 돌다
③ hurry up: 서두르다　⑤ in person: 직접
|해석| ① 그 여자아이들은 서로를 마주보았다.
② 두 번째 신호등에서 오른쪽으로 도시오.
③ 자, 얘들아, 어서 음식을 다 먹으렴.
④ 그는 식당에서 내 옆에 앉았다.
⑤ 너는 직접 가서 그에게 이야기하는 것이 좋겠다.

03 |해석| • 규칙적으로 운동을 하는 것이 중요하다.
• 정원에 모래 더미가 있다.
• 우리는 거의 일주일 동안 할머니 댁에 머물렀다.

04 B의 말로 보아, A는 길을 묻는 말을 하는 것이 알맞다. ②는 얼마나 먼지 거리를 묻는 말이다.

05 첫 번째 빈칸은 길을 묻는 표현이 되어야 하므로 How가 들어가는 것이 알맞고, 두 번째 빈칸은 소요 시간을 묻는 How long이 되는 것이 알맞다. 따라서 공통으로 알맞은 말은 How이다.

06 주어진 문장의 it은 the festival을 가리키므로, 주어진 문장은 the festival이 언급된 다음인 ⑤에 들어가는 것이 알맞다.

07 그림으로 보아, 버스를 타면 극장까지 10분이 걸린다. '(시간이) 걸리다'를 뜻하는 동사 take 뒤에 10 minutes를, '극장까지'를 뜻하도록 to the theater를, 전치사 by 뒤에 교통편인 bus를 쓴다.

08 제시된 글에서 국립 박물관으로 가는 길을 묻는 Lisa에게 남자가 가는 방법을 알려 주었다. 따라서 Lisa의 물음에 남자가 초행길이라며 길을 알려 줄 수 없다고 답하는 ②는 주어진 상황에 맞지 않는 대화이다.
|해석| Lisa는 국립 박물관에 가기를 원하지만, 그녀는 그것이 어디 있는지 모른다. 그녀는 한 남자에게 박물관에 가는 길을 묻고, 그는 그녀에게 그곳에 가는 방법을 말해 준다. 그는 또한 그녀에게 20분 정도 걸릴거라고 말한다. Lisa는 그의 도움에 대해 고맙다고 말한다.
① Lisa: 실례합니다. 국립 박물관에 어떻게 가나요?
남자: 지하철 4호선을 타고 이촌역에서 내리세요.
② Lisa: 실례합니다. 국립 박물관에 가는 길을 알려 주시겠어요?

남자: 미안합니다. 저는 여기가 초행길입니다.
③ Lisa: 뭐라고요? 다시 말씀해 주시겠어요?
남자: 지하철 4호선을 타고 이촌역에서 내리세요.
④ Lisa: 국립 박물관까지는 얼마나 걸릴까요?
남자: 약 20분 정도 걸립니다.
⑤ Lisa: 정말 감사합니다.
남자: 별말씀을요.

09 (1) 두 사람은 학교 축제가 정말 기대된다고 했다.
(2) 두 사람은 포스터를 만든 후 근처에 포스터를 붙일 수 있겠다고 하였다.

10 지각동사 see의 목적격보어로 동사원형이나 현재분사가 와야 한다.
|해석| 나는 원숭이가 나무 위로 올라가는 것을 보았다.

11 ⓐ to 뒤에 주어와 동사가 이어지는 것으로 보아 진주어는 that절이 되어야 한다.
ⓒ 지각동사 hear의 목적격보어로 동사원형이나 현재분사가 와야 한다. (talked → talk/talking)
ⓓ 가주어와 진주어가 쓰인 문장으로 진주어 to buy가 되어야 한다.
ⓔ ask는 목적격보어로 to부정사가 와야 한다. (close → to close)

12 「지각동사+목적어+목적격보어(동사원형/현재분사)」 형태의 문장을 완성한다.

13 가주어 It, 진주어 to부정사구를 사용하여 문장을 쓴다.

14 ⓒ It을 가주어로 하고, 주어와 동사가 이어지는 것으로 보아 주어 역할을 하는 that절이 되어야 하므로, to를 that으로 고쳐 써야 한다.
ⓓ 지각동사 saw의 목적격보어로 get과 drive가 쓰였다. 지각동사의 목적격보어로 동사원형 또는 현재분사가 쓰이는데, 앞에서 동사원형 get이 쓰였으므로 병렬구조인 and 이하에서 to drive를 동사원형 drive로 고쳐 써야 한다.

15 ⓒ 문맥상 '이틀 동안'을 뜻하는 for two days가 되는 것이 알맞다. in two days는 '이틀 후에'를 뜻한다.

16 앞 문장에서 '파랑, 노랑, 초록, 분홍의 가루'라고 한 것으로 보아 colorful powder(형형색색의 가루)라고 하는 것이 알맞다.

17 주요 행사는 둘째 날에 시작된다고 하였으므로, 주요 행사가 이틀 걸린다는 두 번째 문장은 일치하지 않는다(F). 거리 행진은 둘째 날에 참여할 수 있다고 하였으므로, 세 번째 문장도 일치하지 않는다(F).

18 It을 가주어로 하여 문장 맨 앞에 쓰고, 진주어인 to부정사구 to run around를 문장 뒤로 보내어 쓴다.

19 특정 기간을 나타내는 that time과 the festival 앞에는 '~ 동안'을 뜻하는 전치사 during이 들어가는 것이 알맞다.

20 ⓑ hold는 '개최하다'라는 뜻으로 쓰였는데 이를 나타내는 영어 뜻풀이로 알맞은 것은 ④ '회의, 시합, 대화 등을 열다'이다.
|해석| ① 무언가를 지지하다
② 당신의 손이나 팔로 무언가를 잡고 보관하다
③ 누군가를 어딘가에 두고 떠날 수 없게 하다
⑤ 특히 지위나 돈과 같은 무언가를 갖거나 무언가를 조종하다

21 ④ 불꽃놀이가 시작되면 물 쇼가 이어진다고 하였다.

22 '백야'는 러시아의 여름철에 밤하늘이 완전히 어두워지지 않는 현상을 말한다.

23 ⓒ 문맥상 '예술가들이 눈 덩어리를 아름다운 작품의 모양으로 만든다'는 뜻이 되는 것이 알맞으므로, bring이 아니라 shape가 되는 것이 알맞다.

24 「지각동사 watch+목적어+목적격보어(현재분사)」의 5형식 문장을 완성한다.

25 ④ 키루나 눈 축제에서 볼 수 있는 작품의 개수는 언급되지 않았다.

  |해석| ① Ebba가 가장 좋아하는 계절은 무엇인가?
  ② 키루나 눈 축제는 언제 시작하는가?
  ③ 그 축제는 얼마나 지속되는가?
  ④ 그 축제 동안 얼마나 많은 작품을 볼 수 있는가?
  ⑤ Ebba가 축제에서 가장 좋아하는 활동은 무엇인가?

제 3 회 대표 기출로 내신 **적중** 모의고사 pp. 248~251

01 ④ **02** from beginning to end / from start to finish **03** ① **04** ④ **05** ④ **06** 1, 3, 2 **07** ④ **08** ⓑ → Emma suggests they have lunch together this Saturday. ⓒ → Ming's is near the school. **09** How about making posters? **10** it will take about three hours **11** ④ **12** ⑤ **13** saw, jump/jumping **14** (1) It, nice to help people in trouble (2) It, useful to speak a foreign language (3) It, dangerous to ride a bike at night **15** ④ **16** [모범답] It is wonderful to visit India during Holi. **17** ④ **18** ⑤ **19** Have you heard of the *White Nights*? **20** ② **21** ③ **22** ⓑ → The White Nights Festival is held (during the *White Nights* in St. Petersburg). **23** ④ **24** ② **25** the dog sled ride

---

01 ④ decorate는 '장식하다'라는 의미이고, appear는 '나타나다'라는 의미이므로 바꾸어 쓸 수 없다.

  |해석| ① 나는 전적으로 너에게 동의한다.
  ② 우리는 거의 2년 동안 그곳에 살았다.
  ③ 티켓은 성인용은 5달러이고 어린이용은 3달러이다.
  ④ 크리스마스트리 장식하는 것을 도와줄 수 있니?
  ⑤ 나는 하루 종일 텔레비전을 보는 게 지겨워.

02 '처음부터 끝까지'는 from beginning to end 또는 from start to finish로 표현한다.

03 '가지고 가다'와 '(시간이) 걸리다'를 뜻하는 단어는 take이다.

  |해석| • 당신이 떠날 때 코트 가져가는 것을 기억하세요.
  • 공항으로의 여정은 약 30분 정도 걸린다.

04 get off(내리다, 하차하다)의 영어 뜻풀이는 to leave a bus, train, or aircraft이다. to go onto a bus, train, aircraft, or boat은 get on(타다, 승차하다)의 영어 뜻풀이이다.

  |해석| ① 그의 연설은 여러 시간 지속될 수 있었다.
  ② 당신은 서두르지 않으면 기차를 놓칠 것이다.
  ③ 당신은 내일 직접 여기로 와야 한다.

04 그녀의 팬들은 그녀가 비행기에서 내릴 때 그녀를 기다리고 있을 것이다.
  ⑤ 그들의 아기는 지난 12월에 태어났다.

05 소요 시간을 물을 때 How long을 사용한다.

06 은행에 가려면 곧장 가다가 오른쪽으로 돌고, 그 다음 길을 건너라고 했다.

07 ④ 도서관에 가는 길을 묻는 말에 음료 자판기 사용법을 설명하는 것은 어색하다.

  |해석| ① A: Red Street까지 곧장 가서 오른쪽으로 도세요. 공원은 당신 왼편에 있을 거예요.
  B: 정말 감사합니다.
  ② A: 막대 아이스크림을 만드는 데 시간이 얼마나 걸릴까요?
  B: 약 3시간 정도요.
  ③ A: 아마도 샌드위치를 만드는 데 약 30분 정도 걸릴 거야.
  B: 좋아! 그것을 만들자.
  ④ A: 실례합니다. 도서관에 어떻게 가나요?
  B: 첫째, 음료를 고르세요. 기계에 돈을 넣으세요. 마지막으로 버튼을 누르세요.
  ⑤ A: 박물관에 가는 방법을 알려 주시겠어요?
  B: 물론이죠. 당신은 지도의 여기에 있어요. 길을 따라 걷다가 왼쪽으로 도세요. 그런 다음 길을 건너세요.

08 Emma는 민수에게 이번 주 토요일에(this Saturday) 점심을 먹자고 하였고, 새로 생긴 중국 음식점 Ming's는 학교 근처에(near the school) 있다고 하였다.

  |해석| ⓐ 민수는 Emma와 전화 통화를 하고 있다.
  ⓑ Emma는 그들이 오늘 함께 점심 식사를 할 것을 제안한다.
  ⓒ Ming's는 학교에서 멀다.
  ⓓ 그들은 12시에 만날 것이다.

09 제안하는 말을 할 때 「How about+동사원형-ing ~?」로 표현할 수 있다.

10 소요 시간을 말할 때 It will take ~.로 표현할 수 있다.

11 가주어 It을 문장 맨 앞에 쓰고, 주어로 쓰인 동명사구를 진주어 역할을 하는 to부정사구로 바꿔 쓴 문장이 알맞다.

12 목적격보어로 동사원형이 올 수 있는 동사는 지각동사(watch)이다.

13 「지각동사 see+목적어+목적격보어(동사원형/현재분사)」 형태의 문장을 완성한다.

  |해석| 내가 민지를 보았을 때, 그녀는 Tom과 함께 줄넘기를 하고 있었다.

14 가주어 It을 문장 맨 앞에 쓰고 [보기1]에서 알맞은 형용사를, [보기2]에서 동사구를 골라 진주어 역할을 하는 to부정사구로 바꿔 문장 뒤에 쓴다.

15 주어진 문장은 축제의 첫째 날에 하는 행사를 설명하고 있으므로, 둘째 날에 하는 행사가 언급되는 문장의 바로 앞에(④) 들어가는 것이 알맞다.

16 밑줄 친 It은 가주어이므로, 가주어 It을 문장 맨 앞에 쓰고 wonderful을 be동사의 보어로, 진주어로 to부정사나 that절을 쓰는 문장을 완성한다.

17 홀리 축제가 열리는 기간은 이틀(two days)이라고 언급되어 있으나

그 외에 대한 언급은 없다.

18 ⑤ 색색의 가루인 gulal을 지니고 하는 활동은 축제의 둘째 날에 벌어진다.

19 '~을 해 본 적이 있나요?'는 '경험'을 나타내는 현재완료 의문문 「Have you+과거분사 ~?」로 표현할 수 있다.

20 문맥상 '5월에 시작되고(starts) 약 한 달 동안 지속된다(lasts)'는 의미가 되는 것이 자연스럽다.

21 지각동사 hear의 목적격보어로 현재분사 playing이 들어가는 것이 알맞다.

22 ⓑ '백야 기간에 상트페테르부르크에서 무엇이 열리는가?'라는 질문에 '백야 축제가 열린다.'라고 답할 수 있다.

23 눈으로 예술 작품을 만들고, 눈 위에서 개 썰매를 탄다는 것으로 보아, '눈 축제'를 설명하고 있음을 알 수 있다.

24 ⓑ 형용사 large의 최상급은 the largest로 쓴다.
ⓔ to부정사구 to fly 이하를 진주어로 하는 가주어 It이 되어야 한다.

25 글쓴이가 가장 좋아하는 활동은 개 썰매 타기(the dog sled ride)라고 하였다.
|해석| 글쓴이는 축제에서의 활동 중에 개 썰매 타기를 가장 좋아한다.

제 4 회 고난도로 내신 적중 모의고사 pp. 252~255

01 ② **02** ③ **03** ② **04** ④ **05** ③ **06** (모범답) He is going to (go to the bus stop and) take the No. 11 bus. **07** (1) the class party (2) decorate the classroom (3) How long (4) decorate it (5) about an(one) hour **08** (1) go straight to 2nd Avenue/go straight one block (2) make a right (3) your right **09** ④ **10** ② **11** ③ **12** ③ **13** (1) for you → of you (2) 사람의 성격이나 태도를 나타내는 형용사가 쓰일 때 의미상의 주어는 「of+목적격」의 형태로 쓴다. **14** ⓓ → doing **15** ⓐ → It is usually in March. ⓑ → We celebrate the festival everywhere for two days. ⓒ → It's a lot of fun to run around and throw colorful powder at everyone. **16** ③, ⑤ **17** (1) say goodbye (2) each other **18** (모범답) It is blue, yellow, green and pink powder. It is used for throwing at each other during Holi. **19** ⑤ **20** ④ **21** You can also hear musicians playing beautiful live music. **22** ② **23** ② **24** It is amazing to fly **25** Sweden, January, the snow design, the(a) dog sled

---

01 첫 번째 빈칸에는 '모이다'를 뜻하는 gather가, 두 번째 빈칸에는 '돛'을 뜻하는 sail이, 세 번째 빈칸에는 '가로질러 건너다'를 뜻하는 cross가, 네 번째 빈칸에는 '뒤쫓다'를 뜻하는 chase가 들어가는 것이 알맞다.
|해석| • 축구 팬들은 바의 구석에 있는 TV 주위에 모였다.
• 우리는 짧은 밧줄 몇 가닥으로 배의 돛을 묶어야 했다.
• 그곳은 길을 건너기에 좋은 장소가 아니다.

• 그 개는 막대를 쫓아갔다.

02 ③ 문맥상 '다음 정류장에서 내려야 한다'가 되는 것이 자연스러우므로, go on(계속되다) 대신 get off(내리다)가 되어야 한다.
|해석| ① 그녀는 계단을 올랐다.
② Don과 Susie는 서로 정말 사랑했다.
③ 실례하지만, 저는 다음 정류장에서 내려야 해요.
④ 너는 서둘러야 한다. 그렇지 않으면 시간 맞춰 그것을 끝낼 수 없다.
⑤ 너는 직접 또는 우편으로 즉시 신청해야 한다.

03 ⓐ, ⓒ의 last는 '지속하다'는 뜻의 동사로, ⓑ는 '마지막의'라는 뜻의 형용사로, ⓓ는 '지난'이라는 뜻의 형용사로, ⓔ는 '마지막으로'라는 뜻의 부사로 쓰였다.
|해석| ⓐ 지속되지 않을 것이니 이 계절을 즐겨라.
ⓑ 내가 마지막 초콜릿을 먹어도 될까?
ⓒ 그 경기는 두 시간 이상 동안 지속되었다.
ⓓ 지난밤 파티에서 그녀는 누구와 함께 춤을 추고 있었니?
ⓔ 내가 그녀를 마지막으로 봤을 때, 그녀는 뉴욕에서 일하는 중이었다.

04 수원 화성으로 가는 길을 묻는 말에 길을 알려 주는 대화인데, 화성을 짓는 데 얼마나 오랜 시간이 걸렸는지 묻는 말은 흐름상 어색하다.

05 미나는 길을 묻는 말에 친절히 답해 주었다. 미나가 길을 물은 남자를 태워다 주겠다고 언급한 적은 없다.
|해석| ① 미나는 여기 처음 온 사람이 아니다.
② 그들은 버스 정류장을 보면서 이야기하고 있다.
③ 미나는 그 남자를 수원 화성에 태워다 줄 것이다.
④ 한 시간 내에 그 남자는 아마 수원 화성에 도착할 것이다.
⑤ 그 남자는 축제를 즐기기 위해 수원 화성에 가는 중이다.

06 길을 묻고 답하는 대화이므로, 대화가 끝난 바로 후에 남자는 미나의 길 안내에 따라 버스 정류장으로 가서 11번 버스를 탈 것이다.

07 (1), (2) Ann은 학급 파티를 위해 교실을 꾸밀 것이다.
(3), (4), (5) 표에 따르면, Ann은 교실을 꾸미는 데 한 시간 정도 걸릴 것이다.

08 학교에서 나와 길을 건넌다. 왼쪽으로 돌아 2nd Avenue까지 곧장 간다/한 블록을 곧장 간다. 오른쪽으로 돈 후, 한 블록을 곧장 더 가서 모서리에서 오른쪽으로 돌면, 은행이 오른편에 있다.

09 ask는 목적격보어로 to부정사를 쓰고, could가 쓰인 문장에서 지각동사 hear의 목적격보어로 현재분사를 쓴다.
|해석| • 그녀는 그에게 소금을 건네달라고 요청했다.
• 그녀는 새들이 노래하는 것을 들을 수 없었다.

10 ② It's far from here.(여기서 멀어요.) 뒤에 You can't miss it.(놓칠 리 없어요.)이 이어지는 것은 어색하다. You can't miss it.은 구체적으로 길을 안내한 뒤, '지나칠 리 없다, 쉽게 찾을 수 있다'는 의미로 하는 말이다.
|해석| ① A: 국립 민속 박물관에 가는 방법을 알려 주시겠어요?
B: 지하철 3호선을 타고 안국역에서 내리세요.
② A: 실례합니다. 지하철역으로 가는 길을 알려 주시겠어요?
B: 그곳은 여기서 멀어요. 놓칠 리 없어요(꼭 찾을 수 있을 거예요).
③ A: 한 블록을 곧장 가서 오른쪽으로 도세요. 극장은 당신의 왼편에 있을 겁니다.

④ A: 일을 다 끝내려면 얼마나 걸릴까요?

　　B: 약 30분 정도 걸릴 거예요.

⑤ A: 내가 어디에서 우체국을 찾을 수 있나요?

　　B: 죄송해요. 저도 이곳이 초행길이에요.

11 우리말을 영어로 옮기면 It is exciting to experience other cultures.의 문장이 된다. 의미상의 주어가 필요하지 않으므로 전치사 for는 필요하지 않다.

12 첫 번째 문장의 의미상의 주어 of her는 for her가 되어야 한다. 세 번째 문장에서 allow의 목적격보어는 to play가 되어야 한다. 네 번째 문장에서 지각동사 watch의 목적격보어는 동사원형이나 현재분사가 되어야 한다.

　｜해석｜ • 그녀가 그 시험에 통과한 것은 훌륭하다.

　　• 나는 그가 문을 두드리는 것을 들을 수 있다.

　　• 나는 남동생이 나의 스마트폰을 갖고 놀도록 허락했다.

　　• 그들은 그 주자가 결승선을 통과하는 것을 보았다.

　　• 그 일에 적합한 사람을 찾는 것은 중요하다.

13 kind는 사람의 성격을 나타내는 형용사이므로 to부정사의 의미상의 주어를 「of+목적격」의 형태로 쓴다.

14 지각동사 hear의 목적격보어로 현재분사가 알맞다.

15 ⓐ 월 앞에는 전치사 in을 쓴다.

　ⓑ '~ 동안'이라는 의미로 숫자가 쓰인 구체적인 기간을 나타낼 때는 전치사 for를 쓴다.

　ⓒ 문장의 맨 앞에 쓰인 It은 가주어이고, 진주어 to부정사구가 이어져야 하므로 to run으로 고쳐 써야 한다.

16 홀리 축제의 두 번째 날에는 색색의 가루인 gulal을 서로에게 던질 수 있고, 거리 행진에 참여할 수 있다고 했다.

17 (1) say goodbye to: ~에게 작별 인사를 하다

　(2) each other: 서로

　｜해석｜ A: 떠날 시간이야, Tom. John에게 <u>작별인사를 해야</u> 해. John과 너는 언제든 <u>서로</u> 연락할 수 있어.

　B: 알겠어요, 엄마.

18 gulal은 '색색의 가루'로 홀리 축제 중에 사람들이 서로에게 던지는 용도로 사용한다.

19 ⑤ '사람들이 경쟁하는 행사나 대회'는 competition(대회, 시합, 경쟁)의 영어 뜻풀이이다.

　①은 last(지속하다), ②는 hometown(고향), ③은 festival(축제), ④는 sail(돛)의 영어 뜻풀이이다.

20 '~ 동안'이라는 의미로, 특정 기간을 나타내는 that time과 the festival 앞에는 전치사 during을 쓰고, 구체적인 기간을 나타내는 a month 앞에는 전치사 for를 쓴다.

21 「지각동사 hear+목적어+목적격보어(현재분사)」 형태의 5형식 문장을 완성한다.

22 ② 백야 현상은 밤에도 하늘이 어두워지지 않는 현상이다.

23 ⓑ 'A를 B의 형태로 만들다'는 뜻의 shape *A* into *B*가 되는 것이 알맞으므로, for가 아니라 into가 되어야 한다.

ⓒ '처음부터 끝까지'를 뜻하는 from beginning to end가 되는 것이 알맞으므로, with를 from으로 고쳐야 한다.

24 가주어 It을 문장 맨 앞에 쓰고, 진주어인 to부정사 to fly를 문장 뒤에 써서 문장을 완성한다.

25 키루나 눈 축제는 스웨덴 키루나에서 1월 마지막 주에 열리는 축제라고 했다. 키루나 눈 축제에서 참여할 수 있는 활동으로 '눈 디자인 대회'와 '개 썰매 타기'를 소개하고 있다.

특급기출

기출예상문제집

중학 영어 2-1 기말고사 이병민

정답 및 해설